KB165873

전쟁 고고학

LE SENTIER
DE LA GUERRE

전쟁 고고학

선사시대 폭력의 민낯

장 길렌·장 자미트 지음 | 박성진 옮김

사회평론아카데미

전쟁 고고학

선사시대 폭력의 민낯

2020년 7월 17일 초판 1쇄 발행
2024년 4월 15일 초판 2쇄 발행

지은이 장 길렌·장 자미트
옮긴이 박성진
펴낸이 윤철호
펴낸곳 (주)사회평론아카데미
편집 이소영·임현규·정용준
표지·본문디자인 김진운
본문조판 민들레
마케팅 김현주
등록번호 2013-000247(2013년 8월 23일)
전화 02-326-1545
팩스 02-326-1626
주소 03993 서울특별시 마포구 월드컵북로6길 56

ISBN 979-11-89946-65-4 93900

들어가기 전에

우리 시대의 숙명인가? 오랫동안 지속된 평화가 끝나고 유럽에서 다시 전쟁이 시작되었다. 세르비아, 체첸, 코소보…. 그와 동시에 경제적 불평등과 사회적 소외의 결과물인 폭력이 도시를 넘어 이제 농촌으로까지 확산되었다.[1] 혹시 이러한 시대적 상황 때문에 선사시대 고고학자들은 갈등과 전쟁에 주목하는 것은 아닐까? 고고학은 당대 사회의 정치·경제적 맥락에서 완전히 벗어날 수 없다. 유럽은 과거 70여 년(1870~1945)간 전쟁 중이었거나 전쟁의 위협 속에서 살았다. 대규모 병력 이동과 민간인 강제 수용도 경험했다. 그와 같은 시대적 분위기에서 역사 연구도 영토 분쟁 및 분할 같은 큰 사건이나 그 주역들에게 초점을 맞춰 진행되었다. 한편 시기 구분을 하는 데도 늘 외부적 요소를 강조하면서 역사를 단절적으로 인식해 왔다. 반면 평화기에는 역사학도 마찬가지였지만 고고학은 이름 없는 사람들의 평범한 삶, 기술 발전, 내적 문화 변동, 자연환경의 제약을 점진적으로 극복하는 인간 같은 지극히 평화 지향적인 주제들을 주로 다뤄 왔고, 오늘날에는 하나의 종(genre)으로서 인간을 성찰하는 연구까지 나오고 있는 실정이다.[2]

하지만 몇 년 전부터 폭력이라는 주제가 선사시대 연구에서 각광받고 있다. 고고학적 자료들이 차곡차곡 쌓여 감에 따라, 오늘날에는 오랫동안 파편화되고 부정확

....

1 이 책을 집필한 목적을 더 잘 이해하기 위해서는 먼저 이 책의 집필 당시 시대적 상황을 살펴봐야 한다. 이 책은 보스니아 또는 세르비아 전쟁(1995년), 체첸 전쟁(1996년), 코소보 전쟁(1999년) 같은 유럽 대륙 안에서 벌어진 전쟁이 끝나고 얼마 되지 않은 때 출간(2001년)되었다. 당시 유럽 전역은 전쟁에 대한 두려움이 남아 있던 시기였다.

2 이 책보다 나중에 출간되었지만, 생물학적 또는 진화론적 관점에서 인류의 역사를 통시대적으로 살펴본 저서들, 즉 『총·균·쇠』, 『사피엔스』, 『문명과 전쟁』 등이 이에 해당한다.

했던 이 자료들을 보다 객관적으로 평가할 수 있게 되었다. 시간을 거슬러 올라갈수록 자료가 적고 자료 해석상의 문제가 늘어난다는 고고학 자체의 한계가 언제나 있긴 하지만, 선사시대 사람들이 마냥 평안했다든지, 혹은 고립되어 살았다든지 하는 기존 통념은 이젠 거의 사라졌다. 그러나 선사시대라고 늘 똑같지는 않았으며, 기술적, 문화적, 그리고 경제적 특성에 따라 길고 짧은 시기들로 잘게 나뉜다. 범지구적 차원에서 볼 때, 해당 지역의 자연환경과 사회환경에 적응하면서 다양한 문명을 꽃피웠다. 선사시대를 우리와는 동떨어진 혼돈의 시대라고 보는 역사가는 문자 발명이 이뤄진 다음에야 비로소 세계가 체계화되었다고 보는 경향이 있다. 그러나 이와 같은 시각은 방법론적으로 심각한 문제점을 안고 있다. 왜냐하면 모든 구전 문화 전통은 문자 출현보다 앞서고, 또 오래전에 사라진 구전 문화가 문자를 빌려 교묘하게 전달될 수 있는데도 불구하고 그것을 미처 깨닫지 못할 때가 많기 때문이다. 지구상에서 가장 빨리 문자가 등장했다고 하는 고대 근동 지역의 고고학은 이와 같은 사실을 잘 보여 준다. 근동 지역에서는 기원전 8000년 기에 농경과 목축이 시작되었고, 기원전 4000년 기에는 진정한 도시가 등장하였다. 바로 이때 지배층 또는 왕조에 의해 행사되는 비교적 탄탄한 권력, 사회적 갈등, 광범한 교역 체계, 그리고 처음에는 농촌 사회에서, 나중에는 도시 사회에서 신에 대한 숭배의식 등이 자리 잡았다. 하지만 이 모든 일은 문자 발명 이전에 일어난 것이다. 사회가 고도로 구조화되는 과정, 즉 다른 말로 선사시대 동안 갈등이나 무력충돌 없이 그처럼 고도화된 문명을 이룩할 수 있었을 것이라고 상상하는 일 자체가 불가능하다.

농업의 발달 없이 오로지 자연에서 나온 자원들을 사냥과 채집을 통해 얻는 데 만족하며 살아가던 250만 년 전 가장 이른 선사시대 사람들을 연구하다 보면 문제는 더욱 복잡해진다.[3] 수천 년이 지나도 인구 변화 없이, 적은 수의 사람들만 살았던 이

....

3   최초의 석기, 즉 최초의 문화가 발견된 시기를 250만 년 전으로 염두에 두고 쓴 글이다. 그러나 최근에 케냐의 로메퀴(Lomekwi) 3지점에서 330만 년 전의 석기들이 발견되었으므로, 최초의 문화는 250만 년 보다 적어도 80만 년 이전에 시작되었다고 봐야 한다. Harmand, S., et al., 2015, 3.3-million-year-old stone tools from Lomekwi 3, West Turkana, Kenya, *Nature*, 521, pp. 310-315.

사회를 마치 풍요로운 자연 속에 동료애와 이타심이 넘치는 평온했던 에덴동산 같은 사회처럼 그려 보고 싶은 유혹에 빠져든다. 그러나 이를 증명할 확실한 고고학 증거는 드물다. 우리는 이 책에서 다른 고인류에 비해 호모 사피엔스가 그리 평화롭지 않았다는 사실을 최말기 구석기시대 또는 중석기시대의 마지막 사냥-채집 사회의 사례를 통해 제시하려고 한다.[4] 폭력 행위가 후기 구석기시대, 심지어 그보다 더 먼 과거부터 있었다는 주장도 제기되고 있으나, 아직 그와 같은 주장을 입증할 확실한 증거는 없다. 그러므로 이 책에서는 보다 발전된 선사시대, 즉 신석기시대와 청동기시대에 대해 주로 다루려고 한다.

선사시대에 일어났던 전쟁은 대개 별일 아닌 일로 치부되거나, 부차적이고 매우 우발적인 행위처럼 간주되곤 한다. 왜냐하면 대중은 선사시대 사람들이 기본적으로 평화로웠던 사람들이었다고 여기기 때문이다. 그런 맥락에서 우리는 과도하게 이상화된 선사시대 사람들에 관한 이미지를 조금 누그러뜨려 보려 한다. 그렇다고 그들을 괴물 같은 전사들로 탈바꿈시킬 생각은 털끝만치도 없다. 민족지 연구들은 국가 이전 사회에서 사회적, 정치적, 그리고 경제적 측면에서 전쟁이 어떤 역할을 했는지에 대해 실마리를 준다. 사실 성곽 시설, 무기, 학살된 사람들의 뼈 등을 분석하는 통상적인 고고학적 접근법으로는 폭력 행위의 사회적 현상 가운데 몇 가지 측면만을 밝힐 수 있을 뿐이다. 고대 전쟁, 더군다나 짧은 시간에 끝나는 전투나 무력충돌의 경우, 물질적 증거를 남기는 사례가 거의 없다. 과거에 이름 없는 전장이었던 곳은 지금 목가적인 장소로 변했을 것이다. 예전에 폭격으로 여기저기 패였던 대지가 지금은 평온한 골프장으로 바뀌었을 수도 있다. 최상의 조건이라면 과거 전장이었던 곳에 무덤들이라도 조금 남아 있을 수 있겠지만, 전투 활동의 증거는 대부분 사라지고 없을 것이다.

....

4   최말기 구석기시대(Épipaléolithique) 또는 중석기시대(Mésolithique)는 구석기시대와 신석기시대 사이의 시간대를 일컫는 용어로, 학자에 따라 다르게 정의된다. 다만 유럽에서는 중석기시대라는 용어를, 중동과 북아프리카 지역에서는 최말기 구석기시대라는 용어를 쓰는 경향이 있다.

고고학자들은 고인구학적 방법으로 추정된 특정 시기 또는 특정 문화의 인구 규모가 당시 실제 인구 규모보다 언제나 작게 나온다는 점을 잘 알고 있다. 바로 이와 같은 특성 때문에 과거 사람들에 관한 정확한 인구 추정이 어렵고, 추정치에 대한 논쟁이 끊이질 않는다. 따라서 고고학적으로 측정할 수 있는 폭력의 증거는 드물 수밖에 없으며 그나마도 유물과 유해의 보존 상태에 따라서 크게 좌우된다. 그렇지만 선사학자들은 선사시대에도 살인 사건이나 폭력 사태가 발생했다는 사실을 인정해야만 한다. 시간이 경과하면서 오늘날 고고학은 과거 어느 때보다 폭력 행위가 발생했던 사회의 맥락을 복원할 수 있는 능력을 갖추게 되었다. 폭력 행위의 사회적 맥락을 밝히는 작업은 고고학의 희망 사항이 아니라, 이제는 하나의 의무이다.

사냥-채집 사회나 부족 사회의 인류학적 자료나 그들의 구전 문화 속에 폭력에 관한 중요한 증거들이 남아 있는데, 이 자료들은 선사시대 전쟁에 관한 이론에 신뢰도를 더욱 높여 준다. 로렌스 H. 킬리(Lawrence H. Keeley)는『원시전쟁』에서 선사시대 사회, 국가 이전의 민족지학적 사회, 현대 국가 사회에서의 전쟁 자료를 비교·분석하였다. 그의 연구는 고고학적 자료와 인류학적 자료를 적절하게 이용한 사례다.[5] 그는 국가 이전 사회에서도 전쟁이나 폭력이 자행되었다는 사실을 통계로 확실하게 입증하였다.

'원시시대 전쟁'이라는 주제는 홉스와 루소가 처음 다룬 이후로 줄곧 연구되었으며 또 그만큼 그에 대한 연구도 상당하다.[6] 이 책은 딱딱한 학술서도 아니며, 그동안 학계에 제출된 모든 학술 성과를 담은 것도 아니다. 선사학자와 고병리학을 연구하는 의사가 함께 쓴 이 책의 목표는 선사시대 전쟁에 관한 고고학적 사실을 보다 광범위하게 독자들에게 소개하고 몇 가지 문제점을 제기하는 데에 있다. 한마디로 이 책

....

5 이 책의 원제는 *War Before Civilization: The Myth of The Peaceful Savage*(문명 이전의 전쟁: 평화로운 야만족 신화)로, 국내에서는『원시전쟁』이라는 제목으로 출간되었다. 로렌스 H. 킬리, 김성남(옮김), 2014,『원시전쟁』, 수막새, 511쪽.

6 원시 사회에 대한 토머스 홉스의 관점과 장 자크 루소의 관점은 극적으로 대비되는데, 그들의 견해에 대해서는 로렌스 H. 킬리, 김성남(옮김), 2014,『원시전쟁』, 수막새, 33~39쪽에 간략하게 소개되어 있다.

은 뭔가를 증명하기보다는 사실을 전달하는 것이 목적이다. 우리는 시공간적으로 인간 사회를 특징지어 왔던 광범한 문화적 다양성으로 인해 아주 복잡했던 전쟁의 양상을 무시하면서, 한 줌도 안 되는 몇 가지 사실들을 가지고 일반화할 의향이 조금도 없다. 과도하게 단순화한 연구의 폐해를 명확히 알고 있기 때문이다. 따라서 이 책에서 다루려고 하는 대상을 분명히 밝힐 필요가 있다. 이따금 다른 지역의 사례를 들기도 하겠지만 이 책에서는 주로 지중해 연안과 유럽의 선사·원사시대를 다룰 것이다.

이 책에서 제기하는 모든 문제는 다음과 같은 두 가지 근본적 물음으로 요약할 수 있다. 첫째, '지중해 연안과 유럽에서 일어난 최초의 폭력 및 무력충돌에 대해 우리는 무엇을 아는가?'라는 물음이고, 둘째 '주어진 자료를 어떻게 해석할 것인가?'라는 물음이다. 후자의 물음에 답을 찾는다는 것은 언제나 어렵다. 그렇지만 독자들은 적어도 이 책을 통해 집단 간 대립의 역사가 그 뿌리가 매우 깊다는 점과 선사시대 동안 전사 이데올로기가 서서히 구축되었으며 그렇게 만들어진 전사 이데올로기가 나중에 영웅이라는 하나의 이상형으로 굳어져 갔다는 점만큼은 머릿속으로 그려 볼 수 있을 것이다.

감사의 글

이 책의 지은이들은 마리본 노데(Maryvonne Naudet)와 레이몽 비달(Raymond Vidal)에게 큰 빚을 졌다. 그들은 수개월 동안 프랑스 영토 안에서 신석기시대 화살촉을 맞았거나 부상당한 흔적이 있는 인골들을 조사하는 지루하기 짝이 없는 작업을 수행했다.

또한 지은이들은 필리프 샹봉(Philippe Chambon), 조르주 코스탕티니(Georges Costantini) 그리고 도미니크 사키(Dominique Sacchi)에게 고마움을 전한다. 그들은 원고를 감수하고 이 책의 텍스트와 이미지가 더욱 풍성해질 수 있도록 적극적으로 도와주었다.

그 밖에도 자료 제공과 해석 등 여러 가지 형태로 도움을 준 동료 연구자가 많은데, 한 분 한 분 불러 보면 다음과 같다. 앙젤 아르망다리스(Angel Armendariz), 조앙 베르나보(Joan Bernabeu), 에릭 클뤼베지(Éric Crubézy), 앙리 뒤데(Henri Duday), 다니엘 파브르(Daniel Fabre), 도미니크 강비에(Dominique Gambier), 크리스티앙 구디노(Christian Goudineau), 크리스티앙 쥬네스(Christian Jeunesse), 올리비에 르메르시에(Olivier Lemercier), 베르나르도 마르티(Bernardo Marti), 라파엘 마르티네스 발레(Rafael Martinez Valle), 파비오 마르티니(Fabio Martini), 오리올 메르카달(Oriol Mer-cadal), 베아트릭스 미당-레인(Béatrix Midant-Reynes), 마릴렌 파투-마티(Marylène Patou-Mathis), 야니크 리알랑(Yannick Rialland), 안-마리 틸리에(Anne-Marie Tillier), 요아힘 발(Joachim Wahl).

지은이들은 이 모든 분에게 우정 어린 감사의 말씀을 드린다.

고고학이 들려주는 선사시대 전쟁과 폭력의 흑역사

『전쟁 고고학: 선사시대 폭력의 민낯』은 2001년에 프랑스의 고고학자 장 길렌 (Jean Guilaine)과 의사이며 고고학자인 장 자미트(Jean Zammit)가 함께 펴낸 *Le Sentier de la Guerre: Visages de la violence préhistorique*를 번역한 것이다. 이 책은 2002년에 *El camino de la guerra*란 제목으로 스페인어로 번역되었고, 2005년에는 *The Origins of War*란 제목으로 영어로 번역되었다.

제목에서도 알 수 있듯이 이 책은 폭력, 대학살, 식인, 그리고 전쟁 같은 끔찍하고 비극적인 주제를 다룬다. 그렇지만 옮긴이는 밀리터리 마니아도 아닐뿐더러 타인의 고통을 보면서 쾌감을 느끼는 사람은 더더군다나 아니다. 옮긴이가 이 책을 번역하고자 했던 이유는 교류와 교역처럼 평화 지향적인 주제에 관한 연구는 풍부하지만, 전쟁과 폭력처럼 인류의 감추고 싶은 흑역사를 규명하고자 하는 연구는 국내 고고학계에서 별로 찾을 수 없다는 현실 때문이었다. 옮긴이가 알기로 국내에서 전쟁과 폭력을 주제로 전국 규모의 고고학 학술대회가 열린 적이 단 한 차례 있었다('갈등과 전쟁의 고고학', 한국고고학회, 2009). 그나마도 중국과 일본 사례를 제외한 국내 연구들은 전쟁과 폭력 그 자체에 관한 연구라기보다는 청동기 무기류의 형식 분류나 고대 국가의 군사 체계에 관한 연구에 가까웠다. 그 학술대회 이후 주로 영남 지역을 중심으로 고대 국가의 순장에 관한 연구가 이따금 학계에 제출되곤 했지만, 전반적으로 국내 고고학계의 전쟁과 폭력에 관한 연구는 턱없이 부족한 실정이다.

이처럼 폭력과 전쟁에 관한 연구가 국내 학계에서 절대적으로 부족한 것은 무엇보다 선사시대 폭력과 전쟁을 연구하려면 해당 시대의 인골 자료가 풍부해야 하는데, 한반도 대부분 지역이 산성 토양이어서 선사시대 인골이 남아 있는 경우가 드물다는 이유 때문이다. 그렇지만 신석기시대 가덕도 장항 유적처럼 선사시대 인골이 출토되는 일도 더러 있으므로, 조사자는 발굴조사를 하기 전에 인골에 관한 사전 지식을 반드시 숙지해야 한다. 사실 인골은 나이와 성별뿐만 아니라, 한 개인으로서의 삶과 죽음에 관한 수많은 정보를 간직하고 있다. 요즘 서구 고고학계에서 생물 고고학(bioarchaeology)이라는 분야가 크게 주목받고 있는 것도 바로 그와 같은 이유 때문이다.

인골은 또한 한 개인의 삶과 죽음을 넘어 집단의 사회적 성격과 문화 변동을 파악하는 데도 결정적인 실마리를 제공한다. 과거의 고고학은 토기와 석기 같은 도구, 즉 간접적인 자료를 통해 해당 사회의 성격과 문화 변동을 탐구했지만, 현재 고고학은 고인골 자료 같은 직접적인 증거를 통해 문제에 접근한다. 예를 들어 사냥-채집 사회에서 농경 사회로 넘어가는 이행기는 식생활 변화가 따르기 마련인데, 식생활의 변화는 인골에 그대로 반영된다. 농경 사회에서 주식으로 삼았던 곡물의 섭취량이 인골에 영향을 끼치기 때문이다. 인골에서 관찰되는 충치, 치아 부정교합(不正交合), 골비대증(porotichyperostosis), 크리브라 오르비탈리아(cribra orbitalia) 같은 증상은 과도한 곡물 섭취에 따른 현상이다.

과거에는 구석기시대에서 신석기시대로 이행하는 시기에 나타나는 긴머리형 [長頭型] 머리뼈에서 짧은머리형[短頭型] 머리뼈로의 변화를 '주민 교체'의 결과로 보았는데, 학계에서는 이를 '구석기-신석기시대 주민 교체설'이라고 한다. 그러나 머리뼈의 변화는 나일강 상류 누비아 지역에서 밝혀진 것처럼, 사냥-채집 사회에서 농경 사회로 이행하면서 발생한 식생활 변화의 결과일 가능성이 크다. 즉, 구석기시대 사냥-채집인과 신석기시대 농경인이 먹는 것이 서로 달랐기 때문에 머리뼈와 턱뼈의 계측치가 차이나는 것이지, 종족이 달라서가 아니라는 것이다. 이를 학계에서는 저작 기능 가설(masticatory fuctional hypothesis)이라고 부른다. 이처럼 인골은 과거의 삶을 재구성해 우리에게 들려준다. 그뿐 아니라 과거의 죽음에 관해서도 많은 이야기를 담고 있다. 이 책은 그중에서도 선사시대에 폭력적인 죽음을 맞이한 사람들에 관한 이야기를 독자들에게 들려주려고 한다.

선사시대 폭력과 전쟁에 관한 연구의 시대적 배경

사실 서구 고고학계에서도 선사시대 폭력과 전쟁에 관한 연구가 본격적으로 이뤄지기 시작한 것은 불과 20여 년 전부터다. 이 책에서도 잘 설명되었지만, 2차 세계 대전 이후 유럽 사회는 동서 냉전의 대립 속에 장기간 평화와 번영을 누렸고 그와 같은 시대적 분위기에서 고고학자들 또한 갈등과 폭력보다는 교역이니 교류 같은 지극히 평화 지향적인 주제를 탐구하였다. 그리고 고고학적 문화 변동에 관해 설명할 때조차 지극히 평화주의적인 방식을 택했다. 그러던 것이 1989년 베를린 장벽이 무너지면서 바뀌었다. 신자유주의자들은 사회주의권의 몰락으로 이념적 갈등이 종식된 마당에, 이제 갈등과 폭력이 없어질 것이라며 연일 장밋빛 미래를 쏟아냈다. 지금에 와서 돌이켜보면 하나의 해프닝에 불과했지만, 어떤 '스타 지식인'은 베를린 장벽이 무너지던 해에 '역사의 종말'을 선언했다. 당시 국내외 대중매체들은 그의 책이 마치 불후의 명저나 되는 양 야단법석을 떨었지만 지금은 그런 사실조차 기억하는 사람이 드물다.

그런 '종말론'에도 불구하고 역사는 계속되었고, 무너진 베를린 장벽 위로 민족 간, 종교 간 보이지 않는 장벽이 다시 세워졌다. 1990년대 중반 80만 명이나 죽임을 당했던 르완다 사태를 마치 강 건너 불구경하듯 방관했던 유럽인들도 막상 자신들의 안마당에서 전쟁이 일어나자 큰 충격에 빠졌다. 유럽의 화약고인 발칸반도에서 전쟁이 발발하자 자신들이 누리고 있는 평화가 그렇게 굳건하지 않다는 것을 깨달았다. 그리고 전쟁 방지를 위해 유럽이 하나로 통합되어야 한다는 주장이 힘을 얻었다. 이처럼 유럽에서 위기감이 확산되던 1996년에 마침 로렌스 H. 킬리의 『원시전쟁』(김성남 옮김, 수막새, 2014)이 출간되었다. 이 책은 영미권에서 선사시대 폭력과 전쟁 문제를 최초로 심도 있게 다룬 저서라는 평가를 받았다. 그리고 이 책 발간 이후 서구에서 선사시대 전쟁과 폭력에 관한 논문과 저서가 마치 봇물 터지듯이 쏟아져 나왔다.

『전쟁 고고학』도 그와 같은 폭력과 전쟁에 대해 본격적으로 연구되던 초기에 출간되었다. 이 책은 선사시대 사회를 평화적으로만 보던 당시 프랑스의 주류 학계에

도전장을 내밀었다. 그러나 이『전쟁 고고학』은 영미권과 비슷한 관점에서 쓰인 책이면서도 그 결이 다르다. 영미권에서는 고고학적 연구라 할지라도 사회과학적 이론과 인류학적 자료가 적극적으로 이용되고 권장되는 경향이 있다. 어떤 때에는 고고학 관련 서적인지 아니면 사회과학 서적인지 헷갈릴 정도인데, 이는 경험적 사실에서 패턴을 찾아내고 법칙화하려는 미국 학계의 특성에서 비롯된 결과이다. 그런 미국식 고고학, 즉 신고고학에 대해 브루스 트리거(Bruce Trigger, 1937~2006)는 다음과 같이 비판하였다.[1]

> 신고고학의 목표는 선사시대를 이해하는 것에 있는 것이 아니라, 고고학적 자료를 통해 현대 사회에서 실용적 가치가 있는 인간 행동에 관한 보편적인 일반화를 확립하는 데 있다. 그렇게 함으로써 고고학적 자료를 남겼던 (과거에 살았던) 사람들에게는 정작 관심을 덜 두게 된다. 이처럼 신고고학이 일반화를 강조하는 이유는 부분적으로 미국의 사회과학자들이 역사 연구를 낮게 평가하기 때문이고, 실용적인 지식을 특히 선호하는 미국 사회의 전반적 경향 때문이다.

즉, 당장 써먹을 수 있는 실용 지식을 중시하는 미국 사회의 분위기와 역사학을 경시하는 학문 풍토가 고고학을 역사학에서 멀어지게 하고 사회과학화를 지향하게 되었다는 것이다. 그런데 요즘 미국 고고학은 사회과학을 넘어 자연과학화를 지향하고 있는 듯하다. 조금 뒤에서 이 문제에 관해 다시 말하겠다.

그러나 영미권 연구와 달리『전쟁 고고학』은 될 수 있는 대로 이론이나 모델을 통해 어떤 법칙을 제시하기보다는 고고학적 자료를 통해 선사시대 폭력과 전쟁의 발전 과정과 다양성을 구체적으로 보여 주는 데 중점을 둔다. 뗀석기 연구의 권위자인 자크 틱시에(Jacques Tixier, 1925~2018)는 생전에 미국의 고고학이 '왜'에 초점을 맞춘다면 프랑스의 고고학은 '어떻게'에 초점을 맞춘다고 이야기한 적이 있는데, 이

....

1   Trigger, B., 1984, Alternative Archaeologies: Nationalist, Colonialist, Imperialist, *Man*, 19-3, p. 366.

책의 지은이들도 본문에서 그와 같이 이야기를 하고 있는 것을 보면 이는 프랑스 고고학의 특성이라고 봐도 무방할 것이다.

원인 탐구에 중점을 둔 연구들은 고고학적 사실들에서 인과관계를 확인하는 것을 최우선 과제로 삼기에 자칫 해당 지역의 문화적·역사적 전개 과정을 등한시할 위험이 있다. 그렇지만 '어떻게', 즉 과정을 중시하는 연구는 같은 이유에서 비롯된 행위라 할지라도 문제를 해결하는 방식이 해당 지역의 문화와 전통에 따라 다르게 전개된다는 점을 강조한다. 따라서 과정을 중시하는 고고학은 행위의 보편성을 찾으려 하기보다는 개별 문화의 독창성과 다양성을 찾는 데 주력한다.

그래서인지 프랑스 고고학은 현장 중심적이고 실사구시적이다. 프랑스 유학 시절에 옮긴이는 이른바 '책상물림 고고학자(armchair archaeologist)'라고 불릴 만한 고고학자를 만나 본 적이 없다. 그들의 연구 방법론은 구체적이었고 연구 목적 또한 과거 문화의 다양성과 독창성을 찾는 데 있지, 모델을 세우거나 법칙을 발견하는 일과는 거리가 멀었다. 따라서 『전쟁 고고학』은 프랑스식으로 말하자면 '블라블라는 조금만 하고 고고학은 많이 담으려 한 책'이다.

지은이들의 학술 편력과 접근 방법

한편 지은이들은 마치 피사체를 잘 담기 위해 줌렌즈를 밀고 당기듯이 폭력과 전쟁이라는 주제를 때론 거시적으로, 때론 미시적으로 분석함으로써 독자들이 폭력과 전쟁의 다양한 양상을 여러 각도에서 포착할 수 있게끔 한다. 그들은 또한 인공위성에서 지구를 바라보듯이 대륙을 넘나들며 유적들을 비교하기도 하고, 선사시대와 역사시대의 폭력과 전쟁을 비교하기도 한다. 아마 지은이들의 지중해 일대 유적들에 대한 반세기에 걸친 조사 경험이 고고학적 현상들을 이처럼 거시적으로 조망하는 데 크게 일조하였을 것이다.

장 길렌은 1936년에 프랑스 지중해 연안에 위치한 중세풍의 아름다운 도시 카르카손에서 태어났다. 그는 1960년대 후반에 프랑스 남부의 신석기 문화에 관한 연구로 박사학위를 취득하고, 1970년대에는 툴루즈 소재 국립과학연구센터(CNRS)의 고고학연구소에서 연구원으로 활동하였다. 1980년대에 들어서는 파리 사회과학고등연구원(EHESS)의 선임연구원을 역임하고, 1994년부터 프랑스 학자들에게 가장 영예로운 자리인 콜레주 드 프랑스(Collège de France)의 교수로 재직하다가 2007년에 은퇴하였다.

독자들이 이 책을 이해하는 데 주목해서 봐야 할 점은 그가 고향인 프랑스 남부(Midi)에 큰 애착을 가졌던 인물이라는 점이다. 프랑스 유학을 떠난 지 얼마 지나지 않은 2000년에 옮긴이는 파리 고인류학연구소(IPH)의 박사예비과정(DEA)에 재학 중이었다. 그때 장 길렌의 '유럽의 신석기시대' 강의를 들은 적이 있는데, 솔직히 그가 무슨 내용의 강의를 했는지는 전혀 기억나지 않는다. 지금도 부족하지만, 그때는 어학 실력이 너무 부족했고 또 시간도 많이 흘렀기 때문이다. 그렇지만 20년이 지난 지금까지도 그의 강한 남부 사투리만큼은 또렷이 기억난다. 그 정도로 그는 남부 프랑스인이라는 긍지가 강한 사람이었다.

학술적인 측면에서 중요한 점은 그가 태어나고 성장한 프랑스 남부 지역이 선사시대 폭력과 전쟁의 흔적이 가장 잘 남아 있는 곳이라는 점이다. 따라서 독자들은 그의 연구 중심에는 언제나 남프랑스가 있다는 점을 이해해야 한다. 또한 거시적 관점과 관련해 장 길렌의 경력에서 눈여겨봐야 할 대목은 그가 사회과학고등연구원에서 활동했다는 점이다. 이 기관은 아날학파의 거두이자 '역사학의 교황'이라고 불렸던 페르낭 브로델(Fernand Braudel, 1902~1985)이 창립하고 오랫동안 소장을 지냈던 곳이다. 잘 알려져 있듯이 브로델은 사건사 중심의 정치외교사에서 벗어나, 역사 깊은 곳에 거의 움직임이 없는 역사, 즉 장기 지속의 역사에 눈을 돌릴 것을 역설했던 구조주의 역사학자이다. 그의 방법론은 1960년대와 1970년대에 프랑스를 넘어, 이매뉴얼 월러스틴을 비롯한 전 세계 많은 역사가에게 큰 영향을 끼쳤다. 장 길렌도 그들 중 한 명인데, 실제로 그는 아날학파의 영향을 받았음을 다른 저서를 통해 고백한 적도 있다.[2] 이 책에서 신석기시대 남성과 여성의 상징과 이데올로기 형성 과정에 관해

....

2   장 길렌은 선사시대 지중해 세계를 다룬 저서 『공유된 바다』(국내 미번역)를 브로델에게 헌정하면서, 이

설명하는 부분은 마치 레비-스트로스의 구조주의적 인류학을 연상하게 한다.

그러나 관조하듯이 멀리 떨어져 이야기를 풀어 나가기만 한다면 자칫 이야기가 메마르고 밋밋할 위험이 있다. 실제로 1980년대에 구조주의적 역사 연구 방법론에 대한 주된 비판도 그런 것이다. 사람에 대해 이야기하고 있는데 정작 사람은 빠져 있는 그런 역설적 상황을 구조주의 역사학이 불러온 것이다. 옮긴이는 그와 같은 구조주의 방법론의 한계를 극복하기 위해 서구 역사학계에서 미시사와 신문화사가 출현했다고 이해하고 있다.

그럼 고고학적 입장에서 뼈대만 갖춘 고고학적 사실들에 살을 붙이고 피가 도는, 즉 살아 숨 쉬는 고고학을 하려면 무엇을 할 것인가? 방법이야 여러 가지가 있을 수 있겠지만, 아마 유적에서 출토된 인골에 관한 정밀분석도 과거에 살았던 사람들의 삶을 보다 생동감 있고 역동적으로 독자들에게 전달할 수 있는 훌륭한 방편일 것이다. 왜냐하면 인골 자체는 한 개인의 삶의 궤적을 고스란히 보여 주는 직접적 증거이기 때문이다. 국내에도 방영된 미국 드라마 〈본즈(Bones)〉나 〈CSI 과학수사대〉 같은 범죄 드라마들이 시리즈를 거듭하면서 인기를 누리는 이유도 희생자의 뼈에 대한 치밀한 분석을 거쳐 한 개인의 은폐된 죽음이 밝혀지면서 시청자들이 어떤 쾌감을 느끼기 때문이 아니겠는가? 현재 고고학은 인골에 대한 안정성 동위원소 분석, 유전자 분석 같은 자연과학적 분석 방법을 적용하여 과거의 사람들이 뭘 먹었는지, 혈통이 어떠했는지, 심지어 생전에 어떤 병을 앓았는지까지도 소상하게 알 수 있을 정도로 발전하였다.

그러나 『전쟁 고고학』은 그와 같은 첨단의 자연과학적 방법론이 고고학에 본격적으로 적용되기 이전에 간행된 책이다. 따라서 이 책에서는 그와 같은 첨단 기법을 기대할 수 없다. 그렇지만 이 책은 그와 같은 자연과학계의 값비싼 첨단 기법 없이도

....

책이 브로델의 『지중해의 기억』에서 영감을 받았으며 『공유된 바다』가 『지중해의 기억』의 선사시대로의 확장판인 점을 강조하였다. Guilaine, J., 1994, *La mer partagée: La Méditerranée avant l'ériture: 7000~2000 avant J.-C.*, Hachette, p. 454.

제대로 적용하기만 한다면 구식 방법만으로도 얼마든지 선사시대 사람들의 삶과 죽음을 실감 나게 그려 낼 수 있다는 사실을 여실히 보여 준다. 같은 대상을 보더라도 관찰자의 날카로운 관찰력과 깊이 있는 사고가 연구의 수준을 결정한다. 악마는 디테일에 있다고 하지 않던가!

이 책에서 인골의 분석을 담당한 장 자미트의 본업은 고고학자가 아니라 의사이다. 1974년에 의학 박사학위를 얻은 그는 1989년 장 길렌의 지도로 중세시대 인골들에 대한 인류학적 논문으로 두 번째 박사학위를 취득하였다. 아마 중세시대 인골에서 나타나는 폭력의 흔적들은 그 후 선사시대 폭력과 전쟁에 관한 그의 후속 연구에 큰 밑거름이 되었을 것이다. 1990년대부터 그는 본업인 의사로서 일하는 틈틈이 스승이자 친구인 장 길렌과 함께 선사시대 유적지에서 출토되는 인골을 분석하여 고고인류학적 연구를 줄곧 해 왔다. 그런 의미에서 『전쟁 고고학』은 오랜 세월 함께 일해 온 스승과 제자가 일궈 낸 결실이다.

이 책에서 두 사람의 역할을 비유해서 말하자면 마치 눈과 날개가 하나씩이라서 짝을 짓지 않으면 날지 못하는 비익조(比翼鳥)와 같다. 한 사람은 멀찌감치 떨어져서 큰 틀에서 고고학적 맥락을 살피고, 또 한 사람은 인골에 돋보기를 바짝 들이대고는 선사시대에 일어났던 폭력과 전쟁을 두껍게 읽는다. 옮긴이는 법의인류학 전공이 아니라 이 책에서 인골에 나타난 폭력 흔적에 관한 해석들이 얼마나 타당한지를 판단할 처지는 못 된다. 그러나 이 책을 번역하면서 사람 뼈에 박힌 화살촉의 각도와 깊이를 통해 추정된 화살의 궤도로 해당 인골이 어떤 상황에서 죽임을 당했는지 알 수 있다는 점과 어떤 자세로 가해자가 화살을 쐈는지도 알 수 있다는 점에 무릎을 칠 수밖에 없었다.

전쟁 본능설을 둘러싼 논쟁

『전쟁 고고학』이 출간된 지 20년이 흘렀다. 그동안 자연과학은 비약적 발전을 거듭하면서 이 책을 펴냈던 20년 전의 고고학계와 180도 달라졌다. 20년 전에는 선사시대를 평화롭게 보려는 관점이 절대적으로 우세했지만, 지금은 구석기시대부터 폭력과 전쟁이 존재했다고 보는 쪽이 대세이다. 심지어 *Journal of Conflict Archae-ology*라는 학술지가 간행되고 있을 정도이다. 그리고 그 과정에서 자연과학계의 발전, 특히 고유전자학과 진화심리학의 발전이 결정적인 역할을 했다. 1970년대 중반 에드워드 윌슨(Edward Wilson, 1929~)이 인문학과 사회과학이 생물학의 특수 분과가 될 것이라는 야심만만한 전망을 내놓을 때만 해도 인문·사회과학계는 그의 주장에 시큰둥하게 반응하거나 격렬히 저항했다. 그러나 21세기 초반을 살아가는 지금, 인문학과 사회과학의 주류 학계는 윌슨의 예언대로 되어 간다는 느낌을 지울 수 없다.

"전쟁은 인간 문화의 산물이고, 따라서 비교적 최근에 나타난 현상이라는 지배적인 학설에 도전하는 새로운 이론이 탄생하는 중이다. 인류학자, 고고학자, 영장류학자, 심리학자, 정치학자 들이 처음으로 만장일치에 가까이 가고 있다. 그들은 전쟁이 인류만큼 오래되었을 뿐만 아니라, 우리의 진화 과정에서 필수적인 역할을 했다고 강조한다."[3] 이처럼 자연과학계의 유력 잡지 *New Scientist*가 현재 거의 모든 학계에서 '전쟁이 인류의 본능'이라는 가설에 동의한다고 선언한 지도 10년이 지났다. 내셔널 지오그래픽사의 TV 프로그램 〈탐험가: 분노하러 태어났다?(Explorer: Born to rage?)〉(2010년 12월 14일 방영)에서는 "남성의 약 30%가 '전사 유전자'로 알려진 유전자(MAOA 유전자)를 지니고 태어난다"고 구체적인 수치까지 제시하며 전쟁이 인류의 본능임을 주장하고 나섰다. 그리고 그와 비슷한 내용의 기사들이 대중매체를 통해 하루가 멀다 하고 쏟아져 나오고 있는 형편이다. 물론 대중매체에서 하는 말들이니 가려들을 필요가 있다.

옮긴이가 여기서 주목하고 싶은 점은 대중매체가 자신이 확산시키고 싶어 하는 메시지의 근거를 과학에서 찾으려 애쓴다는 점과, 폭력과 전쟁이 우리의 본능이라는 시각이 이젠 하나의 상식처럼 전 지구적으로 만연해 있다는 점이다. 과학은 현대 사회에서 신이 되어 버렸다. 그렇다면 원래 인간은 이기적이고 경쟁적인 존재이기에 통제하지 않으면 세상이 온통 폭력과 전쟁으로 물들어 버릴 것이라는 홉스의 말이

....

3   Holmes, B., 2008, How warfare shaped human evolution, *New Scientist*, (12 November).

맞았던 것일까? 『문명과 전쟁』의 저자인 아자 가트(Azar Gat, 1959~)의 선고처럼 폭력과 전쟁이 우리의 본성이 아니라던 장-자크 루소는 인류의 역사 앞에 정말 크나큰 실수를 저지른 것일까?[4] 현 상황을 보면 홉스주의자와 루소주의자 간의 승패는 이미 결정나 버린 것처럼 느껴진다. 그러나 아직 전투는 끝나지 않았다.

옮긴이는 구석기시대 뗀석기를 전공하고 있지만 구석기시대부터 폭력과 전쟁이 있었다는 지은이들의 주장에 긍정도 부정도 할 수 없는 처지다. 솔직히 말해 이 책을 번역하기 전까지 그 문제를 깊이 생각해 본 적도 없고, 번역하면서 알게 된 얕은 지식만으로 어떤 주장을 내세울 주제도 못 된다. 그럼에도 불구하고 독자들의 균형 잡힌 독해를 위해 현재 학계의 주류인 '전쟁 본능설'의 문제점을 제시함으로써 악마의 대변인이 되고자 한다.

인류 역사만큼이나 전쟁 역사가 오래되었다는 주장은 일부 영장류학자, 진화심리학자, 고고학자의 신성동맹에 의해 뒷받침되는데, 그들의 핵심 테제는 다음 세 가지다. ① 전쟁은 인류 진화에서 언제나, 어디에서나 있었다. ② 사회 집단 바깥에 있는 사람들에게 치명적인 폭력을 행사하려는 인간의 성향은 진화되었고, 그 결과물이 전쟁이다. ③ 전쟁으로 잃은 인적 손실을 상쇄하고도 남을 만큼 전쟁은 집단 간 경쟁에서 재생산, 즉 번식에 이득을 가져다준다. 이 세 가지 테제 중에서 ②와 ③은 영장류학 또는 진화심리학에 속하므로 여기에서는 다루지 않겠다. 그렇지만 분명한 점은 ②와 ③이 참이려면 ①이 참이어야 한다는 점이다. 그리고 ①은 고고학의 영역이므로 이 부분에 대해 몇 가지 문제를 제기해 보겠다.[5]

'전쟁 본능론자들'이 주장하듯이, 전쟁은 언제나, 어디에서나 있었을까? 이 책에서도 인용하고 있지만, 『원시전쟁』에서 로렌스 H. 킬리가 제시한 전쟁으로 인한 사

....

4 Gat, A., 2015, Proving Communal Warfare Among Hunter-Gatherers: The Quasi-Rousseauan Error, *Evolutionary Anthropology*, 24-3, pp. 111-126.

5 Ferguson, B., 2015, Pinker's List-Exaggerating Prehistoric War Mortality, Fry, D., (ed.), *War, Peace, and Human Nature: The Convergence of Evolutionary and Cultural Views*, Oxford University Press, p. 112.

망자 비율 그래프(한국어판 60쪽, 이 책의 〈그림 7〉)는 상당수의 진화심리학자, 고고인류학자, 심지어 행동경제학자에게까지 큰 영향을 끼쳤다. 그리고 사회과학자들은 이 그래프를 마치 자신들의 모델이나 이론을 뒷받침하는 결정적이고 경험적인 증거처럼 인식하는 경향이 있다.[6] 이 그래프에 따르면 남아메리카의 지바로족에서 전쟁으로 죽은 사람의 비율이 30%를 넘고 남성만 따져 보면 거의 60%에 이른다. 한편 고고학적 증거로 제시된 제벨 사하바 유적에서도 무려 40%가 넘는 사람이 전쟁으로 죽었고, 역시 남성의 40% 정도가 전쟁으로 죽었다고 보고되었다. 민족지 자료에서나 고고학 자료에서나 문명 이전 사회에서 폭력과 전쟁으로 죽은 사람이 그만큼 많았다는 뜻이다. 킬리의 그래프 발표 이후 여러 분야의 연구자들이 표본의 수를 늘려 가며 업그레이드된 그래프를 앞다투어 발표했다. 그중 국내 일반 대중에게 잘 알려진 스티븐 핑커(Steven Pinker, 1954~)가 제시한 그래프를 예로 들어 보자. 그는 『우리 본성의 선한 천사』(김명남 옮김, 사이언스북스, 2014, 113쪽)에서 21개 선사시대 사회에서 전쟁으로 사망한 사람이 평균 15%가량 된다고 추정하면서, 문명 사회에 진입하면서 폭력과 전쟁이 크게 줄었다고 주장했다. 핑커의 이러한 주장은 '인류의 역사가 폭력을 끊임없이 줄여 가는 방향으로 진보해 왔다'라는 진보주의적 역사관을 '과학적으로' 정당화하는 것이었기에 학계는 물론 대중에게도 큰 반향을 불러일으켰다.

그러나 문제는 '이 숫자가 맞는 것이냐'이다. 위에서 언급했던 제벨 사하바 유적의 경우 킬리와 핑커는 전쟁으로 인한 희생자가 40%가량 된다고 보고했다. 그러나 희생자 수를 최근에 다시 계산한 한 고인류학자는 그 비율이 고작 10%에 지나지 않는다고 반박하였다. 또 어떤 연구자는 폭력의 흔적을 보이는 구석기시대 말기 또는 중석기시대의 유적들이 과연 그 시대를 대표할 수 있는지에 관해서도 의문을 제기한다. 설령 킬리와 핑커의 추정치가 맞다 하더라도 비슷한 시기에 속하는 그 많은 선

....

6   예를 들어 국내에도 잘 알려진 진화심리학자 스티븐 핑커, 영장류학자 리처드 랭엄, 경제학자 새뮤얼 보울스 등이 그에 해당한다.

사시대 유적 중 폭력의 흔적이 남아 있는 유적이 적다는 것은 그 시대에 폭력과 전쟁이 아주 드물게 일어났기 때문이 아니겠느냐는 문제 제기인 것이다. 실제로 연대가 기원전 1만 년에서 기원전 8000년 사이에 드는 전 세계 유적 400곳에서 수습된 인골(2,930개체)을 대상으로 한 연구에서 제벨 사하바 유적은 예외임이 드러났다.

한편 질적으로도 폭력과 전쟁의 역사가 인류의 역사만큼 오래되었다는 가설을 비판하는 연구자 역시 적지 않다. 대개 폭력과 전쟁의 역사를 길게 보는 연구자들은 그 기원을 적어도 현생 인류가 탄생한 20만 년 전까지로 올려 보려 하지만, 그에 대한 확실한 고고학적 증거는 아직 없다. 다만 유럽에 남아 있는 후기 구석기시대 동굴 벽화의 몇몇 그림 중에 창에 찔려 죽어 가는 사람이라고 해석할 수 있는 장면이 있어서, 폭력의 역사를 길게 보는 연구자들은 그것을 구석기시대에 폭력이 있었다는 증거로 자주 인용한다. 그러나 독자들도 이 책의 〈그림 10〉과 〈사진 5·6·7〉을 보면 알겠지만, 그와 같은 장면들이 정말 사람을 표현한 것인지 의문이 드는 것도 사실이다. 따라서 독자들은 이처럼 선사시대 예술 행위를 통해 폭력과 전쟁의 고고학이 신석기시대 이전으로 거슬러 올라간다는 주장에는 늘 해석의 문제가 도사리고 있다는 점을 잊어서는 안 된다.

마지막으로 짚고 넘어갈 점은 공격성, 폭력, 학살, 전쟁이라는 개념 정의에 관한 문제이다. 대체로 전쟁의 역사가 오래되었다고 보는 연구자들은 전쟁의 개념을 매우 폭넓게 정의하는 경향이 있다. 이 책의 지은이들은 전쟁을 무장한 집단 간의 정면 대결뿐만 아니라, 이웃한 무리에 대한 기습, 매복, 심지어 개인 차원의 살인까지 포괄한 폭넓은 개념으로 이해하고 있다. 전쟁의 고전적 정의가 원시 사회에서 나타나는 다양한 폭력의 형태를 제대로 반영하지 못한다는 현실적 요구에서 나온 것이긴 하지만, 전쟁의 개념을 너무 넓게 확대하였다는 비판을 피할 수 없을 듯하다. 개인적 복수 때문에 사람을 죽인다고 그것을 전쟁이라고는 하지 않는다. 지은이들이 이 책에서 멋지게 분석했듯이, 중석기시대부터 대학살이 있었을 가능성이 크다. 그러나 전쟁은 적대 세력들 간의 무력충돌이다. 따라서 한 집단이 일방적으로 몰살당했다고 해서 그것을 전쟁의 증거라고 볼 수는 없다. 모든 전쟁에는 반드시 폭력이 뒤따르만, 그렇다고 모든 폭력이 전쟁을 뜻하지는 않는다는 것이다. 그런데 이 책의 지은이들을 비롯해 전쟁의 역사가 길다고 보는 연구자들은 이러한 구분을 중요하게 생각하지 않는 듯하다.

번역은 반역이다

이상에서 '전쟁 본능설'의 문제점을 양적인 측면, 질적인 측면, 그리고 개념적 측면에서 살펴봤다. 비록 『전쟁 고고학』도 이와 같은 한계에서 벗어나지 못하지만, 이 책은 일반 독자들에게 지적 재미와 인류의 흑역사에 관해 많은 것을 알려 줄 것이다. 그리고 선사시대를 연구하는 전문가에게는 참신한 아이디어를 제공해 줄 것이다. 번역하는 동안 옮긴이는 비슷한 서적과 논문을 여럿 읽었지만 『전쟁 고고학』처럼 흥미로우면서도 학술 연구에 도움이 되는 책은 보지 못했다. 특히 신석기시대 학살 유적과 집단무덤에 대한 해석은 이 책의 백미다. 젊은 시절부터 장 길렌은 줄곧 많은 대중서를 펴냈고 또 그가 펴낸 책 대부분은 프랑스에서 주목을 받았다. 그런 의미에서 그는 학자인 동시에 타고난 이야기꾼이다. 하지만 원서의 그와 같은 맛을 옮긴이가 제대로 전달했는지 모르겠다.

번역의 이상은 "다른 언어로 똑같은 것을 말하기"다. 그렇지만 움베르토 에코가 밝혔듯이, 그것은 어디까지나 이상일 뿐, 가장 잘된 번역이라 봐야 "거의 같게 말하기"다. 『전쟁 고고학』의 번역에서는 원문의 만연체가 가장 큰 골칫거리였다. 번역 초기에 원문의 긴 문장을 끊지 않고 어떻게든 우리말로 바꿔 보려 했으나 옮긴이가 읽어 봐도 문장의 내용이 쉽게 이해되지 않았다. 따라서 원문의 긴 문장을 끊어야 했는데, 이 과정에서 영어판이 큰 도움이 되었다. 명백히 오역인 문장도 드물게 눈에 띄었지만 영어판은 지은이들조차 빠뜨렸던 몇 군데 사소한 부분을 찾아 채워 주었고, 또 이해하기 어려운 원문을 잘 풀어서 영어로 번역하여 옮긴이가 한국어로 옮기는 데에 크게 도움을 주었다.

잘 알다시피 번역에는 직역과 의역 두 가지 방식이 있다. 직역은 단어를 단어로 표현하는 방식이고 의역은 의미를 의미로 표현하는 방식인데, 여기서는 주로 후자의 방식을 따랐다. 『전쟁 고고학』이 문학책도 아니고 극도의 엄밀함을 요구하는 책도 아닌데 직역을 굳이 고집할 필요가 없다고 판단했기 때문이다. 그러나 의역은 그만큼 옮긴이에게 원문의 의미뿐만 아니라 행간의 의미까지 파악할 것을 요구한다. 그런 의미에서 '지은이의 뜻을 따라 글을 옮긴다는 것'은 옮긴이에게 상당한 부담으로 다가온다. 번역을 마치고 간행을 앞둔 시점에 옮긴이가 '과연 지은이들이 말하고자 하는 의미를 하나도 틀림없이 제대로 이해했는가' 하는 두려움이 앞선다. 서양의 오랜 격언에도 "번역은 반역(Traduttore traditore)"이라고도 하지 않던가!

수많은 불경을 한역했던 쿠마라지바(Kumārajīva, 鳩摩羅什, 344~413)는 1,500년이 지난 지금까지도 위대한 역승(譯僧)으로 추앙받는다. 그런 그도 "번역은 일단 씹은 밥을 다른 사람한테 먹이는 것과 비슷하다. 단지 맛만 잃게 하는 것이 아니라 오히려 구역질까지 일으키게 한다(改梵爲秦, 失其藻蔚, 雖得大意, 殊隔文體, 有似嚼飯與人, 非徒失味, 乃令嘔噦也)"(『高僧傳』, 「鳩摩什傳」)라며 번역의 한계를 절감했다고 한다. 이번에 번역된 『전쟁 고고학』이 맛난 요리까지는 되지 못할망정 주린 배를 채우는 한 끼는 되었으면 하는 것이 옮긴이의 바람이다.

『전쟁 고고학』은 대중서이다. 따라서 원래 주석이 별로 없다. 그러나 한국어판에는 각주 형태로 주석을 많이 달았고, 그 작업에만 수개월이 걸렸다. 원서가 출간된 지 스무 해나 지났고 그 후에 폭발적으로 증가한 관련 연구 성과들을 독자들에게 알리고 싶다는 옮긴이의 과도한 욕심에서 비롯된 일이다. 주위의 만류에도 불구하고 이처럼 고집을 부렸던 까닭은 국내에서도 이와 같은 연구가 활성화되어야 한다는 어떤 절박함 같은 것을 느꼈기 때문이다. 옮긴이의 주가 사족으로 끝나지 않고 새로운 시도를 하려는 패기 넘치는 젊은 고고학도들에게 길잡이 구실을 했으면 좋겠다. 우리에게 낯선 지명과 인명 때문에 읽는 데 불편이 따르겠지만, 일반 독자들은 본문만 읽더라도 내용을 이해하는 데 어려움을 느끼진 않을 것이다.

이 책이 나오기까지 많은 분의 도움이 있었다. 그중에서도 한강문화재연구원의 신숙정 원장님의 권유와 재정적 지원이 없었더라면 이 책은 결코 빛을 보지 못했을 것이다. 원장님과의 인연은 학부 시절까지 거슬러 올라간다. 1990년대 초 옮긴이가 다니던 대학의 연구소 연구원이셨고 강의도 하셨지만 공교롭게도 원장님의 강의를 들어 본 적은 한 번도 없다. 그렇지만 원장님은 발굴 현장과 연구실에서, 그리고 사석에서 많은 가르침을 주셨다. 옮긴이가 대학원에 막 진학할 무렵, 원장님은 중곡동 자택으로 한 선배와 옮긴이를 초대하신 적이 있다. 그때 원장님은 옮긴이에게 "너무 이론만 파고들어서 현장과 동떨어진 책상물림 고고학자가 되지 말 것"과 그렇다고 "자신의 발굴 경험만이 전부라고 믿고 살아가는 어리석은 고고학자가 되지 말 것"을 당부하셨다. 그날 이후 원장님의 말씀은 늘 부족한 스스로를 되돌아보는 거울이 되었다.

책도 사람처럼 인연이라는 것이 있는가 보다. 옮긴이가 『전쟁 고고학』을 처음 본 것은 유학 중이던 2000년 초 앙굴렘의 한 서점에서였다. 당시에는 전공 서적들을 구입하기도 빠듯한 형편인지라 한참을 만지작거리다가 결국 책을 사지 못했다. 그리고 세월이 한참 흘러서 국내에 번역할 만한 마땅한 프랑스어권 고고학 책을 찾지 못한 마당에, 경북대학교의 이성주 교수님께서 신숙정 원장님을 통해 이 책을 추천하셨다. 일면식도 없지만 까맣게 잊고 있던 책과 재회할 기회를 준 이성주 교수님께 고맙다는 말씀을 드리고 싶다. 그리고 개인적으로는 유학 시절 사귀었던 옛 친구들의 이름을 이 책에서 발견하고 기뻤다. 사실 샤랑트 지방은 옮긴이가 6년 동안 살았던 지역이고, 또 그곳의 페라 동굴 유적은 옮긴이에게 매우 낯익은 곳이다. 페라 유적에서 불과 200m 거리에 아트낙(Artenac)이라는 구석기시대 유적이 있는데, 그 유적에서 옮긴이는 3년 동안 연차 발굴을 했다. 그때 심심하면 페라 유적으로 마실 가듯이 놀러 갔고 또 그곳에 일손이 부족할 때는 발굴 작업을 돕기도 했다. 당시에 조제 고메즈 드 소토(José Gomez de Soto)가 조사 책임자였고 브뤼노 불레스탱(Bruno Boulestin)은 인골 분석 전문가였다. 한국식으로 말하면 조제는 아버지뻘의 교수였고, 브뤼노는 큰형님뻘의 연구원이었지만, 그때 우리는 모든 걸 떠나 망년지교(忘年之交)의 나날을 보냈다. 지금 한국에서라면 형사 고발감이지만 조제의 썰렁한 음담패설과 안전모에 담배 파이프를 늘 물고 다니던 브뤼노의 모습이 눈에 선하다. 두 분과의 만남 덕택에 낯선 분야의 책에 그나마 쉽게 다가갈 수 있었다.

2008년에 귀국한 이후 신숙정 원장님께서 프랑스어권 고고학 관련 서적을 번역할 것을 여러 차례 권유했으나 죄송스럽게도 늘 사양할 수밖에 없었다. 시간 강사로 이곳저곳을 떠돌아다니는 처지여서 진득하니 한곳에 자리 잡고 오랜 기간 경주해야 하는 번역은 언감생심이었다. 그렇게 마음의 빚을 안고 살아가던 중 2017년 봄부터 모교에서 일할 수 있게 되어 번역 작업에 착수할 수 있었다. 옮긴이가 모교에서 일할 수 있도록 해 주신 장충식 단국대학교 이사장님, 장호성 전 총장님께 감사드린다. 아울러 학교 당국에 부족한 옮긴이를 천거해 주신 한시준 전 동양학연구원 원장님과 이재령 전 연구실장님께도 고마움을 전한다. 그런데 모교로 다시 돌아갈 첫 번째 계기는 심재훈 교수님이 만들어 주셨다. 그 후로도 심 교수님은 늘 새로운 중국 고고학 자료를 옮긴이에게 먼저 알려 주셔서 옮긴이의 연구 폭을 넓혀 주셨다. 아울러 학구열에 불타는 그의 제자들도 나이를 떠나 옮긴이에게 많은 가르침과 학문하는 즐거움을 안겨 주었다. 모두에게 감사드린다. "그 선생에 그 제자들(Tel maître, tels élèves)."

『전쟁 고고학』 원본인 프랑스어판은 그림과 사진도 많은 데다가 편집 또한 독자들이 책을 읽기에 불편하게 되어 있다. 한국어판이 이처럼 독자들이 읽기 편하고 깔끔하게 된 데에는 ㈜사회평론아카데미 편집진의 노고가 크다. 원고 교정 작업에서 옮긴이의 까다로운 요구 사항을 모두 들어 주신 편집진, 그리고 한강문화재연구원의 권도희 선생님께 감사드린다. 그리고 이희근 겨레문화유산연구원 전문위원께서도 출판사로 원고를 넘기기 전 초고를 전체적으로 교정을 봐 주셨다. 이 자리를 빌려 감사드린다.

그동안 우리는 눈부신 빛만 쳐다보다가 눈이 멀어 정작 우리에게 드리워진 그림자를 보지 못했다. 이 책이 독자들에게 가장 오래된 인류의 역사에 대해 알 수 있는 기회가 되었으면 좋겠고, 또한 인간의 흑역사에 관해 되돌아볼 수 있는 계기가 되었으면 한다. 옮긴이는 신체 장애를 이유로 구타당하고 손발이 묶인 채 광주리에 담겨 생매장당해야만 했던 신석기시대 어린아이들에 관한 내용을 번역하면서 고개를 떨구었다. 아득히 먼 과거에 일어났던 끔찍한 사건이지만, 아이들이 겪어야 했던 고통이 고스란히 느껴졌기 때문이다. 지은이들도 말하듯이 폭력은 언제나 자신을 지킬 수조차 없는 약한 자, 병든 자, 무리에서 떨어져 나온 외톨이를 겨냥한다. 통계에 따르면 2014년부터 2018년까지 우리나라에서 폭력으로 살해되는 아이들이 한 해에 적게는 14명에서 많게는 38명에 이른다고 한다. 한 달에 2~3명꼴로 아이가 맞아 죽는다는 이야기다. 아마 숨겨진 죽음은 이보다 훨씬 더 많을 것이다. 엊그제도 한 아이가 학대당하고 여행용 가방에 갇혀 사망했다는 뉴스를 들었다. 과연 6,000년 전에 죽어야 했던 아이와 오늘날 죽임을 당한 아이 사이에는 무슨 차이가 있는 것인지 궁금해졌다. 그리고 문득 "문화는 우리를 더욱더 인간적으로 만드는가?"라는 물음이 떠올랐다.[7]

2020년 6월
박성진

....
7   "문화는 우리를 더욱더 인간적으로 만드는가?"는 2018년도 프랑스 대입 자격시험의 철학 문제이다.

차례

시작하는 말 33

사냥-채집 사회에서의 폭력

농경 사회는 평화로웠나, 요란스러웠나

일러두기

1. 이 책의 외국어 표기는 국립국어원의 원칙을 따랐다. 단, 인명과 지명 등 고유명사는 해당 지역의 발음을 따랐으며, 해당 지역의 발음을 알 수 없는 부득이한 경우 프랑스어 발음을 따랐다. 중국어 고유명사는 한국식 독음을 기준으로 했다.

2. 사람 뼈에 대한 해부학적 용어는 한글 용어를 쓰고자 했다. 대한해부학회의 『해부학 용어』(전자판)와 서울대학교병원에서 온라인으로 제공하는 '신체기관정보'를 참조하고 따랐다.

3. 천 년 단위의 시간을 나타내는 millénaire는 '기(期)'로 번역하였다. 예를 들어 '4e millénaire'는 '기원전 4000년 기'로, 이는 기원전 3999년부터 기원전 3000년까지의 시간대이다.

4. 본문의 옮긴이 주는 각주로 표기했으며, 원저자의 주는 1), 2), 3)… 등으로 표시한 후 본문의 맨 마지막에 배치하였다.

시작하는 말

역사시대 초기의 무력충돌

선사시대의 무력충돌 사태를 본격적으로 알아보기에 앞서, 지구상에 고대 도시가 세워지고 최초의 국가가 탄생하던 역사시대 초기에 수없이 반복되었던 전쟁을 한번 살펴보는 것도 유용할 듯하다. 기원전 3000년에서 기원전 2500년 사이에 건립된 메소포타미아 지방의 수메르 문명권에 속한 도시들은 초기 역사시대 전쟁의 모습을 잘 보여 준다. 도시 국가를 이루고 살았던 수메르인들은 서로 싸웠다. 영토 때문에 각축하고 상대방 군대를 기습했으며, 가장 가까이 있는 이웃 도시들을 약탈했다.[1]

우르(Ur) 왕조 무덤에서 나온 금·은·청동으로 만든 그릇, 정교한 무기, 귀금속과 더불어, 멀리 아프가니스탄 지역에서 가져온 청금석(靑金石)으로 만든 장신구 같은 보물은 당시 화려했던 우르 왕조의 문화를 잘 보여 준다. 우르 왕조의 무덤 중에 기원전 2500년경에 만들어진 한 무덤이 있는데, 이 무덤에서는 '우르의 깃발'이라는 유물이 출토되었다.[1] 이 유물은 두 장의 나무판자에 역청을 바르고 그 위에 홍옥

....

1   '우르의 깃발'은 1928년에 우르의 왕릉급 무덤(PG 779)에서 레오나드 울리(Leonard Woolley) 경에 의

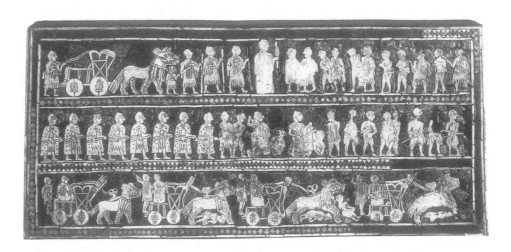

사진 1 기원전 2500년경 메소포타미아의 '왕릉급 무덤'에서 출토된 우르의 깃발로, 두 장의 나무판자에 역청을 바르고 그 위에 홍옥수와 청금석을 잘게 잘라 붙이고 조개껍질로 인물을 표현하였다. 사진은 이른바 '전쟁의 판' 이라고 불리는 면이다(런던 대영박물관, © The Bridgenian Art Library).
위 열: 옷을 벗은 죄수들이 왕과 신하들 앞에 서 있다. 가운데 열: 죄수들 뒤로 보병들이 걸어가고 있다. 아래 열: 전차들이 패잔 병들을 넘어가고 있다.

수와 청금석을 잘게 잘라 붙이고 조개껍질로 인물을 표현하였다(사진 1). 판자에는 전투 장면과 적을 체포하는 장면이 묘사되어 있다. 당나귀가 이끄는 투창을 실은 전 차가 적의 시신을 밟고 넘어가는 모습, 벌거벗긴 채 왕과 고관들 앞에 서 있는 전쟁 포로의 모습 등이다. 판자의 중심부에는 투구를 쓰고 두꺼운 망토를 걸친 승리한 보 병들이 패배한 알몸의 전쟁 포로들을 감시하는 모습이 묘사되어 있다. 우리는 이 유 물을 통해 당시 보병과 전차로 구성된 진정한 군대 모습을 확인할 수 있다. 수메르 군인은 실제로 창, 전투용 도끼, 전투용 곤봉, 단검 등 다양한 무기로 무장하였고 방 패로 자신을 보호하였다. 무기 중에는 의례용 단검도 있는데, 이 단검의 날은 초승 달처럼 휘어 있다. 당시에는 활이 전투에 거의 사용되지 않았지만, 나중에 다시 등 장하였다.

이처럼 불안한 상황에서 도시들은 성을 높이 쌓았다. 성벽은 도시의 위력을 과

....

해 발견되었다. 이 유물은 현재 대영박물관이 소장하고 있다.

시하는 하나의 상징물이었을 뿐만 아니라, 실질적으로 도시민들과 그들의 재산을 지켜 주는 방어 수단이었다. 이처럼 높다란 성은 도시 공동체를 보호했다. 여러 성터 유적 중에서 우루크(Uruk)의 성터 유적이 가장 장관인데, 그 면적은 400~500헥타르 정도이고 길이는 최소 10km 이상이다. 성안에는 망루가 적어도 900개 이상 세워졌다. 당연한 얘기겠지만 그 당시 제작된 예술 작품도 그들의 강력함을 과시하는 데 사용되었다. 예를 들어 '독수리 비석'이라고 불리는 작품은 기원전 2450년에 라가쉬(Lagash)의 왕이 인접 도시 국가인 움마(Umma)를 이긴 것을 기념하기 위해 제작되었다. 비석에는 라가쉬의 왕과 보병들이 패잔병들을 짓밟고 있는 모습이 새겨져 있다.[2]

도시 국가 간의 전쟁 끝에 메소포타미아 문명에서 최초로 제국이 등장했다. 키시(Kish)라는 도시 국가의 고관이었던 셈족 출신 사르곤(Sargon)이 기원전 2300년 경에 아카드(Akkad) 왕국을 세웠다. 몇 차례 전쟁을 치르면서 영토를 줄곧 확장했던 아카드 왕국은 동쪽으로는 오늘날 이란 서부에 해당하는 엘람에서부터, 서쪽으로 지중해에 이르는 대제국으로 발전하였다. 그렇지만 메소포타미아 문명에서 전쟁은 그보다 훨씬 전부터 있었다. 아카드 제국이 건설되기 1,000년 전, 그리고 '우르의 깃발'이 제작되기 수백 년 전에, 우루크 문명의 '원통형 도장'에는 무자비했던 왕의 모습이 새겨져 있다. 그는 마치 패잔병을 처형하는 광경을 앉아서 차갑게 지켜보고 있는 듯하다. 뒤로 손이 묶인 채 쭈그려 앉아서 처형을 기다리는 패잔병의 모습 또한 '원통형 도장'에 자주 새겨지는 주제였다.

일반적으로 고대 이집트인은 조용하고 평화적인 사람들이라고 여겨져 왔다. 그러나 그들 또한 호전적인 왕을 위해 용병으로 입대하길 망설이지 않았다. 고대 이집트 왕국에서도 통일 이전부터 폭력 행위가 심심치 않게 일어났다. 에드푸(Edfu) 지방 히에라콘폴리스(Hiérakonpolis)에 있는 100호 무덤은 기원전 4000년 기 후반에 권력자들을 위해 진흙 벽돌을 쌓아 만든 벽돌무덤이다. 이 무덤 벽면의 프레스코화

....

2   기원전 2450년에 만들어진 비석의 조각이다. 현재 루브르박물관에 소장되어 있다. 한 면에는 본문에서
     말한 전쟁 관련 내용이 새겨져 있고 다른 면에는 신화적 내용이 담겨 있다.

는 당시 전쟁이 얼마나 치열했는지 잘 보여 준다.[3] 벽면에는 활처럼 휘고 길쭉한 기제(Gerzeh) 양식의 배들이 그려졌는데, 이 장면은 수상 전투를 표현한 듯하다.[4] 다른 벽에는 사냥과 전투를 주제로 한 벽화가 그려져 있다. 한 장면은 어떤 인물이 사자로 보이는 두 마리의 맹수와 싸우고 있는 장면이고, 다른 한 장면은 두 남자가 서로 결투하는 모습이다. 한 명의 병사가 전투용 곤봉으로 세 명의 적군을 내리치고 있는 광경을 묘사한 벽화도 있다.[2]

선왕조시대 유물로, 대중에게도 잘 알려진 게벨 엘-아라크(Gebel el-Arak) 돌칼의 상아로 만든 손잡이 앞면에는 앞서 살펴본 벽화처럼 지상 전투와 해상 전투 장면이 새겨져 있고, 뒷면에는 한 사람이 야수와 맞서는 장면이 새겨져 있다(그림 1).[5] 두 장면 모두 지배를 의미하는데, 한 장면

그림 1 이집트 게벨 엘-아라크에서 출토된 단검의 상아 손잡이에 그려진 전투 장면 확대 그림 (B. Midant-Reynes, 1999에 실려 있는 U. Sievertsen 의 그림 재인용)

은 인간에 대한 지배를, 다른 장면은 야수에 대한 지배를 나타낸다. 파라오의 절대적

....

3   고대 그리스 사람들은 이 도시를 히에라콘폴리스라고 불렀으나, 지금 이집트에서는 네켄(Nekhen)이라고 부른다.

4   기원전 3800년에서 기원전 3000년까지 나가다 문화 세 번째 양식을 선왕조시대의 기제 양식(gerzéen: 기원전 3300~기원전 3000년)이라고도 부른다.

5   현재 루브르박물관에 소장되어 있는 게벨 엘-아라크 돌칼은 나가다 IId기(기원전 3300년 또는 기원전 3200년)의 작품으로 이집트 선왕조시대 석기 제작 기술의 진면목을 볼 수 있는 작품이다. 발굴을 통해 알려진 유물이 아니어서 이 유물의 정확한 출처는 알 수 없다. 다만 게벨 엘-아라크에서 이 유물이 발견되었다고 알려졌지만, 현재 학계에서는 대체로 상이집트의 아비도스에서 출토된 유물로 보고 있다.

권력 아래 궁극적으로 이집트를 통일하겠다는 목적으로 연속되는 정복 전쟁과 권력의 '창출'이라는 시대적 배경 속에서 이와 같은 폭력적인 장면들이 제작되었다고 보는 편이 자연스러운 해석이다. 여러 지역의 유력 가문 대표들은 권력을 잡기 위해 서로 싸웠고, 그들 간의 투쟁은 틀림없이 격렬했을 것이다. 강력한 도시들은 성을 쌓았고 작은 왕국들은 영토를 더 넓히려는 야욕 속에서 긴장감은 한없이 높아만 갔다. 야망을 이루고 백성들의 생명과 재산을 지키고 타인을 굴복시키고 분쟁을 중재하는 데 물리력이 중요한 역할을 했다. 실제로 이집트의 통일은 파라오의 성공적인 정복 사업의 결과였다. 좀 더 정확히 말하면 나일강 상류 나가다(Nagada) 지역의 지배자는 나일강 하류 삼각주 지역의 문화를 적극적으로 받아들이면서도, 정작 하류 지역의 사람들을 적으로 돌려 그들을 격파하고 포로들에게 단호한 태도를 보임으로써 왕의 이미지를 창출하여 통일을 완수하였다. 전쟁은 왕권의 요소로 권좌를 공고히 하는 데 이용되었다.[3)]

북이집트를 정복하여 통일한 남이집트의 이야기를 담고 있는 작품으로 추정되는 나르메르의 석판은 승리한 전사의 모습을 잘 표현하고 있다(그림 2).[6] 상이집트의 흰 관을 쓴 나르메르 왕이 파피루스 속에서 나오는 매의 모습을 한 신인 호루스에게 잡혀 왕 앞에 무릎을 꿇은 어떤 사람을 곤봉으로 내리치는 모습이다. 이 장면 아래에는 두 명의 '헤엄치는 사람'의 모습이 새겨져 있는데, 아마 해상 전투를 의미하는 것 같다. 한편 뒷면에는 왕이 정복한 지역의 상징인 붉은 관을 쓰고 전투 깃발을 앞세우고 행진하는 모습이 새겨져 있는데, 그들 앞에 일렬로 길게 늘어선 목이 잘린 시체들은 당시 전투가 얼마나 격렬했는지 알려 준다. 이 작품은 하나의 비극적 사건을 전달하는 것을 넘어 절대 권력을 쥔 왕에게 저항하는 자는 누구라도 철저히 분쇄해 버리고 말겠다는 메시지를 전달한다. 한마디로 대학살은 권위의 표상이었다. 제국이 망할 때까지 이집트는 누비아, 리비아 그리고 근동을 끊임없이 약탈했다. 기원전 2000

....

6   상이집트와 하이집트를 통일한 최초의 파라오 나르메르를 기념하여 제작된 석판을 말한다. 나르메르 석
      판에 관한 보다 자세한 내용은 아더 훼릴, 이춘근(옮김), 1990, 『전쟁의 기원』, 인간사랑, 50-53쪽 참조.

그림 2 기원전 3000년 이집트의 나르메르의 석판으로, 한 면(왼쪽)에는 무릎을 꿇고 있는 적을 왕이 곤봉으로 내리치는 장면이 묘사되어 있고, 다른 면에는 깃발을 들고 선두에서 걷는 다른 병사들보다 왕이 매우 크게 묘사되어 있음을 볼 수 있다(B. Midant-Reynes, 1999).

년 기 지중해 동부 지역에서 일어났던 전쟁, 침략, 파괴 등에 관해 열거해 보면 다음과 같다. 바빌론을 잿더미로 만든 카시트족(Kassites)과 히타이트족(Hittites), 아나톨리아 주변 지역을 약탈한 하티(Hatti) 왕국, 아시리아 제국을 휩쓸고 다닌 유목 민족, 히타이트와 바다 사람들을 격파하고 누비아와 시리아까지 정복한 람세스와 그 후예들….

고대 그리스 또한 그 출발이 그리 평화롭지는 않았다. 기원전 3000년 기에 키클라데스(Cyclades), 카스트리(Kastri), 시로스(Syros) 등 에게해의 여러 섬은 해적질을 막으려고 높은 곳에 망루를 세우고 장벽을 둘러쳤다. 소아시아의 트로이 왕국에서 두 번째로 컸던 도시 또한 언덕에 망루를 세우고 장벽을 건설했다. 아나톨리아, 시리아, 팔레스타인 지역의 도시들도 이와 비슷한 방식으로 스스로를 방어했다. 기원전 2000년 기에 미케네, 티린스(Tiryns), 필로스(Pylos) 등 미케네시대의 도시들은 견고한 성벽 뒤에서 전쟁을 준비했다.

문학과 종교: 언제나 전쟁

고대 그리스 최초의 시인 호메로스는 용맹스러움을 찬양하고 옹호했다. 그는 『일리아드』에서 그리스와 트로이 사람들이 이성을 잃을 정도로 피에 굶주렸다는 사실을 잘 묘사하였다. 하물며 신조차 편을 갈라 그들의 영웅을 보호했다. 전쟁은 격렬했고, 시인은 영웅들의 야수 같은 증오심, 치명상을 입은 부상자들의 끔찍한 모습, 머리가 잘린 시신들을 이야기했다. 광적인 폭력에 대한 세부 묘사는 때로 독자들에게 구역질을 일으킬 지경이다. 『오디세이』도 잔혹하기로는 매한가지다. 이타카섬으로 돌아온 오디세우스는 페넬로페의 구혼자들을 인정사정없이 모조리 죽였다. 그리스 사람들, 특히 호메로스의 작품들에 조예가 깊은 사람들은 그런 식으로 폭력과 냉혹함을 배웠다.

고대 그리스의 위대한 역사가 세 사람, 즉 헤로도토스, 투키디데스, 크세노폰은 책을 통해 전쟁에 관한 이야기를 많이 남겼다. '역사학의 아버지'라 불리는 헤로도토스는 에게해, 페르시아, 이집트 또는 스키타이를 무대로 펼쳐졌던 전쟁을 이야기했다. 일생일대의 작품인 『펠로폰네소스 전쟁사』에서 투키디데스는 기원전 5세기에 벌어졌던 스파르타와 아테네 간의 동족상잔을 이야기했다. 크세노폰은 기원전 411년 이후, 펠로폰네소스 전쟁 후반기의 전황과 전후 처리에 관해서 몇 가지 기록을 남겼다. 나중에는 페르시아 제국의 권좌를 놓고 형과 다퉜던 키루스(Cyrus) 왕에게 고용되어 용병으로 참전했다가, 아나톨리아를 지나 모국으로 퇴각했던 이야기를 토대로 『페르시아 원정기』라는 작품도 남겼다.[7] 아이스킬로스, 에우리피데스 같은 비극

....

7   크세노폰(기원전 430/25년경~기원전 355/50년경)은 펠로폰네소스 전쟁기에 아테나에서 태어났다. 그

작가들은 국가 간 전쟁과 가족 간 갈등을 잘 버무려 이야기를 만들어 냈다. 많고 적음의 차이가 있긴 하지만 프로타고라스, 히피아스, 프로디쿠스 같은 소피스트들의 저작도 모두 전쟁의 이점과 참상에 대해 언급했다. 한편 철학자들은 전투를 마치 운명에 맞서 싸우는 개인의 도덕적, 실존적 가치를 실현하는 과정처럼 받아들였다. 심지어 플라톤의 철학적 저작들에서도 전쟁에 관한 언급을 심심치 않게 찾을 수 있다. 예를 들어 『향연』을 보면 펠로폰네소스 전쟁의 패장이자 아테네 사회의 골칫덩어리였던 알키비아데스(Alkibiades)가 포티다에아(Potidaea) 전투에 함께 참전했던 소크라테스의 무훈을 찬양하는 내용이 나온다.[8]

일신론적 교리를 갖는 대형 종교들의 경전들을 읽어 봐도 그다지 평화스럽지 않다. 『성경』은 군사적 위업에 관한 목록집이다. "눈에는 눈, 이에는 이"라는 법칙, 전쟁, 복수, 포로, 집단 이주 같은 사건들이 마치 예삿일인 양 자주 등장한다. 『성경』보다 더 오래된 신화인 『길가메시 서사시』에서도 전쟁을 찬양하는 시구들을 볼 수 있다. 『길가메시 서사시』와 『성경』보다 훨씬 뒤인 7세기에 나온 『코란』도 대개 관용을 강조하고 있지만, 때에 따라서 이교도들을 복속시키고 파괴하기 위한 성전, 즉 지하드도 서슴지 않아야 한다는 의지를 숨기려 하지 않았다. 인도의 고대 종교에도 폭력적인 전쟁의 장면들이 묘사되어 있다. 『바가바드기타』처럼 오래된 경전에서는 아예 영웅이 되기 위해서는 전쟁이 필요하다고 단언한다. 산스크리트어 서사 시집인 『마하바라타』의 무려 20만 편이 넘는 시가 카우라바족과 판다바족 간의 끝없는 전쟁에 관한 것이다.

그렇다면 지혜로움을 강조한다는 유교와 도교가 탄생했던 고대 중국에서는 어

....

는 플라톤과 동년배로 소크라테스의 친구이자 제자였다. 페르시아의 왕위를 찬탈하려는 키루스의 용병으로 전쟁에 참가하였다. 키루스가 전사한 후에 그리스 용병대를 이끌고 페르시아 제국에서 그리스 돌아가는 과정을 글로 남겼는데, 그것이 바로 『페르시아 원정기』다. 크세노폰, 천병희(옮김), 2011, 『페르시아 원정기』, 숲, 옮긴이 서문 참조.

8   펠로폰네소스 전쟁의 기폭제가 된 포티다에아 전투에서 소크라테스는 굶주림과 추위에도 불구하고 공을 세우고 알키비아데스의 목숨마저 구한다. 플라톤, 천병희(옮김), 2016, 『향연』, 숲, 212-222쪽.

떠했는가? 유럽에서 중국을 지칭하는 이름의 기원이 된 진(秦)의 소양왕(昭襄王)은 기원전 293년에 한(韓)-위(魏) 연합군과의 전쟁을 끝내기 위해 무려 24만 명의 머리를 잘랐다.[9] 기원전 3세기에 시황제는 중국을 통일하면서 온 세상을 피바다로 만들었다.[4) 기원전 5세기경 손자(孫子)는 『손자병법』을 썼는데, 이 책은 1941년 12월 7일 일본군이 진주만을 습격할 때 활용한 주요 교범이었다. 중앙아메리카에서는 단 하루 동안 수천 명을 죽이는 아즈텍인의 인신공양(人身供養) 의식을 보면서 코르테스(Cortés)를 비롯한 스페인 정복자들은 몸서리쳤다. 그러나 그들 또한 십자가의 비호 아래 아즈텍인과 똑같이 멕시코 원주민을 대량으로 학살했다.[10]

이처럼 전 지구적으로 확인되는 역사시대 초기의 야만성을 어떻게 이해해야 할까? 절대 권력을 가진 지도자들의 이익을 위해 폭력 행위들은 미화되고 과장됐던 것은 아닐까? 역사는 승자가 쓴다. 그렇다면 승자의 입맛에 맞게 역사가 조작된 것은 아닐까? 물론 역사시대 초기의 폭력이 부풀려졌을 가능성이 있다. 그렇지만 문학이나 종교에 관한 초기 문헌 자료에서 전쟁에 관한 이야기가 곳곳에 등장한다는 점은 불행히도 엄연한 사실이다. 그러나 이 책은 문헌 자료에 바탕을 둔 연구가 아니다. 문자 발명 이전의 문명들을 탐구하는 선사 고고학에 기반을 둔 연구이다. 국가 발생 이전의 인간 행위 탐구가 이 책의 목표이고, 이에 접근할 방법은 오로지 고고학뿐이다.

....

9   여기서 말하는 전투는 '이궐(伊闕)전투'로, 이 전투에서 진나라 장군 백기(白起)가 대승을 거두었다. 사마천, 김원중(옮김), 2010, 「백기·왕전 열전」, 『사기열전』 1, 민음사, 345-349쪽 참조.

10 원주민의 인신공양에 대해서는 에르난 코르테스, 앙헬 고메스(엮음), 김원중(옮김), 2009, 『코르테스의 멕시코제국 정복기』 1, 나남, 62-65쪽 참조. 코르테스는 『코르테스의 멕시코제국 정복기』에서 정복 과정에서 죽임을 당했던 사람들이 정확히 몇 명인지 기록하지 않았다. 다만 그의 병력이 600명 남짓에 불과하고 희생자가 적어도 10만 명에 이르렀다는 기록을 볼 때, 상당수 원주민이 학살당했음을 알 수 있다. 희생자 수에 대한 기존 논의에 대해서는 에르난 코르테스, 앙헬 고메스(엮음), 김원중(옮김), 2009, 『코르테스의 멕시코제국 정복기』 2, 나남, 419쪽의 각주 102번 참조.

역사학을 뒤따라가는 고고학

앞서 이 책은 고고학에 토대를 두고 갈등 상황을 조사한다고 언급했다. 그렇지만 과연 고고학적 자료는 이와 같은 목적의 연구에 적합한 것일까? 고고학적 조사를 통해 정복이나 군사적 침략 상황을 명백히 규명해 낼 수 있을까? 언뜻 보기에 토기나 금속 도구 양식의 지리적 확산은 단순히 문화적 동화와 영향, 그리고 교역 등을 통해 정치적으로 평화스러운 과정을 거쳐 이루어진 것처럼 보인다. 그러나 현대 연구자들의 이러한 결론은 과거 연구자들의 결론과는 판이하다. 과거 연구자들은 특정 유물 양식의 광범한 확산을 주로 군사적 이주의 결과로 해석했다. 사실 인문 과학인 고고학은 당대의 역사적, 그리고 지적 환경에서 벗어날 수 없다. 역사를 사건과 갈등으로 보는 관점이 오랫동안 역사학계의 주류였고, 그 결과 서구 역사는 마치 침략의 역사인 것처럼 쓰였다. 유럽 전역을 누비고 다녔던 켈트족, 로마 제국을 습격했던 게르만족을 비롯한 야만족들의 침략, 아랍인의 침공, 노르만족의 침략, 백년전쟁 등등. 물밀듯이 쳐들어와 원주민을 쫓아내는 침략자와 정복된 원주민을 노예처럼 부리는 이방인의 모습은 오랫동안 서양사 서술에서 하나의 규범처럼 자리 잡았다. 인접 국가들도 매한가지지만 프랑스는 전쟁을 중심에 놓고 역사를 써 나갔고 전쟁을 마치 국경선을 새롭게 긋는 결정적 찬스처럼 여겼다.

이러한 군국주의적 분위기에서 과거의 고고학은 일상생활의 자질구레한 증거를 조사하기보다는 국가의 안전을 보장하고 상징적 차원에서 적의 공격을 방어하기 위한 성벽을 쌓는 데 적합한 학문이었다. 고고학자는 흔히 자신이 사는 시대적 상황이나 심지어 자신의 세계관을 과거 사회에 비춰 보려는 경향이 있다. 20세기 전반, 즉 1, 2차 세계대전으로 사회가 요동치고 무력 없이는 평화를 유지할 수 없었던 시기에 유럽 고고학은 문화 변동을 급격하게 단절되는 것처럼 인식하였다. 20세기 전반기의 역사학자들은 원주민의 문화적 흔적을 완전히 제거하고 자신들의 지식과 생활 방식을 이식한 '외부자'의 침략이 물질문화 변동의 원인이라고 믿었던 것이다. 그리고 이식된 문명은 또 다른 침략자가 나타나 새로운 문화적 규범을 이식하기 전까지 짧게는 몇 년, 길게는 수백 년 동안 지속하는 것처럼 여겼다. 서유럽에서 최초의 농경 문명, 보다 나중 시기인 원사(原史)시대의 문명은 이와 같은 연속된 민족 대이동의 결과물이라고 보았다. 그리고 민족 이동의 기점은 언제나 지중해의 동부 지역이었으며 새롭게 이주한 민족이 늘 기존에 서유럽에 살던 원주민을 쫓아내거나 굴복시켰다고 생각했다.

그러나 세계대전 이후의 역사 서술 방식은 균형감각을 찾아갔다. 침입의 정도, 이주 집단의 파급력, 이주 거리, 그리고 변동의 정도에 관한 이론들이 대폭 수정되었다. 동시에 고고학은 일상생활과 생활 도구에 대해서도 눈길을 주기 시작했다. 마침내 1950년대 또는 1960년대부터 문화 변동 과정을 훨씬 평화롭게 설명하기 시작하였다. 하나의 문명이 다른 문명으로 이행하는 원인을 멀거나 가까운 데서 온 이주민에게서 찾지 않고, 해당 지역 자체의 역동성에서 찾게 되었다. 간단히 말해서 문화 변동을 이제 더는 폭력 행위나 전쟁에 따른 결과로 여기지 않게 되었으며 대신 원주민의 자생적 발전의 결과물로 바라보게 된 것이다.

이와 같은 역사에 관한 관점 변화는 전적으로 학문 자체의 내적 변화에만 기인했다고 볼 수 없다. 2차 세계대전 이후 유럽의 평화가 이처럼 점진적이고 평화로운 문화 변동론을 이끌어 냈던 시대적 배경이었다는 점은 명백하다. 다시 한 번 말하지만, 고고학자는 자신이 사는 시대라는 감옥에 갇혀 있다. 객관적으로 연구 대상을 보려 하지만 고고학자는 자신의 가치관이나 문화적 편견에서 완전히 벗어날 수 없다. 그리고 이러한 거울 효과는 연구자의 경험, 나이, 물질적·문화적 배경, 철학적 입장 등의 요인에 따라 다양하게 나타난다. '전쟁 이주 가설'에 이어 등장한 '평화 가설'은 인류의 초기 사회 구성원들이 갈등 없이 서로 돕고 살았다는 사실을 전제한다. 너무나 당연한 말이지만 시대적 상황은 어떤 사상이 탄생하는 데 영향을 끼친다. 조화롭고 평화스러운 선사시대라는 현재의 역사적 이미지는 어쩌면 미래에는 부정될지 모른다. 실제로 보스니아 전쟁과 코소보 전쟁 이후, 유럽의 일부 고고학자들은 과거를 이전보다 덜 평화롭게 그린다. 연구자들의 학자적 양심까지 의심하진 않지만, 그 어떤 고고학적 해석도 완전히 객관적일 수 없다는 점만큼은 부인할 수 없는 사실이다.

선사시대 전쟁: 랑그독에서 몰타의 신전까지

다음 두 가지 고고학적 사례는 선사시대에 무력충돌이 있었다는 것을 뒷받침하는 증거로 해석될 수 있다. 서쪽으로 에로(Hérault)에서 동쪽으로 론(Rhône)강 지역에 이르는 프랑스 남부 세벤느(Cévennes)산맥 남사면의 지중해 연안 지역에는 가르(Gard)라는 마을이 있다. 이 마을의 한 유적 이름에서 유래된 퐁부이스(Fontbouisse) 문화라는 순동시대 문화가 기원전 3000년 기에 있었다.[11] 이 시기에 어떤 집단은 해자, 목책, 방어벽 같은 방어 시설 없이 살았고, 또 어떤 집단은 돌로 쌓은 돌출부가 있는 원형 구조의 방어 시설로 보호받는 작은 마을에 살았다. 후자에 속하는 유적은 에로의 레부 아 트레비에르(Lébous à Tréviers)에서 처음 발견되었다. 이 '성터 유적'은 발굴 초기부터 망루가 있는 요새 유적이라고 여겨졌다.[12] 건축학적 특징에서뿐만 아니라 문화적 맥락에서 보더라도 이 유적이 방어 시설이라고 보는 해석이 가장 타당하게 여겨졌던 것이다. 이 문화는 과거 랑그독(Languedoc) 지역에서 번성하였지만, 기원전 2300~기원전 2200년경에 갑자기 사라져 버렸고 그 후 퐁부이스 문화는 완전히 다른 문화를 가진 새로운 집단에 의해 대체되었다. 이 새로운 문화는 전에 없던 유형의 토기를 처음 사용하였고 순동 대신 청동을 사용하였다. 전반적으로 유물 양식이 론강 상류 유역과 이탈리아 북부에서 출토된 유물과 유사하다. 새로운 문화에서 삶의 방식도 변하였다. 이전 시대에는 돌로 건축물을 세웠지만 새로운 문화에서는 돌로 세운 건축물이 거의 없었으며 더 광범위하게 이동 생활을 하였다. 연구 초기에는 이러한 변화가 외부 집단의 침략으로 야기되었다고 생각했다. 한마디로 청동기시대 초기에 알프스산맥 일대에 살던 주민들이 랑그독 지방에 와서 요새화된 마을을 불태워 버리고 원주민을 내쫓았다는 것이다. 원주민에게 가장 치욕스러웠던 일은

....

11 퐁부이스 문화는 기원전 2700~기원전 2300년에 프랑스 남부 랑그독 지역에서 발달했던 문화로, 가르의 빌비에유(Villevieille)에서 마을터 유적이 발견된 뒤로 이처럼 명명되었다.

12 장 아르날(Jean Arnal)이 1954년에 발견한 곳으로, 1956년부터 1961년까지 발굴하였던 선사시대 요새 유적이다. 성의 연대는 기원전 2400년경으로 보고 있다.

폐허가 된 망루에 침략자들의 시신을 안치하는 행위였을 것이다.[5]

랑그독의 후속 세대 고고학자들은 부사르그(Boussargues) 인근에서 성벽으로 둘러싼 또 다른 유적을 발굴하였다.[13] 그러나 이 신세대 고고학자들은 전쟁과 관련된 증거를 이 유적에서 별로 찾을 수 없다고 주장하였다. 비록 건물들이 벽으로 둘러싸여 있다고 하지만, 이 유적은 요새가 아니라 작은 농장이며 건축물의 안뜰과 건물의 바깥이 서로 연결된 개방 구조였다는 것이다(그림 3). 한편 각각의 모퉁이에 있는 작고 둥근 망루처럼 보이는 시설은 실은 망루가 아니라 가내 활동을 위한 돌로 쌓은 집으로 해석하였다. 망루처럼 보이는 시설에는 밖에 있는 적을 살필 수 있는 구멍, 즉 총안(銃眼)이 전혀 없다는 점을 들어 망루로 볼 수 없다는 것이다. 다시 말해 이 유적에서 청동기시대 초기 침략자들의 흔적을 찾을 수 없다는 뜻이다.[6]

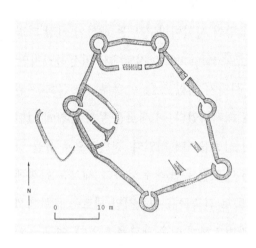

그림 3 기원전 2500년 프랑스 에로 지방의 아르젤리에 마을 인근에 있는 부사르그 유적의 요새 평면도로, 집 몇 채와 규칙적으로 서 있는 원형 구조물을 요새가 둘러싸고 있다(A. Colomer, J. Coularou, X. Gutherz, 1990).

에로 지역 클라레(Claret)에 있는 로셰 뒤 코스(Rocher du Causse) 유적은 벽으로 둘러싸인 또 다른 청동기시대 마을 유적이다.[14] 이 유적에서도 외부 침략자들이 마을을 파괴한 흔적을 찾을 수 없었고 오히려 새로 이주한 집단이 원주민의 마을을 재사용했다는 식으로 해석되었다. 심지어 원주민과 이주민은 서로 다른 시기를 살았기 때문에 서로 접촉조차 없었다는 해석도 있다. 만일 이와 같은 해석이 맞다면, 원주민이 자신들의 마을에서 쫓겨날

....

13   이 순동시대 유적은 1975년부터 연차 발굴되었으며, 2008년에 종합보고서가 발간되었다.

14   이 유적은 청동기시대뿐만 아니라, 순동시대와 철기시대에도 점유되었다. Coularou J,, Guilaine J., Escallon G. et Carrère I., 1999, Claret: Rocher du Causse, *ADLFI. Archéologie de la France*, pp. 1-9.

이유가 없게 된다. 이러한 사례들은 선사시대 마을 유적의 역사를 복원하는 데 증거들을 어떻게 이용하느냐에 따라 전혀 다른 해석을 낳을 수 있다는 점을 잘 보여 준다.

지중해 몰타(Malta)섬에서도 유사한 사례가 다수 확인된다. 이곳에서는 기원전 3500~기원전 2500년에 큰 돌로 신전을 세우고 그 밑에 돌방무덤(hypogée)을 만드는 찬란한 문명이 꽃피었다. 1,000년 동안 몰타에서는 오목 들어간 정면, 위에서 보면 마치 클로버의 잎처럼 하나의 통로에 여러 개의 방이 연결된 구조의 작은 방과 제단으로 구성된 독특한 형태의 성스러운 건축물이 여럿 축조되었다. 또한 이 시기에는 암석을 인위적으로 파서 만든 동굴 안에 여러 개의 방을 만들었는데, 당시 이 섬에 거주했던 농경인들은 이 방들을 무덤 또는 장례 의례를 위한 공간으로 사용했다. 예술적 창의성이 잘 드러나는 건축물이 예시하듯이, 매우 독창적이고 혁신적이었던 몰타의 문화는 기원전 2500년경에 갑자기 사라진다. 이 풍요로운 몰타 문명은 질투심 강하고 욕심 많은 외부인의 침략으로 파괴되었다고 오랫동안 믿어져 왔다. 그리고 그와 같은 만행을 저지른 자들은 비난받아 마땅하다고 여겨졌다.

그러나 이 문명이 왜 갑자기 사라졌는가에 대해서는 지금까지 여러 가지 가설이 제출되었다. 문명을 붕괴시킨 자들은 어디에서 왔던 것일까? 어떤 사람들은 이들이 시칠리아 또는 이탈리아에서 왔다 하고, 또 어떤 사람들은 에게해 또는 아나톨리아 반도에서 왔다고 주장하였다. 어디에서 왔든지 간에 침략자들은 몰타 신전에서 신성함을 느끼지 못했다. 그들은 신전을 파괴하고 그 자재로 마을을 건설했다. 심지어 침략자들은 감히 몰타섬에서 원주민이 가장 신성시했던 타르 신전(Tarxien)을 부수고 동료의 화장한 뼈를 묻는 납골당으로 만들어 버리는 만행도 서슴지 않았다.[7)15]

이상과 같은 시나리오는 전문가들 사이에서 오랫동안 타당한 가설로 여겨졌다. 그러나 고고학적 조사가 보다 정밀해져서 신전이 버려진 때와 청동기시대 초기 이주 집단이 몰타섬으로 들어온 때가 서로 같지 않다는 사실이 밝혀지면서, 이 가설의

....

15   몰타섬에 있는 타르 신전의 연대는 기원전 3150년으로, 1992년에 몰타섬의 다른 거석문화 신전들과 함께 유네스코 세계문화유산에 등록되었다.

기세는 꺾이고 말았다. 몰타 문명은 청동기 이주 집단이 들어오기 이전에 이미 상당히 쇠락했거나 아예 사라졌다. 따라서 몰타 문명이 어떤 과정을 거쳐 파괴되었는지 아직 구체적으로 알 수 없지만, 그 화려했던 신전의 파괴 요인을 약탈자들의 침략에서 찾을 것이 아니라, 경제 위기, 계급 갈등 같은 내재적 요인에서 찾아야 한다. 분명한 사실은 '군사적 측면'을 강조하던 기존의 설명 방식은 정밀한 고고학적 분석이 이뤄지면서 더는 설 자리가 없어졌다는 점이다.

코르시카: 정복되고 또 정복된 땅

원사시대의 무력충돌로 해석될 수 있는 여러 사례 중에서 코르시카섬의 사례가 특히 주목된다. 이 섬의 청동기 문화 발전에 지중해 침략자들이 끼친 영향이 어느 정도였는가에 관한 논쟁은 지금까지도 끊이지 않고 있다. 논쟁은 2차 세계대전 이후 작은 집터 또는 단순한 기념물로 해석되는 구조물이 섬의 이곳저곳에서 확인되면서 시작되었다. 큰 돌을 짜 맞춰 세운 이 구조물들은 대부분 주변의 평지를 내려다보는 높다란 곳에 우뚝 서 있다. 토레(torre)라고 불리는 원형 탑 모양의 건축물이 바로 그것인데, 토레 주위에는 담이 둘려 있다(그림 4). 크기가 조금 작지만, 토레는 이탈리아 사르데냐섬의 누라게(nuraghe)와 스페인 발레아데스 제도의 탈라요트(talayot)와 비슷한 모양새이다.[16] 주로 청동기시대에 세워졌던 이와 같은 건축물은 원주민들은 알지 못했던 건축 기술을 지닌 새로운 이주 집단이 이 섬에 도착하고 난 이후에야 비로소 축조되었다고 해석되었다. 그러나 신석기시대와 순동시대의 코르시카 건축물과 청동기시대의 건축물을 비교해 보면 사실 기술적으로 큰 차이는 없어 보인다. 신

....

16 누라게는 뾰족한 부분이 제거된 원뿔형의 건축물로, 이탈리아의 사르데냐섬에 주로 분포한다. 거석문화의 산물로 여겨지며, 이와 같은 건축물을 제작했던 문화, 즉 누라게 문화는 기원전 1900년에서 기원전 730년까지 지속했다. 한편 탈라요트는 원통형의 건축물로, 스페인의 마요르카섬과 메노르카섬에 주로 분포한다.

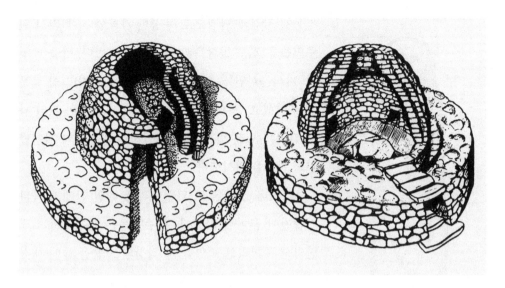

그림 4 기원전 2000년 기 청동기시대 코르시카섬의 '토레'로, 마을을 감시하는 아치형 천장의 건축물이다(R. Grosjean, 1966).

석기시대와 순동시대에 살았던 사람들은 아주 뛰어난 건축물인 고인돌을 세웠던 당사자들이다. 그래서 학계에서는 원주민을 '거석문화인'이라고 하고 새로운 건축 기술을 들여온 이주민을 '토레인'이라고 부른다. 과거의 연구자들은 이 두 집단 간의 격차가 너무 크다고 보아 서로 적대적이었을 것이라고 추측했다. 그러나 상황은 그렇게 단순하지 않다.

7월 왕정 시기에 유적 조사관이었던 프로스페르 메리메(Prosper Mérimée)는 코르시카섬의 선돌을 최초로 조사하면서 뭔가 새겨진 선돌을 발견하였다.[17] 사실 이 섬에는 선돌을 세우는 오랜 전통이 있었다. 사람의 윤곽을 단순하게 새긴 유물도 있다. 고인돌과 선돌을 세운 '거석문화인'의 돌 다루는 솜씨는 뛰어났다. 그러나 이 평화로웠던 원주민들은 기원전 2000년 기에 섬 남부로 상륙한 침략자들의 공격을 받는다.

·······

17 　시민왕 루이 필리프에 의해 7월 왕정복고(1830~1848)가 이뤄졌다. 이 시기에 프랑스의 소설가이자 역사가였던 프로스페르 메리메(1803~1870)는 1831년에 사적조사과에 들어가서 프랑스 전역에 흩어져 있는 문화유산을 조사하고 보존하는 데 앞장섰다.

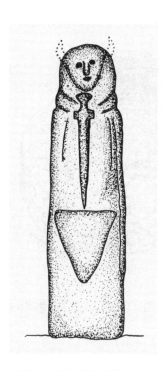

그림 5 코르시카의 코리아(Cauria) 유적 2지점에서 나온 침략자 토레인을 새긴 것으로 해석되는 바위로, 장검과 뿔 달린 투구, 아랫도리 가리개가 새겨져 있다(R. Grosjean, 1966).

청동제 장검과 단검으로 무장한 가공할 적에 맞서 원주민들은 겨우 돌살촉과 활만으로 싸웠다. 땅을 빼앗긴 '거석문화인'은 상황이 호전되기를 바라며 섬 북부로 후퇴했고, '토레인'은 섬 남부에 정착한 뒤 거의 남부 전역에 토레 및 성채를 건설하며 자신들의 뛰어난 건축 기술을 과시했다.

그러나 그 후로도 원주민과 토레인 간에 매복과 기습전이 끊이질 않았다. 원주민들은 전투에서 토레인의 우두머리를 죽였을 때 적장의 모습을 돌에 새겼다(그림 5). 이 보잘것없는 원주민 조각가 덕분에 우리는 사나웠던 '토레인'의 모습을 알 수 있다. 뿔 달린 투구를 쓰고 가죽으로 된 갑옷과 방어용 조끼를 입고 긴 칼을 찬 모습은 공포심을 불러일으킬 만하다. 그러나 정작 '토레인들'은 이러한 예술 감각이 전혀 없었다. 그들은 이 석상들을 손에 넣었을 때도 별로 관심을 두지 않았다. 심지어 그들은 이 석상을 깨서 요새를 세울 때 돌망치로 썼다. 남부 코르시카의 필리토자(Filitosa)에 있는 '토레인'이 남긴 한 유적에서는 여러 개의 석상을 잘게 깨뜨려 집의 벽을 세우는 부재로 쓰기도 하였다. '토레인'은 원주민과 판이하게 미적 감각이 전혀 없었다. 도대체 어디서 이 끔찍한 사람들이 왔던 것일까? 이 사람들은 분명 해적이었을 것이다. 당시 지중해 동부는 혼란과 파괴로 얼룩졌으며 사람들을 바다로 육지로 내몰았다. 우리가 '바다 사람들'이라고 부르는 이들은 당시 지중해 일대를 크게 어지럽혔다. 심지어 세계 최강이었던 이집트의 파라오들도 이 '바다 사람들' 때문에 골머리를 앓았다.[18] 기원전 1179년경에 람세스 3세는 이들과 벌인 해전에서 승리하고 그

....

18　'바다 사람들' 또는 '해양 민족들'에 관한 상세한 내용은 에릭 클라인, 류형식(옮김), 2017, 『고대 지중해

그림 6 기원전 1179년경 람세스 3세와 바다 사람들 간의 전투를 묘사한 이집트 메디네트-하부 신전의 프레스코 벽화의 세부 장면으로, '사르단족'으로 추정되는 전사의 모습(J. Arnal, 1976)

사실을 널리 알리기 위해 테베 근처 메디네트-하부(Medinet-Habou) 신전에 멋진 돋을새김 벽화를 남겼다. 그런데 이 벽화에 묘사된 적들의 모습은 코르시카섬에 새겨진 '토레인'과 몇 가지 점에서 비슷하다. 벽화에 등장하는 사나운 전사들도 코르시카섬에 새겨진 '토레인'처럼 방어용 조끼를 입고 특히 뿔 달린 투구를 썼다(그림 6과 사진 2). 이처럼 두 작품이 비슷한 이유는 명백하다. 파라오에게 패배했던 '바다 사람들'의 한 무리가 몇 세기 전에 코르시카섬을 침략했기 때문이다. 그들은 의심할 나위 없이 여러 문헌에 등장하는 사르단족(Shardanes)이다. 이 떠돌이 민족은 이집트 침공에 앞서 사르데냐섬에 먼저 상륙했다(사르단과 사르데냐라는 이름이 비슷하다는 점을 보면 섬의 이름에서 민족명이 유래된 것 같다). 사르단족은 사르데냐섬과 이웃하는 코르시카섬을 먼저 정복하고 이집트에 진출했다고 보는 편이 자연스러운 해석이다. 그러나 이처럼 몇 세기 동안 번영을 누렸던 토레 문명도 결국 쇠락하고 말았다. 코르시카섬의 북부에 살고 있던 '거석문명'의 원주민 후손들은 복수에 나섰고 그들은 '침략

....

세계사』, 소와당, 388쪽 참조.

사진 2 프랑스 코르시카섬의 필리토자 유적에 있는 청동 무기가 표현된 기원전 2000년 기 선돌로, 청동제 십자형 장검과 단검을 갖추고 있다(© Erich Lessing/AKE Paris).

자'에게 무자비했다. 마침내 원주민은 남부를 다시 탈환하고 장기간 지속되었던 외세의 지배를 끝장냈다.[8] 전쟁이 끊임없이 끼어들어 거북하기도 하지만 지금까지의 이야기는 흥미진진하다. 그러나 불행하게도 이와 같은 이야기는 완전히 억측에 지나지 않는다. 사료가 없는 경우 불충분하지만 물적 자료에 전적으로 의존하여 일련의 사건을 재구성해야 한다. 역사와 추측 사이에 틈을 메우려고 흔히 고고학자들은 이주설을 설명 가설로 내세운다. 그러나 이러한 시도는 대개 실패하고 만다. 이주설처럼 입증되지 않는 이론에 전적으로 의존하다 보면 학문적으로 고고학은 그 신뢰성을 잃어버릴 것이다. 우리는 위에서 언급했던 특징들이 역사시대에 흔하게 발생했던 일임을 알고 있다. 군사적 침략, 건축술과 청동 무기 같은 기술적 우위를 가진 외부 정복자, 선돌 및 석상 건립 같은 지역적 전통을 거부하는 이방인, 이에 저항하고 결국에는 자유를 되찾고 마는 용감한 원주민.

　사실 이 시나리오의 약점을 지적하는 데는 약간의 고고학적 증거만으로도 충분하다. 먼저 '토레 문화' 유적은 코르시카섬의 남북 모두에서 나타난다. 따라서 원주민과 이주민 간에 문화적 경계가 있었다고 보기 어렵다. 다음으로 고고학적 연구가 진척됨에 따라, 토레가 기원전 2000년 기에 갑자기 출현한 것이 아니라, 적어도 그보다 1,000년 전부터 있었음이 밝혀졌다.[9] 따라서 '토레 문화'란 코르시카섬의 선사시대의 한 시기를 지칭하는 고고학적 문화 그 이상도 그 이하도 아니다. 단지 이 시기에 들어서서 지중해 일대가 보다 개방적이었고, 따라서 이전보다 외부적 요인이 더 많이 들어왔을 뿐이었다. 깨진 석상들에 관해서는 '토레인' 자신들이 거부해야만 했던 영웅화된 어떤 조상의 모습을 돌에 새긴 다음 파괴했다고 보는 편이 더 타당할 듯하다. 이 가설은 전쟁과 사건들로 얽히고설켜 복잡하지만 정작 고고학적 증거는 별로 없는 가설, 즉 언제나 문제 해결의 답을 멀리 동방에서만 찾으려는 가설보다 간단명료하다.

인류 출현 이전의 폭력과 공격성

앞서 말했던 자료 해석상의 주의 사항을 염두에 두고 공격성의 근원에 대해 알아보자. 먼저 유인원, 아니 좀 더 폭넓게 고등 포유류의 공격성에 관한 생물학적 증거를 통해 우리의 가설을 뒷받침하는 것이 유익할 듯하다. 다윈주의적 관점에서 인간의 공격성은 우리와 혈연적으로 친연관계에 있는 다른 동물의 공격성과 관련성이 깊다. 그러나 인류는 공격성을 더욱 강화·집중해 왔다는 점에서 독특한 존재이기는 하다.[19] 동물의 공격성에 관한 연구는 동물학자, 그중에서도 동물의 사회적 행위를

....

19 『요리 본능』으로 국내 독자들에게도 친숙한 리처드 랭엄(Richard Wrangham)은 유인원과 인간에게서 나타나는 공격성을 크게 반응적 공격성(reactive aggression)과 주도적 공격성(proactive aggression)으로 나누면서, 인류는 반응적 공격성을 줄여 나가는 대신, 집단의 안정성을 높이고 집단의 규모를 확대하려고 주도적 공격성을 늘려 가는 방향으로 진화되었다고 주장하였다. 여기서 반응적 공격성이란 상대의 위협이나 도발에 대한 순간적인 반응을 말한다. 충동적 분노가 여기에 속하며, 테스토스테론 호르몬의 수치와 관련이 있다. 반면 주도적 공격성은 전략적인 계산과 사전 모의를 통해 이루어지는 폭력을 말한다. 사실 동물의 공격성을 이처럼 두 가지 형태로 구분할 수 있다는 이론은 동물학계에서는 이미 상식에 속한다. 그러나 랭엄의 독창적인 주장은 인류가 다른 종과 다르게 '자기 순화 또는 자기 가축화(domestication)'라는 과정을 통해, 주도적 공격성을 키워 나가는 방향으로 진화했다고 본다는 점에 있다. 그는 자기 순화 과정의 증거로, 몸과 뇌의 크기가 작아지고 뼈가 가늘어지고 얼굴이 납작해지고 수컷과 암컷의 신체적 차이가 줄어들었다는 점을 꼽는다. 그리고 그는 이러한 해부학적 특징뿐 아니라, 아이에게서 나타나는 행동적·생리적 특징, 즉 유형보유(幼形保有, paedomorphism) 또한 인류의 자기 순화의 산물이라고 주장한다. 인간의 유형보유적 특징으로는 공포 반응, 놀이 습성, 학습 속

연구하는 동물행동학자가 주로 한다. 동물행동학의 연구 성과는 사람과 가장 가까운 영장류를 연구하는 영장류학의 새로운 지평을 열었다. 원래 영장류학은 실험실 또는 우리에 갇힌 동물의 행위에 관한 연구이지만 지금은 진정한 하나의 행동 과학으로 발전하였으며 동물의 공격성을 새롭게 이해하는 데도 크게 이바지하였다.[10] 영장류학의 연구 성과는 인간의 폭력 행위 아래에 숨어 있는 생물학적 토대와 직접 관련된다. 영장류학에서는 폭력이 발생하는 경우를 어느 한 개체가 처한 상황에 따라 다음과 같이 크게 세 가지로 나눈다. 첫째, 같은 집단의 다른 구성원과 대립하는 경우, 둘째, 같은 종의 다른 집단 또는 다른 집단에 속하는 개체와 대립하는 경우, 셋째, 다른 종의 집단 또는 다른 종의 개체와 대립하는 경우이다.

첫 번째 경우는 사회적 집단 안에서 개별적 수준으로 한 개체가 다른 동료에게 공격성을 드러내는 행위를 말한다. 생존과 생식 본능 때문에 촉발된 위기 상황에서 이러한 공격성이 나타난다. 수컷들 간의 싸움이 대표적인 예로, 집단의 우두머리 자리를 놓고 다툴 때나 새끼를 가질 수 있는 암컷을 서로 차지하려 할 때 발생한다. 야생 숫염소, 수사슴 또는 다른 수컷 포유류 들이 짝짓기 철에 서로 싸우고 있는 모습을 그린 구석기시대 벽화가 많이 남아 있다. 이러한 행위는 사자 같은 큰 고양잇과 동물, 들개, 침팬지 등에서도 공통으로 나타난다. 그러나 싸움에 진 수컷이 죽는 일은 거의 없으며 고작 물리고 긁힌 작은 상처만 남기고 끝나는 경우가 대부분이다. 고양잇과, 갯과 동물 같은 포식동물은 동료라 할지라도 사냥한 동물을 나누는 과정에서 서로 싸운다. 특히 먹잇감이 부족할 때 그러한데, 육식동물은 더 많은 몫을 차지하려고 다투거나 싸우는 중에 상대방에 중상을 입힐 때도 있다. 사자 같은 큰 고양잇

....

도, 성적 행동, 호르몬 생산 등이 있다. 랭엄은 인류가 진화 과정을 통해 사회적 안정을 해치는 말썽꾸러기, 즉 반응적 공격성이 강한 구성원을 여러 사람의 합의를 바탕으로 한 "협력 기반 주도적 공격성(coalitionary proactive aggression)"으로 제거했으며, 이와 같은 협력 기반 주도적 공격성은 바로 도덕의 기초가 되었다고 주장하였다(Wrangham, R., 1999, Evolution of Coalitionary Killing, *American Journal of Physical Anthropology*, Suppl. 29, pp. 1-30; 공격성에 관한 보다 상세한 논의는 최근 출간된 Wrangham, R., 2019, *The Goodness Paradox: The Strange Relationship Between Virtue and Violence in Human Evolution*, Pantheon, p. 402 참조).

과 동물은 더 공격적인데, 이따금 암컷은 우두머리 수컷을 공유하는 다른 암컷이 낳은 새끼를 잡아먹기도 한다. 그러나 다른 암컷의 새끼를 잡아먹는 행위는 아주 드물게 발생하며 주로 먹잇감이 매우 부족할 때만 일어난다. 침팬지 또한 이와 같은 극단적 행위를 한다고 알려져 있는데, 이는 매우 드문 일로 습관적인 동종 포식(同種捕食)이라고까지는 할 수 없을 것 같다.

이 용어를 동물에게도 적용할 수 있을지 모르지만, 고양잇과, 리카온, 하이에나 같은 육식동물들 사이에서는 집단 간 폭력이 발생한다. 싸움의 근본적 원인은 늘 비슷한데 영역 다툼 아니면 먹이 다툼이다. 침팬지나 고릴라 같은 유인원도 이런 다툼을 한다. 그러나 아직 육식동물과 유인원이 집단 대 집단으로 대결하는 이유를 구체적으로 밝혀내지 못하고 있다. 데스몬드 모리스(Desmond Morris)의 연구 이후, 동물행동학 연구자들은 포식 영역에서 우위를 차지하기 위해 싸운다는 뚜렷한 동기 이외에 환경 변화, 병적 요인 같은 이유로 폭력이 발생한다고 주장하지만, 아직 실증적 연구는 없다. 더욱 문제를 복잡하게 만든 것은 유인원은 싸울 때 뭔가를 집어던지기도 하고 막대기를 휘두르기도 한다는 점이다. 유인원의 이와 같은 행동을 인류 탄생 이전의 최초로 무기를 든 폭력으로 봐야 할까?

최근 연구 결과에 따르면, 어떤 원숭이들은 암컷과 새끼들 간의 짝짓기를 막기 위해 새끼들을 무리에서 내쫓는 전략을 쓰며 이 과정에서 집단 구성원들 간에 공격 성향이 두드러지게 드러난다고 한다. 다윈주의의 관점을 받아들이는 연구자들은 이와 같은 추방 전략을 근친상간 금지라는 '생물학적' 동기에서 비롯된 행동이라고 가볍게 지적하고 그냥 넘겨 버린다. 그러나 이러한 추방 전략에는 생물학적 동기 이상의 고차원적 의미가 담겨 있다. 왜냐하면 원숭이 사회 단계에서 이러한 행위가 관찰된다는 것은 그들의 사회적 관계가 이미 매우 복잡하다는 것을 의미하기 때문이다. 앞서 언급된 다른 고등 육식 포유류에게는 그러한 행위가 전혀 관찰되지 않는다. 그와 같은 행위는 유인원의 두뇌 변화와 밀접한 관련이 있는 것 같은데, 이러한 두뇌 변화는 초기 인류와 그 후손에게서 새로운 양상의 폭력 행위가 출현하는 데 작용했던 듯하다. 한마디로 일종의 '대뇌성(cérébralisation)' 행위로 전환되면서 폭력이 새

로운 자극과 욕망의 중심에 자리 잡게 되었다는 이야기다.[11]

공격성에 관한 마지막 사례는 다른 종에 대한 공격성이다. 이 공격성은 근본적으로 포식관계에 직접 연관되어 있다. 육식성 동물인 고양잇과, 갯과 동물과 달리 유인원은 잡식성 동물이다. 다양한 종의 오스트랄로피테쿠스는 다른 육식동물이 사냥해서 먹다 남긴 초식동물의 사체를 주워 먹었다. 그렇다면 오스트랄로피테쿠스는 본격적으로 사냥하기 전에 이미 다른 종과 '원시적 싸움'을 했을 수 있는데, 구석기시대 내내 이러한 행위는 줄곧 발전했을 것이다. 그리고 앞서 언급했던 대뇌성 행위가 구석기시대 동안 진화하면서 포식 전략과 기술은 더 복잡해지고 '인간화'되었던 듯하다. 이와 같은 진화 과정은 사냥 기술의 발달을 이끌었던 것만큼이나 더 폭력적인 행위를 유도했을 것이라고 볼 수 있는데, 왜냐하면 사냥과 전쟁은 둘 다 무기를 사용한다는 점에서 마찬가지이기 때문이다.

이상의 논의를 요약해 보면 다음과 같다. 같은 종의 개체들 사이에서 생물학적 공격성이 존재하며 주로 짝짓기나 먹거리가 문제가 될 때 두드러지게 나타난다. 그러나 경쟁자를 죽음으로 몰아가는 경우는 매우 드물다. 상대적으로 고양잇과 동물은 동료에게 공격성을 자주 드러내는 편이지만 대개 그들의 공격성은 한가로울 때 마치 놀이처럼 '부드럽게' 나타난다. 한편 같은 종 내 사회적 집단 간 충돌은 포식 영역을 둘러싼 다툼처럼 주로 위기 상황에서 드러난다. 이 경우에도 상대를 다치게 하기보다는 위협하는 선에서 끝난다. 개체가 동종에 공격받아 죽는 경우, 죽임을 당한 개체는 일반적으로 어리거나 늙었거나, 아니면 병든 개체로 무리의 보호를 받을 수 없는 외톨이다. 원숭이, 특히 우리 사촌인 유인원은 싸울 때 가끔 뭔가 던진다. 그렇지만 상대방을 죽이는 경우는 드물다. 근친상간을 막으려고 동료를 다소 공격적으로 쫓아낼 때도 상대방을 죽이는 경우는 거의 없다. 우리와 가장 가까운 동물에 관한 연구가 개인 또는 집단의 수준에서 발생하는 인간 폭력의 기원을 밝히는 데 이바지한다는 점은 분명하다. 그러나 우리 안의 폭력성이 인간이 되기 이전부터 진행되어 온 긴 진화 과정의 결과물일 뿐이라며 그 책임을 회피하는 행위는 그리 온당치 않은 듯하다. 우리를 지구상에서 가장 위험한 동물로 만든 것은 오로지 우리의 두뇌다.

전쟁: 본성이냐, 문화냐?

폭력과 무력충돌은 빨라야 신석기시대, 아니면 그 이후 시대에나 일어났던 일처럼 여겨지곤 한다. 그러한 관점을 가진 사람들은 인간의 행위를 '유물론'적 관점에서 바라본다. 즉 잉여생산물과 부(富)의 축적이 전제되어야만 그를 둘러싼 경쟁과 탐욕이 생긴다는 뜻이다. 따라서 그와 같은 부의 축적은 최초 농업 문명에 이르러 성취되기 때문에 폭력과 무력충돌은 그 이후나 되어야 발생한다는 말이다. 부와 번영이 못 가진 사람들에게 탐욕을 불러일으킨다는 점은 사실이다. 그러나 "탐욕을 자극할 만한 잉여생산물을 축적하지 못하는 사냥-채집 사회도 농경 사회에서처럼 주기적으로 무력충돌이 일어났을까?"라는 질문을 제기해 보는 것은 흥미로운 일이다. 이와 같은 질문에는 두 가지 차원의 답변을 할 수 있는데, 하나는 고고학적 차원에서의 답변이고, 다른 하나는 인류학적 차원에서의 답변이다. 몇몇 선사학자들은 비록 무력충돌의 물적 증거를 제시하기가 어렵지만 구석기시대에도 집단 사이에 유혈 사태가 벌어졌을 것이라고 강하게 주장한다.

앙드레 르루아-구랑(André Leroi-Gourhan)은 그와 같은 주장을 하는 대표적인 학자였다.[20] 그는 적어도 '오스트랄란트로푸스(australanthropes)' 이래로 인류라는 종 자체에 유전되어 온 공격 행위의 궁극적 발현이 바로 사냥과 전쟁이라고 주장하였다. 그에게 공격 행위(폭력의 사용)란 먹거리를 확보하기 위한 하나의 기술일 뿐이다. 살려면 사냥을 해야 하고 따라서 공격성이란 생존 수단이라는 논리다. 이와 같은 관점에서 전쟁이란 단지 사냥이 확장된 행위에 지나지 않고 근본적으로 사냥과 같다. 따라서 전쟁도 사냥처럼 '자연스러운' 행위이며 전쟁의 본질은 '사람 사냥'이

....

20 앙드레 르루아-구랑(1911~1986)은 프랑스의 저명한 선사 고고학자이자 인류학자이다. 그는 아르시-쉬르-퀴르(Archy-sur-Cure), 팽스방(Pincevent) 등 유적을 발굴하였다. 특히 그는 선사시대 예술에 대한 구조주의적 분석으로 명성이 높았다. '오스트랄란트로푸스'는 오스트랄로피테쿠스와 호모를 아우르는 말이다. 그의 대표 저작인 *Geste et la Parole* I, II는 최근 국내에서 번역되었다. 앙드레 르루와-그루앙, 공수진·김형식(옮김), 2015, 『행위와 말』 1·2, 연세대학교 대학출판문화원.

다.[12] 르루아-구랑의 사상은 학계에 큰 반향을 불러일으켰다. 특히 피에르 클라스트르(Pierre Clastres)는 사회적 행위를 자연적 또는 생물학적 요인만으로 설명할 수 없다며 르루아-구랑의 주장을 반박했다.[21] 그는 사회적 행위는 사회적 요인으로써 설명되어야 한다고 봤다. 클라스트르에 따르면, 전쟁이란 문화적이고 후천적인 인간 현상이다. 따라서 사냥처럼 먹거리를 얻기 위한 활동(action)과 공격성, 즉 전쟁이라는 인간의 행위(comportement)는 구분되어야 한다고 주장했다. 사냥은 짐승을 잡아먹는 수단이지만, 대개 전쟁에서는 죽인 적을 먹지 않는다는 점에서 다르다는 것이다. 그러므로 사회학적인 행위를 생물학적으로 풀어낼 수는 없다. "원시 전쟁은 사냥과 아무런 공통점이 없다. 원시 전쟁은 생물학적 종이 아닌, 원시 사회 인간의 사회적 존재 양식에 그 뿌리를 두고 있다. 따라서 원시 전쟁의 보편성에 관해 연구하려면 자연이 아니라 문화를 향해 손짓해야 한다."[13]

　　몇몇 연구자들은 원시 전쟁이 신석기시대 농업 생산과 부의 축적처럼 경제적 요인 때문에 발발한다고 보면서도 축적이 아니라, 빈곤 때문에 전쟁이 일어난다고 주장한다. 그들이 볼 때 사냥-채집 사회는 신석기 사회와는 반대로 자원이 부족하거나 획득이 어려워, 다른 말로 가난하기 때문에 다른 집단의 부와 활동 영역을 뺏으려 했다는 것이다. 이 주장은 선사시대의 삶이 궁핍했다는 점을 전제로 한다. 그러나 여러 연구를 통해서 매우 설득력 있게 입증되었듯이, 원시 사회는 제한된 시간과 에너지만으로도 먹거리를 충분히 마련하는 법을 알았다. 따라서 식량난은 전쟁의 원인이 될 수 없다. 클라스트르는 사냥-채집 사회 또는 '원시 농경 사회' 같은 원시 사회가 늘 전쟁을 즐겼다고 주장했다. 사실 아메리카 대륙과 그곳에서 '야만인'이 처음 발견

....

21　피에르 클라스트르(1934~1977)는 프랑스의 인류학자로, 남아메리카 파라과이의 과야키족(Guayaki)을 주로 연구하였다. 그는 '원시 사회는 국가가 없는 사회가 아니라, 국가에 대항하는 사회'라는 독특한 시각을 제시하였다. 그의 대표 저작 두 권은 모두 국내에서 번역되었다. 삐에르 끌라스트르, 변지현·이종영(옮김), 2002, 『폭력의 고고학』, 울력; 피에르 클라스트르, 홍성흡(옮김), 2005, 『국가에 대항하는 사회』, 이학사. 클라스트르는 사냥 행위에서 전쟁 행위가 기원했다고 보는 르루아-구랑의 관점, 즉 자연주의적 관점에 대해 신랄하게 비판하였다(『폭력의 고고학』, 253-257쪽 참조).

사진 3 1960년대 초 파푸아뉴기니 다니족의 전투 장면(Photograph by Karl G. Heider. © President and Fellows of Harvard College, Peabody Museum of Archaeology and Ethnology, PM 2006.17.1.89.2)

되었던 16세기부터 서양인들이 오지 탐험에 나서는 19, 20세기까지 보고된 상당수의 민족지 자료에 따르면, 아메리카 인디언, 아프리카인, 멜라네시아인, 오스트레일리아 유목민, 뉴기니 농민 들은 모두 전투에 열광적이었다(사진 3). 서양인이 남긴 연대기, 여행기, 일기, 행정 기록물 등은 원주민들이 전사의 모습이고 또 전사처럼 행동한다고 한결같이 보고하고 있다. "원시 사회란 폭력 사회다. 원시인에게 사회적 존재란 전쟁을 위해서라면 모든 일을 감당할 수 있는 그런 존재다."[14] 아마 유럽의 선사시대도 상황은 비슷했으리라 짐작된다.

　　로렌스 H. 킬리(Lawrence H. Keeley)는 '원시 국가' 형성 이전에 존재했던 선사시대 사회와 중앙집권화된 권력을 갖추고 문자를 사용했던 문명화된 사회를 종합

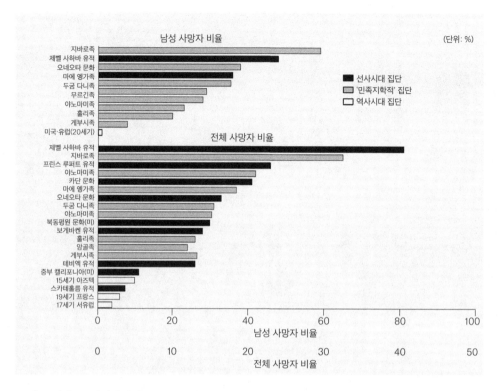

그림 7 전쟁으로 사망한 남성 비율(위)과 전쟁으로 사망한 사람 전체 비율(아래)(L. H. Keeley, 1996)

적으로 비교·연구하였다. 그는 이 연구를 통해 원시 사회가 근현대의 국가 사회보다 전쟁으로 사람들이 죽는 경우가 더 많았다는 점을 입증하려고 했다.[22] 민족지에 따르면 무력충돌 때문에 사망률이 가파르게 늘어난다는 사실을 알 수 있다(그림 7). 지바로족(Jivaros)의 경우에는 32.7%(남성은 59%), 베네수엘라의 야노마미-사마타리족(Yanomamis-Shamataris)의 경우에는 20.9%(남성은 37.4%), 다니족(Dani)과 엥가족(Enga) 같은 파푸아뉴기니의 부족들은 15.5~18.6%가 전쟁으로 인해 죽는다고 한다.[23] 반면에 17세기 서유럽의 전쟁에서 살해당한 사람은 총인구의 2%에 불과

....

22 로렌스 H. 킬리, 김성남(옮김), 2014, 『원시전쟁』, 수막새, 219-230쪽 참조.

23 지바로족은 남아메리카 에콰도르와 페루에 사는 원주민으로, 슈아르(Shuar) 말을 하므로 슈아르족이라고도 불린다. 사마타리족이라고도 불리는 야노마미족은 브라질과 베네수엘라의 열대우림 지대에 살고 있다. 다니족과 엥가족은 파푸아뉴기니섬 서부의 고원 지대에 사는 민족이다.

하고, 19세기에 발생한 전쟁에서 사망한 사람은 프랑스의 경우 총인구의 3%에 지나지 않는다.[15) 그러므로 킬리는 현대 사회에서보다 국가 이전의 선사 사회에서 전쟁이 더 빈번하게 일어났다고 주장한다. 한편 평화로운 부족이라고 여겨지는 원시 부족조차도 그 실상을 자세히 들여다보면 살인과 약탈 사건이 전혀 일어나지 않는다고 말할 수 없다고 하였다. 단 예외적으로 중앙아프리카의 음부티(Mbutis) 피그미족(Pygmées), 미국 서부의 그레이트베이슨 지역의 쇼숀족(Shoshones), 파유트족(Paiutes)처럼 폭력이 없는 사회가 있기는 하다.[16)24 아메리카 인디언 사회의 사례에서 보는 것처럼 현재의 사냥-채집 사회에서도 무력충돌이 끊임없이 일어난다는 점을 볼 때 서양의 후기 구석기시대 사회에서도 전쟁이 있었을 것이라는 주장은 충분히 있음 직한 일이다.

물론 원시 전쟁에 참여하는 사람들은 그 수도 적은 데다가 전쟁 전문가, 즉 군인이 아니며 정교한 전략조차 없다는 점에서 많은 연구자는 원시 전쟁과 현대 전쟁 간의 차이를 강조한다. 원시 전쟁은 어떤 명령 체계에 따라 전개되지도 않으며 훈련도 없고 조직화되어 있지도 않지만, 현대의 전쟁은 아주 엄격한 명령 체계에 따라 훈련되고 효과적인 살상 무기로 무장된 직업 군인들에 의해 치러진다는 것이다. 하지만 좀 떨어져서 보면 원시 전쟁과 현대 전쟁 사이에 공통점이 전혀 없지는 않다. 먼저 전투에 참여하는 사람은 대개 성인 남자이다. 그리고 전쟁 목적이나 전쟁에 사용된 무기들을 시기순으로 놓고 보면 어떤 연결성을 찾을 수 있는데, 인간은 언제나 당대 최첨단 기술로 제작된 치명적인 무기로 무장해 왔다. 갱신세 말기에 발명된 활 그리고 수천 년 뒤인 초기 금속시대에 제작된 금속제 장검, 단검, 그리고 창이 바로 그러한 무기다. 금속제 무기들은 총과 석궁이 등장하기 전까지 수천 년 동안 사용되었다. 금속제 무기에 관해서는 이 책의 후반부에서 상세히 논하기로 한다.

········

24 음부티 피그미족은 아프리카 콩고민주공화국의 열대우림 지대에 사는 민족이다. 쇼숀족은 원래 북아메리카 와이오밍, 아이다호, 유타, 네바다 등 넓은 지역에 살던 민족이었지만 현재 쇼숀어를 할 줄 아는 원주민은 1,000명이 고작이다. 파유트족은 그레이트베이슨 지역에서 쇼숀족과 더불어 살았던 민족이다.

교환이냐, 전쟁이냐?

사람의 본성은 평화 지향적일까? 아니면 전쟁 지향적일까? 고고인류학적 자료를 통해 이와 같은 물음에 답할 수 있을까? 그동안 선사학자나 인류학자는 자신들의 연구에서 전쟁과 관련된 사실을 자주 빠뜨려 왔다.[17] 원시 사회의 유혈 사태는 그럴 가능성이 보이거나 실제로 일어났다 해도 대수롭지 않게 넘겨 버렸던 것이다. 그 결과 원시 사회는 마치 평온한 사회인 양 그려졌다. 그렇다면 왜 이와 같은 누락이 일어나게 되었는지 그 원인을 찾아야 하는데, 배경의 일부를 다음과 같이 설명할 수 있을 듯하다.

16세기에 처음 발견되었을 당시, 아메리카 대륙의 '야만인'들은 지배하는 자도 없고 지배받는 자도 없는 국가 없는 사회에서 살았다. 사회 진화의 최종 단계인 국가 간의 다툼이나 갈등의 결과인 전쟁이나 폭력이 없는 그와 같은 사회는 당시 유럽인의 눈에 유년기에 속하는 사회였으며 따라서 불완전한 사회였다. 그러나 폭력을 전혀 몰랐던 몇몇 부족이 아주 드물게 있었지만, 당시 상당히 많은 민족지 자료는 '원시 사회'에서 전쟁과 무력충돌이 끊임없이 발생하고 그것이 바로 '원시 사회'를 특징짓는 요인이라고 증언하고 있다. 17세기에 토머스 홉스는 '야만인'들이 전쟁에 탐닉하는 이유가 그들에게는 문명과 사회 조직을 발전시킬 수 있는 국가나 정부 같은 권력기관이 없기 때문이라고 주장했다. 법과 규율이 없다면 사람은 외롭고 비참한 존재에 불과하며 반란과 분쟁에 휘말려들 수밖에 없다는 이야기다. 인간은 타인에 대한 불신으로 끊임없는 전쟁 상태에서 결코 헤어날 수 없고 바로 그러한 상황 때문에 원시 사회는 결국 '만인에 대한 만인의 투쟁'으로 귀결된다는 것이다.[18][25]

클라스트르는 개인을 억압하고 통합하려는 일종의 멍에와 같은 국가적 억압에 저항하는 수단으로서 전쟁이 불가피하다고 역설하였다. '원시 사회'가 권력자와 피

....

25 '만인에 대한 만인의 투쟁(*bellum omnium contra omes*)'이란 표현은 토머스 홉스가 『리바이어던』에서 쓴 표현이다.

지배자를 만들어 내는 시스템에 끌려다니는 것을 거부하고 개인의 자유를 지키기 위해서는 싸울 수밖에 없다는 것이다. '원시인'들은 하나로 묶이기보다는 흩어지려 하고 통합보다는 독립을 원한다. 따라서 전쟁이란 이와 같은 상태를 유지하기 위해 정기적으로 행해지는 행사일 뿐이고, 목표는 서로 흩어진 상태를 유지하는 것이다. 이런 측면에서 '원시 전쟁이란 정치적 목적을 달성하기 위한 하나의 수단이며, 우리가 서로 다른 존재라는 사실에서 빚어질 수밖에 없는 필연적 귀결이다. 따라서 전쟁을 통해 원시 사회는 상부 구조인 국가에 의한 불평등, 계급화, 착취에 체계적으로 저항한다.

물론 원시 사회가 이상적으로 자급자족 사회에 가깝다고 하더라도 교환이 전혀 없는 것은 아니다. 단지 꼭 필요한 때에만 일어날 뿐이다. 즉, 최소 범위 안에서 교환이 일어난다는 뜻이다. 다른 집단과의 연합이나 다른 집단과의 생산물 교환 행위는 오로지 감시의 눈초리 속에서만 진행될 뿐이고 근본적으로 시간을 벌려는 교활한 술책에 지나지 않는다. 원시인은 마지못해 교환하고 집단 간 연대란 것도 그리 믿을 바가 못 된다. 집단 간 연대는 지속적이지 못하고 언제든 배신할 수 있다. 따라서 집단 간의 유대관계란 끊기기 십상이고 결국 무력충돌로 치달을 수밖에 없다. 대개 전쟁은 인접 집단과 벌어지는데, 원래 이 두 집단은 연대와 교환 체계 속에 묶여 있던 집단이다. 따라서 교환이란 단지 전술에 지나지 않으며 상수는 전쟁이다. 그러므로 원시 사회에서 폭력은 우연히 일어나는 일이거나 일시적인 행위가 아니고 핵심 요소이다. "원시 사회란 전쟁을 위한 사회이고 근본적으로 전사 사회이다." 원시인들은 국가 발생의 토대가 되는 통합을 어떡하든 회피하면서, 정치적 독립을 지키고 복종에 저항하기 위해 되도록 최소 범위 안에서 다른 집단과 연대한다.

이러한 입장은 고대 사회에서 인간관계의 핵심이 연대와 교환에 있다는 클로드 레비-스트로스(Claude Lévi-Strauss)의 주장과는 정반대이다.[26] 레비-스트로스는 전

....

26 프랑스의 저명한 구조주의 인류학자인 클로드 레비-스트로스(1908~2009)는 한때 클라스트르의 지도 교수이자 동료였지만, 원시 사회를 보는 관점은 매우 달랐다. 레비-스트로스의 원시 전쟁에 대한 입장을

쟁이란 소통과 결합이 원활하게 작동하지 못하는 소강 국면에 일시적으로 일어나는 부정적 현상에 지나지 않는다고 봤다. 가끔 살인에 이르기도 하지만, 전쟁이란 일시적 일탈이고 연대의 필요성을 느끼게 하는 계기다. 대립하는 두 집단 사이에 평화를 가져오려면 두 집단 간 혼인을 권장하고 그 밖의 다양한 관계를 맺는 것보다 더 좋은 방법은 없다. 이와 같은 방식을 통해 원시인들은 충돌의 위험을 줄이고 협동을 강화한다.[19] "전쟁이란 뒤끝이 좋지 못한 교환이고, 교환이란 회피된 전쟁이다"라는 그의 유명한 명제처럼, 레비-스트로스에게 인간이란 이러한 연합과 통합의 산물이다.[27] 그러나 언뜻 보기에 서로 대척점에 있는 듯한 이 두 가지 관점은 사실은 인간 행위에서 끊임없이 나타나는 두 가지 경향, 즉 '평화와 교섭의 필요성을 강조할 것이냐?' 아니면 '억압의 거부와 자유에 대한 갈망을 강조할 것이냐?' 하는 강조점의 차이에 지나지 않는다.

구석기시대에도 '전쟁'은 있었을까?

여기서 말하는 전쟁이라는 용어는 무장한 집단 간의 정면 대결을 뜻할 뿐만 아니라, 이웃한 무리에 대한 기습과 매복, 심지어 개인적 차원의 살인까지 포함하는 개념으로 그 의미가 매우 넓다. 만약 이와 같은 정의를 받아들일 수 있다면 사냥-채집 시대에 대한 이미지는 완전히 달라진다. 예를 들어 자연의 혜택으로 풍요로웠기 때문에 사냥-채집 사회가 서로 돕고 다른 사람에게 한없이 베풀기만 할 뿐 해코지할 수 없는 그런 사람들로 이뤄진 사회였다는 주장은 더는 설 자리가 없게 된다. 달리

....

교환주의적 관점이라고 규정한 클라스트르의 레비-스트로스에 대한 비판은 『폭력의 고고학』, 263-270쪽 참조.

27 원문은 다음과 같다. *"La guerre est un échange qui a mal tourné, l'échange (de personnes ou de biens) est une guerre évitée."* 레비-스트로스의 원시 전쟁에 관한 시각은 이 명제로 집약할 수 있다. 원문은 Lévi-Strauss, C., 1949, *Les Structure élémentaries de la Parenté*, PUF, p. 86에 실려 있다.

말하면 구석기시대 사람들은 에덴동산에서 살지 않았고 상황에 따라서는 동족을 살해하는 데 조금도 망설이지 않았다는 뜻이다.

그렇지만 위의 주장은 자신의 근원을 좋게만 보려 하는 인간의 성향으로 인해 줄곧 받아들여지지 않았다. 심지어 어떤 연구자는 신(들) 옆에 사람이 함께 살았다고 하는 황금시대의 신화 같은 이야기가 단순한 유토피아가 아니라, 실제로 지상에서 실현되었다고 믿는다. 심지어 이른바 저명하다는 선사학자들도 상당수가 구석기시대를 마치 '자연과 조화롭게 더불어 살았던 에덴동산'처럼 묘사하면서 행복한 시대였다고 힘주어 말한다.[20] 그들은 선사시대를 지속 기간이 다른 두 시기로 나누고, 이 두 시기를 살았던 인간의 행위는 아주 달랐다고 주장한다. 즉 장기간 지속되었던 구석기시대에 살던 사람은 자연과 가깝다는 의미에서 '자연인'이자 야만인이었기 때문에, 자연과 더불어 살면서 아무런 문제가 없었다.

그러나 신석기시대에 자연과 '떨어져 살게 되면서' 사람들은 자연을 부정하고 사악해져 결국 폭력적으로 변하였다. 게다가 신석기시대에는 생존 문제와 내일에 대한 불안 때문에 혹독한 노동에 시달려야만 했다. 따라서 새로운 석기시대라는 신석기시대는 경작과 목축이라는 새로운 기술을 받아들임으로써 인류 문화 발전에 이바지했지만, 동시에 빈부의 차이와 최악의 상황인 전쟁을 발생시킨 시대였다. 여기서 장 샤바이용(Jean Chavaillon)의 말을 들어 보자.[28]

초기 농경 사회에서 농사, 목축, 개인용 또는 공용 건축물, 농장과 촌락의 성공은 기아에 허덕이거나, 지금껏 양심적으로 살아왔던 이웃의 질투를 불러왔다. 어떤 사람의 안전이 다른 사람에겐 유혹이 된 것이다. 구석기시대 사람은 하이에나처럼 훔쳐 먹는 짐승과 경쟁하면서 그날그날 사냥한 짐승을 먹으며 살았다. 그러나 신석기시

....

28　장 샤바이용(1925~2013)은 에티오피아, 지부티 등 동아프리카 지역을 무대로 구석기시대를 연구했던 고고학자이다. 그가 발굴·조사한 멜카 쿤투레(Melka Kunturé) 유적은 올도완 문화(Odolwayen, 180만 년)부터 아슐리앙 후기(Acheuléen, 20만 년)까지의 문화 변동 과정을 살필 수 있는 동아프리카의 주요 유적 중 하나이다.

대 사람은 곡식을 창고에 쌓아 놓고 울타리 안에서 가축을 기르면서 먹거리를 늘려 놨다. 그뿐만 아니라 신석기시대 사람은 튼튼하게 집을 짓고 방어 시설을 갖춘 마을에 살며 안전을 보장받고자 했다. 이렇게 해서 부자는 좋은 먹잇감이 되었으며 그들의 풍요로움은 가장 불우하거나 아니면 덜 정직한 사람들의 표적이 되었다.

신석기화(néolithisation)는 단지 공동체에 기술 진보만을 가져온 것이 아니었다.[29] 토지, 가축, 재화를 차지하기 위한 전쟁도 함께 가져왔다. 적을 굴복시킨다는 것은 그의 보금자리와 그가 속한 마을 전체를 파괴한다는 말이다. 구석기시대 사람들은 야생 식물과 사냥감에 만족하고 살았지만, 마을을 이루고 살던 신석기시대 사람들은 파괴되고 불타 버린 그들의 보금자리에서 쫓겨나 빈털터리가 되었고 사냥-채집을 하던 시절의 마음조차 잃어버렸다. 전쟁은 조금씩 일상의 리듬 속으로 파고들었고 경관조차 바꾸었다. 불타 없어진 수많은 마을에는 어김없이 더 큰 규모로 새로운 마을이 들어서면서 언덕을 이루었고, 우리는 발굴을 통해 지나간 마을의 흔적들을 보게 된다! 이젠 전쟁도 고고학적 흔적을 남기게 된 것이다.[21]

자세히 들여다보면 위의 인용문은 고고학적으로 논쟁거리가 될 만한 부분이 없지 않다. 그렇지만 중동의 텔(tell) 또는 테페(tépé)라고 이름이 붙은 마을에서처럼 이전 마을 터에 다시 새로운 마을이 들어서는 과정이 거듭되면서 겹겹이 쌓여 마치 인공 언덕이 되었다는 말은 맞다. 이처럼 여러 층위로 이루어진 유적들은 잦은 보수, 재건축, 새로운 설계에 따른 재정비 같은 요인으로 끊임없이 변형된 마을의 마지막 모습이다. 개중에는 화재 때문에 주택 또는 마을 전체가 몽땅 타 버린 흔적이 보이는 유적이 심심치 않게 발견된다. 발칸반도의 빈차(Vinča) 문화에서 화재의 흔적이 있는 유적이 많이 발견되었다.[22][30] 그렇지만 불은 벌레나 전염병을 박멸하는 데 좋은

....

29   신석기화란 구석기시대(유럽의 경우, 좀 더 구체적으로 중석기시대)에서 신석기시대로 이행하는 과정을 말하는데, 그 과정에서 인간의 생활 방식도 변화하였다. 신석기화는 지역에 따라 급진적인 과정일 수도, 점진적인 과정일 수도 있다.

30   빈차 문화란 현재의 세르비아, 불가리아, 루마니아 등지에서 기원전 5700년(또는 기원전 5300년)~기원

수단이기도 하다. 따라서 화재 주거지를 전쟁 탓으로 돌리는 해석은 그럴듯하지만, '평화로운' 상황에서 의도적으로 불을 낸 건지, 아니면 약탈·방화 때문에 발생한 것인지 확인하기가 어려우며 대부분 판별 자체가 불가능하다. 게다가 실수로 불이 났을 가능성도 있다는 점을 잊지 말아야 한다!

샤바이용의 언급에서 주목해야 할 점은 "구석기시대 사람이 '자연'에 가까워서 평화적이지만 신석기시대 사람은 자연에서 멀어졌기 때문에, 다른 말로 '문화적'이었기 때문에 폭력적이라는 말이 과연 타당하느냐이다. 구석기시대, 신석기시대, 그리고 현대에 이르기까지 지난 20만 년 동안 인간, 즉 호모 사피엔스는 변하지 않았다는 점을 잊지 말자. 새로운 기술을 축적하고 자연과의 관계에서 인간의 위상도 바뀌었지만, 그들은 지적 능력에서는 차이가 없다. 문명의 이기(利器) 속에 둘러싸여 사는 우리와 우리의 조상인 크로마뇽인은 생물학적으로나 지적으로나 동등하다. 따라서 평화로웠던 구석기시대와 호전적이었던 신석기시대를 대비하려는 이론은 오로지 문화적 요인에 근거한 주장이다. 예를 들어 인공적인 식량 자원 생산 방식인 농경과 목축을 통해 인간은 큰 혜택을 얻었지만, 그로 인해 사회적 긴장 또한 고조되었다는 가설이다. 그러나 신석기시대에 다른 사람의 소유물을 뺏기 위한 충돌이 많았다는 점은 인정할 수 있지만, 그렇다고 공동체 사이의 모든 분쟁이 오로지 물욕 때문에 일어났다고 보기는 어렵다. 동맹 파기, 모욕, 증오, '대를 잇는 원한관계' 같은 이유로 발생한 싸움이 결국 비극으로 끝나는 경우를 우리는 많이 봐 왔다. 이러한 원인들은 농경과 별 상관이 없으며 신석기시대 이전부터 있었던 것들이다.

여기서 주의해야 할 점이 하나 더 있다. 학자들은 자신이 속한 대중의 문화적 편견에서 벗어나지 못하며 소위 '객관적' 증거라는 것을 통해 그러한 편견을 더욱 강화하는 때도 있다는 점이다. 풍족한 자연환경에서 살았던 사냥-채집 사회의 사람들과

....

전 4500년(또는 기원전 4700년)까지 지속했던 신석기 문화이다. 빈차 문화 후기에는 구리로 만든 도구가 출현한다. 빈차 문화에 속하는 세르비아의 플로치니크(Pločnik) 유적은 그 규모가 120헥타르에 이를 정도로 거대했던 마을이었지만, 기원전 4700년 불에 타서 사라졌다.

농사를 짓거나 가축을 기르면서 이마에 구슬땀을 흘려야만 했던 사람들을 대비하려는 시도는 인간이 원래 지상낙원에 살았지만 결국 신의 은총을 잃어 낙원에서 쫓겨나 일을 해야 했다는『성경』「창세기」신화를 학술 용어로 재창조한 것에 지나지 않는다. 따라서 그런 논리는 순진하고 신화적인 일반 대중의 인식 체계에 학계와 지성계가 '엄격한' 근거를 갖다 대는 꼴이지만 궁극적으로 이론의 실체는 없다. 이처럼 우리의 정신과 문화 속에 이미 깊게 뿌리박힌 여러 가지 근거 없는 억측에서 기원한 고정관념들을 학문적으로 재확인하는 행위는 마치 사회적 통념이라는 몸뚱이에 복잡하고 화려한 옷을 입히는 짓과 비슷하다.[23] 여기서 우리는 우리 종의 기원을 탐구하는 선사학자들이 반드시 피해야 할 또 하나의 암초를 본다. 선사 고고학자들은 선사시대 문명에 대한 설명 방식이나 개념이 혹시 자신들의 문화적 편견에 근거한 것은 아닌지 물어봐야 한다.

의례적 전쟁과 '빅맨' 간 전쟁

유혈 충돌에 관한 연구들 대부분이 인류학적 자료에 의존한다는 사실을 잊어선 안 된다. 그리고 인류학적 연구에는 으레 원시 사회의 폭력에 대한 일반 모델이 제시되기 마련이다. 그런데 이 인류학적 모델들은 폭력이 발생할 수 있는 다양한 상황을 모두 설명하지 못한다는 점에서 한계가 있다. 약탈, 침략, 복수 등의 이유로 다른 집단을 공격하기도 하지만 일종의 의례화된 전쟁도 있다. 이 전쟁은 정해진 두 집단에서 가장 용기 있는 자를 뽑으려는 목적에서 치러진다. 의례적 전쟁은 이미 정해진 규칙을 잘 따른다는 측면에서 놀이나 스포츠와 비슷하다.

필리프 라뷔르트-톨라(Philippe Laburthe-Tolra)는 카메룬의 베티족(Beti)의 전쟁을 세 가지로 나누었다.[31] 이 중 두 가지 전쟁은 피비린내 나는 전쟁으로, 잔인하

....

31 필리프 라뷔르트-톨라(1929~2016)는 아프리카 지역을 연구하는 인류학자로, 특히 카메룬의 베티족을

며 어떠한 규칙도 따르지 않고 심지어 약탈도 서슴지 않는다. 그러나 베티족에게는 이와는 전혀 다른 종류의 전쟁도 있다. 그것은 일종의 도박 같은 전쟁으로서, 의례화되고 조직화된 전쟁이다.[24] 라뷔르트-톨라는 의례적 전쟁이 참가자가 빈털터리가 되고 급기야 노예의 지위로 전락하고 마는 아비아(abia)로 불리는 주사위 놀이와 비슷하다는 점에 주목하면서 흥미로운 주장을 내놓았다. 그에 따르면 의례적 전쟁이란 곧 폭력을 수반한 일종의 도박이다. 참가자들은 의례적 전쟁을 통해 육체적으로는 싸우지만, 자신의 운을 안전하게 시험할 기회를 얻는다. 도박과 전쟁 사이의 유사점은 베티족이 쓰는 어휘에서도 잘 드러난다. 그들은 도박하면서 '졌어'라고 하지 않고 '죽었어' 또는 '살해당했어'라고 한다. 같은 맥락에서 전쟁은 '자신의 생명과 재화를 모두 건' 일종의 '모 아니면 도' 같은 도박이다. 사람들은 늘 이긴 사람이 용감하고 능숙하며 강해서 이겼다고 치켜세우지만 그들의 도박은 전투에는 운이 따라야 한다는 점을 보여 준다. "전쟁터로 가는 것은 주사위를 던지는 것과 같다. 개인의 생존 여부는 오직 보이지 않는 힘에 달려 있다. 따라서 그가 할 수 있는 일이라고는 그저 보이지 않는 힘이 자신을 도와주도록 푸닥거리를 하거나, 아니면 우연이라는 신비스러운 눈 아래 자신의 운명이 어떻게 될지 점을 쳐 보는 일뿐이다. 전장에 나가 본 적 없는 남자는 남자 축에도 못 낀다. 그래서 남자들은 전장에 못 나가서 안달이다."[25] 이처럼 피비린내 나는 놀이를 통해 자신을 발견하고 운을 시험하고 적을 쫓아낸다. 참가자들은 사람들에게 이목과 찬사를 받으면서 자신의 가치를 높이고 부자가 되기도 한다. 따라서 의례적 전쟁이란 위험 부담이 있지만, 참가자의 가치를 드러내고 명성과 부를 얻을 수 있는 기회다. 사회적으로나 경제적으로나 의례적 전쟁 참가자에게 큰 이익이 된다는 점은 확실하다. 폭력을 통해 사회적 위상이 높아진 베티족의 승리자는 "화해의 손짓으로 그가 살해했던 사람의 형제와 자신의 여동생을 결혼시킴으로써 이전의 적을 동맹자로 만든다. 전통에 따라 치러진 이 작은 전쟁이 위대한 놀이

....

연구하였다. Laburthe-Tolra, Ph., 1984, De la guerre comme jeu, *Culture et développement*, 16, n° 3-4, pp. 503-510.

가 되는 순간이다."

어떤 민족에게는 용감한 한 개인이 적과 일대일로 맞서 싸우는 일종의 결투와 비슷한 무력충돌도 있다. 모리스 고들리에(Maurice Godelier)는 파푸아뉴기니의 바루야족(Baruya)을 연구하면서 이러한 충돌을 조사하였다.[32] 바루야족 사이에는 농지와 사냥 구역 배분을 놓고 부족 간 전쟁이 끊이지 않고 그 결과에 따라 농지와 사냥 구역이 새롭게 재편된다. 전투는 솜씨가 뛰어난 궁수들이 적당한 거리를 두고 적을 향해 화살을 쏘면서 시작한다. 가끔 매복전이 벌어질 때도 있지만 그리 위험하지는 않다. 두 진영이 맞닥뜨리게 되면 이따금 몇 명의 용감한 전사들이 대오에서 떨어져 나와 일대일 결투를 벌인다. 이때 사용하는 무기는 대개 끝에 무거운 돌덩어리를 단 몽둥이로, 상대방의 머리를 부숴 버릴 수도 있을 정도로 가공할 만하다. 사나운 전사, 아울라타(aoulatta)가 누리는 위세는 근본적으로 그의 용기와 능숙함에서 나오지만, 이에 더해 그에게 주술적 능력이 있다고 여겨지면서 배가된다. 날래면서도 정확하게 몸을 움직일 수 있는 능력, 무시무시한 살상력 등이 모두 그의 주술적 능력에서 비롯되었다고 믿게 되면서, 그는 거의 초자연적 존재처럼 신비화된다.[26] 아울라타는 적을 죽여 주술적 힘을 받기 위해 희생자의 팔다리를 잘라 먹기도 하는데, 이때 다른 동료 전사들은 희생자의 피로 자신의 얼굴을 칠한다. 그러나 이 전사들이 누리는 물질적 혜택은 별로 없다. 오로지 약탈자와 침입자에게서 마을을 지키는 일이 그들의 역할이며 운명이다. 전사들의 위세는 존경심에서 나온다. 존경심은 권위의 원천으로 평화로운 시기에도 유효하며 마을에서 다툼이 일어나면 그들은 다툼을 조정하기 위해 적극적으로 나선다. 전사들의 지위를 이용해 사사로이 이득을 얻으면 마을 사람들에게 비난과 처벌을 받는다. 그리고 평화 시에는 아무리 적이라 하더라도 함부로 죽일 수 없다. 오직 마을의 전체 회의만이 전쟁을 선포할 수 있는 권리를 갖

----

32 모리스 고들리에(1934~)는 프랑스 인류학자로, 1960년대부터 1980년대까지 파푸아뉴기니의 바루야족을 연구하였다. 그는 빅맨의 등장에 관한 연구와 증여(don) 관계에 대한 분석으로 학계의 주목을 받았다. 그의 저서 중 『증여의 수수께끼』(오창현 옮김, 2011, 문학동네)가 국내에 번역되었다.

고 있기 때문이다.

원시 사회에서 의례적 전쟁, 전사 집단 간의 전투, 일대일 결투는 집단 간 전면전을 막는다는 측면에서 오히려 피해를 줄이는 수단이다. 전사의 수를 줄이고 위험 수위를 조절하여 충돌의 범위를 제한함으로써 전쟁을 최소화한다. 이처럼 부족 간 합의에 따라 전개되는 다양한 양상의 충돌은 폭력의 수위를 낮추고 최소화함으로써 부족 간 평화를 정착시킨다. 불가피하게 주기적으로 발생하는 충돌을 최대한 통제하고 그 범위를 최소화하려는 노력인 것이다. 의례적 전쟁은 어느 정도 사상자가 나더라도 어디까지나 엄격히 제한된 범위 안에서 발생한다. 그렇지만 통상적인 전쟁에서는 폭력 행사가 무제한적이기 때문에 보다 많은 사람이 전장에 나가고 그만큼 희생자도 더 많다.

맹수도 아니고 그렇다고 어린 양도 아닌 선사시대 사람들

선사시대 사람들에 관한 대중적 이미지는 왜곡된 경우가 많다. 그리고 선사시대를 주제로 작품을 만드는 작가들은 대개 그들이 우리와 매우 다르다는 인상을 주려고 한다. 선사시대에 관한 만화에 등장하는 사람들의 모습은 거의 짐승에 가깝다. 아둔해 보이는 머리를 잔뜩 움츠리고 투박하게 행동하면서 사냥감을 찾아 축축한 동굴에서 나가는 모습이 남자의 전형이다. 그의 아내 모습도 남편보다 나을 게 없다. 머리핀을 꽂듯이 긴 뼈 두 개를 엇갈아 머리에 꽂고 먹다 남은 온갖 음식 쓰레기 사이로 아무렇지도 않은 듯 걷는 불결한 여자처럼 그려진다. 만화가는 그렇게 왜곡된 이미지를 대중에게 심어 줌으로써, 라스코 동굴, 알타미라 동굴, 쇼베 동굴에 인류 역사에 길이 남을 걸작을 남겼던 사람들을 모욕한다.

하지만 정반대의 경향도 존재한다. 지난 2세기 동안 원시시대의 일상 풍경을 그렸던 작가들 중 몇몇은 원시시대 사람을 차분하고 조용한 인물로 묘사하였다. 예를 들어 수염이 덥수룩하고 인생에 관한 지혜가 넘쳐 보이는 한 노인 족장이 혈기 왕성

한 젊은 사냥꾼들의 무모한 전쟁을 만류하는 장면이라든지, 계절 또는 날씨에 상관 없이 언제나 풍만한 가슴을 드러내 놓은 채 행복에 겨운 눈으로 아이들을 지그시 바라보는 여성의 모습이라든지, 먹거리가 넘쳐나는 풍요로운 자연 같은 것들 말이다. 이러한 장면들은 선사시대가 마치 평화롭고 풍요로운 시대였다는 메시지를 전달하고 있는 듯하다.

물론 서로 대비되는 이 두 경향의 이미지들은 단지 캐리커처일 뿐이지만, 생각보다 이러한 이미지가 대중에게 미치는 영향은 심각하다. 평범한 일상의 장면을 통해서 선사시대 사람에 관한 서로 판이한 두 가지 편견을 대중에게 심어 줄 우려가 있기 때문이다. 두 번째 편견에 따라 묘사된 장면은 마치 올림포스산에 사는 신이나 넉넉한 초원에서 한가로이 풀을 먹고 있는 순결한 어린 양처럼 태초의 인간을 그리고 있다. 그와 반대로 첫 번째 편견에 따라 묘사된 장면은 그들이 거의 짐승에 가까운 존재라는 느낌을 불러일으킨다. 그리고 인류가 야만적인 삶의 방식에서 벗어나는 데에는 매우 오랜 시간이 걸렸고 조금씩 조금씩 예의 바르게 행동함으로써, 점진적으로 '문명화된 인간'이 되었다는 의미를 암묵적으로 전달하고 있다. 따라서 선사시대 사람들의 삶을 '있는 그대로' 묘사하려면 이데올로기에 관한 판단을 나중에 하고 우선 이처럼 과장되고 단순화된 이미지에서부터 벗어나야 한다.

'착한 야만인(bon sauvage)'이라는 말은 원시인이 공격적이거나 잔인하지 않았고 갈등의 동기조차 없었다는 생각에서 나온 말이다.[33] 이 말에는 평온하고 풍요로운 자연과 비폭력적인 인간이 서로 '생태적으로' 조화를 이루면서 살았다는 의미가

....

[33] '고귀한 야만인'이라는 표현은 흔히 장 자크 루소가 『인간 불평등 기원론』에서 처음 주장했다고 알려져 있다. 그러나 사실 그는 이와 같은 용어를 쓴 적이 없다. 다만 그는 자연 상태에서 "인간은 원래 착하게 태어났지만, 사회가 인간을 부패시킨다고 했을 뿐이다(*l'homme naît bon, c'est la société qui le corrompt*)." 아울러 그는 '고귀한 또는 고결한(noble)' 야만인이 아니라, '착한(bon)' 야만인이라고 했다는 점도 눈여겨볼 부분이다. 이처럼 다른 형용사가 사용된 배경에 관해 깊이 있게 추적해 보지는 못했지만 아마도 프랑스어권에서 영미권으로 넘어가면서, 형용사가 좀 더 자극적으로 바뀐 듯하다. 왜냐하면 '고귀한' 야만인이라는 말에는 계층적이고 역설적 의미가 담겨 있어서 더 극적으로 보이기 때문이다. 나폴리언 새그넌, 강주헌(옮김), 2014, 『고결한 야만인』, 생각의힘, 13-14쪽.

담겨 있다. 이처럼 태초에 낙원 같은 세상에 살았다는 관념은 두 가지 지적 기원을 가지고 있다. 그중 하나는 종교인데, 기독교에서는 사람의 운명이 점차 타락했다고 본다. 원래 인간은 목가적인 낙원에서 신과 함께 살았지만, 창조주를 의심하는 실수를 저질렀기 때문에, 그 벌로 낙원에서 쫓겨나 노동과 난관 속에서 살아야 했다는 것이다. 그래서 결국 사람은 절대 만족할 줄 모르며 끊임없이 잃어버린 낙원을 찾아서 헤매게 되었다는 이야기다. 두 번째는 학술 영역에서 기원한다. 구석기시대 사람은 자연이 주는 혜택과 적은 인구 덕분에, 그리고 필요 이상의 것을 탐하지 않는 절제된 소비 성향 때문에, 상대적으로 풍요롭게 살았다는 관점이다. 사실 이와 같은 관점에 많은 인류학자가 동조하였다. 그들은 구석기시대 사람들이 먹거리를 장만하는 시간이 짧았으므로 생활이 여유로웠을 것이라고 주장한다.[34] 반면 그들은 신석기시대에 이르러 사람이 일의 노예가 됨으로써 인류의 황금시대는 막을 내렸다고 본다. 따라서 신석기시대의 시작은 인류의 역사에서 일종의 퇴보였고 진정한 예속의 시작이었다. 한마디로 인간은 그때부터 지옥의 나락으로 떨어졌다는 말이다.

　　인류 역사를 보는 또 다른 관점은 진보 개념과 관련 있다. 진보란 인간이 야생의 혹독한 환경 속에서 간신히 연명하다가 불굴의 의지로 열악한 상황을 점차 극복한 끝에 마침내 세상의 주인으로 우뚝 올라서게 되었다는 사상이다. 그런데 진보라는 개념은 인류의 삶이 언제나 좋은 쪽으로 발전해 왔으며, 따라서 자신의 운명을 개척하는 주체는 바로 자기 자신이고 자신의 운명은 스스로 사고하고 결정해야만 한다는 점을 전제하고 있다. 사실 이와 같은 진보 사관은 이미 고대에도 있었다. 마르쿠스 테렌티우스 바로(Marcus Terentius Varro)는 경제를 근거로, 루크레티우스(Titus Lucretius Carus)는 기술 발전을 근거로, 인간의 삶은 무지한 야만인의 상태에서 농경을 거쳐, 금속기를 사용하게 되면서부터 좀 더 우월한 단계로 올라섰다고 보았다. 19

....

34　이와 같은 입장에 서 있는 인류학자 중에 미국의 마셜 살린스(Marshall Sahlins)가 대표적인 학자이다. 그는 사냥-채집 사회가 원초적으로 풍요로운 사회였다고 주장하였다. 마셜 살린스, 박충환(옮김), 2014, 『석기시대 경제학』, 한울아카데미 참조.

세기 말 루이스 헨리 모건(Lewis Henry Morgan)은 인류가 '야만 사회(식인 풍습도 함께!)' 단계에서 시작해서 '미개 사회(이미 창의성이 발현됨)'를 거쳐 최종적으로 문자 발명과 함께 '문명화된 사회'에 이르렀다고 주장하였다.[27] 그의 사상은 많은 마르크스주의자와 선사학자에게 큰 영향을 끼쳤다.

　우리가 갖고 있는 선사시대 사람에 관한 이미지는 사실 각자가 지닌 사상과 관계가 깊다. 그렇지만 학술 연구에 각자 가진 가치관이 끼어들어서는 안 되며 오로지 객관적 증거에 근거를 두고 논쟁에 임해야 한다. 위에서 간략히 살펴봤던 상반되는 두 가지 시각은 근본적으로 진화론을 받아들이고 있다는 점에서 일치한다. 단지 전자는 현재를 도덕적으로 타락한 시기라고 여기면서 지금과 아주 멀리 떨어진 과거를 이상화하고 그리워하는 반면에, 후자는 진보 개념을 옹호하면서 진보를 통해 현재가 과거보다 삶의 조건이 향상되고 지식도 더 다양해진 시기라고 생각한다. 그리고 전자는 자연에서 멀어지면 멀어질수록 인간은 악해진다고 보지만, 후자는 행복한 미래를 건설하려면 지금 열심히 일하고 학습해야 한다고 주장한다는 점에서만 다를 뿐이다.

　그러나 만일 인간의 행위와 반응이 근본적으로 변하지 않았다면? 그들이 순진한 어린 양도 아니고 그렇다고 사나운 맹수도 아니었다면? 그들도 우리처럼 평소에는 머릿속이 복잡하고 내성적인 존재였다가 어떤 돌발적 상황에 닥쳐 느닷없이 무차별적으로 폭력을 행사하였다면? '착한 야만인'이라는 말처럼 그들이 순수하고 온화했다는 주장이 단지 신화에 불과하다면? 인류가 군림하려고 정기적으로 전쟁을 벌여 왔다면? 역사적 사례들과 인류학적 자료들을 보면 인류의 역사는 전쟁의 역사이다.[28] 상황이 이러한데도 왜 선사시대만은 평화로운 시대였다고 믿어 왔던 것일까? 우리는 선사시대에 적어도 수천 년 동안 지속하였던 장기간의 평화로운 시기가 존재했을 가능성은 거의 없었다고 생각한다. 이와 같은 문제의식에도 불구하고 선사시대에 다가가는 우리의 접근 방법은 기존의 다른 연구와 크게 다를 바 없다. 다만 본격적으로 논의에 들어가기에 앞서 인류학적 자료의 약점, 즉 인류학적 자료를 토대로 도출한 모델과 장기간 지속한 구석기시대의 고고학 자료들이 그다지 들어맞지 않는다는 점만큼은 말해야 될 듯싶다. 특히 수십만 년의 시간대를 다루는 전기 또는 중기 구석기시대가 그러하다. 따라서 이 책에서는 우리와 같은 종인 호모 사피엔스, 즉 현생 인류가 출현한 이후 시기, 즉 후기 구석기시대 이후의 시기에 대해 주로 다룰 것이다.

본격적으로 논의에 들어가기에 앞서 살펴봐야 할 또 다른 중요한 사실은 갈등의 원천인 인구 변동의 역할에 관한 문제이다. 구석기시대가 평화로운 시대였다고 주장하는 사람들은 이 시대에 인구가 매우 적었기 때문에 다툴 이유가 없었다는 점을 강조한다. 선사시대 인구 규모를 추정하는 연구는 언제나 격렬한 논쟁을 불러왔다. 유적의 수, 유적의 시공간적 특징, 적용 가능한 인류학적 모델, 기술 발달 수준 등을 기준으로 선사시대 인구를 추정하는 연구는 아주 많다. 그렇지만 이 연구들이 제시하는 추정값들을 보면 모두 구석기시대의 인구가 그 이후의 시대보다 언제나 적다는 공통점이 있다. 또한 지역 간 격차도 큰데, 전반적으로 따뜻하고 먹거리도 풍부한 지역, 즉 살기 좋은 지역의 인구가 열악한 지역의 인구보다 늘 많은 경향이 있다. 구석기시대가 끝나는 시점에 전 세계 인구에 대한 추정값들을 보면 당시 세계 총인구는 200만~300만 명에 불과하다.

그런데 문제는 인구 규모와 무력충돌의 원인 사이에 상관관계가 있는지 없는지를 검증하는 일이다. 흔히 인구 증가를 해결하는 방법의 하나가 전쟁이라고들 하기 때문이다. 사람이 적으면 싸울 이유도 그만큼 줄어든다는 논리다. 하지만 인구 규모와 전쟁의 횟수 간에 딱히 상관관계가 없다는 사실은 이미 잘 알려져 있다. 인구 규모보다 중요한 점은 지역의 인구 수용 능력이다. 해당 지역이 경제적으로 풍요로운지, 아니면 빈곤한지에 따라 인구 수용 능력은 달라진다. 그리고 해당 사회의 기술 발달 정도도 고려해야 한다. 이러한 요인을 모두 고려해야 연구 지역에서 수집한 자료가 타당한지 그렇지 않은지 판단할 수 있다. 말레이시아, 아프리카 대륙 중부의 밀림 지대, 오스트레일리아의 서부 사막 지대, 북아메리카의 그레이트베이슨은 인구밀도도 낮고 무력충돌도 드문 지역이다.[29] 그렇다고 이와 같은 민족지 사례들을 일반화할 수 있을까? 모든 것은 '해당 공동체가 사회적 문제를 해결하고 평화를 지탱하기 위한 윤리적 법체계를 갖추고 있는가? 그와 같은 법을 사회에 적용할 수 있는가? 더욱 과감한 대책을 수립할 수 있는가?'에 달려 있다. 실제로 킬리는 기원전 8000년 기에서 기원전 6000년 기에 서서히 인구와 사회적 복잡도가 증가하면서 정주 사회로 변화되었던 레반트(Levant) 지역의 나투피앙(Natoufien) 문화와 기원전 6000년 기 중부 유럽의 인구가 적은 사회였던 중석기시대 문화를 비교하면서, 오히려 인구가 많은 나투피앙 문화에서는 어떤 긴장관계를 보여 주는 흔적을 찾을 수 없지만, 인구가 적은 중석기시대 사회에서는 폭력의 흔적이 있는 뼈들이 확인됐다고 보고하였다.[35] 논쟁의 핵심은 인구가 적으면 사람들이 평화롭게 산다는 명제이다. 사실 인구가 적은 사회에서 생존하려면 서로 돕고 에너지를 나누어야, 즉 협력해야 한다는 인식이 널리 퍼져 있다. 소규모 집단의 유연성, 그들의 광범한 영역 그리고 대규모 사냥을 위해서라면 일시에 집단의 규모를 확장할 수 있는 능력 등을 볼 때, 집단 사이에 어떤 긴장관계도 아마 일어나지 않았을 것이다. 생산력이 불충분한 조건에서 생존하려면 집단 간 협력이 불가피하고 개인 차원에서 해결하지 못하는 일을 다른 사람과 연합함으로써 해결할 수 있다는 이야기다.

알랭 테스타르(Alain Testart)는 이를 '공유의 규칙(loi du partage)'이라고 불렀는데, 특히 이 원리는 사냥할 때 적용된다.[36] 사냥꾼은 자기가 잡은 사냥감을 동료들과 나눈다. "나눈다는 것은 일종의 사회 보험이다. 오늘은 성공했지만 언젠가 나도 실패할 것을 알고 있으므로 잡은 사냥감을 오늘 낭패를 본 사냥꾼에게 나눠 준다. 내가 내일 낭패를 본다면 그도 나처럼 사냥감을 나눠 줄 것이다."[30] 그러나 사냥 영웅에 대

....

35 나투피앙 문화(BP 1만 4,500~BP 1만 1,500년)는 지중해 동부 지역의 서남아시아 지역에 꽃피었던 최
   말기 구석기시대 문화이다. 이 문화에서는 농경을 시작하기도 전에 마을을 이루며 정주 생활을 하였다.
   로렌스 H. 킬리, 김성남(옮김), 2014, 『원시전쟁』, 수막새, 289쪽 참조. 나투피앙 문화에 관한 종합적인
   연구는 Bar-Yosef, O., Valla, F., 2013, *Natufian Foragers in the Levant: Terminal Pleistocene Social
   Changes in Western Asia*, IMP AS-19, p. 717 참조.

36 알랭 테스타르(1945~2013)는 오스트레일리아 원주민을 주로 연구했던 프랑스 인류학자로, 저장, 불평
   등, 노예, 선물 등의 문제에 관심을 가졌다. 국내에 번역된 그의 저서로는 『불평등의 기원』(이상목 옮김,
   2006, 학연문화사)이 있다.

한 주변 사람들의 찬사도 그가 먹거리를 동료들에게 나누기 위한 잔치를 벌일 때뿐이다. 잔치가 끝나자마자 그의 무용담은 금방 잊히고 만다. 테스타르의 모델에는 자기희생적인 측면이 있다. 그렇지만 사냥-채집 사회에서 사람들 사이의 연대가 정말 그처럼 든든한 것이었을까? 그들의 연대의식은 주기적으로 깨지지는 않았을까? 우리는 사냥-채집 사회, 좀 더 구체적으로 말하자면 후기 구석기시대, 그리고 더 이후 시기인 최말기 구석기시대의 사회가 근본적으로 동료애에 기초한 사회였다고 확신하지 않으며, 다른 각도에서 보려고 한다. 만약 구석기시대에 '공유의 규칙'이 정말 평화적 관계를 지탱하는 원리였다면, 나중에 집단의 차원에서든 아니면 개인의 차원에서든 사람들은 왜 폭력적으로 싸우게 되었을까? 이 문제에 관해 고고학은 무엇을 말할 수 있을까?

희생의 문제

1958년 프랑스 남부 오드(Aude)의 쿠르나넬(Cournanel) 유적에서 우리 중 한 사람(장 길렌)은 기원전 4000년경 신석기시대로 추정되는 한 무덤을 조사한 적이 있다. 지금 와서 보면 다소 성급하게 결론지었다는 생각이 들기도 하지만, 그는 고대 희생 의례의 몇몇 사례를 들면서, 돌널무덤 안에 포개져 있는 두 구의 시신 중 한 명은 희생당한 사람이라고 결론 내렸다.[31] 몇 년 뒤, 오드의 카바르데스(Cabardès)에 있는 가젤(Gazel) 동굴에서 젊은 여성이 아주 어린아이를 안고 있는 듯한 자세의 뼈가 발견되었다. 이 유적의 연대는 전기 신석기시대 후기(기원전 5000년 기 초기)로 추정된다. 발굴 당시 피장자의 사망 원인에 관해 어떤 이는 여성과 아이가 같은 병에 걸려 동시에 죽어서 함께 묻은 것이라 주장했고, 또 다른 이는 먼저 한 명이 죽고 다른 한 명은 앞서 죽은 이의 내세를 위해 순장되었다고 주장하였다.

사실 선사시대에는 추가장(追加葬) 없이 여러 구의 시신을 동시에 묻는 폐쇄식 무덤이 많다. 이러한 폐쇄식 무덤은 대개 고인돌 또는 지하 돌방무덤 같은 추가장이 가능한 무덤들과 다르다. 추가장 무덤은 현재 프랑스 가족묘처럼 사람이 죽을 때마다 매번 문을 여닫을 수 있도록 설계되었다. 그러나 폐쇄식 무덤은 추가장 무덤처럼 많은 시신을 묻을 수는 있지만, 장례가 끝나는 즉시 완전히 막아 버린다. 한꺼번에 여러 시신을 동시에 묻는 폐쇄식 무덤의 기원은 오래되었다. 아이와 성인 여성으로 추정되는 인골이 발견된 이스라엘의 카프제(Qafzeh) 유적의 사례에서 보듯이, 멀리 중기 구석기시대까지 거슬러 올라간다.[37] 폐쇄식 무덤은 후기 구석기시대에도 사용되었다. 프랑스와 이탈리아 국경 부근에 있는 그리말디(Grimaldi)의 바르마 그란데(Barma Grande) 유적에서는 남성, 여성, 청소년으로 구성된 세 명분의 인골이 발견되었다. 그리고 그리말디의 또 다른 유적인 앙팡 동굴(la grotte des Enfants)에서는 젊은 남성 시신 위에 나이 든 여성의 시신으로 추정되는 인골이 추려져 놓여 있었다.[38] 체코 동부의 모라비아(Moravie)에 있는 돌니 베스토니체(Dolni Vestonice) 유적에서는 젊은 여성의 인골이 두 남성 인골 사이에 놓여 있었다.[39] 러시아 블라디미르(Vladimir)시 근처에 있는 숭기르(Soungir 또는 Sungir) 유적 3호 무덤에서는 청소년으로 추정되는 두 명의 인골이 함께 출토되었다.[40] 이탈리아 남부 코센차(Cosenza)

....

37 이스라엘의 나사렛 남쪽에 위치한 중기 구석기시대 유적으로, 1933년에 9만~10만 년 전의 초기 호모 사피엔스의 화석과 구석기 등이 발견되었다. 아프리카 이외의 지역에서 발견된 호모 사피엔스의 화석으로는 가장 오래된 것으로 여겨져 왔다. 그러나 최근 그리스의 아피디마(Apidima) 동굴 유적에서 21만 년 전의 초기 호모 사피엔스의 머리뼈 화석이 발견되었다는 보고가 있다. Harvati, K., Röding, C., Bosman, A.M. et al., 2019, Apidima Cave fossils provide earliest evidence of Homo sapiens in Eurasia. *Nature*, 571, pp. 500-504.

38 그리말디 또는 발치 로시(Balzi Rossi)라고 불리는 곳에는 구석기시대의 동굴 유적이 여럿 있다. 그중 하나인 바르마 그란데 유적에서 발견된 인골에 관한 최근 연구에 따르면, 그라베티앙 시기(BP 2만 9,000~BP 2만 2,000년)의 매머드 사냥꾼들이 남긴 것이라고 한다. Gérard, O., Almudena, A., Angiolo, L. et Elie M., 2012, The Barma Grande cave (Grimaldi, Vintimiglia, Italy): From Neandertal, hunter of "Elephas antiquus", to Sapiens with ornaments of mammoth ivory, *Quaternary International*, 255, pp. 141-157.

39 돌니 베스토니체는 동유럽 지역의 후기 구석기시대 유적이다. 주로 그라베티앙 문화의 유물이 집중적으로 출토되었는데, 그중 찰흙을 구워 만든 여인상(비너스)이 유명하다.

40 숭기르에서 출토된 두 구의 청소년 뼈는 발굴 당시 남성 한 명과 여성 한 명으로 보고되었다. 그러나 2017년에 실시된 유전자 분석 결과 두 명 모두 남성으로 판명되었다. Sikora, M. et al., 2017, Ancient genomes show social and reproductive behavior of early Upper Paleolithic foragers, *Science*, vol.

시 인근 로미토(Romito) 동굴 유적에서는 여성 한 명이 난쟁이 병에 걸린 한 남성 옆에 묻혀 있었다.[41]

물론 위에서 언급된 피장자들이 전염병, 굶주림, 전쟁 등으로 한날한시에 죽었을 가능성도 있다. 그러나 그와는 전혀 다른 설명, 즉 어떤 집단의 일원이 죽었을 때 다른 사람(들)을 희생했을 수도 있다는 점을 받아들여야만 한다. 지금까지 학계에 제출된 여러 연구를 살펴보면 근본적으로 이 두 가지 입장, 즉 동시에 사망해서 일시에 매장했다는 견해와 어떤 사람이 죽고 난 뒤에 죽은 자와 동행시키려 다른 사람을 함께 매장했다는 견해 사이에서 결론을 내리지 못하고 있다. 이 중 두 번째 가설은 죽은 이를 위해서 '산' 사람을 바친다는 희생이라는 개념을 전제로 한다. 그러나 여러 구의 시신을 하나의 무덤에 매장했을 때만 순장이라고 봐서는 안 된다. 한 명씩 매장한 개인 무덤들이 떼를 이루고 있다면 보통 공동묘지라고 생각하겠지만 누군가를 위해 순장당한 사람들을 따로따로 묻었을 수도 있다.

의례를 통해 생명체를 죽이는 행위가 희생이다. 희생물은 동물로 대체하기도 하지만, 사람을 바치기도 한다. 희생은 신 또는 정령에 대한 단순한 공양이 아니라 피를 흘리는 성스러운 의식이다. 희생된 사람은 포로로 잡힌 적일 수도 있고 죄수일 수도 있으며 공동체에서 추방당한 성인이나 아이일 수도 있다. 의례를 통해 사람을 죽이는 행위가 희생이라면 살인과 희생의 차이는 무엇일까? 사실 이 문제는 인류학계에서 오랜 논쟁거리였다. 그러나 본격적으로 이 문제에 들어가기에 앞서, 두 가지 사실을 명확히 해야만 한다. 첫째, 월경 때문에 여성이 흘리는 피와 희생 의례를 통해 사람이 흘리는 피는 아무런 연관성이 없다. 여성이 헌신하기 위해 피를 흘리는 것은

....

358, no 6363, pp. 659-662.

41   1962년부터 1968년까지 실시된 발굴조사에서 탄소연대측정 결과, BP 1만 1,150년±150, BP 1만 960년±350으로 나왔으나, 최근에 이뤄진 발굴조사(2000년, 2010년)에서 유적의 연대가 BP 1만 6,000년까지 올라가는 것으로 나왔다. 한편 지은이들은 젊은 여성의 뼈와 난쟁이 병에 걸린 늙은 남성의 뼈가 마치 함께 묻혔던 것처럼 기술했는데, 이 부분은 논쟁의 소지가 있다. 다수의 연구자는 동시기에 묻힌 것이 아니라고 본다. Giacobini G., 2006, Richesse et diversité du rituel funéraire au paléolithique supérieur: L'exemple des sépultures italiennes, *Diogène*, 214, pp. 24-46.

아니기 때문이다. 마찬가지로 살해당한 자가 흘린 피와 희생 의례의 제물이 흘린 피도 구별되어야 한다. 살인자가 의례를 치르는 사제는 아니기 때문이다.[32] 따라서 살인과 희생 사이에는 상징적 수준에서 뚜렷한 경계가 존재한다. 그리고 사회 통념상 살인은 부정적 행동이지만 희생은 긍정적 행동으로 받아들여진다는 점에서도 다르다. 그렇지만 희생이 이처럼 의례화되고 복을 짓는 행위처럼 여겨진다고 하더라도, 객관적으로 폭력이 중요한 역할을 한다는 점에서 희생은 살인과 같다.

희생의 의미 또한 시대에 따라 달리 해석될 수 있다. 어떤 시기에는 종교적 행위로, 어떤 시기에는 하나의 의무로, 어떤 시기에는 정화 의식의 수단으로 받아들여진다. 그러나 이처럼 희생의 의미가 시대에 따라 다르다고 하더라도, 사람 또는 사람을 대체해 다른 동물을 희생함으로써 그가 속한 집단이 구원받는다고 생각한다는 점에서 똑같다. 르네 지라르(René Girard)가 말하였듯이, 희생 의례에서 폭력은 공동체에 속한 개인 사이의 폭력을 통제하기 위한 수단이자 해결책이다.[33] 또한 희생은 사회적 평화를 유지하는 방편으로 가족 구성원 간의 성관계를 금지함으로써, 가족 안에서 폭력을 회피하려는 근친상간 터부와 비슷한 면이 있다.[42] 따라서 희생 의례는 폭력으로부터 사회를 구하기 위해 폭력을 행사하는 의례라고 할 수 있다. "일대일 폭력의 악순환이 의례적 폭력의 악순환으로 대체됨으로써, 폭력은 창조적이면서도 보호자적 성격을 부여받게 된다."[34] 희생양은 공동체의 다른 구성원들, 즉 잠재적 희생양들이 받아야 할 모든 비난과 벌을 대신 짊어진다. 희생양은 세계를 보호할 책임이 있으므로 사회에 발생하는 모든 죄를 뒤집어쓴다. 또 정화 의식을 거친 희생양의 죽음으로 대신 죗값을 치름으로써, 사회는 안전을 보장받게 되는 것이다. 사회는 희생 의례를 통해 균형이 유지되기 때문에 창세기적 살인, 즉 희생 의례는 반복되기 마련이다.[43]

....

42 근친상간 금기와 희생의 관계에 대한 더 자세한 내용은 르네 지라르, 김진식 외(옮김), 2000, 「'토템과 터부' 그리고 근친상간의 금기」, 『폭력과 성스러움』, 민음사, 289-332쪽 참조.

43 '창세기적 살인'이란 『성경』에서 카인이 아벨을 죽인 사건이나 로마신화에서 로물루스가 레무스를 죽인 사건처럼, 창세기나 건국신화에서 새로운 세상이 열리는 데 따르는 불가피한 희생을 말한다.

그렇지만 앞의 관점은 희생, 살인, 전쟁 간의 유사성을 강조하면서도 고대부터 현재까지 수많은 사람이 비난해 왔던 문제의 행위, 즉 폭력 행위의 심각성을 전적으로 간과하고 있다. 어떤 사람은 희생이란 전쟁과 범죄처럼 죽음을 갈구하는 인간의 본능이므로 일단 치르고 나면 상황이 좋아진다고 믿는다.[35] 또 어떤 사람은 희생을 폭력을 통제하는 방편으로 보기도 한다. 이러한 관점에서 희생 의례란 보다 '문명화된' 상황으로 나아가기 위한 행위이고 근본적으로 폭력의 배출구이자 치유의 장이다. 마지막으로 주목할 점은 희생 의례를 치르는 사람이나 희생을 부추기는 사람 모두 이 행위가 자연을 거역하는 행위라는 점을 전혀 인식하지 못한다는 것이다. 오히려 희생 의례는 공동체 구성원 모두의 동의 아래 거행되는 경향이 있다.

그렇지만 문자 없는 사회를 연구하는 고고학에서는 희생과 살인을 뚜렷하게 가르는 경계선을 긋기가 그리 쉽지 않다. 몇몇 민족지 자료를 보면 교환 시스템의 일부로서 청부 살인이 발생한다. 오세아니아에서는 싸움이 벌어지고 난 뒤에 희생자의 복수를 위해 생명을 빼앗는 일이 일어난다. 이때 살인자는 청부 살인자가 아니라 원수를 갚아 준 은인으로 여겨지고 희생자와 가까웠던 사람들은 살인자에게 감사의 표시로 많은 선물을 주게 되는데, 이를 통해 살인자의 위세는 올라간다. 여기서 사회적 관계의 복잡한 메커니즘 속에서 남자와 여자, 산 자와 죽은 자 사이에 교환관계가 발생하게 된다. 사회적 균형을 유지하기 위하여 이런 통속드라마 같은 일은 필수 요인으로 반복되고, 개인 또는 집단이 맺고 있는 연대 네트워크에 따라 사회적 균형은 유지되기도 하고 깨지기도 한다. 연대 네트워크 자체가 끊임없이 변하기 때문이다. 그러므로 청부 살인은 다양한 관계들을 작동하고 사회적 균형을 유지하는 수단으로서 관습화되어 간다.

테스타르는 종교·사회적으로 계층화가 심한 사회에서 대개 희생 의례가 따르기 마련이라고 했다. 여기서 계층화된 사회란 피라미드 구조를 갖는 사회로서, 피라미드의 꼭대기에는 희생물을 받는 영광스러운 신이 있고, 그 아래에는 희생을 거행하는 사람이 있으며, 가장 밑바닥에는 희생되어야 할 대상이 있다.[36] 이미 누가 죽어야 할지 결정하는 행위 자체가 다른 사람의 목숨을 쥐고 있는 주인과 그 결정에 무조건

복종해야 하는 사람 간의 분리를 전제로 한다. 그리고 이 두 집단 사이에는 넘을 수 없는 벽이 있다. 이와 같은 이유로 왕이나 제후 그리고 권력자는 자신의 권력을 과시하기 위해 희생 의례를 자주 거행했다. 고대 이집트, 메소포타미아 같은 초기 국가 또는 유럽 원사시대 사회 또는 오세아니아의 위계화된 군장 사회에서 몇 명을 연달아 처형했던 유적들에서 보게 되는 광경은 희생 의례의 전형적 사례이다. 그런데 만약 좀 더 오래된 유적에서도 이와 비슷한 양상의 죽음을 보게 된다면, 우리는 어떻게 해석하게 될까? 위에서 살펴본 관점을 그대로 적용해 보면 오래된 선사시대 유적에서도 피를 흘리는 의례 또는 관습이 있었다고 볼 수 있을 것이다. 그렇다고 폭력 행사의 목적이 늘 신을 만족시키는 데 있다고 주장하는 것은 아니다.

선사시대의 폭력을 '읽어 낼' 수 있는가?

고고학을 통해 선사시대 폭력의 민낯을 볼 수 있을까? 물론 석기시대 사람의 폭력 행위를 지시하는 특징을 머릿속으로 미리 그려 볼 수도 있겠지만, 고고학적으로 증거를 가지고 폭력 행위를 입증하기란 결코 쉽지 않다. 따라서 먼저 선사시대 폭력에 관한 이론과 고고학적으로 검증 가능한 사실을 구분할 필요가 있다.

우연이든 고의든 간에 살인을 하는 데는 여러 가지 동기와 방법이 있다. 계획적으로 살인할 수도 있고 주먹다짐 끝에 사고로 사람을 죽일 수도 있다. 살인의 방법 또한 다양한데, 단순 살인, 처형, 독살처럼 즉각적으로 살해하는 방법도 있지만, 고문, 강제 수용, 강제 노역처럼 서서히 죽이는 방법도 있다. 한편 시신은 여러 가지 변형 과정을 겪게 된다. 대개 시신은 살해당한 자리에서 치워져 다른 곳으로 옮겨진다. 예를 들어 북유럽 선사시대 토탄층에서는 목베기, 목조르기, 목매달기 등으로 살해당한 뒤 강이나 바다에 던져졌던 것으로 보이는 미라가 많이 출토되었다. 이러한 유해들은 대체로 보존 상태가 좋다. 하지만 얕은 구덩이, 동굴, 천연 함정, 바위의 갈라진 틈새같이 후미지고 잘 가려진 곳에 묻히거나 불에 타서 겨우 뼛조각 몇 점만 발견되는 경우가 대부분이다. 이와 같은 환경에서 수습된 유해들은 보통 토탄층에서 출토된 유해에 비해 보존 상태가 그리 좋지 않은데, 독자들도 이처럼 보존 상태가 나쁜 유해를 가지고 과거 사람들의 행위를 알아내기가 얼마나 어려운지 금방 눈치챘을 것이다.

설령 살해당했던 바로 그 자리에 시신이 버려졌다 해도, 곧바로 맹금류나 육식동물들의 좋은 먹잇감이 되었을 터이고 무자비한 화석 형성 과정에 따라서 시신은 흔적조차 남지 않게 된다. 여기서 화석 형성 과정이란 생명체가 죽고 난 뒤에, 유해가 자연 상태에서 생물 또는 물리화학적 작용으로 해체되는 과정을 일컫는다.[44] 한편 시신은 먹힐 수도 있다. 식인 행위가 매우 오래되었음을 알려 주는 선사시대 자료들은 언제나 논쟁을 불러일으킨다. 뒤에서 이 문제에 대해 몇 번 다루게 될 것이다. 뇌, 간, 심장 등 몸의 주요 장기를 먹기도 하지만, 긴 뼈는 깨뜨려서 그 속의 골수를 빼먹거나 뼈에 붙어 있는 힘줄을 먹기도 한다. 장기들은 흔적을 남기는 경우가 거의 없기 때문에 오직 깨진 뼈들만이 고고학적 방법을 통해 연구될 수 있다. 한편 살해된 사람의 시신도 공동묘지 구역 안에서 다른 무덤들처럼 '정상적인' 방식으로 매장될 수 있다는 점을 잊지 말아야 한다. 실제로 유럽에서 신석기시대 말기에 이러한 관습이 유행하였다.

개인의 죽음을 넘어 집단 대 집단의 폭력은 전쟁의 기원을 밝히는 중요한 실마리가 될 수 있다. 문제는 집단 간 폭력을 증명하기가 그리 쉽지 않다는 점이다. 적과 맞서 싸우다 전사한 가족의 시신을 가족무덤이나 공동묘지에 묻는 과정에서 죽은 적의 시신을 함께 묻기도 한다. 시간이 흐르면서 시신들은 화석화되고 이 경우 함께 묻혔던 시신들이 서로 적대관계였다는 사실을 고고학자들은 전혀 알 수 없으므로 무덤의 정황을 꼼꼼히 따져 봐야 한다.

매우 드문 사례 중 하나는 인신공양이다. 앞서 언급했듯이 특별한 폭력 행위인 인신공양은 종교 의례로 행해지더라도, 희생당하는 사람이 심리적으로 자신이 죽어

....

44　화석 형성 과정에 대해서는 조태섭, 1989, 「화석환경학이란 무엇인가?」, 『박물관기요』 5, 133-148쪽 참조.

마땅하다고 느낀다 해도, 그리고 환각 상태에 빠져 희생자가 고통조차 느끼지 못하더라도, 결국 극단적 폭력 행위로 자행된 은폐된 살인일 뿐이다. 신화나 역사 속에서 인신공양 풍습은 자주 확인된다. 신화를 보면 『성경』에는 아브라함이 아들을 바치려 했고, 『일리아드』에는 이피게네이아가 제물이 되었다.[45] 역사적으로는 카르타고의 신, 모로크(Moloch) 앞에 아이들을 바쳤던 풍습이 있었고, 카이사르는 『갈리아 원정기』에서 골족(Gauls)의 인신공양 풍습에 관한 기록을 남겼다.[46] 코르테스를 비롯한 스페인 정복자들은 수많은 아즈텍 사람을 매우 야만적인 방식으로 무자비하게 학살했다.

고고학적 증거가 말하듯이, 역사시대 초기부터 지배자의 과대망상은 대규모 인신공양을 불러왔다. 저세상에 가서도 '주인' 또는 통치자를 따르게 하려고 수많은 예속민을 죽였다. 이집트 제1왕조의 지배자, 우르의 왕, 케르마(Kerma)의 통치자, 스키타이의 족장 그리고 중국의 황제까지 자기 죽음에 백성을 끌어들였다.[47] 한편 응징과 징벌의 성격을 지닌 폭력도 언급되어야만 한다. 억압하려고 자행되는 모든 행위, 즉 사람 또는 동물을 때리거나, 채찍질하거나, 사지를 찢거나, 몸 일부를 자르거나, 불에 지지는 이러한 잔혹한 행위들이 이에 해당한다. 선사시대에도 개인적 차원에서 뿐만 아니라 집단적으로 포로, 죄수, 패배자 들을 처벌했던 듯하다.

폭력이란 궁극적으로 사형을 선고하기 위한 수단이고 사회적으로 격리하기 위한 의지이며, 동시에 죽임을 당하는 사람이 한 명의 주인 또는 한 집단의 소유물이라는 사실을 만천하에 알리기 위한 선언이다. 인류학자들은 현장을 직접 보고 조사함으로써 희생자들이 겪었던 고통을 실감나게 묘사할 수 있다. 그렇지만 고고학자들은

....

45 이피게네이아는 미케네 왕 아가멤논의 딸이다. 그리스군의 총사령관인 아가멤논은 아르테미스 여신의 분노 때문에 그리스 함대가 트로이로 출범하지 못하자, 신탁대로 딸을 희생 제물로 바친다. 그러나 마지막 순간 이피게네이아를 불쌍히 여긴 아르테미스 여신이 그녀 대신 사슴을 제물로 받았다.

46 골족의 인신공양에 대한 카이사르의 언급은 카이사르, 천병희(옮김), 2012, 『갈리아 원정기』, 숲, 194쪽 참조.

47 케르마는 아프리카 수단의 북부 고대 도시로, 나일강 상류에 자리 잡고 있다. 이 지역에는 기원전 3000년 대부터 문화가 번영했고, 고대 이집트 중왕국시대(기원전 2050~기원전 1786년)에는 상업의 중심지였다.

뼈를 제외한 나머지 조직이 남아 있는 경우가 매우 드물기 때문에 뼈에 남아 있는 부상의 흔적으로 연구할 수밖에 없다. 폭력과 더불어 강간 사건도 자주 일어났던 것으로 추정되지만, 피해자가 강간으로 입었던 상처를 고고학적으로 증명하기란 불가능하다.

고고학적으로 검증하기가 까다로운 주제 중 하나는 "선사시대에도 노예가 있었는가?" 하는 문제이다. 남성이나 여성을 납치하거나 가두는 행위는 어느 사회든 존재했다. 그러나 사냥-채집 사회의 노예에 대해 우리가 아는 것은 거의 없다. 선사시대 연구자들은 증거가 부족하므로 대개 이 문제를 언급하기를 꺼린다. 노예제는 보통 공동체 간 무력충돌의 산물이다. 서유럽에서 정기적으로 무력충돌이 발생했던 시기인 기원전 3000년 기부터 기원전 2000년 기, 즉 순동시대부터 청동기시대까지 노예제가 서서히 발달했던 것으로 보인다. 이 시기에 스페인 남동부의 로스 밀라레스 (Los Millares) 유적처럼 마을의 규모가 몇 헥타르에 이를 정도로 큰 사례도 있지만, 다른 지역에서는 마을의 규모가 대체로 작다는 점에서 유럽 전역에 걸쳐 노예제가 실재했는지에 관해서는 신중할 필요가 있다.[48] 물론 마을의 규모가 작다고 무력충돌의 가능성이 전혀 없었다는 말은 아니다. 만약 작은 마을에서 무력충돌이 있었다면, 포로로 사로잡은 집단 전체 또는 일부를 다른 곳으로 이동시키거나, 아니면 능숙한 장인들만 특정 구역에 모여 살도록 했을 가능성도 있다. 나중에 스페인 남동 해안의 레반트(Levant espagnol) 지역에서 발견된 신석기시대 예술 작품 중 처형 장면으로 해석되는 장면에 관해서는 다시 논하게 될 것이다.[49] 근동 지역에서는 노예제와 관련된 장면이 기원전 3000년 기로 추정되는 메소포타미아의 점토판에 남아 있다. 기원전 4000년 기 후반에 우루크의 도시 중 하나인 하부바 카비라(Habuba Kabira)가

....

48 로스 밀라레스 문화는 유럽의 순동시대 문화 중 하나로 스페인 동남부부터 포르투갈 남부에 이르는 광범한 지역에서 확인된다. 연대는 기원전 4000년 기 후반에서 기원전 3000년 기 후반이다.

49 레반트 바위 그림 예술은 이베리아반도의 동남부 지중해 연안에 폭넓게 퍼져 있다. 현재까지 발견된 유적의 수는 700곳에 이르고 1998년에 유네스코가 세계문화유산으로 지정했다. 레반트 예술의 연대에 관해서는 후기 구석기시대 말기라는 설, 중석기시대라는 설, 신석기시대라는 설 등 다양하다.

세워질 당시 사회적 마찰이 자주 일어났다. 당시 사로잡힌 자들은 포로가 되었고, 그 중에는 노예로 전락한 자도 있었을 것이다.[50]

폭력의 또 다른 형태는 의례 행위에 따라 신체를 손상하는 행위다. 물리적 공격성은 종교적으로나 사회적으로 감춰질 수 있고 심지어 축제나 놀이의 하나로 행사될 수 있다. 알프스산맥 지밀라운(Similaun) 지역에서 발견된 신석기시대의 미라, 스키타이의 미라, 그리고 북유럽 토탄층에서 발견된 미라에는 몸에 칼집을 낸 진집이나 문신이 관찰되는데, 이러한 진집과 문신이 폭력 행위의 결과물일 수도 있다.[51] 기원전 8000년 기에서 기원전 6000년 기까지 지속하였던 북아프리카 '캅시앙(Capsien) 문화의 발치(拔齒) 풍습은 학계에 잘 알려져 있다.[52] 당시 사람들은 앞니, 송곳니뿐만 아니라 작은 어금니도 의도적으로 뽑았으며 이러한 의례적 발치로 인한 과다 출혈, 2차 감염, 만성 질환은 폭력이나 공격성의 후유증이다.

마지막으로 완전히 가설적인 차원의 논의지만 어떤 실용적 이득을 보려고 사람을 죽이거나 크게 다치게 해 신체 일부 또는 전체를 사용하는 사례도 생각해 볼 수 있다. 실제로 사람의 뼈를 가지고 약품, 전리품, 도구 같은 이기를 만들었던 사례가 고고학적으로 보고된 적이 있다. 프랑스 남부 아리에주(Ariège) 지방의 베데이악(Bédeihac) 동굴에서는 청동기시대 초기로 추정되는 층에서 날카롭게 날이 세워진 사람의 종아리뼈가 출토되었다. 같은 지방 몽세귀르(Montségur)의 튀테유(Tuteil)

....

50 하부바 카비라는 기원전 3500년에 시리아 북부, 유프라테스강을 따라 세워진 도시다. 총면적은 약 18헥타르이며, 그중 10헥타르가 성벽으로 둘러싸여 있다. 기원전 3200년경에 이른바 '우루크 확장기'에 우루크에 복속되었다.

51 지밀라운 미라의 발굴 경위와 초기 연구 성과에 관해서는 콘라드 슈핀들러, 최몽룡(옮김), 1995, 『5천년 전의 남자』, 청림출판, 333쪽 참조; 지밀라운에서 발견된 미라 외치(Ötzi)의 문신에 대해서는 Deter-Wolf, A., Robitaille, B., Krutak, L., Galliot, S., 2016, The world's oldest tattoos, *Journal of Archaeological Science: Reports*, 5, pp. 19-24 참조.

52 사하라 사막 이북의 북아프리카 지역(Maghreb)의 최말기 구석기시대 문화와 신석기시대를 아우르는 문화를 캅시앙 문화(기원전 8000~기원전 2700년)라고 한다. 이 지역에서 캅시앙 이전 후기 구석기시대 이베로모뤼지앙 문화(Ibéromaurusien: BP 2만 3,000~BP 1만 년)부터 이를 뽑는 풍습이 있었다.

수직굴에서는 자뼈를 갈아 송곳처럼 만든 사례도 있다.[53] 프랑스 남부의 오트-가론(Haute-Garonne) 지방의 강티-레-뱅(Ganties-les-Bains) 동굴에서는 신석기시대로 추정되는 층에서 한쪽 끝은 구멍이 뚫려 있고 다른 끝은 뾰족하게 다듬어진 종아리뼈도 출토되었다.[54] 끝이 뾰족한 가느다란 막대기처럼 생긴 뼈의 닳은 자국을 볼때, 아마도 뜨개질용 바늘처럼 썼던 것 같다. 게다가 이 바늘에 진흙이 잔뜩 묻어 있는데, 아마도 흙 묻은 손으로 사용했던 것 같다. 혹시 실을 뽑을 때 썼던 가락은 아니었을까? 물론 사람의 뼈로 만든 도구들이 자연사한 사람이나 폭력적이지 않은 방식으로 죽은 사람의 몸에서 나온 것일 수도 있다. 그렇다 하더라도 사후에 시신 일부가 이러저러한 실용적 목적을 위해 사용되었다는 점만큼은 분명한 사실이다.

***

이 장에서는 선사시대 폭력과 전쟁이라는 주제를 연구할 때 제기되는 여러 가지 문제에 대해 살펴보았다. 그리고 선사시대 폭력 행위를 해석하는 데 적용할 수 있는 인식론적 접근 방법에 대해서도 알아봤다. 다음 장에서는 시간의 경과에 따라 불가피하게 불완전한 상태로 출토될 수밖에 없는 고고학적 자료를 통해서 선사시대 폭력과 전쟁에 관해 전반적으로 검토해 보도록 하겠다.

....

53 Malvesin-Fabre G., Nougier L.-R., Robert R., 1953, Un poignard en os humain dans le Chalcolithique Pyrénéen de Bédeilhac (Ariège), *Bulletin de la Société préhistorique de France*, tome 50, n°7-8, pp. 405-407; Guilaine, J., 1972, *L'Âge du bronze en Languedoc occidental, Roussillon, Ariège*, Mémoires de la Société préhistorique française, 9, Éd. de Klincksieck, p. 460. 인골을 이용하여 도구를 만드는 사례들에 관한 최근 연구는 Toussaint M., 2005, Un couteau aménagé dans un radius humain protohistorique découvert aux grottes de Goyet (Gesves, province de Namur, Belgique), *Bulletin de la Société préhistorique française*, tome 102, n°3, pp. 625-637 참조.

54 Durand, J.-M., 1968, La préhistoire de l'ariège du néolithique I à la période de la tène, *la Société Ariégeoise Sciences*, 8, p. 230.

사냥-채집 사회에서의 폭력

가장 오랜 선조들에 관해 무엇을 말할 수 있을까? 그들 사이에 있었던 폭력의 흔적을 가늠할 수 있을까? 매우 드문 일이지만 침팬지가 동료를 살해하고 새끼를 죽이고 같은 종을 잡아먹기까지 한다는 사실을 우리는 알고 있다. 그러나 우리 선조들에 대해서는 어떤 결론을 내기가 쉽지 않다. 수십만 년 동안 지속하였던 전기 구석기시대에 속하는 무덤임이 확실한 유적이 아직 발견된 적이 없는데 무슨 말을 할 수 있단 말인가? 구석기시대 층에서 발견되는 인골은 대개 몇몇 조각뿐이고 그나마도 동물 뼈, 유물과 한데 섞여 있었다. 게다가 이런 사례조차 아주 드물고, 설령 출토되었다 하더라도 흐트러진 상태로 출토되는 조그마한 뼛조각을 가지고 과거 인류의 행위를 어떻게 가늠할 수 있단 말인가? 아마 별로 말할 것이 없을 것이다.

　심지어 인골 조각에서 관찰되는 부러진 자국이나 깨진 흔적조차 인간의 행위가 아니라, 단순히 사후에 일어났던 화석화, 암석화, 물리적 충격 같은 후퇴적 과정의 결과물일 수도 있다.[1] 음식물 쓰레기(동물 뼈) 속에서 인골이 함께 발견되었을 때 이를 음식물 찌꺼기의 일부로 받아들일지 말지를 두고 늘 논쟁이 있었다. 우리와 가까운 침팬지를 비롯한 영장류도 드물게 자신의 동료를 먹는다는 사실을 돌이켜보면 우리 선조들 또한 그랬을 수 있다. 그렇지만 이처럼 부러지고 깨진 인골 조각이 식인

이 아니라, 여러 가지 다른 원인 때문에 먹고 버린 동물 뼈와 섞였을 수도 있다. 예를 들어 무덤이 파괴되면서 드러난 시신의 일부를 썩은 고기를 좋아하는 독수리나 하이에나가 먹고 난 뒤 버린 뼈들이 이전에 먹고 버린 동물 뼈들과 섞인 것일 수도 있다. 그럴 때 사람과 동물을 먹었던 시기는 서로 다르지만, 뼈들이 한곳에 모이게 된다.

한편 특이한 장례 풍습 때문에 시신을 자르는 과정에서 뼈에 칼자국이 남을 수도 있다. 프랑스 남부 코르비에르(Corbières)고원 지대 남쪽 기슭에 자리 잡은 토타벨(Tautavel) 동굴 유적에서는 약 45만 년 전의 층에서 인골 조각들이 사람들이 썼던 석기와 먹고 버린 동물 뼈 들과 함께 흐트러진 상태로 발견되었는데, 여기서 출토된 인골이 의도적으로 묻혔다고 보긴 어렵다.[1] 실제로 중기 구석기시대(기원전 20만~기원전 3만 5000년경) 이전, 즉 20만 년 이전으로 거슬러 올라가는 확실한 무덤 유적은 지금까지 발견되지 않고 있다. 이러한 사실로 미루어 볼 때 죽음에 관한 명확한 관념은 중기 구석기시대 이후에 생겼을 가능성이 크다.[2] 만약 그들에게 죽음에 관한 뚜렷한 개념이 있었더라면 아마도 시신 훼손을 막기 위해 구덩이를 파고 그 안에 시신을 모셨을 것이다. 10만 년 전부터 확인되는 무덤 유적은 네안데르탈인이 사멸되는 순간까지 지속적으로 발견되었다. 이스라엘의 카프제, 프랑스 도르도뉴(Dordogne) 지역의 라 페라시(La Ferrassie), 코레즈(Corrèze) 지역의 라 샤펠-오-생(La Chapelle-aux-Saints) 등이 그런 무덤 유적이다.[3]

·······

1   스페인과 국경 근처에 있는 유적으로, 아라고(Arago)라고도 불린다. 프랑스의 대표적인 전기 구석기시대의 동굴 유적으로, 현재까지 150점가량의 고인류 화석이 발견되었다. 가장 오래된 문화층의 연대가 45만 년 전이라고 알려졌으나, 최근 연대측정 결과에 따르면 56만 년 전으로 더 올라갈 가능성이 있다. Gévaudan, C., Une dent trouvée à Tautavel devient "le plus vieux reste humain de France," *Libération*, 28 juillet 2015.

2   중기 구석기시대 무덤들에 관한 종합적 연구는 다음 두 권의 저서를 참고할 만하다. Defleur, A., 1993, *Les Sépultures Moustériennes*, CNRS Éditions, 325p.; Pettit, P., 2011, *The Palaeolithic Origins of Human Burial, Routledge*, p. 307.

3   라 페라시 유적과 라 샤펠-오-생 유적에서 출토된 네안데르탈 인골들은 20세기 전반기 네안데르탈인을 연구하는 데 기준이 되었던 화석이었다. 무덤에서 출토되어 뼈의 보존 상태가 좋았기 때문이다.

그러나 시신을 매장하는 행위는 단지 여러 가지 장례 행위 중 하나일 뿐이다. 따라서 다른 장례 행위들도 마땅히 존중되어야 한다. 아무 조처를 하지 않고 시체를 밖에 내놓아 살이 모두 썩어 없어질 때까지 방치한다든지, 들짐승이나 날짐승이 먹기좋게 살을 발라 놓는다든지, 심지어 긴 뼈를 깨뜨려 지방과 골수가 밖으로 드러나게하는 것조차 장례 행위일 수 있다.[4] 이러한 장례 풍습은 매장 또는 화장에 익숙한 우리가 볼 때 충격적일 수도 있다. 어쩌면 우리는 식인 장례 풍습에 구역질할지도 모른다. 그러나 여기서 분명히 짚고 넘어가야 할 사실은 세상에는 그 자체로 야만적이고 혐오스러운 장례 행위가 없다는 점이다. 장례를 치르는 입장에서 보면 그들의 장례 행위는 지극히 정상이다. 또한 시신을 온전히 남기려 하든, 일부만 남기려 하든, 완전히 사라지게 하든 간에 그것은 전적으로 장례를 치르는 사람들의 가치관에 달려 있다는 점도 분명히 해야 한다. 선사시대에는 매장과 폐기 이외에도 시신을 '손질해서' 선별하여 묻는 장례 풍습도 있었다. 지금은 의미를 알 수 없는 그들의 믿음 또는 의례에 따라서 특정 뼈들만 추려내고 나머지 뼈들은 버리는 장례를 말한다. 이처럼 시신을 처리하는 행위가 다양할 수 있다는 점에 놀라지 말자. 우리가 여기서 주목해야 할 점은 단지 이러한 장례 행위가 폭력과 연관되어 있는지, 그렇지 않은지일뿐이다.

네안데르탈 사람들과 식인

죽은 동족에 대한 네안데르탈인의 행위를 설명하면서 인류학자와 고고학자는 어려움을 겪을 때가 많다. 특히 네안데르탈 인골에 관한 오래된 보고서, 불충분한 자료, 또 거기에 기초를 둔 잘못된 해석, 이 모든 것이 뒤섞인 초창기 연구들은 후속 연

....

4   티베트 불교에서는 죽은 자의 살갗을 벗기고 뼈와 살을 바르고 뼈도 부수어 독수리에게 주는 장례 풍습이 있는데, 이를 조장(鳥葬)이라고 한다. 조로아스터교에서도 이와 비슷한 장례 풍습이 있었다.

구자를 잘못된 길로 안내하기도 한다. 대표적으로 네안데르탈인이 죽은 사람의 몸의 일부, 특히 머리만 떼어서 따로 묻었다는 주장이다. 이와 관련하여 잘 알려져 있고 연구자들도 자주 인용하는 사례가 로마 인근에 있는 몬테 치르체오(Monte Circeo)의 가타리(Guattari) 동굴 유적에서 발견된 머리뼈다. 이 유적에서는 큼직한 돌로 둥그렇게 울타리를 쳐 놓은 작은 공간 한가운데에서 머리뼈가 뒤집힌 채 출토되었다. 머리뼈는 오른쪽 관자놀이 부분이 움푹 파여 있고, 대후두공(大後頭孔, foramen magnum)이 넓혀져 있었는데, 초기 연구자들은 이러한 흔적을 (먹기 위해서?) 머리뼈 속에 있는 뇌를 끄집어내는 과정에서 만들어진 것이라고 생각했고 장례 행위와 관련 있을 것으로 추정했다.[5] 그러나 최근에 이런 해석은 틀렸다는 것이 밝혀졌다. 그와 같은 흔적을 남긴 주인공은 사람이 아니라 하이에나였던 것이다! 가타리 유적의 화석보다 20만 년 정도 더 오래된 화석인 독일의 슈타인하임(Steinheim) 유적에서 발견된 머리뼈도 대후두공이 넓혀져 있었다. "혹시 이 머리뼈도 하이에나가 뇌를 꺼내 먹으려고 대후두공을 넓혀 놓은 것은 아니었을까?"

네안데르탈인은 폭력적이었을까? 앙리 발루아(Henri Vallois)는 프랑스 남서부 샤랑트(Charente) 지역의 퐁테슈바드(Fontéchevade) 유적에서 출토된 머리뼈를 연구하면서, 그렇다고 했다.[6] 그는 퐁테슈바드 동굴에서 발견된 네안데르탈인 머리뼈 왼쪽 윗부분에 치명적인 부상을 입은 흔적이 관찰되며, 이러한 부상은 희생자가 살았을 때 날카로운 도구에 맞아 생긴 외상이라고 주장하였다.[2] 만약 그것이 사실이라면 이러한 외상은 네안데르탈인 사회에서 아주 드문 일이었을까? 또 다른 무스테리앙(Moustérien)의 유적인 이스라엘 카르멜(Carmel) 지역의 스쿨(Skhül) 유적에서도

....

5   대후두공은 머리뼈 아래쪽에 나 있는 구멍으로, 머리뼈와 목뼈를 연결하며 뇌와 척수가 서로 연결되어 지나가는 통로의 역할을 한다.

6   퐁테슈바드 유적에서 출토된 머리뼈는 20만 년 전에서 12만 년 전의 화석이다. 한때 현생 인류의 직계 조상이라는 주장이 제기된 적이 있으나 지금은 폐기되었다. 한편 이 유적의 층위에 대해서는 그동안 논쟁이 끊이질 않았다. 최근 연구 성과는 Chase, Ph., Debénath, A., Dibble, H., McPherron, S., 2008, *The cave of Fontéchevade: recent excavations and their paleoanthropological implications*, Cambridge University Press, p. 290. 참조.

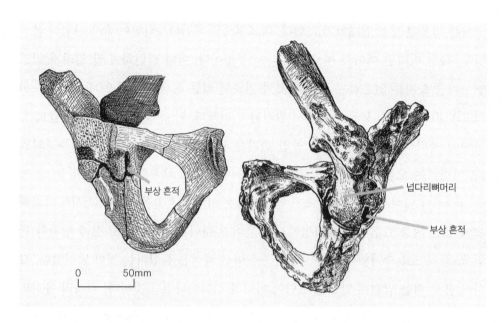

부상 흔적

넙다리뼈머리

부상 흔적

0   50mm

그림 8 이스라엘 카르멜산의 스쿨 동굴에서 출토된 인골로, 이곳에서 출토된 네안데르탈인의 넙다리뼈머리와 궁둥뼈에서 날카로운 도구가 관통한 흔적이 관찰된다는 주장이 나왔다(T. McCown과 A. Keith, 1939).

인골에 폭력의 흔적이 관찰된다는 보고가 있었다.[7] 이 동굴 유적에서는 넙다리뼈와 궁둥뼈가 발견되었는데, 뼈들에서 단단한 나무로 만든 창 같은 무기에 찔려 부상을 입은 흔적이 보인다는 것이다(그림 8).[3] 그러나 현재 그와 같은 주장에 동의하는 연구자는 거의 없다.

1979년 프랑스 남서부 샤랑트-마리팀 지역(Charente-Maritime)의 생-세제르 (Saint Cézaire) 동굴 유적에서 발견된 네안데르탈인 머리뼈는 중요하다. 사멸 직전의 마지막 네안데르탈 화석으로 매우 드문 사례이기 때문이다. 이 머리뼈 화석은 샤텔페로니앙(Châtelperronien)이라는 돌날 석기와 함께 출토되었다.[8] 유적의 연대

....

7   무스테리앙이라는 용어는 유럽의 중기 구석기시대와 문화를 지칭하는 용어이다. 스쿨 유적에서는 10만 년 전으로 추정되는 인골들이 출토되었다. 지금까지 10명(어른 7, 아이 3)분의 뼈가 출토되었는데, 여기서 출토된 뼈는 모두 초기 현생 인류로 분류된다.

8   샤텔페로니앙은 BP 4만 2,000년에서 BP 3만 2,000년 전까지 지속되었던 유럽의 후기 구석기 문화로, 이 문화의 특징적인 석기인 돌날의 제작자가 누구였는지가 오랫동안 논쟁거리였다. 그러나 생-세제르

는 3만 6,000년 전 무렵이다. 최근 실시된 재조사에서 머리뼈의 정수리 부위에 길이 36mm 정도의 골절상이 있었던 흔적이 확인되었는데, 날카로운 도구에 의해 난 외상이라고 해석되었다. 따라서 생-세제르 유적의 머리뼈는 폭력을 지시하는 흔적이 뚜렷한 최초의 인류 화석이라고 봐도 무방할 듯싶다. 그러나 뼈에 상처가 아문 것을 볼 때 사망 원인은 아니었던 것으로 보인다.[9]

식인과 관련된 네안데르탈의 자료는 많은 문제를 불러일으켰고 선사학자들 사이에서 논쟁거리였다. 우리는 그런 논쟁에 참여하기보다는 먼저 고고학적 사실을 정리해 보고자 한다. 크로아티아의 크라피나(Krapina) 동굴의 약 10만 년 전으로 추정되는 무스테리앙 층에서는 식인 행위에 관한 가장 이른 증거가 다량으로 출토되었다.[10] 최소 14명분의 네안데르탈인 뼈가 출토되었으며 이 중 상당수가 의도적으로 깨진 것이었다. 그리고 시신을 자르거나 살을 저미는 과정에서 생긴 자국이 많았다. 이 자국은 고기를 얻는 과정에서 남겨진 흔적으로 추정된다. 특히 긴 뼈는 의도적으로 깨진 것이 많았다. 아마도 골수를 얻으려고 깨뜨린 것 같다. 그 밖에 불에 탄 뼈도 있었다. 이러한 정황을 고려해 볼 때, 네안데르탈인이 시신을 일부러 훼손했을 가능성이 있다.

그렇지만 몇몇 연구자들은 이와 같은 흔적은 후퇴적 과정을 겪으면서 나타난 것이거나 보다 단순하게 거친 구식 발굴 방법 때문에 난 상처일 뿐이라고 주장하면서, 사람이 인위적으로 시신을 변형했다는 주장을 부정한다. 하지만 최근 다시 이뤄진 크라피나 유적 출토 뼈에 관한 정밀조사에 따르면, 첫 번째 가설, 즉 사람이 시신을 의도적으로 훼손했다는 설에 더 무게가 실리고 있는 형편이다.[4] 크라피나에서 출토된 뼈들은 누군가 묻고 난 뒤에 교란 과정을 겪은 것이 아니라, 네안데르탈인이 먹었던 다른 동물들의 뼈와 함께 아무렇게나 버려진 음식 쓰레기일 뿐이라는 것이다.

·······

유적에서 마지막 네안데르탈인과 샤텔페로니앙 돌날 석기가 함께 출토되어 그동안 논쟁이 해소되었다.

9   이유를 알 수 없지만, 프랑스어판 원본에는 이 단락이 빠져 있고, 영어판에만 실려 있다.

10   19세기 말부터 20세기 초에 발굴된 이 유적에서는 네안데르탈인의 화석이 900점 이상 출토되었다. 선사시대 식인 풍습에 관한 연구는 이 유적을 제외하고는 불가능하다고 할 정도로 중요한 유적이다.

한편 사람이 의도적으로 뼈를 깨뜨렸다고 보는 측에서도 뼈를 왜 깨뜨렸는가를 놓고 여러 가지 해석이 뒤따랐다. 몇몇 연구자는 죽은 이의 사지를 자르고 뼈를 깨뜨리는 행위가 식인 때문이 아니라 특별한 장례 풍습 때문이라고 주장하였다. 이와 같은 장례 풍습은 최근까지 오스트레일리아의 몇몇 원주민 사회에서 볼 수 있었다. 사실 장례 풍습 가설은 식인 가설을 부정하는 연구자들이 자주 내세우는 대안이다. 그렇지만 적어도 신석기시대 초기부터 사냥-채집 집단이 자주 이용했던 기술인 긴 뼈 깨뜨리기는 대개 풍부한 골수를 빼먹기 위함이었다.[5] 따라서 크라피나 유적에서 식인 행위가 있었다고 판단되는데, 만약 그렇다면 식인 행위는 적어도 10만 년 전부터 존재했다는 이야기가 된다. 그리고 식인 행위는 신석기시대 또는 지역에 따라서는 더 늦은 시기까지 계속되었다는 점에서 사실상 식인 행위는 선사시대 전 기간에 걸쳐 행해졌다고 봐야 한다.

사실 크라피나가 그리 특별한 사례도 아니다. 네안데르탈인의 '식인 행위'가 보다 최근에 발굴된 유적에서도 확인되었기 때문이다. 프랑스 남부 에로 지역의 오르튀스(Hortus) 동굴이 바로 그런 유적이다.[6][11] 이 유적에서도 잡아먹고 버린 동물 뼈와 함께 인골이 뒤섞여서 출토되었는데, 긴 뼈의 경우, (골수를 빼먹기 위해서) 길이 방향으로 의도적으로 쪼개진 것이 많았다. 네안데르탈인의 식인 행위와 연결할 수 있는 부분이다. 식인 문제는 프랑스 남부 아르데슈(Ardèche) 지방의 물라-게르시(Moula-Guercy) 유적에서도 논란을 불러일으켰다.[12] 이 유적의 무스테리앙 사람들은 주로 수사슴과 야생 염소를 잡아먹었는데, 인골도 그들이 먹고 버린 동물 뼈와 함께 뒤섞여서 출토되었다. 희생자는 청소년 두 명, 성인 두 명이었다.[7] 여기서도 골수

....

11 6만 년에서 3만 년까지 네안데르탈인이 점유했던 유적이다. Lumley, H. et al., 1972, *La grotte de l'Hortus (Valflaunès, Hérault) : Les chasseurs néandertaliens et leur milieu de vie4*, Laboratoire de paléontologie humaine et de préhistoire, Université de Provence, Marseille, p. 668.

12 10만 년 전의 유적(15층)으로, 여섯 명분에 해당하는 네안데르탈인의 뼈가 출토되었다. Defleur, A., White, T., Valensi P., Slimak L., Crégut-Bonnoure, 1999, Neanderthal Cannibalism at Moula-Guercy, Ardèche, France, *Science*, vol. 286, Issue 5437, pp. 128-131.

를 획득하려고 사냥감에 했던 방식과 똑같이 사람의 긴 뼈를 깨뜨렸다. 전체 인골의 50% 이상에서 살을 발라낸 흔적이 관찰되는 반면, 동물 뼈에서는 이런 흔적이 고작 14%밖에 안 된다. 오히려 사람 뼈에서 살을 발라낸 자국이 동물 뼈에서보다 훨씬 더 많았다.

식인 풍습은 심지어 10만 년 이전, 어쩌면 전기 구석기시대까지 거슬러 올라갈 수도 있다. 스페인의 부르고스 지방 이베아스 데 후아로스(Ibeas de Juarros) 인근에 있는 시에라 데 아타푸에르카(Sierra de Atapuerca)의 트린체라 돌리나(Trinchera Dolina)는 매우 흥미로운 유적이다. 고지자기 연대측정 결과 적어도 78만 년 전에 형성된 6층에서 여섯 명분에 이르는 인골이 조각난 상태로 출토되었는데, 몇몇 고인류학자들은 이 인골 화석을 네안데르탈인의 조상인 호모 안테세소르(*Homo antecesor*)로 본다. 다른 동물 뼈와 석기 들과 뒤섞여서 출토된 인골들에는 도구를 대고 자른 자국이 주로 근육이 붙어 있는 부분에 집중되어 있었는데, 모두 날카로운 도구로 뼈에 붙은 살을 발라낼 때 생기는 자국이다.[13] 아마도 다른 초식동물을 먹을 때와 똑같은 방식으로 먼저 희생자의 사지를 자르고 난 다음 뼈에서 살을 발라내고 뼈는 버렸던 것으로 추정된다.[14]

그러나 모든 연구자가 네안데르탈 식인설을 받아들이는 것은 아니다. 크라피나 유적의 해석에서와 마찬가지로, 일부 연구자들은 칼을 댄 흔적이 관찰되는 뼈가 장례 행위에 따른 결과라고 생각한다. 특이한 장례 풍습이란 먼저 죽은 이의 사지를 자르고 뼈에서 살을 발라낸 다음, 들짐승이나 날짐승이 먹기 좋게 뼈를 부러뜨려 골수를 드러내는 순으로 진행되는 장례를 뜻한다. 실제 민족지 자료를 보면 죽은 이의 뼈를 다루는 방식이 여러 가지다, 몇몇 부족은 뼈를 부러뜨리거나 아예 으스러뜨리기도 한다. 따라서 인골이 훼손되었다는 사실만으로 식인 행위라고 봐서는 안 된다. 장례

....

13 아타푸에르카 유적의 폭력에 관한 최근 연구는 Sala N,, Arsuaga J,-L,, Pantoja-Pérez A, Pablos A,, Martínez I,, Quam R,-M,, et al., 2015, Lethal Interpersonal Violence in the Middle Pleistocene, *PLoS* ONE 10-5, pp. 1-12 참조.

14 이 단락도 프랑스어판에는 빠져 있음.

의례를 통해서도 인골이 훼손될 수 있기 때문이다. 실제로 프랑스 남서부 샤랑트 지방의 마리약(Marillac) 유적에서는 (장례를 치르기 위해) 머리 가죽을 벗기려고 날카로운 석기로 베었던 자국으로 해석될 수 있는 흔적이 뒤통수뼈에서 관찰되었다.[15] 벨기에의 엥기스(Engis) 유적의 머리뼈 2호에서도 비슷한 흔적이 확인되었다.[16]

설령 무스테리앙 시대 사람들 사이에 식인 행위가 있었다는 주장이 옳다 하더라도, 왜 그들이 사람 고기를 먹어야 했는지 그 이유를 밝히는 문제가 남아 있다. 만약 단순히 영양분을 얻기 위한 행위였다면 사람은 먹거리에 지나지 않았다는 이야기밖에 안 된다. 그러나 식인 행위가 (죽은 자의 혼, 사랑 그리고 힘 같은) 정신적인 요소를 산 자의 몸에 집어넣기 위한 행위였다면, 이때의 식인 행위는 하나의 의례 행위다. 선사시대 식인이 그냥 먹기 위한 식인이었나, 아니면 의례적 식인이었나 하는 문제는 고인류학계에서 자주 제기되었으며 오늘날에도 여전히 두 가지 입장이 팽팽히 맞서고 있다. 만약 식인 행위가 의례적 행위였다면 이것은 결코 야만적이라고 할 수 없으며, 죽은 자와 산 자 사이의 '특별한 관계'를 맺는 방식이라고 인식해야 한다. 이와 같은 맥락에서 볼 때 의례적 식인 풍습은 '원시적'인 것이 아니다. 위에서 살펴본 여러 가지 해석은 각자 나름의 철학적 배경이 깔려 있는데, 이에 대해 좀 더 상세히 알아보도록 하겠다.

....

15　마리약 또는 레 프라델(Les Pradelles) 유적에서 출토된 인골에 관한 최근 연구(Mussini, 2011)에 따르면, 이 유적에서는 오로지 머리뼈와 사지뼈만 출토되었다고 한다. 마리약 유적의 인골에서 관찰되는 흔적을 식인의 결과로 볼 것인지, 아니면 특별한 장례 풍습으로 볼 것인지에 관한 논쟁은 현재도 진행 중이다. Mussini, C. 2011, *Les restes humains moustériens des Pradelles (Marillac-le-Franc, Charente, France): étude morphométrique et réflexions sur un aspect comportemental des Néandertaliens*, Thése de Doctorat, Université de Bordeaux 1, Bordeaux, p. 478.

16　Russell, M.-D., Le Mort, F., 1986, Cutmarks on the Engis 2 calvaria?, *American Journal of Physical Anthropology*, 69-3, pp. 317-23; White, T.-D., Toth, N., 1989, Engis: preparation damage, not ancient cutmarks, *American Journal of Physical Anthropology*, 78-3, pp. 361-367.

선사시대의 식인 문제

비록 우리가 문화적 편견에서 벗어나 식인 행위를 더는 야만적 행위라고 비난하지 않는다고 하더라도 선사시대 식인의 의미를 둘러싼 논쟁은 여전히 진행 중이다. 생존을 위한 행위냐, 아니면 의례로서의 행위냐가 쟁점이다. 먹고살기 위해 식인했다고 주장하는 측에서는 마치 두툼한 야생 소 스테이크 또는 순록의 궁둥살을 먹듯이, 선사시대 사람들이 동료를 죽여 사람 고기를 먹는 데 아무 거리낌도 없었을 것이라고 믿는다. 그들은 선사시대 사람들이 동물에 더 가까운 존재였고 그와 같은 행위가 인류사의 최근까지도 자행되었다고 생각한다. 오로지 영양분 섭취라는 한 가지 목적 때문에 상대방에 대한 존경심도 없이 동종을 잡아먹는 비도덕적이고 충동적인 행동은 현대의 도덕주의자로서는 도저히 받아들일 수 없는 행위다. 따라서 그들에게는 선사시대 고인류가 이상한 종이거나, 아니면 고려할 가치조차 없는 인간 말종이었을 뿐이다.

어떻게 자신과 동료를 조금도 망설임 없이 죽이고, 심지어 잡아먹었던 식인종을 존중할 수 있단 말인가? 하지만 먹기 위해 식인했다고 하더라도 식인 행위에 영향을 주었던 심리적 동기에 관해서 연구해 볼 가치는 있을 것이다. 식인의 목적이 영양분을 얻기 위해서였다고 하더라도, 죽은 이가 가지고 있던 어떤 특별한 힘을 받으려고 사람 고기나 특히 피를 먹을 수도 있지 않은가? 사람 고기나 짐승 고기나 고기는 참을 수 없는 욕망을 자극한다는 점에서는 매한가지다.

당연한 얘기겠지만 초기 인류를 동물 수준으로 떨어뜨리는 이와 같은 관점은 현재의 인류를 우월하고 완벽한 존재로 보려고 하는 사람들, 즉 다시 말해 시간이 지남에 따라 인류는 지적으로나 문화적으로나 발전하였으며 궁극적으로 자연의 지배자가 되었다고 믿는 사람들에게 비판받았다. 그들이 볼 때 인류는 세대가 지날수록 문화적 혁신을 통해 자연환경을 변형하고 더욱 완벽에 가까워지는 독보적인 존재이기 때문이다. 초기 인류를 연구하는 선사학자들은 고인류 화석이 발견되면 될수록, 인류의 기술 발전에 관한 지식이 구체화되면 될수록, 그리고 사회적 관계가 점진적으로 발전되었다는 점이 밝혀질수록, 인류의 과거를 되도록 긍정적으로 보려고 부단히 노력해 왔다.

오랫동안 대중매체에 실린 네안데르탈인은 거의 야수 같으면서도 두려움에 떠는 모습으로 묘사되었다. 그렇지만 후대로 내려오면서 네안데르탈인의 이미지는 이와 같은 시각에서 조금씩 벗어났다. 현재 네안데르탈인에 대한 이미지는 초기 연구자들이 애초에 생각했던 것보다 '남들 앞에 자신을 내놓을 만한' 그런 존재로, 그리고 우리와 같은 호모 사피엔스의 한 종으로 여겨지게 되었다. 결과적으로 과거 네안데르탈인과 관련이 있다고 믿어 왔던 '원시적' 특징은 현대에 올수록 적어지고 있는 추세다. 오늘날 네안데르탈인은 다른 육식동물이 먹다 버린 찌꺼기를 먹는 존재가 아니라, 정교하게 사냥할 줄 알았던 존재로 인식되고 있다. 또 처음으로 가지런하게 죽은 동료를 묻을 수 있는 존재, 즉 형이상학적 사고를 할 수 있었던 존재로 인정받고 있다. 게다가 그들이 석기 제작을 위해 돌감(원료)을 매우 조직적으로 운반해서 이용했다는 사실도 밝혀졌다.

그런데 "그런 호모 사피엔스가 사람을 먹다니!" 네안데르탈인을 긍정적으로만 보려 했던 사람들에게 그와 같은 사실은 한창 분위기 좋을 때 찬물을 끼얹는 짓으로 여겨졌을 것이다. 크라피나처럼 식인 행위의 증거로 해석될 수 있는 유물이 분명히 있는데도 사람들은 아예 입을 꼭 다물고 진실을 외면하려고 하거나, '그건 지역적으로 특수한 사례일 뿐이야'라며 네안데르탈인의 식인 행위를 최소화하기에 급급했다. 그렇지만 네안데르탈인이 식인했다는 주장을 점점 학계에서 받아들이게 되자, 그들은 네안데르탈인들이 사람을 먹긴 먹되 단지 배를 채우려고 그랬던 것이 아니라, 지금은 그 의미를 알 수 없는 특이한 장례 의식 때문에 했고, 따라서 그와 같은 행위는 야만과는 아무런 관련이 없다고 맞섰다.

그들은 먹은 자와 먹힌 자의 관계가 혈연관계 또는 애정관계에 있는 사람들이었거나, 아니면 적대적 또는 우호적 관계에 있는 사람들로, 식인 행위가 죽은 이가 가지고 있던 어떤 힘을 산 자가 받기 위한 특별한 장례 행위라고 본다. 이유야 어찌 되었든 그들이 먹었던 사람 고기는 그냥 평범한 고기가 아니라 특별한 이데올로기적 메시지를 담고 있는 매체였다는 말이다. 거기에는 그 어떤 동물적 요소가 개입되지 않는다. 따라서 그와 같은 장례 행위는 폭력 행위와는 전혀 관련 없으며, 오히려 우리는 그와 같은 장례 풍습에서 어떤 위대함 또는 숭고함마저 느낄 수 있다고 한껏 추켜세운다.

같은 유물을 놓고도 관점에 따라 서로 다르게 해석하는 경우가 자주 있다. 그리고 이러한 현상은 학문 세계에서 그리 새로운 일도 아니다. 역사시대의 어떤 사건에 관해 여러 가지 견해가 존재하듯이 선사시대도 마찬가지다. 역사적 사건이나 고고학적 자료는 얼마든지 다양한 방식으로 설명할 수 있다. 선사시대를 연구한다는 것은 한편으로는 인류의 가장 오래된 역사에 관해 학술적 지식을 습득하는 것이고, 또 다른 한편으로는 인류의 기원에 관해 학자로서 성찰하는 것이다. 그렇지만 우리는 아무리 객관성을 지키면서 성찰하려고 해도 결코 주관성에서 벗어날 수 없다. 그리고 개인의 주관성은 그가 속한 문화적 가치 판단 체계를 따라 무의식적으로 결정된다. 혹시 피의 축제 또는 살인 속에 잠재된 상징체계의 궁극적 귀결이 '식인 행위'였던 것은 아니었을까? 만일 폭력에 대한 상징체계의 궁극적 귀결이 식인이었다면 사회를 작동하는 핵심 요소인 '극적 스펙터클'을 연출하기 위해 식인 행위가 벌어졌다고 생각하는 것은 지나친 억측일까?

샤랑트 지방의 실종자들

위에서 쟁점이 되었던 구석기시대의 인골들이 과연 식인 행위의 산물인지, 아니면 특별한 장례 풍습의 산물인지 판단하려면, 비록 늦은 시기의 자료이지만 자료 자체의 정황이 더욱 분명하고 분석도 정밀하게 이뤄진 연구를 참조할 필요가 있다. 그것은 구석기시대와 똑같이 사냥-채집 사회이면서 가장 늦은 시기의 사냥-채집 사회인 유럽의 '중석기시대(기원전 9000~기원전 7000년)'에 속하는 자료들이다. 이때부터는 식인 행위의 여부를 묻는 질문 자체가 아예 없다. 왜냐하면 식인 행위의 증거가 확실하기 때문이다.

프랑스 남서부 샤랑트 지방의 행정 중심지인 앙굴렘(Angloulême)에서 북동쪽으로 20km쯤 가면 아그리(Agris)라는 마을이 나온다. 그곳에는 페라(Perrats)라는 동굴이 있는데, 여기서 출토된 어른 다섯 명, 아이 세 명 등 최소 여덟 사람분의 뼈에는 중석기시대 식인 행위에 관한 결정적 단서가 있다.[17] 다른 동물 뼈와 한데 섞여 출토된 깨진 뼈를 맞춰 본 결과, 이 뼈들이 의도적으로 깨졌음이 밝혀졌고 뼈에는 살을 발라내는 과정에서 생긴 여러 가지 자국도 확인되었다. 그중에는 소, 돼지, 육식동물, 새에게 쏠린 자국처럼 보이는 뼈도 있었다. 모든 뼈는 다른 돌무더기와 한데 뒤섞여 흩어져 있는 상태로 출토되어 특별한 분포 양상을 보이지는 않았다.

최근 페라 동굴 출토 인골에 관해 매우 정밀한 연구가 이뤄졌다. 이 연구에 따르면 페라 동굴에서 출토된 인골은 주로 중석기시대 사람에 의해 변형되었고 육식동물의 활동, 토양에 의한 압축, 낙석에 의한 깨짐, 동굴 벽면에 의한 압력, 뼈의 차별적 깨짐(destruction préférentielle), 뼈의 물리적 특성에 따른 깨짐 현상 같은 2차 변형 작용의 영향은 거의 없다고 한다. 뼈 변형의 주요 원인은 인간의 행위였다.[8]

그렇다면 그들은 왜 동료의 시신에 손을 댔을까? 페라 동굴에서 출토된 인골을 분석했던 브뤼노 불레스탱(Bruno Boulestin)은 골수 때문에 손을 댔다고 본다.[18] 복장뼈나 무릎뼈같이 살은 별로 없지만 골수가 풍부한 해면 조직의 뼈만 손을 댔다는 점에서 그렇다는 것이다. 반대로 위팔뼈, 넙다리뼈, 정강뼈 같은 긴 뼈의 경우 최대한 골수를 얻으려고 여러 곳을 때려 잘게 깨뜨렸다. 그리고 원래 크기가 작은 뼈는 깨지 않고 그냥 소비하였다. 심지어 그들은 뇌를 꺼내기 위해 머리뼈도 깨뜨렸다.

이상의 증거를 가지고 시신을 해체하고 손질했던 과정을 복원해 보면 다음과 같

....

17   페라 동굴 또는 아그리 동굴 유적은 중석기시대부터 철기시대까지 점유되었던 유적으로, 손을 댄 흔적이 있는 인골이 많이 출토되었다. 기원전 4세기 철기시대 층에서 매우 섬세하게 제작된 황금 투구가 출토되어 매스컴의 주목을 받기도 했다.

18   Boulestin B., 1999, *Approche taphonomique des restes humains: le cas des Mésolithiques de la grotte des Perrats et le problème du cannibalisme en préhistoire récente européenne*, BAR 776, Oxford: Archaeopress, p. 276.

다. 첫 번째 단계는 머리를 몸에서 떼어 낸 다음 머리와 얼굴 부위를 처리하는 단계이다. 먼저 몸에서 머리통을 떼어 내어 귀를 자르고 눈알을 뽑고 입술, 코, 혀를 제거한 다음 턱을 분리했던 듯하다. 뒤통수 부위에 가로로 크게 베인 자국은 머리 가죽을 벗기는 작업에서 생겼을 것이다. 어린이의 머리뼈에 벤 자국이 집중되어 있다는 점이 특이한데, 특히 이마 쪽이 그러하다. 보통 뇌를 꺼내려면 이마나 머리 옆 부분을 둔기로 쳐서 뼈를 깨뜨려 꺼내거나, 아니면 목구멍 쪽에 있는 대후두공을 넓혀서 꺼낸다. 그런데 페라 동굴에서 출토된 머리뼈에서는 여기저기 얻어맞은 자국이 많다는 점에서 당시 사람들은 대후두공을 넓히는 방법보다는 머리통을 깨뜨려 뇌를 꺼냈던 듯하다.

그런데 그들은 이미 죽은 사람의 몸에만 손댔던 것일까? 혹시 살아 있는 사람에게 폭행을 가했던 건 아닐까? 아니 오히려 먹으려고 사람을 죽였던 건 아닐까? 특히 이마뼈에 남은 둔탁한 흉기에 맞은 자국을 볼 때, 피해자가 살아 있는 상태에서 폭행당했을 가능성이 있지만, 이를 입증하기란 불가능하다. 이처럼 살인 여부를 증명할 수 없다 하더라도 페라 동굴에서 출토된 인골에 남겨진 수많은 흔적은 뼈에서 근육을 떼거나, 아니면 엄밀한 의미의 장례 의식에서 뼈를 깨뜨린 것이 아니라는 점만큼은 분명하다. 그렇다면 어떤 목적에서? 불레스탱에 따르면 페라 동굴의 인골에 남겨진 흔적은 모두 골수와 뇌를 꺼내려는 도살 행위에서 비롯되었다고 한다.

마지막으로 페라 동굴에서 출토된 인골에서 나타나는 흔적이 도살 행위의 결과라는 주장은 흔적 자체의 형태적 특징에서도 입증된다. 수많은 민족지 자료에서 보듯이 갯과 동물이나 다른 육식동물들이 씹으면서 남긴 이빨 자국과 사람이 살을 발라내는 과정에서 남긴 자른 자국은 그 모양이 다르다. 따라서 뼈에 남겨진 자국을 자세히 관찰하면 그것이 어떤 행위에 의해 생기게 된 것인지 알 수 있다. 분석 결과 페라 동굴의 인골에서는 살을 발라내는 작업에서 생긴 자국이 대부분이라는 사실이 밝혀졌다. 이상과 같은 증거를 종합해 보면 유럽의 마지막 사냥-채집 사회의 유적인 페라 동굴에서는 식인 풍습이 있었다고 결론 내릴 수 있다.[9] 식인 문제는 뒤에 신석기시대 농민들에 대해 다룰 때, 다시 언급하도록 하겠다.

카인의 조상들

고고학이 연구 대상을 오로지 눈에 보이는 사실만으로 제한한다든지, 아니면 단지 역사적 사실의 극히 일부만을 알려 주는 유물만으로 해석해야 한다면 우리는 과연 역사적 실체에 다가설 수 있을까? 만일 유물만 가지고 해석해야 한다는 태도에서 중기 및 후기 구석기시대 인골을 연구하게 된다면 인류의 폭력성을 보여 주는 증거가 거의 없다고 결론지을 수밖에 없을 것이다. 설령 폭행의 흔적이 뚜렷하게 관찰되는 아주 적은 수의 뼈에 대해 존재 자체는 인정한다고 하더라도 개인 간의 싸움에서 빚어진 예외적인 불상사, 즉 '아무 의미 없는 사건'의 결과물쯤으로 여기며 그저 대수롭지 않게 넘겨 버릴 것이다. 프랑스 남서부 지역에서 출토된 고인류 화석을 대상으로 구석기시대 인류의 건강 상태와 고병리학에 관한 연구가 있었는데, 바로 정확히 그런 사례다.

일부의 뼈를 가지고 수행한 연구라는 한계가 있지만, 모두 209명분의 뼈를 연구한 미국의 인류학자 메리 우르술라 브레넌(Mary Ursula Brennan)은 후기 구석기시대에 속하는 두 명을 포함, 단지 다섯 명의 뼈에서만 골절의 흔적이 확인되었고, 현재로선 그 원인을 구체적으로 파악할 수 없다고 결론지었다. 심지어 브레넌이 골절 흔적이 보인다고 주장했던 뼈들, 즉 크로마뇽 유적의 이마뼈 왼쪽 부위에 타박상 흔적이 있는 2번 뼈, 로제리-바스(Laugerie-Basse) 유적의 관자아래우묵에 골절 흔적이 있는 머리뼈, 소르드(Sorde) 유적의 막달레니앙(Magdalénien) 층의 타박상 흔적이 있는 오른쪽 마루뼈(여성으로 추정), 그리고 라 키나(La Quina) 유적의 5번 화석의 외상을 입은 흔적이 있는 위팔뼈(젊은 여성으로 추정)조차 그 흔적을 과연 골절상이나 타박상으로 볼 수 있을지 의문이 든다.[19]

....

19 크로마뇽 유적, 로제리-바스 유적은 프랑스 도르도뉴 지방에 있는 후기 구석기시대 유적이고, 소르드 또는 뒤뤼티(Duruthy)로 불리는 유적은 피레네산맥 기슭에 있는 후기 구석기시대 유적이다. 막달레니앙 문화는 유럽의 후기 구석기시대 여러 문화 중의 하나다. 현생 인류가 남긴 유럽의 후기 구석기시대 문화를 시대순으로 나열해 보면 다음과 같다. 오리냐시앙(Aurignacien: BP 4만 3,000~BP 2만 9,000년), 그

한편 그가 분석한 자료 중에서 후기 구석기시대에 속하는 뼈 165점만으로 조사 대상을 좁혀 보면, 단지 10점만이 골절상 또는 타박상이 확인되었는데, 이를 비율로 따지자면 전체 뼈의 약 6%에 해당한다.[10] 유럽에서 후기 구석기시대가 아무리 적게 잡아도 2만 년 이상 지속하였다는 점에서 이러한 수치는 대단히 낮은 값이다. 그러나 당시 인구가 매우 적었다는 점도 고려해야 한다. 아마도 후기 구석기시대에 유럽의 인구는 겨우 수만 명에 지나지 않았을 것이다. 그렇다면 인구가 적었기 때문에 상호 우호적 관계 속에 생활할 수 있었던 것일까? 만약 그렇다면 후기 구석기시대 사람들이 비폭력적이었다고 결론 내릴 수 있을까? 그렇지는 않은 것 같다. 증거가 부족해서 일반화하기는 어렵지만, 후기 구석기시대에도 살인 목적의 폭행 행위는 분명히 존재했다.

이탈리아 그리말디 유적의 2만 5,000∼2만 2,000년 전의 층으로 추정되는 그라베티앙(Gravettian) 층에서는 날카로운 찌르개가 박힌 어린아이의 등뼈가 출토되었다. 그리고 시칠리아의 산 테오도로(San Teodoro) 동굴에서는 기원전 1만 2,000년 전으로 추정되는 층에서 젊은 여성의 오른쪽 엉덩뼈가 출토되었는데, 복합도구에서 떨어져 나온 돌로 된 미늘 한 점이 박혀 있었다.[20] 프랑스 남부 아리에주 지방 생-리지에(Saint-Lizier) 마을 인근에 자리 잡은 몽포르(Montfort) 유적이 흥미롭다. 이 동굴 유적의 아질리앙(Azilien) 층에서는 화덕자리 주변에서 사슴의 등뼈 한 점이 발견되었는데, 돌날이 꽂혀 있었다.[21] 그런데 1894년 몽포르 유적을 발굴했던 H. 미켈(H. Miquel)은 이 사슴의 등뼈와 아주 비슷한 양상으로 출토된 규암제 돌날이 박힌 사람의 등뼈도 한 점 수습하였다.[11] 비록 이 인골이 교란층에서 출토되었지만, 교란층이라 하더라도 막달레니앙 아니면 아질리앙(1만 3,000∼8,000년 전) 층이므로, 이 인골이 후기 구석기시대 또는 중석기시대에 속하는 것은 분명하다. 폭력이 오직 동물에

....

라베티앙(Gravettien: BP 3만 1,000∼BP 2만 2,000년), 솔뤼트레앙(Solutréen: BP 2만 2,000∼BP 1만 7,000년), 막달레니앙(BP 1만 7,000∼BP 1만 2,000년).

20 두 가지 이상의 재료를 결합해서 만든 도구이다. 선사시대에는 뼈로 자루를 만들어, 날카로운 돌날 또는 돌조각을 끼우고 고정시킨 도구를 보통 복합도구라고 한다.

21 중석기시대의 석기 문화 중 하나이고, 연대는 기원전 1만 2000년에서 기원전 9600년까지다.

게만 가해진 것은 아니었던 듯하다(그림 9).

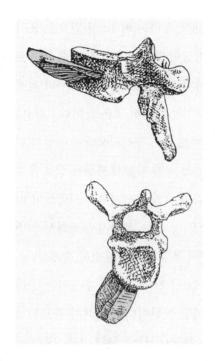

그림 9 프랑스 아리에주 지방의 몽포르 유적에서 출토된 규암 돌날이 꽂힌 사람의 척주(H. Begouen과 H. Miquel, 1922)

폴란드 실레시아(Silesia) 지방 마시카 동굴 (Maszycka) 유적에서는 인골이 많이 출토되었지만, 그 성격을 이해하기가 쉽지 않다.[22] 총 50여 점의 뼈가 출토되었는데, 골격(squelette)의 많은 부분이 유실되었다. 최소 개체수를 계산해 보면 16명이며, 인골의 연대는 막달레니앙 시기다. 이 유적의 인골에서는 특정 부위의 뼈만 보인다는 점이 특징인데, 깨진 머리뼈 조각, 턱뼈, 빗장뼈 등이 주로 출토되었다. 청소년 한 명을 포함해서 남자로 추정되는 뼈가 3개체분이고, 어린이 두 명을 포함에서 여자로 추정되는 뼈가 5개체분이다. 나머지 8명분에 해당하는 뼈는 너무 작거나 어려서 성별을 파악하기가 쉽지 않다.

뼈들에서는 군데군데 잘리고 날카로운 도구로 긁힌 자국이나 씹힌 자국이 관찰된다. 유적이 사용되었던 때에 생긴 자국이다. 따라서 이 유적에서도 식인 행위가 있었던 것으로 보인다. 희생자들은 동굴 밖에서 일단 해체된 뒤에, 장례 풍습에 따라 특정 부위만 동굴 안으로 옮겨져 소비되었을 것으로 추정된다. 유적 안에서 특정 부위의 뼈만 선택적으로 출토된다는 점은 하이에나를 비롯한 육식동물의 영향으로 해석할 수도 있지만, 이 유적의 경우 인간의 행위에서 비롯되었음이 분명하다. 따라서 동굴 밖에서 대량 학살이 먼저 일어나서 식인 행위가 벌어진 다음, 몇몇 부위는 동굴

....

22 중유럽의 막달레니앙 문화의 대표적 유적 중 하나로, AMS연대측정에 따르면 연대는 BP 1만 5,000년 이다. Koz1owski, S., Po1towicz-Bobak, M., Bobak, D., Terberger, D., 2012, New information from Maszycka Cave and the Late Glacial recolonisation of Central Europe, *Quaternary International*, 272-273, pp. 288-296.

안으로 운반되어 장례와 상징체계에 따라 매장되었을 것으로 추정된다. 한편 막달레니앙 사람들이 적대적이었던 동부의 그라베티앙 사람들에게 학살당했을 가능성도 있다. 동부 그라베티앙 사람들은 동쪽으로 자꾸 확장해 오는 막달레니앙 사람들을 고운 시선으로 바라보지 않았던 듯하다.[12]

선사시대를 떠나 잠깐 신화의 세계로 눈을 돌려 보자. 『성경』의 「창세기」 제4장을 보면 '역사상 첫 번째 살인 사건'에 관한 이야기가 나오는데, 특이하게 시기가 맞지 않는다. 아담과 이브는 신석기시대를 상징하는 농사꾼인 카인과 목동인 아벨을 낳았다. 카인은 그가 거둬들인 곡식을 신에게 제물로 바쳤지만, 신이 이를 받지 않았다. 그러나 아벨이 피를 흘리는 짐승을 희생물로 바치자 신은 그 제물은 받았다. 이에 질투를 느낀 카인은 홧김에 죄 없는 아벨을 죽이고 카인은 살인의 죗값으로 유목민으로 평생을 떠돌아다녀야만 했다. 그런데 여기서 살인자가 죽임을 당하지 않았다는 점이 의미심장하다. 아니 오히려 카인은 성을 쌓고 첫 번째 도시를 세웠으며 그의 자손도 번성했다는 이야기가 전한다. 그의 먼 후손 중에는 금속제 도구를 발명한 두발가인(Toubal-Caïne)도 있다. 어찌 보면 「창세기」는 마치 희생과 살인까지 저지르는 폭력을 정당화하는 것처럼 보인다. 그리고 아벨은 그가 흘렸던 피 때문에 신성화되었다. 삶의 원천이고 재생산을 위한 하나의 방편쯤으로 폭력을 받아들인 것이다. 형제를 죽인 카인은 결코 피를 흘린 적이 없고 죄에 비해 가벼운 처벌만 받았다. 한마디로 아벨의 죽음을 불가피한 희생쯤으로 여긴 것이다. 카인에겐 선택의 여지도 없었고 희생에 필요한 폭력을 거부할 수도 없었다.[13] 그에게 살인은 신성하고 의례적인 임무였으며 사회 구조를 확립하는 데 필요한 토대를 닦는 일이었던 것이다. 이와 같은 이유로 사회는 처단을 불가피한 행위로 받아들이면서 정당화하고 언제나 그에 의지한다. 「창세기」의 텍스트가 농경 사회와 목축 사회의 작동 방식을 어떻게 인식하고 있는지 분석해야 한다. 그러나 우리가 지금까지 보았듯이, 살인 사건은 농경 사회나 목축 사회에서 처음 일어나지 않았다. 이미 구석기시대부터 있었다. 『성경』식으로 얘기하자면 신석기시대가 아니라, 자연이 선사하는 열매만 먹었던 지상낙원, 에덴동산에서 살던 사람이 처음으로 살인을 저질렀고 최초의 살인자는 바로 아담이다!

구석기시대 예술에서 드러난 폭력

적어도 2만 년 이상 지속된 서유럽의 구석기시대 예술품은 구석기시대의 폭력을 연구하는 데 아주 중요한 자료이다. 그렇지만 모두 알다시피 빙하기에 사람을 그린 그림이나 조각은 매우 드물다. 하물며 스페인 레반트 지역의 바위 그림처럼 집단 간의 전투 장면을 묘사한 예술 작품은 이 시대에는 전혀 없었다. 구석기시대에 폭력에 관한 장면을 나타내는 작품 중에 가장 잘 알려진 작품은 1만 5,000년 전으로 추정되는 라스코 동굴의 이른바 '우물'이라고 불리는 지점에 남겨진 작품이다(사진 4).

이 그림은 들소 앞에서 한 남자가 쭉 뻗은 상태로 뒤로 넘어가는 모습, 아마도 죽어 가는 모습을 표현한 듯하다. 남자도 치명상을 입었지만, 들소도 심각한 중상을 입었다. 창자가 밖으로 쏟아져 나오는 모습으로 보아 들소도 머지않아 죽었을 것이다.[23] 샤랑트의 세르(Sers) 마을에 있는 록-드-세르(Roc-de-Sers) 바위 그늘 유적의 석회암 벽에 돌을새김으로 새겨진 조각 작품에는 또 다른 폭력 장면이 묘사되어 있다. 이 작품은 1만 8,000년 전의 솔뤼트레앙(Solutréen) 시기에 제작되었다.[24] 여러 장면 중에 한 사람을 향해 전속력으로 돌진하고 있는 성난 사향소 한 마리가 새겨진 장면이 눈에 띈다. 그러나 위험한 짐승들이 '사람을 쫓는 모습'도 폭력적인 장면이라고 해석할 수 있을까? 당시 사람과 짐승의 관계에 대해 우리가 모른다는 점에서 이런 해석은 자칫하면 자의적이라는 비판을 받을 수 있다. 따라서 이 작품이 폭력을 표현한 장면이라고 확신하기는 어렵다. 도르도뉴의 빌라르(Villars) 동굴에서도 들소가 사람을 향해 돌진하는 모습의 벽화가 그려져 있다. 그림을 보면 사람이 먼저 창으로 들소를 찌르고 이에 성난 소가 그를 향해 달려들어 사람이 도망치는 모습이다.[14)]

....

23 이 장면에 대해 앙리 브뢰유는 "아마도 사냥 중의 치명적인 사고를 추모하기 위한 그림"이라고 해석하였고, 키르히너는 "신들린 상태로 황홀경에 이른 순간의 샤먼"이라고 해석하였다. 조르주 바타유, 차지연(옮김), 2017, 『라스코 혹은 예술의 탄생/마네』, 워크룸프레스, 169-173쪽.

24 록-드-세르 바위 그늘 유적에서는 솔뤼트레앙 말기에 해당하는 돌을새김 벽화가 발견되었다. 사향소를 비롯하여 들소, 말, 야생 염소, 사슴 등 다양한 동물이 새겨져 있다.

사진 4 프랑스 도르도뉴 지방의 1만 5,000년 전 라스코 동굴 유적의 '우물 장면'이라고 불리는 벽화로, 쓰러지는 인간과 부상당한 들소의 비극적 대면을 표현하고 있다(© N. Aujoulat, CNP-Ministère de la Culture).

비록 사람과 사람 사이의 무력충돌 장면은 없다 해도 창이나 화살을 맞은 동물을 묘사한 작품이 있는 것을 보면 구석기시대에 동물에 대한 폭력은 꽤 폭넓게 퍼져 있었던 듯하다. 그리고 이와 같은 모티프는 코스케(Cosquer) 동굴에서 니오(Niaux) 동굴까지 적어도 1만 5,000년 동안 지속되었다.[25] 그렇지만 이러한 장면을 해석하는 데는 신중할 필요가 있다. 왜냐하면 '사냥꾼'이 동물을 공격하는 장면 자체는 지금까지 한 번도 발견된 적이 없기 때문이다. 심지어 벽화에 표현된 동물을 보면 몇몇 동

....

25 1985년 마르세유 앞바다에서 스킨스쿠버들에 의해 코스케 동굴의 입구가 발견되었고, 1992년 동굴의 전모가 밝혀졌다. 코스케 동굴 유적의 연대는 BP 2만 7,000년부터 BP 1만 9,000년으로, 주로 솔뤼트레앙 시기에 사용되었다. 지금은 사라진 펭귄을 비롯하여 많은 동물이 그려진 벽화로 유명하다. 스페인과 국경 지대 피레네산맥 기슭에 자리 잡은 니오 동굴은 물고기를 비롯하여 들소, 말, 야생 염소, 사슴 등 많은 동물이 그려진 벽화 유적으로, 라스코 동굴 벽화 유적, 알타미라 동굴 벽화 유적과 함께 막달레니앙 시기의 대표적인 동물 벽화 유적이다.

물은 심각한 중상을 입은 것처럼 보이지만, 다른 동물에게서는 전혀 그런 폭력 장면이 나타나지 않는다. 게다가 피를 흘리는 동물을 묘사할 때도 과연 그런 장면이 그저 사냥 장면을 묘사하려 한 것인지 의문이 들 때도 있다. 혹시 사냥 그 자체보다는 폭력 의례를 암시하려 했던 것은 아닐까?

이 문제와 관련하여 르루아-구랑은 시간을 달리하여 두 그림이 순차적으로 그려졌을 가능성이 있다고 주장한 적이 있다. 동굴 벽에 먼저 동물들을 그리고 나중에 어떤 특별한 의식을 거치면서 앞서 그려진 동물들에다가 사냥 도구들을 덧대어 그려 넣었다는 이야기다. 즉 벽화 속의 동물들은 선택되고 희생되어야 할 하나의 상징물로, 사람들이 의례를 시작하기 전에 벽에 동물들을 미리 그려 놓고 나중에 의례가 본격적으로 진행되는 동안에 거기에 화살을 그려 넣음으로써, 성공적으로 의례를 마쳤다는 주장이다. 그의 견해가 옳다면, 이러한 행위는 근본적으로 폭력의 의례화라고 해석할 수 있다.

프랑스 남부 프로방스 지방의 코스케 동굴 벽면에 새겨진 그림이 살인 장면을 묘사한 것이라면 구석기시대 예술에 살인을 묘사한 동굴 벽화가 전혀 없었다고는 말할 수 없을 듯하다(사진 5). 사람이 팔다리를 위로 향하고 뒤로 넘어지고 있는 모습인데, 머리는 작고 둥글며 코는 새겨지지 않았다. 다리도 그냥 두 선이 만나는 것으로 간단하게 묘사하고 비정상적으로 긴 팔은 수도 없이 긁어서 팔뚝의 굵기를 표현했다. 이 새김 그림에 등장하는 인물은 벌러덩 뒤로 자빠지는 듯한 모습인데, 여러 차례 창에 찔린 상태이다. 굵고 긴 창 하나가 가슴을 뚫고 두 개의 미늘이 있는 가느다란 긴 창은 등 쪽으로 들어와서 몸을 관통하여 머리까지 뚫고 나간 모양새다. 코스케 동굴 벽화의 연대 순서에 따르면 이 장면은 후기 작품으로 약 2만 년 전에 새겨진 것이다. 만약 이 작품이 정말 살인 장면을 묘사한 것이라면 후기 구석기시대에도 그들의 정신과 풍습 속에 살인이나 처형 같은 관념이 있었다는 말이 된다.[15]

후기 구석기시대 예술부터 드물기는 하지만 창에 맞아서 피를 흘리거나 죽어 가는 사람의 모습이 보이기 시작한다. 약 2만 1,000년 전으로 추정되는 이탈리아 남동부의 파그리치(Paglicci) 동굴에서 출토된 자갈돌에 이와 같은 장면이 새겨져 있는

사진 5 2만 년 전 프랑스 부슈-뒤-론 지방의 코스케 동굴 유적에서 발견된 뒤로 넘어지는 사람 형상을 새긴 그림으로, 두껍고 긴 창 하나가 몸통을 관통했다(© N. Aujoulat, CNP-Minisétre de la Culture).

데, 머리부터 엉덩이까지 창에 여러 번 찔린 사람 형상이 묘사되어 있다. 다소 도식적 방식으로 그려졌지만 동굴 벽화에서도 창 또는 화살을 맞은 사람이 확인된다(그림 10). 프랑스 남서부 로트(Lot) 지방의 쿠냑(Cougnac) 유적의 벽화에서는 머리는 없고 몸만 표현된 사람의 등에 세 개의 창이 꽂혀 있는 모습이, 또 다른 벽화에는 온몸에 모두 7개의 창을 맞은 사람의 모습이 그려져 있다(사진 6). 그리고 로트의 카브레레(Cabrerets)에 있는 페슈-메를(Pech-Merle) 동굴 유적에서도 여러 개의 창을 맞은 듯한 사람의 모습이 묘사되어 있다(사진 7). 페슈-메를 유적의 콩벨(Combel) 회랑에서는 앞서 언급한 코스케 동굴의 그림처럼 하체는 동물이고 상체는 사람인 반인반수상의 인물이 몇 차례 부상당하고 추락하는 모습의 그림이 있다.[26] 프랑스 남서부 구르당(Gourdan) 동굴에서 출토된 한 예술품에는 쿠냑의 벽화에서처럼 단지

....

26 코스케, 쿠냑, 페슈-메를 등 동굴 벽화에 표현된 폭력 장면과 이탈리아 후기 구석기시대 말기 유적인 산테오도로(San Teodoro) 유적에서 출토된 인골(엉덩뼈)에서 관찰된 부상을 입은 흔적과의 연관성에 관한 연구가 있어 눈길을 끈다. Bachechi, L., Fabbri, P-F., Mallegni, F., 1997, An Arrow-Caused Lesion in a Late Upper Palaeolithic Human Pelvis, *Current Anthropology*, vol. 38, n° 1, pp. 135-140.

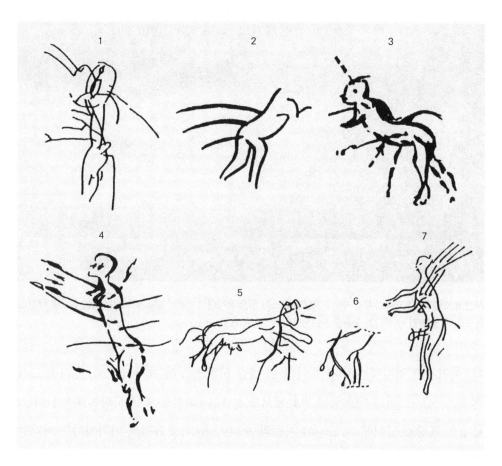

그림 10 화살에 맞은 사람 또는 사람 형태의 구석기시대 예술
1. 파그리치, 2. 쿠냑, 3. 쿠냑, 4. 페슈-메를, 5. 콩벨, 6. 구르당, 7. 수-그랑-락(L. Dams, 1984)

사람의 엉덩이와 다리만 그려져 있는데 몇 차례 창을 맞았다. 도르도뉴 지방의 수-그랑-락(Sous-Grand-Lac) 동굴의 벽에 새겨진 그림도 흥미롭다. 이 새김 그림은 구르당 유적에서 출토된 뼈에 새긴 예술품과 형태적으로 매우 유사하다는 점에서 막달레니앙 후기 작품으로 추정된다. 이 작품에 등장하는 인물은 목과 등뿐만 아니라, 성기 부위도 여러 차례 창에 찔렸다. 지금까지 살펴본 폭력을 표현한 작품들은 일반적으로 구석기시대 예술에서 인물이 묘사되는 경우가 매우 드물다는 점에서 중요한 가치를 지닌다. 이 작품들은 후기 구석기시대에도 폭력이 존재했고 그것도 치명적이었음을 보여 주고 있다.

사진 6 2만 년 전 프랑스 로트 지방의 쿠냑 동굴 유적 벽화에 그려진 창에 맞은 사람의 형상(M. Lorblanchet 촬영)

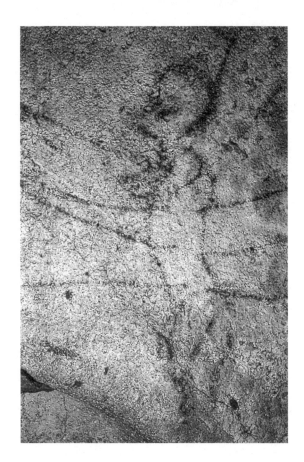

사진 7 2만 년 전 프랑스 로트 지방의 페슈-메를 동굴 유적에서 발견된 여러 개의 창을 맞은 사람 형상

시칠리아에서: 1만 년 전에도 고문이?

1952년 시칠리아섬 팔레르모 인근 펠레그리니(Pellegrini)산 중턱에 있는 아다우라(Addaura) 동굴에서 발견된 새김 그림은 지중해 연안의 바위 그림 연구에 새로운 장을 열었다.[27] 이 작품은 여러 시기에 걸쳐 제작되었으며, 말, 소, 사슴 등 동물과 사람이 주요 소재이다. 이 책의 주요 관심사인 인간 형상의 작품만 놓고 보면 선사시대 예술에서 이미 익숙한 장면이 이 유적의 그림에도 새겨져 있다(그림 11).

작품의 연대는 '에피그라베티앙(Epigravettien) 후기'라는 점에 거의 모든 연구자가 동의하고 있다. 이 시기는 구석기시대에서 후빙기 시대로 넘어가는 전환기로 기원전 1만 년 전후로 한 시기다. 그림에는 모두 11명의 사람이 등장한다. 그중 두 명은 엎드려 있고 나머지 아홉 명은 여러 가지 자세를 취하며 서 있는데, 서 있는 사람들의 모습이 조금 특이하다. 몇 명은 새의 부리를 달고 있고 두건이나 모자를 썼는지 머리 부분은 상당히 부풀어져 있다. 반면 적어도 세 명에게서는 이러한 장식물이 보이지 않는다. 엎드려 있는 두 사람 둘레에 서 있는 사람들은 다리를 벌리거나 몸을 구부리면서 마치 리듬에 맞춰 춤을 추고 있는 듯한 모습이다. 그들의 팔을 보면 뭔가 생동감 넘치는 행위를 표현하고 있는 것 같다. 두 명은 마치 '경배하는' 모습이고 다른 사람들은 팔을 폈다 구부리는 동작을 번갈아 반복하고 있는 듯하다. 한 명은 팔을 앞으로 내밀고 나머지 세 명은 소극적인 자세를 취하고 있다. 하지만 이 장면에서 가장 충격적인 장면은 가운데 엎드려 있는 두 사람의 자세이다. 배를 땅에 엎드려 누워 있고 다리는 거의 발뒤꿈치가 등에 닿을 정도로 뒤로 굽혀져 있다. 한 명은 팔이 묶여 있진 않지만, 다른 한 명은 어깨와 목을 타고 내려오는 밧줄로 팔이 단단히 묶여 있다. 게다가 이 두 사람의 굽혀진 다리 사이로 툭 튀어나온 성기는 꼿꼿한데, 마치 발기된 모양새다.

....

27 프랑스와 스페인 등지의 구석기시대 예술 작품이 주로 동물을 표현하고 있음에 반해, 아다우라 동굴 벽화는 사람의 모습이 중심이 된다는 점과 이야기가 담겨 있다는 점에서 매우 독특하다.

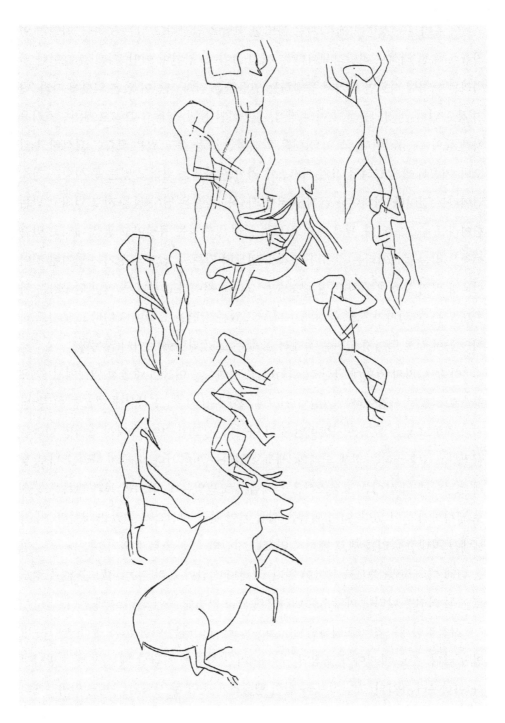

그림 11 기원전 1만 년경 에피그라베티앙 문화의 시칠리아섬 아다우라 동굴 유적에서 발견된 새부리를 달고 있는 인물들과 사슴 그림(F. Mezzena, 1976)

이 흥미로운 장면 속에 각자는 특별한 역할을 담당하고 있는 듯하다. 자연히 이 작품에 대한 해석도 각양각색이다.[16] 새김 그림 속 장면이 어떤 '의례'를 표현한 것이라는 해석에 따르면 여기에 등장하는 인물들은 각자 자신이 맡은 역할에 따라 '연기'하고 있다. 등장인물들의 머리 장식, 율동적인 몸짓, 생동감 그리고 부자연스러운 자세 등이 그 증거이다. 즉 이 장면은 의례적인 춤을 추고 있는 모습을 묘사하고 있으며, 가운데에 엎드려서 거의 서커스에 가까운 자세를 취하고 있는 두 사람은 청소년이라는 것이다. 심지어 둥글게 둘러선 사람들이 젊은 남자 둘을 서로 던지고 받는 중이라는 주장도 있다. 팔을 올리고 있는 동작은 던지는 몸짓이고 팔을 내리고 있는 동작은 받는 몸짓이라는 것이다. 그리고 엎드려 있는 두 남자의 성기는 발기된 것이 아니라 성기 보호대를 차고 있는 모습을 묘사한 것이라고 본다.[28] 어떤 연구자는 가운데 있는 두 남자가 서로 동성애를 나누고 있는 장면을 묘사한 것이라고 보기도 하지만 몸이 서로 떨어져 있다는 점에서 이 설은 그리 타당해 보이지 않는다.

이 두 남자의 역할에 관한 더 설득력 있는 해석은 이들이 주술적 의례에서 쓸 요량으로 선발된 사람이라는 가설이다(그림 12와 사진 8).[17] 그 가설에 따르면 이 두 남자가 취하고 있는 몸짓은 자발적인 것이 아니라, 강요된 것이다. 다시 말하면 이들은 끔찍하고 고통스러운 희생 의례의 '제물'이었다는 이야기다. 이들은 다리를 뒤로 젖혀 엉덩이에 딱 붙이는 고통스러운 자세를 강요받았는데, 심지어 목과 발목은 끈으로 팽팽하게 묶여 있다. 아마 이들은 결국 목이 졸려 처참하게 죽었을 것이다. 이 자세에서 최대한 다리를 뒤로 젖히지 않으면 자신의 목을 조르게 되기 때문에, 죽을힘을 다해 다리를 등 쪽으로 붙여야 한다. 그러나 시간이 흘러 더는 버틸 수 없을 정도로 지쳐 버리면 다리는 바닥으로 내려오게 되고 마침내 목이 졸려 죽게 된다.

시칠리아에는 인카프레타멘토(incaprettamento)라는 이름의 목 졸라 죽이는 방법이 있다. 주로 마피아가 조직의 규칙을 어긴 사람을 처단할 때 사용하는 방법이다. 아다우라 유적의 그림 속 목과 발이 팽팽하게 묶인 두 사람의 자세와 인카프레타

....

28　뉴기니섬 중부 산악 지대에 사는 다니족 남자는 코테카(Koteka)라고 불리는 성기 보호대를 찬다.

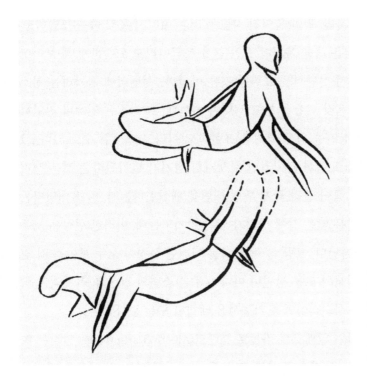

그림 12 시칠리아섬 아다우라 동굴 유적의 '통과 의례를 치르고 있는 자들' 또는 '고문받는 희생자들'이라고 불리는 그림(A.-C. Blanc, 1939)

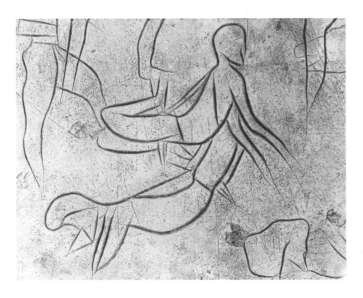

사진 8 시칠리아섬 아다우라 동굴 유적의 그림을 찍은 세부 사진으로, 발과 목이 끈으로 묶여 있어 발이 내려가면 목이 조이게 된다(© Ikona, Rome).

멘토의 자세는 실제로 아주 비슷하다. 어쩌면 그림 속의 '고문당하고 있는' 두 남자의 모습은 고문 과정의 서로 다른 순간을 나타내고 있는 것일지도 모르겠다. 이와 같은 관점에서 그림을 해석하면, 팔이 늘어진 사람은 더는 버티지 못해 죽은 모습이고, 목에 손을 대고 있는 사람은 목을 옥죄어 오는 끈을 조금이라도 느슨하게 해 보려고 몸부림치는 모습이다. 혹시 성년식을 표현한 것은 아닐까? 성년식에 참가하는 청소년들은 며칠씩 굶주리고 온갖 고통을 참고 견뎌야 하는데, 그 과정은 언제나 잔인하고 고통스럽다. 한편 이 장면을 희생 행위를 표현한 것이라고 해석할 수도 있다. 그렇지만 진짜 희생 행위를 표현한 것이라면 희생자의 성기가 발기된다는 것은 생리적으로 불가능하다. 한편 목이 졸려 죽게 되면 대변을 배설한다든지, 혀를 내민다든지, 아니면 정액을 방사하든 않든 간에 성기가 약간 발기되는데, 이러한 현상은 모두 괄약근이 풀어지면서 나타난다. 그림 속 두 남자는 이러한 특징이 모두 보이는 것 같다. 그렇지만 희생 의례에서의 고문 장면이 아니라 두 청소년의 정신적·육체적 능력을 시험하기 위한 잔인한 성년식이었을 가능성을 배제할 수는 없다.

탁월한 고생물학자였던 알베르토 카를로 블란크(Alberto Carlo Blanc) 남작은 여러 민족의 잔혹한 성년식, 즉 적을 죽이고 그 목을 가져와야 하거나, 인육을 먹어야 하거나, 항문 섹스를 당하거나, 문신이나 할례를 견뎌야 하는 다양한 사례를 들면서, 아다우라 동굴 유적에서 발견된 그림도 성년식을 표현한 것이라고 주장하였다. 모든 통과 의례는 강인함을 기르고 적과의 싸움을 준비하기 위한 목적에서 치러진다. 한 명의 남자로서 그리고 한 명의 전사로서 인정받으려면 이 과정을 통과해야 한다. 아다우라 동굴 유적에서 보듯이 청소년들은 거의 반쯤 질식사를 당하는 통과 의례를 통해 죽음에 가까이 다가섬으로써, 고통을 받았던 자가 언젠가 권력을 잡을 수 있고 아이를 낳을 수 있는 성인으로 대접받는다는 사실을 체험하게 된다. 아다우라 동굴의 그림이 희생 장면이든지 단순한 고문 장면이든지 간에, 이 의례는 주술과 재생산의 의미를 내포하고 있는 듯하다. '희생자'의 죽음 혹은 질식사, 발기된 성기, 희생자의 주위에서 춤추거나 기도 드리고 있는 사람들이 그 증거이다. 동시에 사건의 극적 효과를 높이기 위해 주위의 참가자들이 가면, 커다란 머리 장식, 새의 부리 등을 쓰거나 달고 다소 초자연적 분위기를 자아내고 있다는 점도 주의해서 봐야 한다. '희생자들'은 더 강한 사람으로 다시 태어나기 위해 자신의 모든 걸 희생하면서 고통을 참아 낸다. 어쩌면 재탄생에 대한 염원 때문에 그들은 이런 '신비로운 체험'을 하고 있는지도 모르겠다.

창던지기에서 활쏘기로

사람은 지금 자신이 가진 무기보다 더 효과적인 무기를 끊임없이 만들어 낸다. 무기 개발의 목적은 잠재적인 적을 견제하고 복속시키고 심지어 제거하기 위함이다. 그렇다면 이와 같은 행위는 언제부터 시작되었던 것일까? 사람들은 상상한다. 스탠리 큐브릭 감독의 영화 〈2001: 스페이스 오디세이〉(1968년)의 오프닝 장면을 보면 오스트랄로피테쿠스들이 서로 돌을 집어 던지며 엉겨 붙어 싸우고, 심지어 무기처럼 큰 뼈를 휘두르며 공격하느라 정신없다. 그럼 이 장면은 사실일까, 거짓일까? 답은 '알 수 없다.' 그때로부터 우리는 시간상으로 너무 멀리 떨어져 있는 데다 이를 검증할 자료도 없다.

이 문제에 좀 더 합리적으로 접근하는 방법은 선사시대에 살상력을 높이는 무기 제작 체계라는 기술 혁신이 언제 일어났는지 살펴보는 것이다. 어떤 사람은 무기가 단백질 공급원인 고기를 얻기 위해 필수적인 사냥 능력을 개량하는 과정에서 탄생했다고 본다. 하지만 사냥 도구는 개량되자마자 동물이 아닌 사람을 겨냥하였다. 모든 것은 후기 구석기시대에 가속화된 듯하다. 이때에 이르러 사람들은 맨손으로 창을 던질 때보다 더 멀리 나가고 정확히 목표물에 맞힐 수 있는, 그래서 살상력이 더욱 향상된 투창기(propulseur)라는 도구를 개발하였다.[29] 투창기를 만들기 전에 사람들은 단순히 돌을 던지거나, 나무 자루의 끝을 뾰족하게 다듬은 창에 의존했다. 그러나 중간 단계에 이르러 돌로 만든 뾰족한 창끝을 긴 자루에 꽂아서 비로소 창다운

....

29 투창기는 창을 더 멀리 던지고 파괴력을 강화하기 위한 도구로, 주로 솔뤼트레앙 문화와 막달레니앙 문화(BP 2만 2,000~BP 1만 5,000년)에서 사용되었다.

창을 만들었다. 그리고 표창이나 부메랑처럼 던져서 목표물을 맞히는 도구도 오랫동안 사용하였을 것이다. 이 날카로운 무기들은 뼈와 살을 파고 들어가 상대방을 다치게 하거나 죽일 수 있었다.

다양한 시기의 바위 그림이나 바위 새김 그림을 보면, 이처럼 날아가서 목표물을 맞히는 무기가 자주 사용된 듯한데, 특히 '늦은 시기'로 갈수록 그러하다. 물론 늦은 시기로 갈수록 돌멩이, 방망이, 목봉, 그리고 곤봉처럼 손에 쥐고 쓰는 무기도 다양해졌다. 진정한 곤봉은 늦은 시기, 즉 신석기시대로 넘어가면서 위세의 상징으로 처음 등장하고 철퇴는 역사시대에야 등장한다. 돌로 만든 공 모양의 석기를 석구(石球)라고 한다. 이 석기는 원래 사냥 또는 전쟁에서 사용했다. 과거 아르헨티나 팜파스(Pampas) 지역에 사는 목동, 즉 가우초는 석구 두세 개를 줄로 연결해서 빙빙 돌린 다음, 사냥감을 향해 내던진다. 이때 날아간 석구가 다리를 부러뜨리거나 감아 버려 사냥감은 꼼짝 못하고 쓰러지고 만다.[30]

투창기, 활, 새총 등 물리 운동에 따라 작동되는 무기 사용으로 사냥 및 공격 기술이 더욱 향상되었다. 먼 거리를 날고 정확도 또한 높아서 파괴력이 향상되었기 때문이다. 한편 새로운 무기의 등장은 새로운 전략과 전술의 변화를 가져왔는데, 대열을 갖추고 조직적으로 싸우는 전략이 새롭게 발전되었다. 그리고 전투에 참여하는 인원도 더욱더 많아졌고 진두지휘하는 지휘관의 역할도 중요해졌다. 신체 접촉 없이 먼 거리에서 공격하는 것이 가능해졌다는 점에서 '원시적 기계화 부대'가 탄생한 것이다. 후기 구석기시대 사냥꾼이 즐겨 사용했던 투창기는 그 효과가 중간쯤 되는 무기였다. 창(sagaie)을 투창기 위에 얹으면 그 파괴력이 몇 배로 증가한다. 투창기 자체는 독창적 예술 작품으로 주로 몸통과 끝부분이 장식되어 있다. 투창기에 얹는 창은 일반적인 창보다 가벼운데, 투창기와 가벼운 창의 결합은 놀랄 만한 효과를 발휘하였다. 움직이는 표적이든 아니든 간에 정확하게 맞힐 수 있었다.

하지만 투창기보다 활이 더 효과적이다. 많은 연구자는 활과 화살이 후기 구석

....

30 박성진, 2018, 「수수께끼 같은 석기, 여러면석기」, 『한국구석기학보』 37, 39-62쪽 참조.

기시대 마지막 시기(1만 2,000년 또는 1만 년 전)에 발명되었을 것이라고 본다. 그러나 몇몇 연구자들은 솔뤼트레앙 층에서 슴베찌르개와 사슴뿔로 만든 작살에 끼워 넣었던 것으로 추정되는 돌 미늘이 출토되었다는 점을 근거로, 이보다 훨씬 이른 2만 년 전쯤에 활과 화살이 이미 사용되었다고 주장한다.[18)31] 심지어 2만 5,000년 전의 그라베티앙 시기에 사용되었던 찌르개가 실은 화살촉이라는 주장도 있다. 활이 언제 기원했느냐는 문제는 접어 두고서라도, 활이 발명됨으로써 인류는 이제 진정 기계화된 방식으로 공격할 수 있게 되었다. 그리고 활의 발명은 나중에 화약 무기가 출현하는 계기가 되었다.

오늘날에도 활은 여전히 살아 숨 쉬는 신화이다. 활과 그의 짝인 화살은 현대 사회에서 광고나 수많은 회사의 로고로 사랑받고 있다. '경제 전쟁'이라는 말에서도 잘 드러나듯이, 산업 사회에서 활과 화살은 전쟁에 대한 메타포이다. 한편 로마 전성기에 세워진 아치형 구조물에서 보듯이, 활 모양의 구조물은 건축적으로 다양한 기념물을 지탱할 수 있는 안정적 건축 양식이다. 그리고 저속하다 할지도 모르겠지만 팽팽히 당겨진 활시위는 발기된 성기를, 느슨해진 활시위는 사정 후의 이완된 근육을 은유적으로 나타낸다. 한마디로 말하자면 활은 정력을 상징한다. 프랑스어에서 무지개, 전기불꽃 아크, 큐피드의 활, 사냥의 여신 아르테미스의 활, 잔 다르크처럼 활과 관련 있는 단어나 표현은 거의 모두 주술적 의미를 담고 있는 듯하다.[32]

....

31 현재 연구 성과에 따르면, 남아프리카의 경우 활과 화살의 기원을 6만 년 전까지 올려 잡는 견해도 있다. Lombard, M., Wadley, L., 2016. Hunting Technologies during the Howiesons Poort at Sibudu Cave: What they Reveal about Human Cognition in KwaZulu-Natal, South Africa, between ~65 and 62 ka. In: Iovita, R., Sano, K. (Eds.) *Multidisciplinary Approaches to the Study of Stone Age Weaponry*, Springer, Dordrecht, pp. 273-286; 한편 일본에서도 활과 화살의 사용이 적어도 BP 3만 5,000년 이상 되었다는 주장이 최근 제기되고 있다. Katsuhiro Sano, 2016, Evidence for the use of the bow-and-arrow technology by the first modern humans in the Japanese islands, *Journal of Archaeological Science: Reports*, 10, pp. 130-141.

32 프랑스어로 활은 'arc'이다. 무지개는 'arc-en-ciel'로, 해석하면 '하늘에 떠 있는 활'이라는 뜻이다. '전기불꽃 아크(arc électrique)'란 '아크방전'을 말한다. 잔 다르크의 진짜 이름은 아무도 모른다. 다만 그가 재판받을 때, 잔 다르크라고 불렀을 뿐이다. 'Jeanne d'Arc'를 해석하면 '활의 잔'이라는 뜻이다.

최초의 활

앞서 말했듯이 언제 활이 처음으로 만들어졌는지에 대해서는 논란이 있다. 그렇지만 연구자 대부분은 구석기시대가 끝날 때쯤에 활이 발명되었다고 본다. 이때부터 살대에 돌살촉을 장착했던 유물이 확인되기 때문이다. 기원전 9000년 기의 아렌스부르지앙(Ahrensbourgien) 문화에 속하는 함부르크 인근의 스텔모르(Stellmor) 유적에서는 약 100점의 돌살촉과 길이가 85~100cm 정도 되는 소나무로 만든 활들이 출토되었다. 살대도 함께 나왔는데, 그 끝이 반으로 갈라져 있어서 화살촉을 꽂기에 적합한 모양새이다.[33]

그런데 그로부터 얼마 지나지 않아 중석기시대에 이르게 되면 활을 사용했다는 결정적 증거가 나타난다. 이 시기에 속하는 활들은 온전한 상태로 또는 부서진 상태로 다량의 화살촉 옆에서 출토되었다. 중석기시대에 활이 출토되는 경우는 드문데, 주로 유럽 북서부, 러시아 북부의 늪지대 토탄층에서 발견된다. 실트질 토양이 나무를 보존하는 데 유리한 환경을 만들어 주기 때문이다. 활의 형태는 여러 가지다.[19] 덴마크의 홀메고르(Holmegaard) 유적에서 출토된 느릅나무로 만든 활은 나무 하나로 만든 활, 즉 환목궁(丸木弓)으로, 원래 크기가 1.5~1.6m에 이른다. 가장 상태가 좋은 두 점의 활을 보면 가운데 부분, 즉 줌통 부분이 좁은데, 손에 쥐기에 알맞게 하려고 그렇게 만든 듯하다. 줌통에서 한 오금까지는 넓어지다가 양 끝, 즉 창밑으로 갈

....

33 아렌스부르지앙 문화는 북중부 유럽의 최말기 구석기시대 문화 또는 중석기시대 문화로서, 대개 BP 1만 2,900~BP 1만 1,700년 동안 지속되었던 문화이다. 그런 측면에서 지은이들은 아렌스부르지앙의 연대를 낮춰 보고 있는 입장이다. 스텔모르 유적은 계절적 이동 생활을 하던 사냥-채집 집단이 10월에 점유했던 유적으로 최소 650마리의 순록이 이 유적에서 도살당했다. 도살 목적에 대해서는 의견이 다양하지만, 희생 의례 때문에 순록들이 희생당했을 것이라는 가설이 유력하다. 이 유적에서는 돌살촉뿐만 아니라 나무로 만든 화살촉도 출토되었다. Hartz, S., Schmölcke, U., 2013, From the Mesolithic to the Neolithic: Stone Age hunting strategies in the southwestern Baltic Sea area, O. Grimm, U. Schmölcke, (eds.) *Hunting in northern Europe until 1500 AD Old traditions and regional developments, continental sources and continental influences*, Schriften Des Archaologischen Landesmuseums 7, Wachholtz, pp. 21-40.

수록 다시 좁아진다.[34] 두 번째 활은 첫 번째 활과 비슷한 모양이지만 부서진 상태로 출토되었다. 이 활들의 연대는 마글레모지앙 문화기(Maglemosien), 즉 기원전 8000년 기부터 기원전 7000년 기로 추정된다.[35] 그 밖의 다른 활들은 홀메고르 유적에서 출토된 활보다 나중에 제작된 것으로, 북유럽에서 토기가 최초로 사용된 시기, 즉 에르테뷜레(Ertebølle) 문화기에 속한다.[36] 물디에르그(Muldjerg) 유적의 느릅나무로 만든 활은 새김무늬로 장식되었고, 길이가 1.7m이다. 노르트-브라반트(Noord-Brabant) 지역에서도 비슷한 활이 확인되었다.[37] 이 활은 물푸레나무를 가공해서 제작되었는데, 온전하지는 않고 일부분만 남아 있었다. 활의 줌통 부위는 넓고 두텁지만 창밑은 좁고 두껍다.

'중석기시대'에 제작된 활 중에서 신다르(Sindar) 호수 연안의 비스-모르 1(Vis-Moor 1) 유적에서 출토된 소나무로 만든 활은 그 형태가 독특하다. 전체적인 모습은 C자 모양으로, 양쪽 창밑의 형태가 서로 다르다(그림 13). 한쪽은 시위를 걸기 위한 도드라진 돌기가 있고 몇 점은 구멍도 있다. 반대쪽은 그와 같은 특징은 전혀 없고 좁아지기만 한다. 활의 크기는 대개 1.4~1.5m이다. 활 일부만 출토되어 전체적인 모습은 확신할 수 없지만, 몇 점은 줌통을 중심으로 W자 모양의 활일 가능성이 있다. 이러한 형태의 활로는 시기가 매우 올라가기 때문에 어떤 연구자들은 이 활이 중석기시대가 아닌 원사시대에 제작된 것으로 보기도 한다. 세 번째 유형의 활은 크기가 다른 활에 비해 매우 큰데, 무려 3.5m에 이른다! 기원전 7000년 기에서 기원전 6000년 기에 형성된 비스-모르 1 유적에서는 활 이외에도 나무로 만든 유물이 상당히 많이 출토되었는데, 그중에는 나무로 만든 화살촉도 있다.[20]

....

34   활의 구조에 대한 설명은 〈우리 활의 우수성〉을 참조했다(https://terms.naver.com/entry.nhn?docId=3508823&cid=47306&categoryId=47306).

35   마글레모지앙 문화는 북유럽 중석기시대 문화이다. 기원전 9000~기원전 6500년까지 지속되었다.

36   에르테뷜레 문화는 스칸디나비아반도 남부의 중석기시대 말기 문화로, 기원전 5300~기원전 4200년까지 지속되었다. 이 시기 후반에 토기가 등장했다.

37   노르트-브라반트는 네덜란드의 가장 남쪽에 위치해 있다. 그러나 여기서 지은이들이 언급하는 유물이 구체적으로 어느 유적에서 출토된 것인지 옮긴이는 확인하지 못했다.

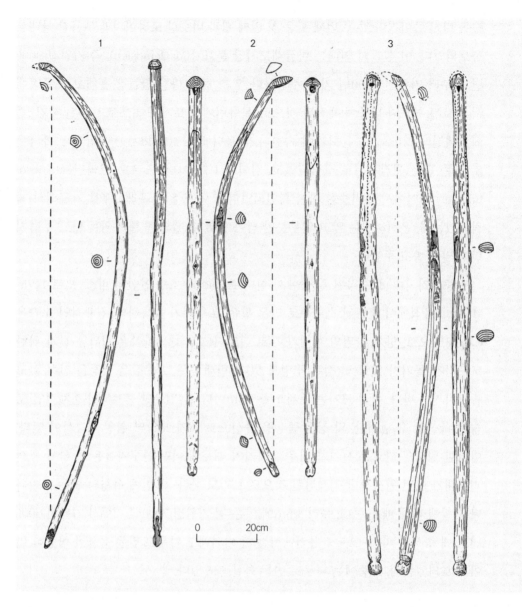

그림 13 러시아의 비스-모르 1 유적에서 출토된 기원전 7000년 기~기원전 6000년 기 중석기시대의 활 그림
(G.-M. Bourov, 1973)

오랫동안 중석기시대에 제작된 것으로 추정됐던 스페인 레반트 해안 지역의 바위 그림 중에는 활을 가지고 전투하는 장면도 있다. 정밀하게 묘사되지 않아서 확신할 수는 없지만, 활이 궁수보다 작은 것을 보면 당시의 활은 조금 작았던 것 같

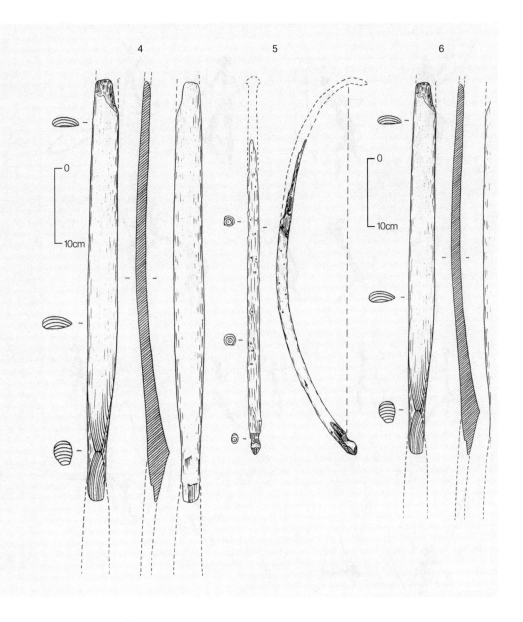

다(그림 14). 이따금 큰 활도 보이는데, 이 활은 궁수보다 더 크다. 스페인 알바세테 (Albacete) 인근 미나테다(Minateda) 바위 그늘에 그려진 전투 장면에서 확인되듯이, 이처럼 큰 활 중에는 W자 모양의 활도 있다. 몇몇 연구자는 이를 근거로 스페인 레

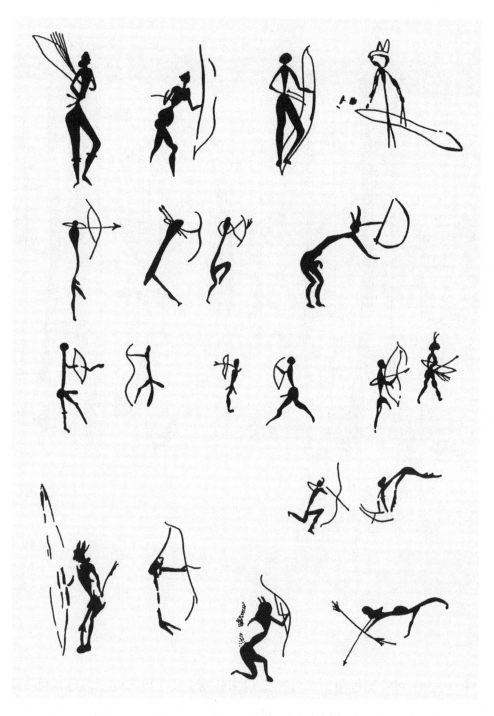

그림 14 스페인 레반트 예술에서 나타나는 다양한 형태의 활로, C자형의 작은 활과 W자형의 큰 활도 있다(L. Dams, 1984).

반트 지역의 바위 그림 연대가 그리 오래되지 않았다고 보기도 한다. 그렇지만 앞서 언급했듯이 적어도 기원전 6000년 기부터 러시아의 사냥-채집 집단은 W자 모양의 활을 사용하였다. 만일 이 스페인의 바위 그림 연대를 신석기시대 후기로 시기를 내려 봐야 한다면, 활의 형태보다는 화살촉의 형태에서 그 근거를 찾아야 할 것이다. 레반트 바위 그림의 화살촉 형태는 버들잎 모양이거나 삼각형인데, 모두 뚜렷하게 꼬리 날개가 있다. 이러한 유형의 화살촉은 신석기시대 이른 시기에는 거의 존재하지 않았고 기원전 5000년 기부터, 특히 기원전 4000년 기~기원전 3000년 기에 본격적으로 사용되었다.

사냥-채집 사회를 주로 다루는 이 장의 주제에서 다소 벗어난 듯하지만, 기원전 3200년 전으로 추정되는 활과 함께 지밀라운 사람의 미라에 관해 미리 말해야 할 듯싶다.[38] 이 미라는 알프스산맥의 오스트리아와 이탈리아 국경선 부근에서 발견되었다. 순동시대에 살았던 이 사람은 주목으로 만든 커다란 활(182.5cm)과 함께 발견되었다. 대개 손에 잡고 쥐기 편하게 하려고 줌통 부위를 좁게 만드는데, 이 활은 줌통 부위가 3cm를 넘을 정도로 넓다는 점에서 미완성품일 가능성이 있다. 그리고 활의 겉면이 마감 처리되지 않았다는 점, 시위를 매달 수 있는 구멍이나 활고자가 없다는 점도 그와 같은 추정에 힘을 실어 준다. 만일 이 활이 미완성품이라면 무기로 이 활은 한 번도 사용되지 않았다는 얘기가 된다.[21] 한편 알프스 산양 가죽으로 만든 주머니에 개암나무 막대기를 세로로 덧대서 골격을 세우고 가죽끈을 매단 화살통도 함께 발견되었다. 화살통에는 14점의 화살이 담겨 있었는데, 그중에 두 점만 완성품이고 그나마 부러졌다. 화살 제작 과정을 추정해 보면 새털로 만든 깃을 식물성 수액을 접착제로 사용해 살대에 고정했다. 두 점의 돌살촉을 홈이 파진 살대에 끼우고 자작나무 수액을 발라 살대에 붙였다. 돌살촉이 없는 나머지 12점의 살대는 모두 가막살나무로 만들었다. 살대는 가늘고 길이는 80cm 정도로 화살촉을 꽂을 홈도 파여 있

....
38 지밀라운 사람이 지니고 있었던 활과 화살에 대한 보다 상세한 내용은 콘라드 슈핀들러, 최몽룡(옮김), 1995, 『5천 년 전의 남자』, 청림출판, 157-171쪽 참조.

지만, 정작 화살촉은 꽂혀 있지 않았던 것이다. 미완성의 활과 화살 그리고 부러진 화살 두 점…. 만일 누군가 지밀라운 사람을 공격했더라면 그는 무기력하게 당하고 말았을 것이다.

수단의 대학살

고고인류학적으로 인류 최초의 무력충돌 정황을 적나라하게 확인할 수 있는 유적은 수단 공화국 북부에 있다. 이 유적은 남쪽으로는 와디 할파(Wadi Halfa)와 북쪽으로 '제벨 사하바(Djebel Sahaba)'라는 언덕 사이에 있는데, 나일강 오른쪽 강가에서 조금 떨어진 곳이다. 1965년부터 1966년까지 미국·핀란드 연합발굴단이 발굴했던 제벨 사하바 공동묘지 유적(유적 117호)에서 적어도 남녀노소 59개체분의 인골이 발견되었다.[39] 이 유적에서 첫 번째로 중요한 점은 연대이다. 석기 유형을 보면 유적의 연대는 기원전 1만 2000년에서 기원전 1만 년 사이의 후기 구석기 또는 '최말기' 구석기 문화인 카단(Qadan) 문화기로 추정된다.[40] 둥글고 바닥은 판판한 구덩이에 시신을 놓은 다음 얇은 판석으로 구덩이를 덮었다. 대개 무덤 한 기에 시신 한 구를 묻었지만 두 구에서 다섯 구까지 묻기도 했다. 시신은 왼쪽을 바닥에 대고 다리를 굽혀 눕혔다. 머리는 동쪽을 향하고 있고 남쪽을 바라보고 있는 듯한 모습이다. 손이

....

39 제벨 사하바 유적은 1964년 아스완 댐 건설로 수몰될 처지에 놓인 지역을 조사하는 과정에서 발견되고 그다음 해인 1965년부터 발굴·조사되었다. 유적은 세 곳의 공동묘지 구역으로 구성되어 있는데, 그중 두 곳이 제벨 사하바에 있고 나머지 한 곳(Tuskha)은 나일강가에서 조금 떨어져 있다. 인류 역사상 최초의 전쟁 유적으로 알려져 있다. 최근 프랑스 자연사박물관과 영국 대영박물관이 출토된 인골을 가지고 탄소 연대를 측정하였는데, 그에 따르면 유적의 연대는 최소 BP 1만 1,600년 이상이다. Antoine, D., Zazzo, A., Friedman, R., 2013, Revisiting Jebel Sahaba: new apatite radiocarbon dates for one of the Nile valley's earliest cemeteries, *American Journal of Physical Anthropology*, 68, AAPA Abstracts, p. 68.

40 카단 문화는 나일강 상류의 최말기 구석기 또는 중석기시대 문화로서, 그 연대는 BP 1만 3,000~BP 9,000년으로 보고 있다. 학계에서는 대개 상이집트 남부의 BP 1만 5,000년 후기 구석기시대 문화에서 연유한 것으로 보고 있다.

사진 9 기원전 1만 2000~기원전 1만 년경 수단 제벨 사하바 유적에서 발굴된 시신 두 구의 무덤으로, 사진에서 화살이 꽂힌 방향과 각도를 연필로 나타냈다(© The Trustees of the British Museum).

머리에 닿을 정도로 팔이 굽혀져 있는 경우가 많았다(사진 9).

석기를 제외하고 그 어떤 부장품도 무덤에서 발견되지 않았다. 반면에 석기는 많이 출토되었는데, 대개 무기 또는 화살촉으로 묻힌 사람들을 죽일 때 사용된 도구들이다. 이 유물들은 죽은 자의 몸속 깊숙이 박혔던 것으로 추정되는데, 외상을 입은 곳은 가슴, 허리, 엉덩이, 입천장 등 다양하다. 뼈에 박혀 있지 않은 상태로 뼈 주변에서 수습된 화살촉들은 아마 살을 뚫고 들어갔지만, 뼈에는 닿지 않았던 것으로 판단된다. 석기를 보면 기술적으로 두터운 등이 있는 격지를 잔손질해 만든 화살촉이 많았다(그림 15).[41] 그러나 잔손질이 아예 없거나 거의 없는 격지를 그냥 화살촉으로 쓴

....

41 구석기시대 고고학에서는 몸돌 또는 돌덩어리에서 의도적으로 깨뜨려 떨어져 나오게 한 조각을 격지라고 한다.

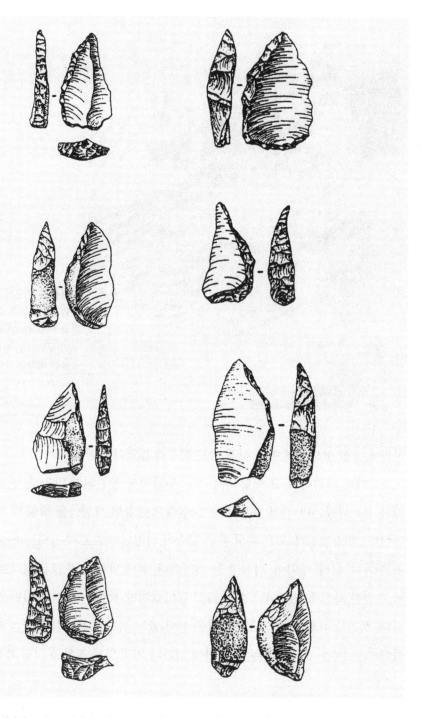

그림 15 제벨 사하바 유적 117지점에서 출토된 희생자들을 학살할 때 사용했던 무기 그림(F. Wendorf, 1968)

경우도 있고, 심지어 뭉툭한 밀개 모양의 석기를 화살촉처럼 사용한 사례도 있다. 반드시 뾰족한 석기만 화살촉으로 쓰지는 않은 듯하다. 그러나 석기 중에는 무기인지 아닌지, 그 용도가 불확실한 것도 있다.

제벨 사하바 유적에서 출토된 인골의 상태를 보면 외상을 입었던 흔적이 많다.[22] 대부분 학살당했던 것으로 추정된다. 그렇지만 이 불행했던 사람들에게도 묻힐 권리는 있었다. 그들이 매장될 수 있었던 이유는 학살에서 용케 살아남은 생존자들이 죽은 동료들의 시신을 찾아 엉성하게나마 무덤을 만들어 주었기 때문일 것이다. 그런데 몇몇 무덤에서 여러 구의 시신이 한 구덩이 속에 한꺼번에 묻힌 것을 보면, 이들이 장례 과정에서 발생한 폭력, 즉 순장 때문에 매장되었을 가능성도 있다.

순장 가능성이 있는 한 무덤에서는 나이 든 남자 뼈(25번)와 세 명의 여자 뼈(28번, 34번, 37번)가 출토되었다. 여자 두 명은 화살이 뼈에 박혀 죽었고 세 번째 여자와 남자도 뼈에 박힐 정도까지는 아니지만, 살을 파고 들어간 화살 때문에 죽었을 것으로 추정된다. 다른 무덤에서는 창에 찔려 죽은 두 명의 여자 뼈(100번, 101번)와 전혀 외상의 흔적이 없는 두 명의 아이 뼈가 함께 출토되었다(102번, 103번). 그러나 어린이조차 집단으로 묻혔다는 점에서 아이들 또한 공격을 받아서 사망했을 가능성이 매우 높다.

한편 아이들의 뼈에는 외상의 흔적이 전혀 없는 것으로 보아 어른과는 다른 방식으로 살해되었을 것으로 추정된다. 여러 구의 시신을 함께 묻은 또 다른 무덤 중에는 시신 다섯 구를 함께 묻은 무덤과 세 구를 함께 묻은 무덤이 있다. 두 무덤은 서로 양상이 비슷한데, 원래 둘이 아니라 하나의 큰 무덤이었을 가능성도 있다. 여러 명을 한꺼번에 묻은 것을 보면 동시에 살해당한 희생자들을 한 구덩이에 매장한 집단무덤이었을 것으로 추정된다. 다섯 구(26번, 27번, 29번, 31번, 아마도 36번)가 함께 묻힌 무덤에서 출토된 인골은 어린이 한 명, 남자 두 명, 여자 두 명이다(그림 16). 어른 네 명 중 세 명은 뼈 여러 군데에 타박상을 입은 흔적이 있지만, 직접적인 사망 원인은 화살인 듯하다.

이 집단무덤 가까운 지점에서 또 다른 세 명분의 어른 뼈가 출토되었다. 이 무덤

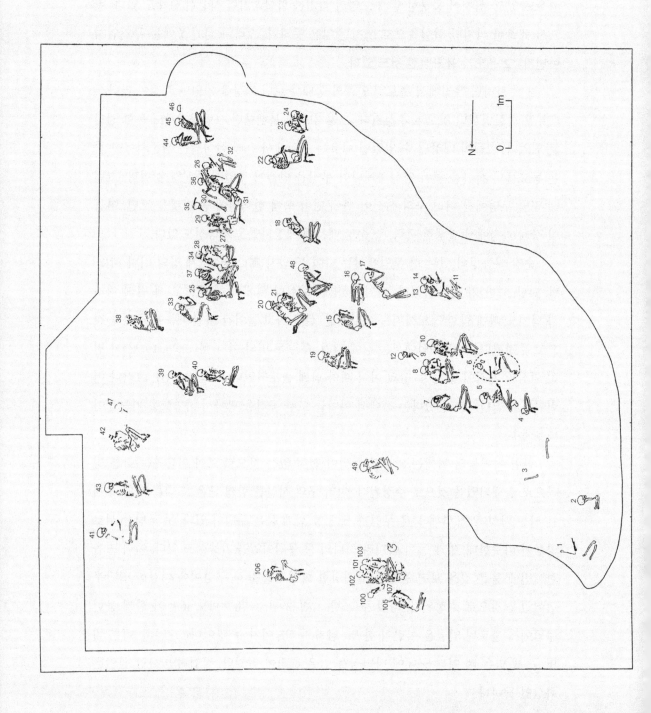

그림 16 기원전 1만 2000~기원전 1만 년, 제벨 사하바 유적 117호의 공동묘지 구역 평면도 일부와 학살당해 구덩이에 묻힌 희생자들의 분포 양상(F. Wendorf, 1968)

은 다섯 구가 묻힌 집단무덤과 원래 하나였을 가능성이 있다. 현재 이 무덤에서 출토된 뼈들은 성별을 판별할 수 없는 상태이다. 다른 무덤에서는 아이 두 명의 뼈(13번, 14번)가 발견되었다. 머리와 목이 연결되는 부위에 화살을 맞았고 여러 번 타박상을 입었다. 남자 두 명(20번, 21번)이 묻힌 무덤에서는 뼈의 흔적을 볼 때 몇 차례 타박상을 입은 끝에 사망했던 것으로 보인다. 두 명을 묻은 또 다른 무덤에서는 여자(23번)와 아이 뼈(24번)가 출토되었는데, 이들도 화살을 맞았다.

이 외에도 인골이 출토되었지만, 이것들은 큰 무덤에 한데 매장된 것인지 아니면 독립된 무덤에 따로따로 매장된 것인지 알기 어렵다. 여기에 묻힌 모든 사람은 어린이 한 명(47번)을 포함해서 남자(17번, 33번, 38번, 42번, 106번) 다섯 명이다. 뼈 바로 옆에서 다양한 무기가 함께 출토된 정황을 보면 이 무기들로 살해되었던 것 같다. 발견된 59명의 인골 중에 적어도 24명이 화살에 맞아 죽거나 폭력에 의해 죽었지만, 실제 폭력에 의해 사망했던 사람은 이보다 많았을 것으로 짐작된다. 살해당하고 함께 매장된 이후에 폭력의 흔적이 있는 뼈들이 삭아 없어졌을 수도 있고, 삭아 없어진 뼛조각이 다른 개체의 뼈와 한데 섞이면서 한 명으로 취급되었을 가능성도 있기 때문이다. 그렇다면 이 유적에서 살해당한 사람은 어림잡아 30명은 족히 되었을 것으로 보이는데, 그렇다면 공동묘지에 매장된 사람의 절반 정도가 살해당했다는 이야기다.

제벨 사하바 유적에 묻힌 사람들은 남녀노소를 가리지 않는 '대량' 학살의 희생자로 추정된다.[23] 다시 말하면 여기에 묻힌 사람들이 전사자가 아니라는 뜻이다. 이 지역에 살았던 사람들의 일부 또는 전체가 순식간에 제거되어 버린 것이다. 특히 아이들까지 학살당했다는 점에서 집단 폭력의 목표가 집단을 말살하는 데 있었음을 알 수 있다. 게다가 젊은 여자들까지 죽였던 것을 보면 침략자들은 전쟁으로 인한 인력 손실을 만회할 생각조차 없었던 것 같다.

한편 이 유적에는 머리뼈는 없고 긴 뼈를 비롯해 시신 일부만 매장된 무덤이 많았는데, 이 점이 더욱 궁금증을 자아낸다. 혹시 승리한 자들이 돌아가 자랑하려고 머리만 떼어 간 것은 아닐까? 그러나 더욱 중요한 점은 제벨 사하바 유적에서 발생했던 집단 폭력의 목표가 단순히 몇몇 남자만 죽고 죽이는 집단 간 무력충돌이 아니라, 약탈을 수반한 대학살이었다는 점이다. 몇몇 연구자들이 주장하듯이, 이 무덤들이 일시에 만들어진 것이 아니라, 주기적으로 침략한 약탈자들이 이곳의 주민들을 무차별적으로 학살하고 남긴 것일 수도 있다. 제벨 사하바 사례는 구석기시대 말기의 침략자들이 매우 잔인하고 폭력적이었음을 잘 보여 준다. 그러므로 인구가 적어서 구석기시대에는 폭력 행위가 발생할 수 없었다는 주장은 다시 생각해 봐야 한다. 구석기시대에는 '동료애'가 넘쳐났다는 주장과 제벨 사하바의 상황은 전혀 들어맞지 않으며, 따라서 구석기시대의 사회가 폭력이 없는 사회였다는 가설은 수정되어야 한다.

땅을 둘러싼 탐욕

제벨 사하바 유적에서 본 충격적인 사건은 어쩌면 나일강 때문에 비롯되었을지도 모르겠다. 나일강 유역은 물고기를 비롯한 수산물과 물을 마시기 위해 몰려드는 대형 포유류 동물들로 식량 자원이 늘 풍부했던 곳이었을 것으로 추정된다. 특히 나일강의 두 번째 폭포 주변이 그러했다. 일반적으로 사냥-채집 사회가 한곳에 오래 머물다 보면, 즉 이동 생활에서 정주 생활로 바뀌면, 누가 땅을 점유하고 경영하는지가 주요 문제로 떠오른다. 사람들은 먹고사는 데 필요한 자원이 풍요로운 땅, 다시 말해서 사냥감과 식물성 먹거리가 풍족한 지역을 차지하고 싶었을 것이다. 따라서 각각의 공동체가 한곳에 정착하면서 땅은 나뉘고 영역화되었을 텐데, 이 과정에서 갈등과 충돌이 필연적으로 일어날 수밖에 없다. 영역 개념은 선사시대에도 늘 있었던 것으로 보인다. 영양학적 요구량, 식량을 얻는 데 필요한 능력, 인구수, 그리고 식량 획득의 용이성 같은 요인에 따라 영역의 크기가 결정된다. 대개 인구밀도가 낮으면 이동성이 높고 족외혼을 하며 사냥 활동을 독립적으로 하는 경향이 있다.[42] 따라

....

42 족외혼은 사회집단 밖에서 결혼 배우자를 구하는 관행으로, 적절한 결혼 배우자 범주의 지정이 규칙에 의

서 인구밀도가 낮은 지역에서는 분쟁이 일어날 일이 적고 설사 분쟁이 있다 해도 대개 개인적 차원에서 해결된다. 게다가 영역이 넓고 경계도 느슨하다면, 다른 집단과 분쟁을 벌이기보다는 넓은 영역 안에서 경쟁을 피해 이리저리 옮겨 다니는 전략을 택하기 마련이다.

사냥-채집 사회의 규모가 커지고 더욱 발전되는 시점부터 땅에 대한 점유권 문제가 일어난 듯하다. 선사학자 대부분은 식량 자원이 풍족한 곳에서 정주 생활이 먼저 나타났을 것이라는 데에 의견을 같이한다. 여기서 식량 자원이 풍족한 곳이란 강어귀, 바닷가, 호수, 숲 등의 지형적 요인들이 한데 어우러져 식량 확보가 유리한 지점으로, 다양한 생태계가 교차하는 곳이나 해발 고도를 달리하면서 생태계가 변하는 산악 지역의 협곡 등을 말한다. 해발 고도와 생태환경이 다양하게 변하는 곳은 여러 동식물이 살기에 적합하다. 지형적, 생태적으로 독특한 미시 환경에 맞춰 동식물들이 적응하면서 진화하기 때문이다.

사냥-채집 사회에서는 유용 자원의 풍족함이 거주지 선택을 결정한다. 특히 사시사철 필요한 식량 자원을 확보할 수 있는지 여부가 정주 생활에 중요하다. 바로 이런 이유로 중동 지역의 나투피앙 사람들은 일찍부터 갈릴리에 정주해 살았다. 갈릴리 지역은 협소해서 야생 곡물, 영양, 물고기를 연중 쉽게 얻을 수 있는 지역이다. 남아메리카의 태평양 연안에 있는 어부 '마을'도 나투피앙 사람들처럼 수산 자원에 의존해 살았다. 포르투갈과 북유럽의 중석기시대 사람들은 바다와 호수 그리고 숲과 평원이 교차하는 지점에서 식량 자원을 대량으로 확보할 수 있었다. 아프리카에서는 오아시스나 강가에 사람들이 모여 살았다. 협소한 지점에서 정주 생활이 시작되면 공간은 빠르게 영역화되고 영역 간 경계도 명확해진다. 동시에 정주 생활은 구성원

....
해 정의되어 있다. 집단 간의 여성 교환을 통해 동맹을 형성할 필요성에서 시작되었으며, 특히 원시 사회에서 적대적인 하위 부문의 남성들 간에 누이들을 서로 교환하는 것과 결합되어 있다. 그것은 또한 근친상간의 규칙과 금기와도 연결되어 있다. 그러나 이 용어는 한 집단, 혈족, 카스트, 인종 혹은 사회 밖의 사람과 결혼하는 것을 지칭하는 것으로 더욱더 광범하게 사용될 수 있다(고영복, 2000, 『사회학사전』, 사회문화연구소).

들을 비슷하게 행동하게끔 하고, 문화적 특징을 공유토록 함으로써 구성원들의 정체성을 강화한다. 그리고 강화된 정체성은 인접 집단의 땅과 구별되는 '자신만의' 땅을 요구하게끔 만든다. 따라서 적어도 최말기 구석기시대부터 자연 경계 개념이 있었다고 봐도 틀림없다.[43]

다시 제벨 사하바의 사례로 돌아와서, 나일강을 무대로 펼쳐졌던 대량 학살의 사회·경제적 맥락에 관해 살펴볼 필요가 있다. 학살 사건이 일어나고 얼마 지나지 않아, 새로운 기술의 등장으로 생활 방식은 더욱 복잡하게 되었다. 겨우 1,000~2,000년 정도가 지난 다음 제벨 사하바 유적에서는 아프리카 최초의 토기가 발견되었다. 이 토기는 수단의 사루랍(Sarurab) 유적이나 사가이(Saggai) 유적에서 출토된 토기와 비슷한데, 중동 지역 최초의 토기보다 이르다.[44] 한편 비슷한 시기에 나일강 저지대에서는 소의 가축화가 독자적으로 시작되었다. 기원전 7000년경에 이집트 아부-심벨(Abu-Simbel)에서 서쪽으로 100km쯤 떨어진 곳에서 사람들은 비가 오면 일시적으로 형성되는 호숫가에 모여 공동체를 이루고 살았다. 이들은 가벼운 재료를 이용해 오두막 형태의 집을 짓고 저장용 구덩이도 만들었다.[45] 최말기 구석기시대에 속하는 이 유적은 문화적으로 구별되는 진정한 의미의 마을로 발전했던 것 같지

....

43 생태환경이 풍요로운 지역에서는 농경 또는 목축을 비롯한 식량 생산 체계 없이도, 식량을 비축해 인구 규모도 크고 계층화된 사회로 발전할 수 있다. 이와 같은 사회를 복합 사냥-채집 사회라고 하는데, 이에 대해서는 『불평등의 기원』[알랭 떼스타, 이상목(옮김), 2006, 학연문화사]이 참고될 만하다.

44 사루랍 유적과 사가이 유적을 비롯한 수단 지역의 충적세 초기의 최말기 구석기 문화를 하르툼(Khartoum) 중석기 문화, 키피안(Kiffian) 문화, 아카쿠스(Acacus) 문화, 최종 구석기 문화(Terminal Paleolithic)라고 한다. 이 문화는 기하학적 형태의 작은 석기들과 함께 토기들이 출토된다는 점에서 특징적이다. 유적이 주로 강가 또는 호숫가에 분포되어 있고 뼈로 만든 작살이 사용되었다는 점을 근거로 당시 사람들이 어업에 기반을 둔 경제 체제를 이루고 살았을 것이라는 주장이 있다. 그러나 이에 대해 회의적인 연구도 적지 않은데, 그에 따르면 토기는 야생 곡물을 소비하는 데 이용되었다고 추정된다. Smith, A., Post-glacial transformations in Africa, 2014, Jordan, P., and Zvelebil M. (eds.) *The Oxford Handbook of the Archaeology and Anthropology of Hunter-Gatherers*, Oxford University Press, pp. 480-481.

45 완전한 정주 생활이 아니라 일시적으로 형성된 호수가 지속되는 기간만 살았기 때문에 이동하는 데 편리한 가벼운 재료로 집을 지었다는 뜻이다.

는 않지만, 그런 마을로 가는 과정에 있던 공동체로 짐작된다. 이곳에 살던 사람들은 영양을 사냥하고 야생 수수와 야생 기장을 비롯하여 유적 주변에서 쉽게 구할 수 있는 다양한 야생 곡물을 먹고 살았다. 그렇다면 이동 생활에서 정주 생활로의 이행이 매우 오랜 기간에 걸쳐 진행되었고, 제벨 사하바 유적은 그 초기 단계의 모습을 보여 주는 것은 아닐까? 혹시 정주 생활 초기에 이전보다 커진 공동체를 이루고 살던 사람들이 함께 모여 살게 되면서 부딪히는 문제들을 평화적으로 해결하지 못하고 변화된 환경에 잘 적응하지 못해서 갈등이 폭발한 것은 아닐까?

앞서 제벨 사하바 유적에서 폭력으로 숨진 사람이 약 30명이라고 했다. 그런데 사실 이 수치는 작은 사냥-채집 집단의 구성원을 모두 더한 것보다 많다. 제벨 사하바 공동체의 일부 구성원들은 다른 곳으로 아예 옮겨갔거나, 아니면 잠깐 떠났다가 죽은 자들을 묻기 위해 다시 돌아왔던 것으로 보인다. 한편 후기 구석기시대에는 보통 개인 무덤이 많지만 이처럼 큰 규모의 공동묘지는 아직 알려진 바 없다. 일반적으로 공동묘지처럼 크고 조직화된 매장 공간은 최말기 구석기시대 마지막 단계 또는 중석기시대에 이르러서야 비로소 등장한다고 본다.[46] 따라서 '유적 117호', 즉 제벨 사하바 유적은 여느 지역과 다르게 비정상적으로 인구가 집중되어 있던 지점이다. 이와 같은 제벨 사하바 유적에서 보이는 인구 과잉은 동시대의 대다수 사냥-채집 사회와 다른 형태의 사회 조직을 형성하게 하였고, 그에 따라 집단 간 관계도 달라졌을 것이라 생각된다. 그러나 아직 풀리지 않은 몇 가지 문제가 남아 있다. 그중 하나는 제벨 사하바에 살았던 집단의 실제 규모가 어떠했느냐 하는 문제이다. 비록 우리가 집단의 규모를 현재 추정할 수 없다 하더라도, 한 가지 분명한 점은 이 공동묘지

....

46 최근 오키나와섬에서 구석기시대 공동묘지 유적인 시라호-사오네다바루(白保竿根田原) 유적이 발굴되었다. 일본 최초의 구석기시대 공동묘지 유적인 이 동굴 유적에서는 무려 1,000점이 넘는 인골이 출토되었고 최소 개체수를 계산해 본 결과, 적어도 19명이 이 유적에 묻혔다고 한다. BP 2만 8,000년까지 거슬러 올라가는 연대 값도 있긴 하지만 유적의 주요 사용 시기는 BP 2만 년을 전후로 한 시기다. Kaifu, Yousuke et al., 2015, Pleistocene Seafaring and Colonization of the Ryukyu Islands, Southwestern Japan, *Emergence and Diversity of Modern Human Behavior in Paleolithic Asia.* Texas A&M University Press, pp. 345-361.

가 우연히 조성된 것이 아니라 적어도 두 세대에 걸쳐 '기능한' 공간이었다는 사실이다. 이처럼 특정 지점에 죽은 자들을 함께 묻었다는 사실 자체가 땅에 집착했다는 증거이다. 달리 말하자면 이미 영역의 개념이 존재했다는 뜻이다.

한편 규모가 큰 사냥-채집 공동체에 대한 인류학적 모델에 따르면 이러한 사회는 안정적이지만 동시에 적대감도 증가한다고 한다. 캘리포니아 중부 지역에 살았던 인디언들이 좋은 예다. 그들은 정주 생활을 하면서 도토리를 저장하기 위한 시설을 갖추고 살았다. 그들 간에 사회적 위계는 뚜렷했으며 영토, 수확물, 물고기에 대한 소유권 다툼으로 이웃 마을들과 무력충돌도 서슴지 않았다. 물론 캘리포니아 중부 지역에 살았던 인디언 사회의 사례는 제벨 사하바 유적의 사례보다 진보된 '단계'의 사회이므로, 그와 같은 모델을 제벨 사하바 유적에 직접 대입하여 해석할 수는 없다. 그렇다면 구석기시대 최말기, 정확히 어느 시점부터 사냥-채집 집단 간에 갈등의 골이 깊어지게 되었던 것일까?

중석기시대의 무력충돌

제벨 사하바 유적이 폭력 행위의 흔적을 적나라하게 드러내고 있어서 자주 언급될 뿐, 이 유적에서만 폭력의 흔적이 있는 것은 아니다. 고고학자들은 중석기시대 영역 문제로 일어난 갈등으로 살인까지 저질렀던 몇 가지 예를 알고 있다. 유적들은 주로 자연 경계가 있는 곳에 자리 잡고 있는데, 이러한 곳은 강폭이 좁고 물살이 빠르며 주변에 고개가 있거나 경관이 급격하게 바뀌는 곳으로, 대개 식량 자원이 풍부하다. S. 바라킨(Balakin)과 D. 누즈니(Nuzhnyi)는 식량 획득의 거점으로 자연 경계인 강을 강조하면서, 특히 물살이 빠른 곳이 식량 자원 확보에 유리한 지점이라고 주장하였다. 그들의 주장에 따르면 물살이 빠른 곳은 좁은 공간 안에 다양한 생태환경이 조성됨으로써 물고기를 비롯한 수산 자원이 풍부하다. 따라서 사냥-채집 집단은 이처럼 풍요로운 지점을 놓고 이웃 집단과 경쟁관계에 놓이게 되는데, 조상을 공동묘지에 매장함으로써 다른 집단으로부터 그 지점에 대한 소유권을 인정받으려 한다는 것이다.[47] 만약 그들의 주장이 옳다면 화살에 맞은 시신들이 묻혔던 곳, 즉 제벨 사하바의 공동묘지가 자리 잡은 곳은 이웃 집단과 치열하게 경쟁을 벌였던 자연 경계 지대가 있던 지점이었을 것이라고 해석할 수 있다.[24]

　갠지스강의 물살이 빠른 지점 가까이서 발견된 인도 사라이 나하르 라이(Sarai Nahar Rai) 공동묘지 유적의 연대는 기원전 1만 년으로 추정된다. 여기서 남자 한 명, 여자 두 명분의 인골이 출토되었는데, 모두 좀돌날이 장착된 화살을 맞아 살해당하였다.[48] 유럽 남동부의 드네프르(Dniepr)강에는 물살이 빠른 곳이 여럿 있다.[49] 이 강을 따라 최말기 구석기시대에서 중석기시대 사이에 형성된 공동묘지 유적이 줄을 지어 분포되어 있는데, 그 주변에는 동식물 자원이 풍부하다. 드네프르강에서 세 번째 급류가 흐르는 지점, 즉 우크라이나 볼로스키(Voloshkii)에는 중석기시대 전기에 속하는 작은 공동묘지 유적이 있다. 이 유적에는 19명분에 이르는 인골이 모두 다리가 구부러진 상태로 매장되었다. 세 명의 뼈에 매우 날카로운 미늘이 있는 화살촉이 박혀 있었는데, 아마 화살에 맞아 죽은 사람이 묻힌 초기 유적 중의 하나일 것이다.[25] 이보다 오래된 살상용 무기로 창이나 투창기로 던지는 창이 있다. 그러나 창은 날카롭지만 너무 커서 몸을 재빠르게 놀릴 수 없다는 약점이 있다. 따라서 창은 아마 적

....

47　이 문장은 원문에는 없다. 하지만 공동묘지를 자연 경계에 배치하는 이유에 대한 설명 없이 넘어가게 되면, 독자들이 그 내용을 이해하기 힘들다고 판단하여 바라킨과 누즈니의 논문을 읽고 옮긴이가 그 요지를 파악하여 그에 맞는 문장을 삽입하였다. Balakin, S., Nuzhnyi, D., the origin of graveyards: the influence of landscape elements on social and ideological changes in. Prehistoric communities, *Préhistoire européenne*, Liège, 7, pp. 191-202. 한편 죽은 조상을 특정한 곳에 묻음으로써, 후손이 그 일대의 땅에 대한 소유권을 주장하면서 최초로 소유 개념이 탄생했다는 학설은 19세기의 저명한 고대사학자 퓌스텔 드 쿨랑주(Numa Denis Fustel de Coulanges)가 『고대 도시(La Cité antique, 1864)』에서 제기한 바 있다(김응종 옮김, 아카넷, 2000, 79-94쪽 참조).

48　사라이 나하르 라이 유적의 탄소연대측정치는 BP 1만 345±110년이다. Dutta P.-C., 1984, Sarai Nahar Rai Man: The First and Oldest Human Fossil Record in South Asia. *Anthropologie* (Brno) 22, 1 pp. 35-50.

49　드네프르강은 전체 길이가 약 2,200km로, 러시아 스몰렌스크주에서 발원하여 러시아, 벨라루스, 우크라이나를 거쳐 흑해로 흘러간다.

과 일대일로 싸우는 데 최적화된 무기인 듯하다. 드네프르강의 또 다른 유적인 바실 레프카(Vasilevka)에서 기원전 9000년경으로 추정되는 중석기시대 I기와 III기에 창에 찔려 살해된 인골이 발견되었다. I기의 공동묘지에서는 25명 중 두 명이, III기의 공동묘지에서는 45명 중 일곱 명이 창에 찔려 죽었다. 폭행을 당해 죽은 일곱 명 중 두 명은 여성이었다. 다뉴브강(두너레아강)의 협곡인 루마니아의 철문 협곡(Portes de Fer) 부근에 있는 셀라 클라도베이(Schela Cladovei) 유적에서는 화살에 맞아 살해당한 두 명분의 인골이 발견되었다.[50]

　　지금까지 아시아와 유럽의 사냥-채집 사회에서 폭행으로 살해당한 사람들이 강가에 묻혔던 사례들에 관해 살펴보았다. 그러나 바다와 호수에도 이와 같은 무덤들이 있다(그림 17).[26] 러시아 오네가(Onegà) 호수 동쪽에 있는 포포보(Popovo) 공동묘지 유적에서는 여성의 오른쪽 주걱뼈에 뼈로 만든 찌르개가 박혀 있었다.[51] 그리고 프랑스 서부 모르비앙(Morbihan)의 테비엑(Téviec)섬에서는 중석기시대에 속하는 공동묘지 유적이 발견되었는데, 그 유적의 K무덤에서 화살촉이 박혀 있는 젊은 남자의 6번, 11번 등뼈가 출토되었다.[52]

　　한편 신석기시대 초기 또는 중석기시대 후기에 속하는 스칸디나비아 지역의 공

....

50　셀라 클라도베이 유적에서 사람을 죽일 때 사용했던 화살촉은 돌살촉이 아니라 뼈살촉이란 점이 특이한데, 희생자의 얼굴(나비뼈: sphenoid bone)에 꽂힌 채 발견되었다. 1960년대 발굴·조사되었던 유적에 대한 재검토가 최근에 이뤄졌다. Boroneant, A., Bonsall C., 2013, The 1965-1968 excavations at Schela Cladovei (Romania) revisited, Starnin, E. (ed.) *Unconformist Archaeology: Papers in Honour of Paolo Biagi*, Edition: BAR International Series 2528, pp. 35-54.

51　핀란드와 이웃하고 있는 러시아 서부에 있는 호숫가 유적으로서 북유럽에서 가장 큰 중석기시대 공동묘지 유적이다. 1930년대에 실시된 발굴에서 적어도 170명분의 인골이 수습되었다고 한다. Mannermaa, K., Panteleyev, A., Sablin, M., 2008, Birds in Late Mesolithic burials at Yuzhniy Oleniy ostrov (Lake Onega, western Russia): What do they tell about humans and environment?, *Fennoscandia Archaeologica*, 25, pp. 3-25 참조.

52　테비엑 유적의 중석기시대 층에서는 반경 50m² 안의 좁은 구역에 10기의 무덤이 출토되었고, 23명분의 인골이 출토되었다. Péquart M. et S.-J., Boule M., Vallois H 1937, *Téviec, station nécropole mésolithique du Morbihan*, Paris, Archives de l'Institut de Paléontologie humaine, 1937, mémoire 18, p. 227.

그림 17 중석기시대 화살에 피살당한 인골이 출토된 구대륙의 유적 위치
1. 제벨 사하바 유적, 2. 사라이 나하르 라이 유적, 3. 볼로스키 유적, 4. 바실레프카 I 유적, 5. 바실레프카 III 유적, 6. 셀라 클라도베이 유적, 7. 포포보 유적, 8. 테비엑 유적, 9. 스카테홀름 유적, 10. 보게바켄 유적, 11. 콜룸나타 유적, 12. 엘-바시르 유적

동묘지 유적에서도 부상 또는 살해당했던 사람들의 뼈가 출토되었다. 스웨덴의 스코네(Skåne) 호숫가에 자리 잡은 스카테홀름(Skateholm) 유적의 공동묘지 1호 유적에서는 64명분의 인골이 발견되었다. 그중에는 엉덩이 쪽에 화살을 맞은 흔적이 있는 남자 인골을 비롯하여 몇몇 인골에서 외상을 입은 흔적이 관찰된다.[53] 덴마크의 베

....

53 중석기시대 후기(기원전 6000년) 공동묘지 유적으로, 1구역과 2구역으로 나뉜다. 나이 든 남성의 뼈와 젊은 여성의 뼈가 함께 출토되었다. 개가 순장되었다는 점이 특이하다. Larsson, L., 1990, The Mesolithic of Southern Scandinavia, *Journal of World Prehistory*, 4(3), pp. 257-309.

드벡(Vedbaek) 근처 보게바켄(Bogebakken) 유적의 A무덤에서는 사다리꼴의 화살촉이 박힌 긴 뼈가 출토되었으며, 같은 유적의 세 명을 합장한 무덤에서는 두 번째와 세 번째 목뼈 사이에 화살을 맞은 남자의 뼈가 출토되었다.[54] 마지막으로 덴마크의 코르소르 노르(Korsor Nor) 유적과 튀린드 비(Tyhrind Vig) 유적에서는 머리에 여러 차례 충격을 받은 인골이 다수 발견되었다.[27)55]

아프리카 북부 캅시앙 문화의 늦은 시기(기원전 7000년 기 또는 기원전 6000년 기)에 속하는 콜룸나타(Columnata) 공동묘지 유적에서는 100여 명에 이르는 인골이 발견되었는데, 한 여성의 첫 번째 허리뼈에는 날카로운 좀돌날로 만든 찌르개가 박혀 있었다.[56] 또 다른 한 여성의 머리뼈에는 흉터가 확인되었는데, 아마도 둔기에 맞아서 생긴 상처로 추정된다. 한 남자의 가슴우리 안에서는 두 점의 날카로운 좀돌날이 발견되었다.[28)] 연대가 최말기 구석기시대 또는 신석기시대로 추정되는 알제리 오랑(Oran)시 근처 부스페르(Bousfer)의 엘-바시르(El-Bachir) 동굴 유적에서는 어린아이의 머리뼈에 돌로 만든 화살촉이 박혀 있었다.[57]

그러나 지금까지 살펴본 사례들은 모두 개별적 차원에 일어난 폭력으로 해석될

....

54 덴마크와 스웨덴 남부 지역의 중석기시대 말기 문화(기원전 4100년), 즉 에르테뵐레-엘레르벡 문화 (Ertebølle-Ellerbek culture: 기원전 5300~기원전 3950년)의 공동묘지 유적이다. 베드벡 중석기시대 공동묘지라고도 불린다. 빈 무덤 1기, 단독묘 6기, 두 명을 함께 묻은 합장묘 2기, 세 명을 함께 묻은 합장묘 1기가 발견되었다. Gérard G., 1990, Blessures préhistoriques animales et humaines avec armes ou projectiles conservées, *Bulletin de la Société préhistorique française*, 87, n°10-12, Spécial bilan de l'anné de l'archélogie. p. 472.

55 보게바켄, 코르소르 노르, 튀린드 비는 폭력의 흔적이 관찰되는, 덴마크의 대표적인 중석기시대 말기 유적이다.

56 알제리 콜룸나타 유적은 이베로모뤼지앙 후기(기원전 8850년)부터 신석기시대(기원전 3900~기원전 3300년) 사용된 유적으로, H33이라고 불리는 찌르개가 박힌 여성의 허리뼈가 출토된 층은 기원전 6300년에 형성되었다. Cadenat, P., Camps, G., Chamla, M.-C., Dastugue, J., Camps-Fabrer H., 1984, Columnata, Camps, G., Chaker S. (éds.) *Encyclopédie Berbère*, Éditions Edisud, pp. 2052-2065.

57 Gérard G., 1990, Blessures préehistoriques animales et humaines avec armes ou projectiles conservées, *Bulletin de la Société préhistorique française*, 87, n°10-12, Spécial bilan de l'anné de l'archélogie. p. 473.

뿐, 수단의 제벨 사하바 공동묘지에서처럼 폭력의 '집단화 현상(collectivisation)'은 찾아볼 수 없다.

우리는 잠재 자원이 풍부한 땅을 차지하려는 경제적 탐욕 때문에 이웃 간 무력충돌이 발생했을 가능성이 크다고 말했다. 하지만 갈등의 근본적인 원인이 사회적인 이유일 수도 있다는 점도 놓쳐서는 안 된다. 즉 인구 증가 때문에 또는 영역 확장 때문에 공동체 안에서 개인 사이의 경쟁이 더욱 치열해지면서 무력충돌이 일어날 수도 있다는 말이다. 공동체 간 경쟁이 치열해지면 외부와의 긴장관계가 높아지고 그 과정에서 지도자의 출현이 불가피하다. 혹시 지금까지 살펴봤던 폭력 행위가 드러난 유적들이 혹시 외부와의 무력충돌 때문이 아니라, 공동체 안에서의 무력충돌 때문에 생긴 것은 아닐까? 다시 말해 권력을 잡으려는 사회 내부의 투쟁 과정에서 쌓인 원한 때문에 폭력 사태가 발생했던 것은 아닐까?

중석기시대에서 신석기시대로의 이행기에 사회적 불평등은 골이 깊어졌다. 야생 곡물 수확이나 어로 행위 등을 통해 확보된 풍족한 식량 자원을 경영할 필요성이 제기되면서 이제 누가 그것을 관리할지를 두고 경쟁이 치열해졌다. 그리고 농경이 시작되면서부터 특정인이 다른 사람보다 더 큰 역할을 하게 되었다. 즉 초기 농경 사회로 접어들면서부터 경제적 생산을 통제하고 가족 간 또는 개인 간 다툼을 조정할 수 있는 일종의 권위 같은 것이 몇몇 관리자에게 주어지게 되었다는 뜻이다.

갈기갈기 찢기고 학살당한 적들

지은이 중 한 명(장 자미트)은 프랑스 남서부 타른(Tarn) 지역의 지주네(Gijou-net) 마을에 있는 수직굴 유적에서 발견된 인골을 조사한 적이 있다.[58] 이 유적은 신석기시대 후기에 형성되었다. 그는 이 유적에서 출토된 뼈에서 관찰되는 외상을 입

....
58 지주네는 지구네(Gigounet)라고도 불린다.

은 흔적을 탄도학(balistique)적 관점에서 분석한 끝에, 이 사람은 화살에 맞아 사망한 것이 아니라, 가지런하게 눕혀 있던 상태에서, 즉 이미 사망한 상태에서 나중에 화살을 맞았을 가능성이 크다고 주장한 적이 있다.[29] 한마디로 땅바닥에 쓰러진 상태에서 일종의 '확인 사살'을 당했다는 뜻이다. 이미 사람이 죽었는데도 사람을 여러 번 '죽이는' 행위는 우크라이나의 볼로스키 유적, 바실레프카 I, III 유적 등 공동묘지 유적에서도 확인된 적 있다. 이 유적들에서는 여러 번 표창에 맞은 흔적이 있는 인골이 많이 수습되었다. 땅에 쓰러져 있거나 이미 죽은 사람에게 여러 각도에서 수도 없이 표창을 던지면서 적개심을 표출했다는 사실이 표창의 궤도 분석을 통해 밝혀졌다.

　　수단의 제벨 사하바 공동묘지 유적의 경우 확인 사살의 증거가 더욱 선명하다. 20번, 21번 그리고 44번 인골에는 적게는 여섯 번, 많게는 스무 번 이상 화살에 맞은 흔적이 관찰되었다. 여기서도 탄도학적 분석을 시행했는데, 그 결과에 따르면 이 사람들도 살해당한 뒤 여러 번에 걸쳐 학대를 받았다. 이처럼 이미 죽은 사람을 학대했던 목적은 적을 영원히 파괴함으로써 다시는 살아날 수 없도록 하려는 데 있다. 극단적인 폭력을 통해 희생자들의 몸을 갈기갈기 찢어 버리는 행위는 적을 영원토록 아무것도 아닌 존재로 남기려는 시도였을 것이다.

　　바라킨과 누즈니도 지적했듯이, 가해자의 증오가 실린 폭력은 의례적 전쟁, 즉 놀이 같은 전쟁이나 눈요깃거리로서의 전쟁과 판이하다.[30] 민족지 자료에 따르면, 이러한 행위는 적들을 완전히 제거하여 절대 다시 태어날 수 없도록 하기 위한 조치다. 아메리카 대륙의 대평원을 정복하려는 백인 군대에 맞서 게릴라전을 펼치며 저항했던 인디언들의 보복 행위에서도 이와 같은 잔인함을 엿볼 수 있다. 수족(Sioux)이나 샤이엔족(Cheyenne)에게 죽임을 당한 백인 병사들의 몸에는 여러 개의 표창이 꽂혀 있었다.[59] 어떤 시신에는 스무 개 남짓의 화살이 박혀 있고, 어떤 시신은 무려 105발이

....

59　북아메리카 평원의 원주민인 수족은 수어족(語族)에 속하는 언어를 사용하는 인디언의 부족연합을 말한다. 수족은 전체 평원 부족 가운데 자신들의 땅을 침입한 백인에게 완강하게 저항했다. 샤이엔족은 샤이안족이라고도 한다. 알공킨어족에 속하고 17세기에는 미네소타 중부에 거주하면서 사냥-채집이 생업이었으나, 유럽인에게 쫓겨 18세기에는 서부의 대평원으로 이주하였다.

그림 18 미국 기병대가 미군과 인디언 부족이 싸웠던 전장을 다시 방문하는 장면을 그린 19세기 판화로, 죽은 후에도 화살에 맞아 몸이 고슴도치처럼 되어 버린 병사들 모습이 보인다(C.-A. Bergman, 1987).

나 되는 화살이 박혀 시신이 너덜너덜할 정도였다. 죽은 적의 시신을 2차로 훼손했던 행위도 자주 보인다. 둔기로 내려치거나, 머리 가죽을 벗기거나, 내장을 뽑아 버리거나, 몸 일부를 자르거나, 성기를 거세해 버리는 그런 행위 말이다.

19세기에 그려진 그림 한 장은 당시 이데올로기를 잘 표현한다. 이 그림에서 '질서'를 상징하는 백인과 '미개'를 상징하는 아메리카 인디언의 야만스러운 모습이 극적으로 대비된다(그림 18). 이 그림에서 멋들어지게 군복을 차려입은 미합중국 군인들은 인디언의 공격을 받아 처참한 모습으로 죽은 동료 병사들을 슬픈 눈으로 바라보고 있다. 전장에 널브러져 있는 죽은 미군 병사들의 몸은 엉망진창이다. 썩어서 앙상한 뼈만 남았고 온몸에는 화살이 박혀 있다. 이 장면은 소위 문명화된 백인과 야만적인 인디언 간의 차이를 강조한다. 그렇게 함으로써 인디언들은 이미 죽은 적에게조차 무례하기 짝이 없는 야만적인 존재라는 인식을 심어 주는 것이다. 그렇지만 적들의 시체를 그냥 내버려 두지 않고 난도질했다는 사실은 인디언이 백인과의 전쟁을 그저 단순한 전쟁으로서 인식하지 않았으며, 그 이상의 가치 있는 행동으로 인식했다는 뜻이다. 적을 살해하는 것만으로는 성에 차지 않아서 적의 몸을 더럽히거나 갈기갈기 찢어 버린 것이다. 이러한 행위는 적이 용맹스러울수록 더 심했다. 적의 몸을 완전히 파괴하여 적의 영혼이나 영적 기운을 무력화하려는 행위였던 것이다. 승자는 패자를 멸시하며 육체적으로도 정신적으로도 철저하게 패배자를 파멸시킴으로써 위세와 존경을 얻는다. 이와 같은 사실은 왜 가해자가 피해자의 몸 일부를 마치 전리품처럼 떼어 가는지, 왜 패배자의 머리 가죽을 벗겼는지를 설명할 수 있다. 적의 머리를 자르는 풍습은 비록 늦은 시기의 사례이지만 고대 켈트족에게도 있었다. 그리고 비슷한 풍습이 남부 골족에게도 있었다.[31] 그들은 집 입구의 상인방에 머리를 못으로 박아 걸어 놓거나 끼워 놓았다.[60] 상인방에 걸렸던 것은 패배한 적의 머리였음이 확실한데, 아마도 일종의 전리품처럼 떼어서 집의 액막이처럼 사용하였던 듯하다.

머리가 매우 높은 가치를 지녔다는 사실은 또 다른 행위, 즉 장례 행위를 통해서도 확인된다. 머리 숭배의식은 머리가 가치 있는 것으로 여겨졌다는 것을 잘 보여주는 사례다. 신석기시대에 속하는 몇몇 유적에서는 가끔 구덩이 속에서 머리뼈만 출토되거나, 머리를 제외한 나머지 뼈들만 출토되는 예도 있다. 이 머리뼈들은 원래 지상에 매달려 있던 것 같은데, 일정 기간이 지나 효력이 다하게 되면서 마치 일반 쓰레기처럼 구덩이에 버려졌을지도 모른다. 한 구덩이에서 발견되는 머리뼈들은 조상의 것일 수도 있는데, 주술적인 이유로 몸에서 떼어져 한곳에 매장되었을 수도 있다. 독일 바이에른의 오프네트(Ofnet) 유적은 대개 중석기시대 유적이라고 보지만 몇몇 연구자들은 좀 더 늦은 시기의 유적으로 보기도 하는데, 이곳에서 이른바 '머리뼈 둥지'가 발견되었다. 이 '머리뼈 둥지'의 성격에 대해서는 아직까지 뚜렷하게 밝혀진 것이 없다(그림 19). 두 구덩이에서 머리뼈가 각각 27점, 6점이 출토되어, 모두 33명

....

60 켈트족은 프랑스와 영국 등지에 살던 고대 민족이다. 로마의 정복으로 로마화된 켈트족 일부를 갈리아족
    또는 골족이라고 한다. 켈트족은 철기시대와 로마시대(기원전 5세기~5세기)에 서유럽과 동유럽에 살았
    다. 기원전 4세기 무렵 이들은 론강, 센강, 라인강, 도나우강의 수계를 따라 형성된 무역로를 장악한 덕에
    현재 프랑스, 벨기에, 스페인, 포르투갈, 스위스, 독일 남부, 오스트리아, 체코 공화국, 슬로바키아에 해당
    하는 넓은 지역으로 퍼져 나갔고, 이탈리아 북부, 발칸반도, 트란실바니아, 갈라티아(지금의 소아시아 중
    앙 내륙)로 빠르게 확장했다.

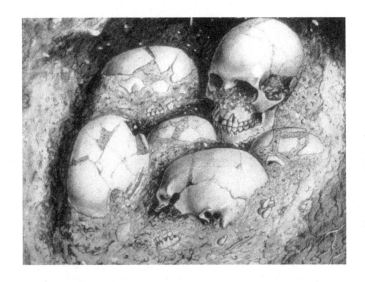

그림 19 독일 바이에른 지방의 오프네트 유적에 있는 여자와 어린이의 머리뼈만 주로 모아 놓은 구덩이 모습을 그린 그림으로, 희생자 중 일부는 뒤통수에 둔기로 맞은 흔적이 있다(M. Boule과 H. Vallois, 1937).

의 머리뼈가 출토되었다. 그중 어른 남자의 머리뼈가 4점으로 매우 드문 반면, 어른 여자의 머리뼈가 9점, 그리고 특히 어린아이의 머리뼈가 20점으로 가장 많다.[61] 모든 머리뼈는 오커(ocre)와 재로 뒤범벅된 채 구덩이에 묻혀 있었다. 이처럼 잘린 머리들이 왜 한곳에 모여 있는지 대해 여러 가지 해석이 있는데, 이 중 특별히 선택된 사람들의 머리만을 의도적으로 잘라 구덩이를 파고 함께 묻었을 것이라는 해석과 패배자들 또는 이웃 집단에 속하는 사람들의 머리를 잘라 전리품으로 삼았을 것이라는 해석이 잘 알려져 있다. 그런데 다른 가설도 있다. 최근 연구에 따르면, 어른 남자 두 명과 어린아이 두 명의 머리뼈 모두 뒤통수에 도끼로 맞은 흔적이 있다는 사실이 새롭게 밝혀졌다. 이러한 사실을 근거로 가해자들은 희생자들을 폭행하고 머리만 따로 떼어 묻었다는 해석이다. 이와 비슷한 사례로 독일의 홀렌슈타인 슈타델 (Hohlenstein Stadel) 유적에서는 머리뼈 3점이 발견되었다.[62] 이 중 2점에서 타박상

....

61 오프네트 유적에 관한 최근 연구에 따르면, 출토된 머리뼈는 모두 34점이고 어른 여자의 머리뼈가 10점이다. Orschiedt, J., 2005, The head burials from Ofnet cave: an example of warlike conflict in the Mesolithic, *Warfare, violence and slavery in prehistory: proceedings of a Prehistoric Society conference at Sheffield University*, BAR international series 1374, pp. 67-73.

62 홀렌슈타인 슈타델 유적에서는 후기 구석기시대 초기 층에서 사자 머리에 사람 몸을 한 조각상이 출토

과 도끼로 맞은 흔적이 보인다. 그렇다면 오프네트 유적과 홀렌슈타인 슈타델 유적에서 벌어졌던 참상은 누구의 소행일까? 혹시 도끼로 무장한 외부인, 즉 신석기 사람들이 공격했던 것은 아닐까? 그렇다면 이 두 유적에서 출토된 머리뼈들은 일종의 전리품일 공산이 크다.

팔레스타인의 나투피앙 문화에서는 머리를 떼어 내는 풍습이 유럽보다 훨씬 이전부터 있었다. 그리고 이와 같은 풍습은 점차 중동 전체로 퍼져서 무려 2,000~3,000년이나 지속되었다. 레반트 남부 지역에서 발굴된 잘려서 회반죽이 칠해진 머리뼈나 아나톨리아반도 남동부의 차요누(Çayönü) 유적에서 발굴된 머리뼈를 놓아 둔 작은 건물터에서 보듯이, 기원전 8000년 기에 속하는 선토기 신석기시대 B형(Néolithique précéramique B: PPNB) 후기까지 이와 같은 풍습이 유행했다.[63] 그러나 이 지역의 머리뼈는 패배한 적의 것이 아니라, 공동체에서 함께 살았던 사람, 조상의 것임이 분명하다. 죽은 조상이 공동체에 복을 가져다준다거나, 아니면 특별한 능력을 지니고 있었기에 그가 '다시 살아오길' 바라는 마음에서 머리를 따로 떼어 모셔 놨다고 생각된다. 아니면 단순히 죽은 조상들을 기리고 추억하려는 마음에서 머리만

....

되어 전 세계에 널리 알려졌다. 중기 구석기시대부터 신석기시대까지의 이 유적은 2016년 유네스코 세계문화유산으로 등록되었다. 본문에서 언급하고 있는 인골은 중석기시대 층(기원전 6743±139년)에서 출토되었다. Orschiedt, J., 2016, Mesolithic human remains from Southern Germany, *Mesolithic burials: Rites, symbols and social organisation of early postglacial communities, International conference Halle(Saale), Germany 18th-21st September 2013*, Tagungen des Landesmuseums für Vorgeschichte Halle 13/I, 376-383.

63 차요누 유적은 터키 내륙에 있는 신석기시대 유적으로, 기원전 7200년부터 기원전 6600년까지 지속되었다. 차요누 유적에서는 기능적으로 구별되는 건물터들이 발견되었는데, 그중 하나에는 머리뼈를 놓아 두었다. 이 건물터에서는 머리뼈를 비롯하여 불에 탄 인골이 상당히 많이 발견되었다. 이에 대해 몇몇 연구자들은 화장의 흔적으로 보기도 한다. Le Mort F., Erim-Özdogan A., Özbec, M., Yilmaz, Y., 2,000, Feu et archéoanthropologie au Proche-Orient (épipaléolithique et néolithique): Le lien avec les pratiques funéraires. Données nouvelles de Çayönü (Turquie), *Paléorient*, pp. 37-50; 아나톨리아반도와 메소포타미아강 상류 지역에서는 토기를 사용하기 전부터 농경이 시작되었는데, 이 시기를 선토기 신석기시대라고 한다. 선토기 신석기시대는 다시 A형과 B형으로 나뉘는데, 선토기 신석기시대 B형(기원전 9600~기원전 8000년)은 A형(기원전 1만 1500~기원전 1만 년)보다 시기적으로 늦다. Cauvin J., Cauvin M.-C., 1993, La Séquence néolithique PPNB au Levant Nord, *Paléorient4*, 19, pp. 23-28.

따로 떼어 작은 방에 모셔 놨을지도 모르겠다.[64] 비록 중동 지역과 전혀 다른 동기에서 머리를 떼어 묻었지만, 오프네트의 사례에서 보듯이, 머리 매장 풍습이 후빙기 유럽에서 존재했다는 사실은 그들의 신화와 의례에서 사람의 머리가 특별한 의미를 지니고 있었다는 것을 잘 보여 준다.

....

64 아나톨리아반도와 그 일대의 신석기시대 머리 숭배 사상에 관해서는 Talalay, L., 2004, Heady Business: Skulls, Heads, and Decaptitation in Neolithic Anatolia and Greece, *Journal of Mediterranean Archaeology*, 17-2, pp. 139-163 참조.

농경 사회는 평화로웠나, 요란스러웠나

1만 년 전 인간과 자연의 관계는 근본적 변화를 겪었다. 인류는 적어도 200만 년 이상 환경에 완전히 의존적인 존재였다. 어느 정도 풍족한 생태계 속에서 사냥하고 낚시하고 야생 식물과 열매를 모으면서 사람들은 식량을 확보했다. 사람들은 자신을 둘러싼 세계에 종속된 상태를 넘어서지 못하고 자연에서 베풀어 주는 자원의 리듬에 맞춰 살아왔다. 그러나 1만 년 전에 상황이 바뀌었다. 사람들은 처음에는 느리게, 나중에는 점점 더 빠르게 자연의 굴레에서 벗어났고 얼마 지나지 않아 자연을 지배하였다. 늘어나는 인구를 부양하기 위해 동식물을 길들여 먹거리를 더 많이 생산하게 되면서 주변 환경은 인간화되었다.

그렇지만 인류 역사에서 이와 같은 결정적 진보를 단순히 식생활 변화나 경제적 변화로만 한정해서는 안 된다. 신석기시대로 넘어가면서 사람들 사이의 관계가 근본적으로 바뀌었을 뿐만 아니라 주변 환경에 대한 인간의 태도도 변했기 때문이다. 이 시기에 인류는 서로 간의 관계뿐만 아니라, 환경과 인간의 관계도 다르게 인식하기 시작했다. 사람들은 자신들의 주변을 상징물로 채워 나갔고 오랫동안 복종해야만 했던 환경에 대해 정복자처럼 굴기 시작했다. 따라서 신석기시대의 변화는 단순히 경제적 변화였을 뿐만 아니라, 문화적·이데올로기적 그리고 심리적 차원에서의 변화였다. 동식물과 광물을 통제하게 되었을 때 사람들은 그것들과의 관계를 어떻게 인식했을까? 동식물을 길들이는 과정이 반복되자 몇몇 사람들은 더 나아가 동식물을 자기 마음대로 할 수 있다는 교만의 길로 빠졌던 것은 아닐까? 안타깝게도 역사는 이런 두려움이 쓸데없는 걱정이 아니었음을 보여 준다. 농경 세계로 들어서자마자 폭력은 더욱 다양해졌다.

유럽의 신석기화: 평화적 확산, 아니면 폭력적 정복?

농경은 세계 곳곳에서 발생했고 중동에서는 밀, 보리, 채소 등이 처음 재배되었다. 그러나 식량 공급 방식에서 근본적 변화가 출현했던 다른 발생 지역, 즉 북중국, 남중국, 동남아시아, 오세아니아, 중앙아메리카, 안데스산맥과 그 주변 지역, 북아프리카도 중요한 역할을 했다. 그러나 이 책에서는 아시아와 아프리카 일부 지역보다는 유럽의 농업 경제로의 이행 과정에 큰 영향을 끼친 중동 지역에 특별히 관심을 집중하고자 한다. 기원전 8500년 또는 기원전 8000년 북부 레반트 지역과 아나톨리아 지역에서 농경과 목축을 했던 작은 집단이 새로운 땅을 찾아 '유럽 정복'을 감행하였고, 그때까지 사냥-채집으로 살아가던 원주민들의 삶을 조금씩 바꾸더니, 마침내 유럽 원주민의 삶 전체를 완전히 바꾸어 놓았다.

사실 농경의 확산은 느리게 진행되었다. 농경이 서유럽까지 가는 데는 무려 2,000년 이상 걸렸고 라인강 어귀까지 가는 데는 이보다 더 많은 시간이 필요했다.[1] 이때 농경의 확산은 두 축을 따라 이루어졌다. 하나는 지중해 연안을 따라가는 것이었고, 또 다른 하나는 온대 지역인 다뉴브강 유역의 물길을 거슬러 올라가는 것이었다. 농경이 확산되는 과정에서 지역마다 무엇을 재배할지 결정해야 했다. 그에 따라

....
1   유럽의 농업 기원 문제와 농업 공동체의 확산 과정에 관해서는 김종일, 2004, 「유럽의 농업 기원과 농업 공동체의 확산」, 『한국신석기연구』 7, 51-75쪽 참조.

지역적 특색이 나타났고, 지역마다 생업 경제 체제의 재조정이 불가피했다. 또한 집, 석기, 토기, 방어 시설, 상징물, 장례 등 다양한 문화 영역에서 지역적 특성이 등장했다. 한마디로 엄밀한 의미에서 중동의 신석기 문화적 요소라고 볼 만한 어떤 거대한 문화권 같은 것을 유럽에서는 찾을 수 없으며, 지역의 문화 발전은 중심지, 즉 중동과 멀어질수록 독창적으로 발전하였다.

유프라테스강에서 대서양에 이르기까지 신석기 문화의 점진적인 확산 과정에 한 가지 근본적인 물음이 제기된다. 그것은 바로 첫 번째 농경 공동체들이 유럽 대륙으로 옮겨 왔을 때 그 분위기가 어떠했느냐 하는 것이다. 조용히 느릿느릿 산책하듯이, 별다른 소동 없이 자신들의 영역을 넓혔을까? 아니면 적대적인 분위기 속에서 난관에 부딪혔을까? 농경인들이 유럽으로 들어왔을 때 그곳에는 이미 사람들이 살고 있었다. 찬란한 구석기 문명을 일군 사람들의 후손, 즉 원주민이 이미 거기에 있었던 것이다. 당시 분위기가 우호적이었는지 적대적이었는지 알려면 당시 인구밀도를 파악하는 일이 중요하다. 전반적으로 북유럽 또는 포르투갈처럼 인구밀도가 높았던 지역도 있었지만 대체로 유럽의 다른 지역에서는 그리 높지 않았던 듯하다. 가장 신뢰할 만한 추정치는 현재 프랑스 지역에 관한 연구들이다. 그 연구들에 따르면 당시 인구는 2만 5,000명에서 5만 명이었다고 한다. 사실 농경인들이 유럽으로 들어오기 바로 직전이나 막 들어왔던 '중석기시대 말기' 유적은 드문 편이다. 그러나 어떤 지역에서는 최초의 농경인이 남긴 유적과 농경 문화에 저항하면서 사냥-채집 사회의 생활 방식을 지키며 살았던 사람들이 남긴 유적이 같은 시대에 공존했음을 보여주는 뚜렷한 사례가 있다. 북유럽이 바로 그 예로, 곡물 재배가 다른 지역보다 늦게 시작되었다.

그렇다면 이 새로 들어온 사람들은 '원래부터' 살았던 사람들에게 환영을 받았을까? 몇몇 연구자들은 곡물 재배, 목축 그리고 토기 제작 같은 새로운 기술을 현지인들이 선선히 받아들였을 것으로 본다. 그들은 이 첫 번째 만남에 특별한 의미를 부여하지 않으려 한다. 이러한 주장은 유럽의 마지막 사냥꾼들이 농경인의 지식을 저항감 없이 그저 빌려 썼을 뿐이며, 사냥꾼들은 근본적으로 점점 농경인처럼 행동하고 사고하게 되었다는 뜻이다. 실제로 몇몇 지역의 경우, 이 가설은 잘 들어맞는 것처럼 보인다. 대체로 유럽 대륙에서 신석기 사회 '시스템'의 도입은 활동 영역이 작은 농경 집단이 유입됨에 따라 점진적으로 진행되었고, 유럽에서 신석기화 과정이 상대적으로 더디게 진행될 수밖에 없었는지를 잘 설명해 준다. 신석기 사회의 '시스템'은 기술적 지식, 일상생활, 농경 활동에 맞춰진 일정의 준수, 자연과의 관계 및 통제, 상징체계에서 사냥-채집 사회와 근본적으로 다르다. 그리고 우리는 이 이야기가 어떻게 끝나게 될지 이미 잘 알고 있다. 사냥-채집 활동을 했던 원주민들은 신석기화 과정에서 제거되거나 동화되어 농경인으로 흡수되었다. 사냥-채집인과 농경인의 첫 번째 접촉이 평화로웠는지, 원주민들이 침략자들에 용감히 맞서 자신들의 사냥과 채집 영역을 지키려 했는지 현재로서는 정확히 알 길이 없다. 원주민들이 농경인들의 양떼와 밀밭을 보고 받은 심리적 충격 때문에 새로운 경제 체제에 흠뻑 빠져서 별다른 저항 없이 무장 해제하고 '외부자들'과 옹기종기 모여 살았을 것이라고 흔히 말한다. 또 어떤 이는 온대성 기후대인 유럽이 빙하기가 끝나고 기온이 올라가면서 숲이 울창해지는 시기에 사냥 집단의 인구는 매우 적었고, 또 당시 다뉴브강 유역에 정착했던 농경인은 멀리 떨어져 살았기 때문에, 실질적으로 그 어떤 충돌도 없었을 것이라고 한다.

그러나 사냥꾼과 농경인의 첫 만남은 환대, 의심, 대립 등 크게 세 가지 유형이 있었다고 보는 편이 자연스럽다. '결과적으로 원주민에게 새로운 농업 경제 체계가 수용되었고 원주민과 이주민 간에 혈연적 혼합도 있지 않았나' 하는 다소 결과론적 이야기는 다음과 같은 물음에 대해 아무런 실마리도 주지 못한다. 서로 다른 두 집단의 만남에서 과연 불안감이나 적대감은 없었을까? 물고기나 물새가 풍족한 강가처럼 사냥-채집 집단이 자주 드나들었던 탐스러운 땅에 발을 들인 농경인들은 어떤 위협도 느끼지 않았던 것일까? 실제 온대성 기후대의 유럽, 좀 더 정확하게 말하자면 계곡, 분지, 뢰스단구층처럼 기름진 땅은 띠무늬토기 문화권(la culture à céramique rubanée)의 농경인도 선호했다.[2] 따라서 농경인과 원주민 간에 적어도 경쟁적인 분

....

2 띠무늬토기 문화(프랑스어 'Culture de la céramique rubanée', 독일어 'Linearbandkeramik-LBK', 영

위기가 조성되었으리라 짐작된다. 농사를 지으려면 숲을 제거해야만 하는데, 이와 같은 농경인의 속성은 더욱더 원주민과의 갈등을 증폭시켰을 것이다. 게다가 끊임없이 서쪽으로 농지를 확장하면서 이동하는 농경인의 확산 방식은 원주민에게 위협이 되었을 것이다.

원주민이 살았던 지역은 전반적으로 인구밀도가 그리 높지 않았을 것으로 생각되지만, 몇몇 지역에서는 이전에 생각했던 것보다는 인구 규모가 더 컸다는 사실이 최근 연구에서 밝혀졌다. 그리고 초기 농경인의 확산 과정은 그들이 의도하든 의도하지 않았든 원주민의 영역을 파괴하는 과정이다. 아마 몇몇 사냥-채집 집단은 이와 같은 침범 행위에 반감을 느끼면서 자신들의 영역을 지키려 했을 것이다. 농경지와 사냥터가 만나는 지점에서 갈등이 가장 고조된다는 사실은 이미 학계에 잘 알려져 있다. 이와 같은 사실을 통해 왜 환호와 목책처럼 요새화된 유적이 신석기시대에 이르러 등장하게 되었는지를 설명할 수 있다. 아마도 과거 어느 시기에 이 유적들은 사냥터와 농경지의 경계선에 자리 잡고 있었을 것이다. 경계 지대에 이처럼 요새화된 유적을 세우는 일은 전혀 새로운 현상이 아니다. 모든 침략자는 늘 자신들의 영역을 이런 방식으로 지키려 했다.

로렌스 H. 킬리도 지적했듯이, 당시 북서유럽은 경제적으로 농경인에 의해 정복된 땅과 여전히 사냥-채집 집단의 통제 아래 있는 땅으로 분할되어 있었다. 그리고 이 두 영역 사이에는 20~30km에 이르는 일종의 '완충 지대(no man's land)'가 존재했다.[1] 그렇다고 늘 상황이 적대적이지만은 않았다. 서로 다른 경제 모델을 따르는 이 두 공동체 간에 평화로운 만남도 있었다. 원주민이 질 좋은 돌로 만든 석기들을 농경인에게 자주 공급하였다는 사실은 이와 같은 평화로운 만남의 대표적 사례다. 따라서 이웃하고 있는 집단 간에 생물학적·문화적 교배가 일정 부분 있었다는

....

어 'Linear Pottery culture')는 중부 유럽 지역에서 가장 오래된 신석기시대 문화로, 기원전 5500년부터 기원전 4700년까지 지속되었다. 지역적으로 중부 유럽(헝가리, 체코, 독일 서부, 프랑스 북부, 벨기에)을 비롯해 루마니아, 몰도바, 우크라이나에서도 확인된다.

사실을 결코 간과해서는 안 된다. 농경인의 유럽 확산, 원주민과 이주민의 관계 같은 주제들은 고고학적 자료로 증명하기가 매우 어렵다. 따라서 이 주제들에 대한 해석은 지금까지도 다소 사변적인 차원에 머물러 있는 것도 사실이다. 그러나 비록 그 해석이 아직 사변적인 수준에 머물러 있다 하더라도 한 번쯤 살펴볼 만한 가치는 있다. 지금까지 제출된 수많은 고고인류학적 모델은 사냥-채집 집단과 농경 집단을 이데올로기적 고정관념 속에서 위계화해 왔다. 그와 같은 모델들은 차별적인 시각에서 침략자를 경제적, 기술적 그리고 문화적으로도 우수한 집단으로, 반대로 원주민을 시대에 뒤처진 집단으로 인식해 왔다. 그리고 이 두 집단이 충돌하였을 경우 언제나 침략자가 우월했던 것처럼 여겨 왔다는 점도 잊어선 안 된다. 마치 로마인과 골족의 관계처럼, 그리고 백인과 인디언의 관계처럼 말이다.

농경인의 유럽 정복 과정뿐만 아니라, 다른 지역의 신석기화 과정에 대해 논할 때 혹시 이러한 선입견이 작용하고 있는 것은 아닌지 조심해야 한다. 역사적으로 승자들은 자신들이 더 야만적이었으면서도 패한 적들을 야만인으로 낮춰 보는 일이 흔히 일어나기 때문이다. '다뉴브강 유역'의 몇몇 신석기 공동체가 바로 그런 예로, 탈하임(Talheim) 유적은 그 대표적 유적이다.[3]

탈하임 대학살

고고학자들이 오랜 연구 끝에 내린 결론을 때로는 받아들이기 힘들 때가 있다. 앞서 띠무늬토기 문화 사람들이 온대 유럽 지대에 농경과 목축에 바탕을 둔 새로운 생활 방식을 확산시켰고, 그 밖의 다른 요인들도 그들에게서 자극받아 발생했다고

....

3   Wahl, J., Trautmann, I., 2012, The Neolithic massacre at Talheim: a pivotal find in conflict archaeology, Schulting R., Fibiger, L., (eds.), *Sticks, Stones, and Broken Bones: Neolithic Violence in a European Perspective*, Oxford University Press, pp. 77-100.

말했다. 예전에는 농업 공동체가 삼림 지대를 개간하는 과정에서 부딪히는 난관을 극복하기 위해 서로 협력해야 했기 때문에, 이웃 집단과 혈연적으로 묶여 있었기 때문에, 이웃들 간에 우호적 관계를 유지했다고 생각했다. 게다가 낮은 인구밀도 덕택에 전쟁이나 갈등 같은 것은 발생하지 않았을 것이라고 여겼다. 또한 이 시기에 새로이 보급된 농업 기술로 생업의 일정 부분을 담당하게 된 여자들은 사회적으로 중요한 지위를 차지하였고, 여성 특유의 차분함과 유연함으로 공동체를 평화롭게 이끌어 갔을 것이라고 믿었다. 그리고 이와 같은 신석기시대의 이미지는 현대인에게 큰 위안이 되었다.[4]

그러나 탈하임 유적은 이러한 이미지가 머릿속에 있는 사람들에게 찬물을 끼얹었다. 이 유적 발굴을 시작으로 지금까지 구축된 이상화된 이미지, 즉 평화로운 '다뉴브강 유역의 농경인들'이라는 허상에서 벗어나게 된 것이다. 바덴-뷔르템베르크(Baden-Württemberg)의 하일브론(Heilbronn)시 인근에 자리 잡은 탈하임 유적은 대량 학살의 기원이 농경이 시작되는 기원전 5000년경까지 거슬러 올라간다는 사실을 알려 주는 중요한 유적이다. 이 유적은 조경 사업을 하는 도중 특이한 양상의 인골이 발견됨으로써 발굴이 시작되었고, 1983년과 1984년 이태에 걸쳐 조사가 진행되었다(사진 10).

구덩이에서 나온 뼈는 모두 34명분(어른 18명, 어린이 16명)으로, 뼈들이 어지럽게 쌓여 있는 정황을 볼 때, 모두 폭력적인 죽음을 맞이한 다음 큰 구덩이에 아무렇게나 던져졌던 것으로 보인다.[2] 함께 묻혔던 토기 조각들로 연대를 가늠해 보면 유적의 나이는 띠무늬토기 문화 후기다. 복원에 어려움이 있었지만, 정밀한 연구 끝에 시신들이 구덩이 속에 누워 있었던 원래 자리를 다시 찾을 수 있었다(그림 20). 분석 결과 시신들은 매우 심하게 서로 엉켜 있었고 팔다리도 서로 포개져 있었음이 드

....

4 현재 우리는 비록 전쟁과 폭력으로 얼룩진 세상에서 살고 있지만 원래 우리 조상들은 평화롭고 조화로운 사람들이었다. 그들은 우리에게 그와 같은 이상적인 세계에 도달할 수 있다는 희망을 주기 때문에 위안이 된다는 뜻이다.

사진 10 기원전 5000년경 신석기시대 독일 바덴-뷔르템베르크 지방 탈하임 유적의 집단 시체구덩이 발굴 당시 모습(Dr. J. Wahl/Dr. H. G. König 촬영, Landesdenkmalamt Baden-Württemberg, Archäologische Denkmalpflege, Osteologie)

러났다. 이러한 양상은 시신들이 서둘러 아무렇게나 던져져 쌓였음을 의미한다. 시신이 묻힌 다음 그 위로 쌓인 흙의 무게를 견디지 못해 뼈에 금이 갔다는 사실도 밝혀졌다. 여기에 묻힌 사람들은 폭력적인 공격을 받아 살해당했다. 뼈 여기저기에 남아 있는 수많은 타박상과 자상(刺傷)의 흔적은 이들이 명백한 '살인 의도'에 의해 죽임을 당했다는 사실을 증언한다. 지금까지 인류학자들은 희생자들 각자가 겪어야 했던 폭행의 정도가 어떠했는지, 흉기는 어느 각도로 날아왔는지, 맞은 부위는 어디인지, 관통 정도는 어땠는지, 그리고 사용된 흉기가 무엇이었는지에 관하여 여러 가지 각도로 규명했다. 심지어 몇몇 경우 폭력이 발생했을 당시 공격자와 희생자가 어떤 자세를 취하고 있었는지조차 파악할 수 있었다. 일반적으로 희생자는 도망치거나 방어하는 자세를 취하고 있는데, 서 있는 상태에서 뒤에서 공격을 받은 사람도 있었다. 그러나 대부분은 무릎을 꿇은 상태에서 또는 땅바닥에 넘어진 상태에서 폭행당했다. 후자의 경우 아마 2차 폭력을 당하기 전에 이미 사망했던 것으로 보인다. 흉기로는 얇은 간도끼 또는 '신골(forme de bottier)'이라고 불리는 자귀 모양의 두터운 간도끼

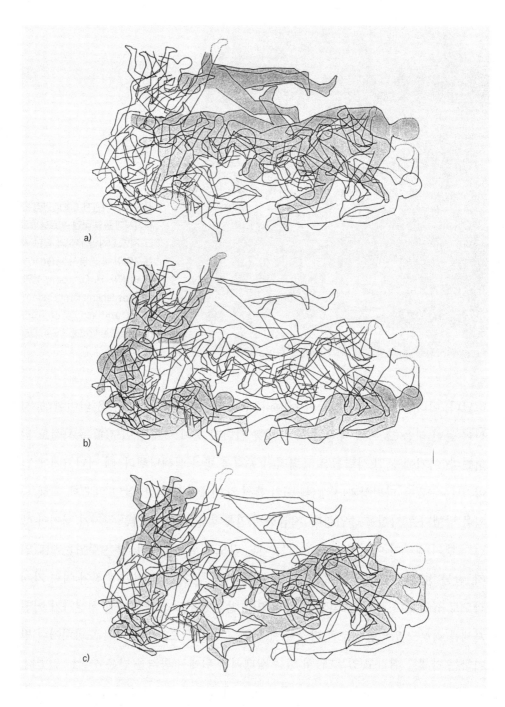

그림 20 기원전 5000년경 신석기시대 독일 바덴-뷔르템베르크 지방 탈하임 유적의 집단매장 구덩이 그림(J. Wahl과 H.-G. König, 1987)

뒤엉켜 있는 전체 시신 중 짙은 색으로 나타낸 것이 해당 시신의 위치로, a는 남자, b는 여자, c는 어린이다.

가 주로 사용되었다(그림 21).

반면에 화살에 맞았던 흔적은 드물었다. 이를 보면 활은 그리 많이 쓰이지 않았고 주로 몽둥이가 사용되었던 듯하다. 몇몇 희생자에게서 커다란 물체(통나무의 밑동?)에 맞은 흔적이 보이고 여러 사람에게 짓밟혀서 생긴 흔적도 관찰된다. 뼈에 남겨진, 충격을 받은 부위와 머리를 가격했던 도끼의 형태를 볼 때, 오른손잡이 살인자가 뒤에서 주로 머리를 공격했던 듯하다(사진 11, 12). 목덜미, 뒤통수 그리고 옆머리가 주로 얻어맞은 부위였고, 얼굴이나 이마 부위에는 구타당한 흔적이 드물었다. 머리뼈는 대부분 깨졌고 팔, 다리, 엉덩이 등 몸의 다른 부위도 심하게 타박상을 입은 흔적이 보인다. 온몸을 다친 몇몇 희생자는 여러 사람에게 공격을 받았던 듯하다. 이러한 흔적들은 죽어 가는 중이었거나, 아니면 이미 죽은 사람을 '확인 사살'하는 과정에서 생긴 것으로 보인다. 왜 이런 학살 사건이 발생했는지는 현재 가설 수준의 답변밖에 할 수 없는 상황이다. 첫 번째 가설은 공격자와 희생자가 서로 같은 '문화권'에 속하는 사람들이었다는 것이다. 신골 형태의 자귀 같은 유물은 띠무늬토기 문화를 지시하는 독특한 유물이다. 만약 무덤에서 출토된 토기 조각들이 공격을 당한 희생자들의 것이었다면 공격자와 희생자는 모두 같은 문화권에 속한 사람들이라는 결론에 이르게 된다. 물론 같은 문화권에 속하는 사람이었다고 해서 무력충돌이 일어나지 말라는 법은 없다. 그렇다면 학살의 동기는 무엇이었을까? 기름진 땅이나 가축들을 더 차지하고자 하는 욕망 때문에? 아니면 다른 사람을 유괴하거나 제거하려고? 그도 아니면 앙갚음하려고? 모두 다 검증하기 어려운 가설이지만 몇 가지 실마리는 찾을 수 있다.

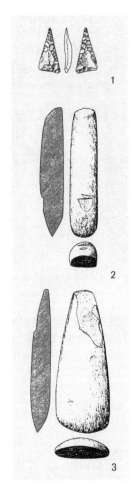

그림 21 탈하임 유적에서 출토된, 학살에 사용되었던 신석기시대 무기들(J. Wahl 과 H.-G. König, 1987) 1. 돌살촉, 2. '신골' 모양의 도끼날, 3. 간도끼

사진 11 독일 바덴-뷔르템베르크 지방의 탈하임 유적에서 출토된, '신골' 모양의 도끼에 맞아서 깨진 신석기시대 사람의 머리뼈(83번 인골/22 C1) 세부 모습(Dr. J. Wahl/Dr. H. G. König 촬영, Landesdenkmalamt Baden-Württemberg, Archäologische Denkmalpflege, Osteologie)

사진 12 독일 바덴-뷔르템베르크 지방의 탈하임 유적에서 출토된, 간도끼에 찍힌 흔적이 보이는 신석기시대 사람의 머리뼈(83번 인골/22 A) 사진(Dr. J. Wahl/Dr. H. G. König 촬영, Landesdenkmalamt Baden-Württemberg, Archäologische Denkmalpflege, Osteologie)

사망자 중에서 성인은 남자가 아홉 명, 여자 일곱 명 그리고 두 명은 성별을 판별할 수 없다고 한다. 그리고 이 희생자들은 어린이부터 나이 든 어른에 이르기까지 연령대의 폭이 넓다. 한 가지 특이한 점은 가장 나이가 어린 부류, 즉 0~4세 유아들의 뼈가 전혀 없다는 점이다. 갓난아이나 아주 어린아이의 뼈가 나타나지 않는다는 점은 중요한 단서이다. 이 유적에서 나온 뼈를 연구한 인류학자들에 따르면 유아의 뼈가 전혀 없는 인구 분포는 불완전하며 비정상적인 현상이다. 혹시 부모들에게서 아이들을 빼앗으려고 그들을 죽인 것은 아닐까? 아니면 유아들만 다른 곳에서 죽인 것일까? 희생자들에 대한 유전자학의 분석 결과에 따르면 희생자들이 모두 동일한 유전자적 특징을 갖고 있음이 밝혀졌다. 정밀분석을 통해 희생자들이 친족관계를 맺고 있는 두 집단에 속한다는 사실이 밝혀진 것이다. 심지어 이를 통해 아이들의 부모가 누구였는지도 알아낼 수 있게 되었다.[3] 살해당했던 사람들은 이런저런 방식으로 모두 혈연관계를 맺고 있었음이 드러났다. 따라서 탈하임 유적의 잔혹한 학살은 가족으로 이뤄진 작은 공동체 전체를 대상으로 자행되었고, 그중에는 부자관계인 사람들도 있었다. 공동체 하나를 완전히 몰살한 학살이었다. 만약 가까스로 도망쳤거나 화를 입지 않은 사람이 생존했다면, 당시의 관습대로 희생자들을 제대로 묻었을 것이다.

신석기 사회의 혼란상

그럼 탈하임이 예외적인 사례였을까? 신석기시대 초기 띠무늬토기 문화에서 또 다른 폭력 사태는 없었던 것일까? 두 번째 물음에 대한 답은 '그렇지 않다'이다. 폭력의 원인과 성격 그리고 그 결과는 다르지만 유사한 폭력 사태가 여러 군데에서 일어났다. 띠무늬토기 문화 후기, 즉 기원전 5000년경에 오스트리아 저지대의 아스파른-슐레츠(Asparn-Schletz) 마을 유적에서도 비슷한 폭력 사태를 볼 수 있었다. 이 마을은 둘레에 둥그렇게 도랑이 파여 있었다. 발굴 초기에 도랑의 위층에서 살해당한

67명분의 인골을 발견했다. 뼈에 남은 폭력의 흔적은 탈하임 유적과 비슷했다.[5] 출토된 40점의 머리뼈 중 39점이 깨졌고, 그 밖의 뼈에서도 폭행 흔적이 무수히 관찰되었다. 사지 뼈의 끝부분이 없는 경우가 많은데, 갯과 동물이 갉아먹었던 듯하다.[4]

탈하임 유적에서는 시신이 성별 또는 나이에 따라 구분되어 묻혔지만 이 유적에서는 그런 구분조차 없었다. 주민들을 학살하고 한 구덩이에 쓸어 넣었던 것이다.

독일 팔라티나트(Palatinat) 지방 만하임(Mannheim)시 인근의 최근 발굴조사는 초기 신석기 사회의 혼란상을 적나라하게 보여 준다. 문제의 유적은 헤르크스하임(Herxheim)이란 마을 유적으로, 규모는 5헥타르 정도이고 유적 둘레는 겹으로 도랑이 파여 있었다. 도랑의 안쪽 공간에서 몇 채의 집터가 발견되었는데, 집터 바닥에는 기둥 구멍이 있다. 벽이나 담장을 세우는 데 썼던 진흙 덩어리를 조사한 결과, 마을 둘레의 도랑을 파면서 나온 흙이었던 것으로 밝혀졌다. 이 유적에서 무덤은 드물고 무덤 안에 뼈도 거의 없었지만 무덤 바깥에서 상당히 많은 양의 머리뼈가 출토되었다.[6] 1차 보고서에서 확인된 인골만 300명분이 넘는다.[7] 대부분 얼굴 부위가 없는 머리뼈로 주로 도랑 근처에서 출토되었는데, 도랑 바로 옆에서 32%, 도랑 안에서 64%,

....

5   최근 연구에 따르면 아스파른-슐레츠 유적의 연대는 기원전 5200년이다. 띠무늬토기 문화 초기의 사람들이 살았다. 마을 보호를 위한 성벽 시설이 확인되었으며, 인골은 무덤이 아닌 유적을 둘러싼 깊이 2m의 도랑에서 발견되었다. 현재 부분 발굴만 이뤄진 상태이므로 희생자 수 추정에 한계가 있지만, 희생자는 300명에 이르렀을 것으로 추정된다. Teschler-Nicola, M., 2012, The Early Neolithic site Asparn/Schletz (Lower Austria), Schulting R., Fibiger, L.,(eds.), *Sticks, Stones, and Broken Bones: Neolithic Violence in a European Perspective*, Oxford University Press, pp. 101-120.

6   오늘날 헤르크스하임 유적의 성격에 대해서는 전쟁으로 학살당한 마을 유적으로 해석하는 입장과 희생 의례의 중심지로 해석하는 입장으로 나뉜다. 이에 대해서는 Boulestin B., Zeeb-Lanz A., Jeunesse C., Haack F., Arbogast R.-M., Denaire A., 2009, Mass cannibalism in the Linear Pottery Culture at Herxheim (Palatinate, Germany). *Antiquity*, 83, pp. 968-982; Orschiedt, J., Haidle, M. N., 2006, The LBK Enclosure at Herxheim: Theatre of War or Ritual Centre?: References from Osteoarchaeological Investigations, *Journal of Conflict Archaeology*, 2-1, pp. 153-167 참조.

7   최종 보고서에 따르면 희생자 수는 500명 이상이라고 한다. Boulestin B. et Coupey, A.-S., 2015, *Cannibalism in the Linear Pottery Culture: The Human Remains from Herxheim*, Archaeopress Archaeology, p. 152.

그리고 도랑 이외의 지점에서 4%의 머리뼈가 출토되었다.[5] 머리뼈들을 조사한 결과, 모두 폭행 흔적이 뚜렷이 남아 있었다. 대부분 석기나 나무로 만든 흉기에 맞아서 얼굴 부위는 깨져 없어졌고 머리 부위의 뼈만 남아 있는 상태였다. 출토된 머리뼈 중 일부 표본에 대한 정밀분석 결과, 앞뒤로 머리를 폭행당했다는 사실이 밝혀졌다. 희생자들은 살해당한 다음 머리 가죽이 벗겨졌다. 보통 머리 가죽을 잡아 뜯는 방식으로 벗기는데, 헤르크스하임 유적에서는 도려내는 방식으로 벗겨졌다.[8] 온전한 머리뼈는 드물고 왜 이렇게 얼굴 부위가 없는 머리뼈는 많은 것일까? 대개 턱뼈와 치아는 보존이 잘 되는 부위임에도 불구하고, 이 부위가 없다는 사실은 과연 무엇을 의미하는가? 따로 떼어 묻었다는 얘기인가? 아니면 떼어서 그냥 버렸다는 말인가? 더욱 놀라운 사실은 상당히 많은 뼈에 불탄 흔적이 있다는 점이다. 심지어 깨진 머리뼈의 틀이 떠진 소토(燒土)까지 출토되었다. 발견된 머리뼈 중에는 특히 아이들 것이 많았다.

학살 동기와 머리뼈에 남겨진 폭력 흔적을 해석하는 일은 결코 쉽지 않다. 전리품이었을까? 만일 그렇다면 이 머리뼈는 전투에서 죽인 적의 머리를 의도적으로 파괴했다는 이야기가 된다. 아니면 여기서도 탈하임에서처럼 이웃 마을의 아이를 납치하고 나머지는 말살하려 했던 것일까? 꽤 그럴듯한 가설이다. 하지만 설령 그런 해석이 맞다 하더라도 어린 희생자들이 이웃 마을의 아이가 아니라 자신들의 아이였을 수도 있다. 인구 증가를 염려한 나머지 공동체 구성원의 일부를 제거해 버릴 수도 있는 일이기 때문이다. 만약 이 가설이 옳다면 신석기시대의 이 끔찍한 폭력 사태는 외부의 침략에 의해서가 아니라 한 공동체의 내적 문제로 발생한 것이며, 그 결과 아주 많은 사람이 살해당했다는 말이다. 탈하임, 아스파른-슐레츠, 그리고 헤르크스하

....

8   머리 가죽 벗기기는 일반적으로 두 가지 방식으로 행해진다. 첫째는 머리카락을 움켜잡고 날카로운 도구를 사용하여 머리 가죽을 찢어 낸 다음 확 잡아 뜯는 방식이고, 두 번째 방식은 머리 가죽을 도려내는 방식이다. 전자는 아메리카 인디언의 민족지 자료를 통해서도 알 수 있듯이, 순간적으로 이뤄지기 때문에 살아 있는 사람에게도 적용할 수 있다. 하지만 후자는 시간이 많이 걸리고 너무 고통스럽기 때문에 피해자가 저항 없이 순순히 그 과정을 따르기 어렵다. 따라서 후자의 방법으로 머리 가죽을 벗겼다는 사실은 이미 죽은 사람을 대상으로 했다는 논리가 성립될 수 있다.

임 유적의 최근 연구들은 따뜻했던 시기에 유럽에서 처음으로 농사를 짓고 살았던 사람들을 바라보는 기존의 시각을 바꾸어 놓았다. 우리는 이 시대 사람들이 유순하며 서로 돕고 살았다고 생각했었다. 그러나 새로운 발견들로 당시 사람들이 상황에 따라서는 폭력적이고 야만적이며 거칠었다는 사실이 드러났다. 그러므로 우리는 예전에 발굴되고 다소 서둘러서 조사·보고된 유적들에 대한 고고학 문헌들을 다시 조사해서, 이런 학살이 다른 유적들에서는 발생한 적이 없었는지 확인해야 한다. 재조사하게 된다면 과거에 발굴조사된 유적들에서 더 많은 폭력 행위의 흔적을 찾을 수 있을지도 모른다.

그런 사례 중 하나가 1950년대에 발굴된 바이에른주 티페넬른(Tiefenellern)시 인근 융페른휠레(Jungfernhöhle) 동굴 유적이다. 이 유적에서도 띠무늬토기 문화의 생활면이 발견되었다. 이 층에서는 동물 뼈, 석기, 깨진 토기 등의 유물이 수습되었는데, 그중 40여 명분에 이르는 인골도 함께 출토되었다. 인골의 대다수는 어린이 또는 청소년의 뼈(26명)로 판명되었고, 어른 대부분은 여자였다(15명). 긴 뼈는 사람에 의해 의도적으로 깨졌다.[6] 심지어 장신구를 만들려고 이까지 뽑았던 듯하다. 실제로 같은 띠무늬토기 문화에 속하는 슬로바키아의 니트라(Nitra) 무덤 유적에서 사람의 이로 만든 목걸이가 발견된 사례가 있다는 점을 고려하면 전혀 불가능한 일도 아니다.[9] 융페른휠레 유적에서 버려진 동물 뼈와 한데 뒤섞여서 출토된 아이들과 여자들의 뼈는 같은 공동체에 속하는 다른 사람들이 먹다 버린 음식 쓰레기일 가능성이 있다.[10] 이와 유사한 사례는 프랑스 프로방스 지방의 퐁브레구아(Fontbrégoua) 동굴 유적에서도 확인된다. 신석기 사회에서 식인 행위는 그리 드물게 일어났던 일이 아닌

....

9   니트라 유적에서 출토된 인골에 관해 재조사가 이뤄졌다. Tvrdý, Z., 2016, Anthropology of the Neolithic population from Nitra-Horné Krškany (Slovakia), *Anthropologie (Brno)*, 54-3, pp. 231-284.

10   처녀굴이란 뜻의 이 동굴 유적은 띠무늬토기 문화 후기(기원전 5100년)에 속한다. 유적에 대한 재조사가 최근에 이뤄졌는데, 이에 따르면 폭력이나 식인의 증거를 찾을 수 없으며 다만 2차 장의 흔적만 확인된다고 한다. Peter-Röcher, H., 1994, Kannibalismus in prähistorischer Zeit?, *Mitte ilungen der Be rliner Gesell scha ft für Anthropologie, Ethnologie und Urgeschic the*, 15, pp. 25-34.

것 같다. 독일 브란덴부르크의 자우슈비츠(Zauschwitz) 유적의 한 작은 구덩이에서
도 음식 찌꺼기, 동물 뼈와 함께 적어도 여섯 사람분의 인골이 깨진 상태로 출토되었
다. 아마도 뇌와 골수를 꺼내려고 일부러 깨뜨린 듯하다.[11] 여기서도 식인 행위가 엿
보인다.[7] 독일 뷔르템베르크와 바이에른의 경계 지대에 있는 프론호펜(Fronhofen)
마을 근처에는 한셀레스 횔레(Hanseles Höhle)라는 동굴 유적이 있다. 이 유적에서는
최소 다섯 명분의 인골이 깨진 상태로 출토되었고, 그중에는 불에 탄 뼈들도 있다.[12]
바덴-뷔르템베르크의 호네탈(Honetal) 마을 인근에는 신석기시대 중기 지역 문화인
뢰센(Rössen) 문화에 속하는 홀렌슈타인(Hohlenstein) 유적이 있다.[13] 여기서도 한 구
덩이에서 38명분에 이르는 인골이 수습되었는데, 특히 아이 뼈가 많았다. 머리뼈와
긴 뼈는 의도적으로 깨졌고, 그중에는 불에 탄 뼈도 있었다. 동물 뼈와 인골은 한데
섞여 흩어져 있었는데, 이 유적 또한 식인 행위가 있었던 사례인 듯하다.[8]

지금까지 살펴본 유럽의 신석기시대 전기 늦은 국면에 속하는 유적들은 고고학
자들에게 '자료를 어떻게 해석할 것인가'라는 문제를 제기한다. 일반화할 생각은 없
지만, 앞에서 언급한 유적들을 근거로 적어도 서로 구별되는 두 가지 사실을 확인할
수 있다. 첫째, 이 시기에 학살은 분명히 존재하였다. 그것도 공동체 전체를 몰살할
정도로 폭력적이었다. 둘째, 식인 문제도 마찬가지지만 이와 같은 말살의 동기가 무
엇인지 모호하다. 게다가 이 행위가 식인 행위인지, 희생 의례인지, 단순한 말살인지
그 성격을 밝혀내기가 어렵다. 비록 학살의 원인을 밝혀내진 못한다 해도, 또 사례가
그리 많지 않다는 점을 인정한다 해도 이번 조사를 통해 신석기 사회에서도 대학살

....

11 Coblenz W., Fritzsche, K., 1962, Doppelbestattung der Kugelamphorenkultur neben der rituellen
Rinderbeisetzing von Zauschwitz, in *Ausgr. u. Funde*, 7, pp. 77-82.

12 그러나 한셀레스 횔레 유적의 인골들에 대하여 2차 장의 흔적이라는 주장도 있다. Orschiedt, J. 1997,
Manipulationen an menschlichen Skelettresten aus dem Jungpaläolithikum, Mesolithikum
und Neolithikum: Taphonomische Prozesse, Sekundärbestattungen oder Anthropophagie?,
Archäologische Informationen, 20-1, pp. 195-197.

13 뢰센 문화는 기원전 4500년부터 기원전 4300년까지 독일을 중심으로 벨기에, 프랑스 북부에 분포되었
던 신석기시대 중기 문화이다.

이 존재했다는 사실만큼은 분명하게 밝혀졌다고 본다.

다시 학살의 동기 문제로 돌아가 보자. 어떤 연구자들은 위에서 언급한 사례들이 모두 기원전 5000년경에 발생했다는 시점에 주목하면서, 이와 같은 행위가 발생하게 된 원인에 대해 다소 일반론적 설명을 찾으려 한다. 농경인들이 저항하는 마지막 사냥-채집 사람들을 제거하는 과정에서 이러한 학살 행위가 일어났단 말인가?[14] 그러나 그렇게 확실하지 않다. 물론 수 세기 동안 한 지역에 살아오면서 정착에 성공한 농경인들은 중석기 사회 사냥꾼들의 게릴라 전술에 맞서 싸웠을 것이다. 그러나 보다 타당한 설명 방식은 신석기 사회 내부의 '위기'가 발전해서 이와 같은 폭력 사태가 증가했다는 가설인 듯하다. 희생자들이 주로 여자나 아이라는 점에서 '혹시 학살이 사회의 특정 집단을 겨냥해서 발생한 것은 아닌가' 하는 의문까지 든다. 혹시 인구압이 원인이지 않았을까? 띠무늬토기 문화는 초기 수 세기 동안 별문제 없이 발전했다. 그러나 띠무늬토기 문화 후기에 이르러 먹여야 할 인구와 기술·경제 체계 간에 균형이 깨지면서 문제가 발생했던 것은 아니었을까? 어쩌면 농경 사회 안에서 일어난 긴장관계를 '조절'하는 과정에서 폭력에 호소했을지도 모른다. 폭력의 본질이 문화적이었든 의례적이었든 간에, 그들에게는 공동체 내의 긴장 상태를 해소할 수 있는 어떤 극적 연출(dramatisation)이 필요했고 그 연극에서 희생자들은 속죄양의 역할을 했던 것은 아닐까? 비록 가설 수준이라는 한계가 있지만, 최초의 농경 사

....

14　최근 헤르크스하임 유적 출토 뼈에서 추출한 콜라겐에 대한 안정성 동위원소(C, N) 결과를 보면, 무덤에 '정상적으로' 묻혔던 사람들과 식인 행위의 피해자들 간에 차이가 있으며, 이는 두 집단의 생활환경이 달랐음을 의미한다. 따라서 두 집단은 서로 다른 집단이었고, 한 집단은 먼 지역에서 유적이 있는 곳으로 옮겨 온 집단이라고 해석할 수 있다. 이러한 결과는 농경 집단과 사냥-채집 집단 간의 갈등, 대외적 갈등에서 야기되었다는 주장에 힘을 실어 준다. Dürrwächter, C., Craig, O., Collins, M., Burger, J., Alt, K., 2006, Beyond the grave: variability in Neolithic diets in Southern Germany?, *Journal of Archaeological Science*, 33, pp. 39-48. 한편 희생자들의 치아에 대한 스트론튬(Sr) 분석을 통해 이들이 산악 지대에서 살았던 사람이라는 사실도 밝혀졌다. Turck, R., Kober B., Kontny, J., Haack, Zeeb-Lanz, A., 2012, "Widely travelled people" at Herxheim? Sr isotopes as indicators of mobility, Kaiser, E., Burger, J., and Schier, W., (Eds.), *Population Dynamics in Prehistory and Early History: New Approaches by Using Stable Isotopes and Genetics*, Berlin, Boston: De Gruyter, pp. 149-163.

회가 이전에 생각했던 것보다 더 복잡했다는 점만큼은 분명한 듯하다.

또 식인?: 퐁브레구아의 사례

앞 절에서 살펴봤던 독일의 사례들은 구석기시대와 중석기시대를 다룰 때부터 줄곧 논란이었던 주제, 즉 식인 행위가 특별한 장례 풍습에 지나지 않았다는 주장을 다시 생각하게끔 한다. 최초의 농경 사회에서도 식인 문제는 여전히 논쟁거리다. 여기서는 프랑스 남동부 바(Var) 지역의 퐁브레구아 유적을 사례로 이 문제에 대해 깊이 들어가 보겠다.[15] 이 동굴 유적은 중석기시대의 마지막 사냥-채집 사회 사람들이 잠깐 살기도 했지만, 주로 신석기시대 농경인들이 전기부터 후기까지 거의 전 기간에 걸쳐 살았던 유적이다. 전기 신석기시대가 끝나갈 무렵, 즉 기원전 5000년에 해당하는 층에서 얕은 구덩이가 여럿 발견되었고, 그 속에는 여러 가지 생활 쓰레기가 가득 차 있었다. 각각의 구덩이에는 뼈가 잔뜩 쌓여 있었는데, 이 구덩이들은 동물 뼈로만 채워진 구덩이(10곳)와 인골로만 채워진 구덩이(3곳)로 나눌 수 있다. 동물 뼈로 채워진 구덩이 중에는 야생 동물의 뼈로만 채워진 구덩이도 있었는데, 구덩이 1, 9, 10번에서 멧돼지 뼈가, 구덩이 3번에서는 사슴, 담비, 노루, 늑대 그리고 여우 뼈만 출토되었다. 그렇지만 가축의 뼈로만 채워진 구덩이도 있었다. 8번 구덩이는 양 뼈가, 2번 구덩이는 소의 머리뼈가 출토되었다.

한편 동물 뼈를 묻었던 방식과 똑같은 방식으로 사람 뼈로만 채워진 이른바 '구

....

15   프랑스 남동부 프로방스 지방의 신석기시대 유적이다. 1980년 후반에 발굴 책임자였던 파올라 빌라 (Paola Villa)와 마이클 피커링(Michael Pickering), 폴 반(Paul Bahn) 간에 있었던 신석기시대 '식인-의례 논쟁'에서 쟁점이 되었던 유적이다. 논쟁에 대해서는 다음의 논문들을 참조할 것. Villa, P.,, et al., 1986, "Cannibalism in the Neolithic," *Science*, 233, pp. 431-437; Pickering, M.P., 1989, Food for Thought: An Alternative to 'Cannibalism in the Neolithic,' *Australian Archaeology*, 28, pp. 35-39; Bahn, P., 1990, Eating People is Wrong, Nature, 348, p. 395; Villa, P., 1992, Cannibalism in Prehistoric Europe, *Evolutionary Anthropology*, 1-3, pp. 93-104.

조물'이라고 불리는 구덩이도 세 곳이나 발견되었다. 구덩이들의 깊이는 15cm, 길이 80cm, 너비 40cm이다. 작고 얕은 구덩이인 H₃에서는 머리뼈를 제외한 인골 조각 134점이 수습되었다. 이 인골 조각을 가지고 최소 개체수를 계산해 본 결과 적어도 여섯 명분이었는데, 어른이 세 명, 아이가 두 명, 그리고 나이를 알 수 없는 한 명으로 구성되어 있었다.[9] 이 뼛조각들은 단 한 차례 사건으로 쌓였던 것으로 보인다. 뼈는 전부 살이 발라져 있었고 의도적으로 깨진 상태였다. 또 다른 구조물인 H₁에서는 복원 가능한 불완전한 머리뼈 다섯 점, 두 명분에 해당하는 머리뼈 조각, 턱뼈 여섯 점 그리고 머리뼈가 아닌 다른 뼛조각 34점이 발견되었다. 따라서 이 구덩이에서는 적어도 일곱 명분(어른 세 명과 아이 네 명)의 인골이 출토되었다고 할 수 있다. 인골이 출토된 마지막 구덩이인 H₂에서는 어른 한 명분에 해당하는 뼛조각 20점 정도가 출토되었다. 출토된 뼛조각에 대한 정밀분석에 따르면 사람과 동물 모두 먼저 사지가 잘린 다음 쓰레기 구덩이에 버려졌다. 해부학적으로 연결되어야 할 부분들이 구덩이에서 발견되지 않는 것을 볼 때, 유해들은 부위별로 선별 처리된 것 같다. 신체 일부가 따로 떼어져 먹혔거나, 아니면 떼어져 어디론가 옮겨져서 골격을 이루는 많은 부분이 구덩이에 없는 것이다. 한편 가축과 야생 동물을 소비하는 방식이 서로 달랐다는 점도 눈길을 끈다. 가축들은 특정 시기에 한꺼번에 소비되고 한 구덩이에 버려졌지만, 사냥으로 잡은 야생 동물들은 여럿이 함께 먹은 다음, 여러 구덩이에 버려졌다. 두세 군데 구덩이에서 출토된 인골도 야생 동물을 소비했던 방식과 똑같은 방식으로 처리되었다. 한마디로 야생 동물 다루듯이 사람도 그렇게 다루었다는 이야기다.

한편 인골과 동물 뼈에 남겨진 긁히고 자른 자국만 봐도 사람과 동물을 같은 방식으로 다루었음을 알 수 있다. 심지어 희생자들이 죽임을 당했던 시점과 그들의 몸이 잘린 시점 사이에 약간의 시차가 있었다는 사실도 밝혀졌다. 몸을 자르고 뼈를 발라내는 과정에서 남겨진 자국의 빈도, 위치, 특성 등을 기준으로 볼 때, 사람과 동물은 아주 비슷한 방식으로 처리되었다. 그러나 머리를 다룰 때는 몇 가지 차이점이 있었다. 즉 살갗을 벗기는 과정에서 나타나는 특별한 종류의 흔적이 사람의 머리뼈에 남아 있었다(그림 22). 머리뼈에 나란히 난 긁힌 자국은 선사시대 '백정들'이 돌칼로

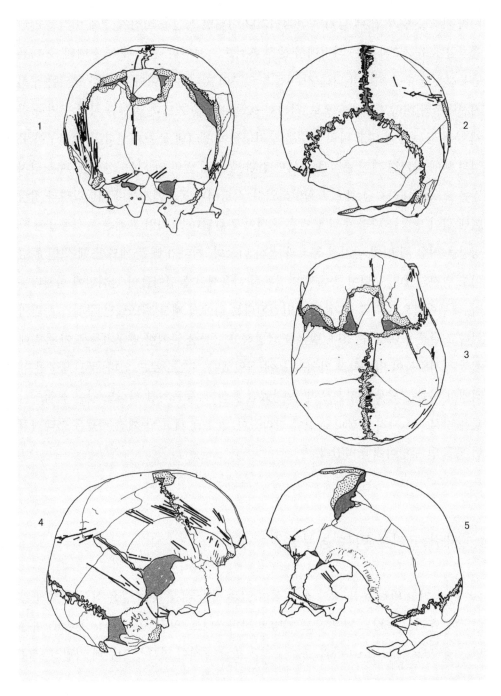

그림 22 기원전 5000년경 프랑스 바 지방의 살레른 마을 인근의 퐁브레구아 유적에서 출토된 머리뼈에 남겨진 칼자국의 위치(C. Bouville, 1981)

1. 앞쪽에 난 자국, 2. 뒤쪽에 난 자국, 3. 위쪽에 난 자국, 4. 오른쪽에 난 자국, 5. 왼쪽에 난 자국

머리 가죽을 벗겨 낼 때 남겨진 흔적이거나 아니면 시신을 버리기 전에 머리를 전리
품처럼 소유하고자 하는 과정에서 생긴 흔적으로 보인다. 인골과 동물 뼈의 또 다른
공통점은 골수를 빼내기 위해 긴 뼈들을 일부러 깼다는 점이다. 이러한 행위는 구석
기시대부터 내려오는 관습으로, 사냥한 동물의 뼈를 깨뜨려 골수를 직접 먹거나 잘
게 부숴 끓는 물에 넣고 마치 육수를 우려내듯이 우려낸 물을 마신다. 퐁브레구아 유
적의 뼈에 남겨진 깨진 흔적을 분석한 결과 죽은 지 얼마 안 되는 '신선한' 뼈를 망치
같은 도구로 내려쳤던 것으로 확인되었다. 사람이나 동물에게서나 넙다리뼈와 정강
뼈에 길이 방향을 따라 충격을 받은 흔적이 관찰된다.[10] 이런 흔적은 육식동물이 사
냥감을 먹을 때 뼈에 남겨진 흔적과 전혀 다르다. 게다가 뼈를 깨뜨릴 때 썼던 돌덩
이도 발견되었다. 구덩이 속에서 망치처럼 사용했던 돌덩이들이 한꺼번에 나왔다는
점, 해부학적으로 몇몇 뼈가 서로 연결된다는 점에서 뼈를 깨뜨렸던 주체가 사람이
었다고 결론을 내릴 수 있다. 발굴을 담당하고 유물을 분석한 연구자들은 이 유적에
살았던 사람들이 영양학적 가치 때문에 식인했던 것으로 보고 있다. 퐁브레구아 유
적에서 사람은 동물과 같은 운명을 겪었던 듯하다. 동물처럼 사람도 같은 목적에서
같은 방식으로 사지가 잘리고 살이 발라졌다. 골수를 빼고 난 깨진 뼈들은 쓰레기처
럼 동굴 안 구덩이에 버려졌다.

사람 고기를 먹는 농부들?

사실 먹고 버린 동물 뼈와 한데 섞여 있는 사람 뼈를 찾는 일은 심심치 않게 일
어난다. 우리는 프랑스 남부 오드 지방의 라바스티드-앙-발(Labastide-en-Val) 마을
인근 장-크로(Jean-Cros) 바위 그늘 유적을 발굴한 적이 있다.[16] 그런데 기원전 5500

....

16   장-크로 바위 그늘 유적은 신석기시대 전기에 속하는 유적으로, 출토된 인골에 대한 자세한 분석은
     Cheylan, M., 1979, Étude des ossements de tortues néolithiques de l'abri Jean-Cros, Toulouse,

년에 해당하는 층에서 선사시대 사람이 버린 동물 뼈들과 함께 인골 몇 점이 출토되었다. 머리뼈 조각, 턱뼈 조각, 허리뼈, 정강뼈, 손 허리뼈, 발 허리뼈 등이었는데, 어른 한 명, 청소년 한 명의 것으로 판명되었다. 이 뼈들과 함께 출산 과정에서 죽은 아이의 뼈도 함께 확인되었다. 한편 프랑스 동부 앵(Ain)의 앙베리외-쉬르-뷔제(Ambérieu-sur-Bugey) 마을 근처에 있는 가르동(Gardon) 동굴 유적에서는 인골 35개체분이 음식물 쓰레기 속에서 발견된 적이 있다.[11] 먹고 버린 동물 뼈들과 인골들이 한데 섞여 있는 상태로 말이다. 어른 두 명 그리고 9~10세가량의 어린이 뼈였다. 인골이 나온 층의 연대는 기원전 5000년에서 기원전 4800년 사이였다.[17] 물론 신석기시대 사람들만 식인했던 것도 아니고, 또 그들이 처음 사람 고기를 맛봤던 것도 아니다. 앞 장에서 살펴봤듯이, 신석기시대보다 더 오래전인 기원전 9000년 기부터 기원전 7000년 기가 끝날 때까지, 샤랑트 지역 아그리 마을의 페라 동굴 유적에서 사냥-채집 사회의 사람들도 인육을 먹었다. 왜 이와 비슷한 행위가 반복적으로 일어났는지 아직 뚜렷이 밝혀지진 않았다. 앞에서 살펴봤던 유적들은 사람 고기를 먹었던 이유가 밝혀진 매우 드문 사례지만, 아직 그 이유가 밝혀지지 않은 유적이 훨씬 더 많다. 순전히 영양분 섭취를 위해 사람 고기를 먹었던 것일까? 만일 그렇다면 사람의 몸은 다른 동물들의 고기와 똑같이 먹거리에 지나지 않았다는 뜻이다. 19세기에 루이스 헨리 모건은 신석기시대에 농경과 목축이 등장하면서부터 구석기시대의 전형적인 '야만적 행위'인 식인이라는 죄악에서 벗어날 수 있었다고 믿었다. 그의 말을 들어 보자.

....

Guilaine, J.(ed.), *L'Abri Jean Cros: essai d'approche d'un groupe humain du Néolithique ancien dans son environnement*, Centre d'Anthropologie des Sociétés Rurales, Toulouse, pp. 315-316 참조.

17 가르동 유적은 1985년부터 2000년까지 발굴조사된 신석기시대 유적으로, 신석기시대 전기(58층)에는 식인의 흔적이 발견되지만, 신석기시대 후기(35층: 기원전 3500~기원전 3000년)에는 화장(火葬)의 흔적이 관찰되는 특이한 유적이다. Voruz, J.-L., Perrin T., Sordoillet D., 2004, La séquence néolithique de la grotte du Gardon (Ain), *Bulletin de la Société préhistorique françise*, 101, n°4, 2004. pp. 827-866 참조.

야만의 시대에는 전쟁 중에 사로잡은 포로를, 기근 때는 친구나 동족을 먹는 식인 행위가 일반적으로 행해졌다고 볼 만한 증거들이 있다. 전시 식인 풍속은 아메리카 원주민과 같은 하급 상태의 미개 사회에서뿐만 아니라, 초기 정착 농경 사회 같은 중급 상태의 미개 사회에서도 행해졌다. 식인 풍습은 이로쿼이족(Iroquois), 아즈텍 사람들(Aztec) 사이에서도 간혹 행해졌지만 대부분 사라졌다. 이러한 사례들은 식량 생산의 끊임없는 증가가 생활 여건 향상에 매우 중요했다는 사실을 잘 보여 준다.[12)18]

그렇다면 구석기시대 사람들과 신석기시대 사람들은 식인종이었단 말인가? 사실 매우 드문 경우를 제외하고 고고학적으로 이러한 행위를 증명하기는 쉽지 않다. 중앙아메리카, 남아메리카, 그리고 오세아니아에서 적이나 죄수를 먹었다는 사례가 이따금 보고되었다. 잡아먹은 사람이 너무 많았던 시기도 있는데, 이 경우 단지 '의례' 때문에 식인을 했다는 설명과는 잘 들어맞지 않는 듯하다. 특별한 경우 사냥 대신에 사람 고기를 먹었다고 보는 것도 전혀 불가능하지 않다. 예를 들어 미국의 남서부 푸에블로 문화 2기와 3기, 즉 서기 900년부터 1300년까지는 매우 가물었던 시기였다. 이와 같은 기후 악화로 사람들은 굶주림과 영양실조에 허덕였고 그에 따라 식인 행위도 많아졌다는 주장이 있다.[13)19] 그러나 일반적으로 식인 행위를 관찰하고 기록했던 사람들은 전체 먹거리에서 인육이 차지하는 비중을 축소하는 경향이 있다. 심지어 식인 행위 자체를 아예 금기시하는 경향마저 보인다. 그리고 그들은 사람 고

....

18   모건은 문자 이전 시대를 크게 야만과 미개로 나누고 각각의 시대를 다시 하급, 중급, 상급으로 분류했다. 분기 설정의 기준은 '토기의 발명'처럼 생활 여건의 큰 변혁을 가져다준 기술 혁신의 존재 유무였다. 모건의 '야만 사회'는 구석기시대와 중석기시대에 해당하고 '미개 사회'의 하급과 중급 단계는 신석기시대에 해당한다고 보아도 큰 무리는 없을 듯하다. 루이스 헨리 모건, 최달곤·정동호(옮김), 2005, 『고대사회』, 문화문고, 25-29쪽 참조. 본문에 인용된 모건의 언급은 국역본의 42-43쪽에서 찾을 수 있으나, 그 의미가 명확하게 전달되지 않은 것 같아서 옮긴이가 새롭게 번역하였다.

19   푸에블로 문화 2기(900~1150년)와 3기(1150~1600년)의 식인 문제에 관한 간략한 연구사적 정리는 Reinhard, K., 2006, A Coprological View of Ancestral Pueblo Cannibalism, *American Scientist*, 94, pp. 254-261 참조.

기나 피를 먹고 마시는 행위를 적, 죄수, 유괴된 자를 제거하기 위한 하나의 극단적인 방편으로 치부하거나, 전쟁 같은 위기 상황에서 어쩔 수 없이 발생한 행위로만 보고 싶어 했다. 즉 그들은 식인 행위를 상징적, 주술적 행위로만 보고 싶어 했다는 말이다.

이와 같은 시각에서 볼 때, 패배한 적의 살을 먹는 행위는 단순히 영양가 있는 음식을 섭취하기 위한 행위가 아니라 적을 영원히 없애 버리는 행위이며, 적의 힘, 에너지, 원기를 빼앗기 위한 행위다. 즉 식인은 적의 모든 흔적을 없애고 싶은 과도한 승부욕과 소유욕에서 비롯된 행위이고, 심지어 자신의 몸속에 라이벌의 일부를 간직하려는 의도의 결과라는 것이다. 이러한 '족외 식인(族外食人)'은 같은 사회적 집단 안에서 의례적 목적에서 거행되는 '족내 식인(族內食人)'과 대조를 이룬다. 족내 식인은 장례를 치르면서 죽은 일가친척이나 가까운 지인의 영혼이나 재능을 붙잡으려는 목적에서 이루어진다. 이 경우 인육을 먹는 행위는 죽은 이에 대한 애착과 그와의 인연을 바깥으로 드러내기 위한 수단이다. 따라서 족내 식인이든 족외 식인이든 단순히 영양분 획득을 위한 행위도, 별미를 맛보기 위한 행위도 아니게 된다. 즉 죽은 이의 몸을 먹는 행위는 순전히 죽은 사람과 맺었던 인연이라는 감정적 요인 때문에 발생한 것이지, 다른 요인 때문에 발생한 것이 아니라는 뜻이다.

퐁브레구아 유적의 사례에서 식인의 희생자들이 적이었는지(아니면 그렇게 인식된 사람), 아니면 같은 공동체의 구성원이었는지 알아볼 필요가 있다. 왜냐하면 이 두 가지 가설 중 어느 것이 더 타당한지에 따라서 식인의 성격이 완전히 달라지기 때문이다.[14] 어떤 이는 인류학적 기준을 근거로 희생자가 원주민이 아니었을 것이라고 본다. 그렇다면 '낯선 사람들'을 학살했다는 뜻이 된다. 그러나 현재로선 알 수 없는 어떤 이유로 같은 집단의 구성원들이 희생되었을 가능성도 있다. 예를 들어 신에게 바치거나 아니면 초자연적 힘의 호의를 바라는 의례를 거행하는 과정에서 희생되었을 수도 있다. 신의 환심을 사기 위해서든 초자연적 힘의 보호를 바라는 목적에서든 희생자의 몸을 망가뜨린다는 행위는 그들이 기원하는 소망에 대한 대가이다. '영양학적 관점에서 식인이 행해졌다'는 가설을 부정하는 입장에서 브뤼노 불레스

탱과 고메즈 드 소토(Gomez de Soto)는 다음과 같은 물음을 제기하였다. "그들은 과연 사람을 동물처럼 다루었단 말인가?", "혹시 거꾸로 동물을 사람처럼 다루었던 것은 아닐까?"[15] 불레스탱과 드 소토는 사람을 동물처럼 다룬 것이 아니라, 공동체의 번영을 바라는 의례에 쓰일 제물로 동물들을 희생하기 전에, 오히려 이 동물들을 인간 수준으로 신성화하는 과정을 통해 사육했을지도 모른다고 주장했다. 이처럼 기존의 통념을 뒤집어 생각해 보면, 전혀 다른 시각에서 희생 행위를 바라보게 된다. 사람이 더는 하찮은 동물로 전락되지 않는 것이다. 동물이 인간과 동등한 자격으로서 희생당함으로써, 서로 대체될 수 있게 된다. 이와 같은 시각으로 식인 문제를 다시 보면 죽은 이의 몸을 훼손하는 장례, 즉 인간에 대한 장례를 동물에게도 같은 목적에서 같은 방식으로 했다는 해석이 가능해진다. 만약 이러한 해석이 맞다면 구덩이에서 나온 식인의 흔적이 있는 뼈들은 다음과 같이 이해될 수 있다. 즉 당시 사람들은 죽은 이를 통상적인 의례 행위나 장례 절차에 따라 묻었고 함께 묻힌 동물들 또한 인간과 동등하게 취급했다. 바르셀로나의 산 파우(San Pau) 근처 카세르나(Caserna)의 신석기시대 유적 역시 이러한 해석이 가능하다. 이것은 공동묘지 유적으로, 독립된 묘역에 동물도 인간처럼 동등하게 매장되었다. 이 유적의 연대는 찍은무늬토기 문화(Culture de la céramique cardial) 이후 시기로 퐁브레구아 유적보다 조금 늦다.[20]

초기 농경 사회에서 식인의 본질을 논하기 전에 고고학자들은 고고학적 증거만으로 식인을 입증하기가 어렵다는 점과 식인의 동기가 매우 다양하다는 점을 인정해야만 한다. 전쟁? 주술? 영양분 섭취? 장례? 상징? 징벌? 아니면 희생? 이 요소들은 모두 한 사회가 움직이는 데 꼭 필요하다. 체질 인류학적 분석이 아주 정교하게 진행된다면 죽은 사람의 몸을 다뤘던 기술에 관해 더 많은 근거를 가지고 답할 수 있

....

20 카세르나 유적은 이베리아반도 동남부에서 시기가 이른 유적 중 하나로, 지중해 연안에 자리 잡은 첫 번째 농경 사회의 마을 유적이다. 이 유적은 찍은무늬토기 문화 시기(기원전 5900~기원전 5000년)부터 약 1,000년간 지속되었다. Borell, F., Gibaja, J., 2012, The First Neolithic Communities in Northeast Iberia: Procurement, Production, and Use of Lithic Tools at the Settlement of Caserna de Sant Pau Del Camp (Barcelona, Spain), *The Journal of Island and Coastal Archaeology*, 7-3, pp. 313-337.

을 것이다. 그런데 식인의 원인과 당시 사회의 상황을 체질 인류학적 분석만으로 알 수 있을까? 식인의 원인과 방법을 알려면 체질 인류학자들이 고고학자들을 도와 힘을 보태야 한다. 그리고 '왜'라는 질문보다는 '어떻게'라는 질문을 던지면서 문제에 접근해야 실체를 파악하기 더 쉽다는 점도 잊지 말아야 한다. '희생 의례에서 살인자의 역할이란 무엇인가'라는 다소 복잡한 주제를 다룰 때 이 문제를 다시 언급하게 될 것이다. 나중에 논의하도록 하겠다.

신석기시대 예술은 폭력의 매체였나?

전투나 결투에 참여하는 사람에게는 언제나 위신과 존경이 따른다. 사냥에 참여하는 사람 또한 위신이 높아지고 존경을 받기도 한다. 사냥은 자신이 속한 공동체에 식량을 가져다주는 방편이므로 당연히 사냥꾼의 사회적 영향력이 클 수밖에 없다. 더군다나 야생 수소처럼 사납고 큰 동물을 사냥하는 경우 사냥은 전투 못지않게 위험하다. 야생 수소는 그가 가진 힘과 위험성 때문에 '정력'의 상징으로 인식되고 존중되었다. 사냥꾼은 그와 같은 이유로 야생 수소를 쫓고 잡으려 한다. 수소를 이긴다는 것, 동물의 왕국에서 가장 정점에 있는 강력한 동물을 제압한다는 것은 사냥꾼이 맹수 중 가장 두려운 존재를 꺾음으로써 동물의 세계를 지배한다는 의미가 담겨 있다. 정기적으로 자연에 대한 우위를 확보하는 의례 행동을 함으로써 사람들은 자신들이 가진 힘을 자축하였다.[16] 수소 말고 다른 '고귀한' 동물들도 사냥꾼의 주목을 받는다. 바로 사슴이다. 이와 같은 사실은 "왜 초기 농경인의 예술 속에는 농업과 목축업에 관련된 그들의 일상적인 삶의 모습이 표현되지 않는가?" 하는 의문을 푸는 실마리다. 신석기시대 사람들에게 야생 수소, 사슴, 멧돼지 사냥은 진정한 통과 의례였고, 예술은 일상적인 삶이 아니라 사냥이나 전쟁처럼 격렬한 순간을 전달하는 매체였다.

신석기시대 예술의 이러한 특징은 기원전 7000년 기 아나톨리아의 신석기시대 유적인 차탈 후유크(Çatal Hüyük)에 남겨진 몇몇 그림에서 볼 수 있다.[21] 그 그림 중에는 수많은 사람이 야생 수소, 사슴, 멧돼지 같은 야생동물들을 에워싸고 있는 장면을 묘사한 그림이 있다. 이 장면은 실제 사냥 모습을 그린 것은 아닐 것이다. 아니 어쩌면 과거에 실제로 일어났던 어떤 중요한 사건을 잊지 않고 기억하기 위해 지금 자신들이 일상적으로 보는 어떤 장면 속에 과거에 있었던 중대한 사건을 삽입해 놓은 가상의 또는 신화적인 사냥 장면이라고 보는 편이 맞을지도 모르겠다. 여기에 등장하는 동물의 크기는 의도적으로 과장되어 있다. 동물의 '초자연적' 힘과 위력뿐만 아니라 그와 같이 강력한 동물을 제압했던 사람들의 업적을 강조하기 위해서였던 듯하다. 그런데 과연 이 그림은 사냥 장면일까? 차탈 후유크의 바위 그림 속에 등장하는 궁수들은 활시위를 당기거나 화살을 막 쏘고 난 다음의 모습으로, 모두 동물을 향해 활을 겨냥하는 자세를 취하고 있다(그림 23). 그리고 사방에서 공격을 받아 기진맥진한 동물이 숨이 끊어지기 직전인 모습을 표현한 듯하다. 사냥감인 수소가 입을 벌리고 혀를 내밀며 헐떡이는 모습, 수소 주위를 둘러싸고 수많은 사람이 손을 들어 환호하는 모습이 스페인 레반트 지역의 바위 그림과 비슷하다.[17] 하지만 이 그림이 실제 사냥 장면인지, 아니면 야생 수소를 길들이는 장면인지 판별하기가 쉽지 않다. 이처럼 모호한 구석이 있지만 동물을 학대하여 끝내 항복을 받아 내는, 그렇게 함으로써 인간을 승자의 자리에 올려 놓았던 가장 유능하고 용감했던 그들은 사회로부터 높은 가치를 인정받았음이 틀림없다.

이베리아반도의 바위 그림들에서도 이와 유사한 장면이 자주 등장한다. 스페인의 지중해 연안 지대는 선사시대 동안 독창적 예술이 탄생했던 곳으로, 학계에서는 이 지역의 선사시대 예술 양식을 '레반트 양식(Levante)'이라고 부른다. 레반트 지역

....

21   차탈 후유크 유적은 터키의 신석기시대 유적이다. 중동 지역에서 규모가 큰 신석기시대 유적 중 하나이다(13헥타르). 점유 시기는 기원전 7560년부터 기원전 4340년까지다. 차탈 후유크 유적의 종교와 폭력 문제에 관해서는 Hodder, I., 2010, Probing religion at Çatalhöyük, Hodder, I. (ed.), *Religion in the emergence of civilization: Çatalhöyük as a case study*, Cambridge University Press, pp. 23-26 과 특히 르네 지라르의 관점에서 고고학적 자료들을 해석한 Hoddler, I. (ed.), 2019, *Violence and the Sacred in the Ancient Near East: Girardian Conversations at Çatalhöyük*, Cambridge University Press, p. 272 참조.

그림 23 기원전 7000~기원전 6500년경 신석기시대 전기 터키 차탈 후유크 유적에서 발견된 그림으로, 기진 맥진한 수소를 궁수를 비롯한 여러 사람이 에워싼 모습(J. Mellaart, 1967)

은 피레네 남쪽 기슭의 카탈로니아 지역과 아라곤(Aragon)의 우에스카(Huesca)시 인근 지역이 경계를 이루고, 서쪽과 남쪽으로는 시에라네바다(sierra Nevada)산맥과 베티카(Bética)산맥이 경계를 이룬다. 바위 그림들은 주로 산악 지대와 지중해 연안 지대에 분포되어 있는데, 스페인 중앙에 있는 메세타(Meseta)고원의 동쪽 경사면을 따라 폭넓게 나타나고 있다. 이곳은 독수리 둥지처럼 쉽게 접근할 수 없는 높은 절벽 위로 광활한 석회암 대지가 펼쳐져 있는 고원 지형으로, 카스텔론(Castellón), 발렌 시아(Valencia), 알리칸테(Alicante) 등 바닷가로 이어지는 낮은 평야 지대를 굽어보 고 있다. 바위 그림을 남긴 레반트 예술가들에게 영감을 주었던 자연환경을 제대로 알려면 반드시 야생적이고 장엄한 그곳에 가 봐야 한다. 암석이 그대로 드러난 대지 에 불쑥 솟은 경이로운 봉우리, 그리고 깊고 메마른 협곡을 뜻하는 바랑코(barranco) 가 어우러져 빚어낸 메세타고원 지대는 어떤 곳은 암석이 그대로 드러나 있는가 하 면 어떤 곳은 풀로 살짝 덮여 있다. 현재 우리가 보고 있는 이와 같은 황량한 경관과 식생은 선사시대와 역사시대를 거치면서 건조한 기후 아래 형성되었다. 후빙기 동안 이곳 환경은 숲이 우거져 지금보다는 푸르렀지만, 그렇다 하더라도 험준한 지형 때 문에 숲이 넓게 퍼지지는 못했을 것이다.

마지막 빙하기(Würm)가 끝나고 등장한 이 독창적인 레반트 양식의 바위 그림은 나중에 600~700km에 이르는 광범한 지역으로 확산되었다. 바위 그림은 주로 석회암 지대에 발달한 바위 그늘이나 작은 동굴의 벽면에 주로 그려졌다. 동굴 속 깊이 감춰진 신비스러운 공간에 주로 동물이 그려진 구석기시대 벽화와는 달리, 레반트 양식의 바위 그림은 모두 볕이 잘 드는 비탈면에 그려졌다. 게다가 서양의 구석기시대 예술에서는 사람의 형상을 표현한 사례가 아주 드물거나 아예 없지만, 신석기시대 바위 그림에서는 주인공이 사람이라는 점에서 크게 다르다. 그림에는 주로 사냥, 채집, 전투 그리고 춤추는 모습 들이 표현되었다. 각각의 장면은 함축적 의미가 풍부하면서도 구체적이다. 게다가 필치도 매우 자연스럽고 힘이 넘쳐 역동감이 느껴진다. 이 바위 그림들은 세밀한 부분까지도 사실적으로 묘사하였기 때문에 당시 사람들의 행동, 능숙함, 무기 등 그들의 삶의 깊숙한 부분을 알 수 있다. 바위 그림에 등장하는 인물들은 일반적으로 작고, 붉은색, 자주색, 갈색, 검은색, 흰색으로 표현되었다. 가장 많이 남아 있으면서도 눈길을 끄는 주제는 사냥으로, 주로 멧돼지, 염소, 사슴이 등장한다. 바위 그림 중에는 전쟁 장면을 표현한 것도 더러 있어 우리의 관심을 끈다. 이에 대해서는 조금 뒤에 자세히 살펴보기로 하겠다. 마지막으로 언급해야 할 점은 빙하시대였던 구석기시대가 끝나고 바위 그림이 그려졌던 수천 년의 시간 동안 유럽은 현재 우리가 사는 세상만큼 따뜻했다는 사실이다.

스페인 레반트 산악 지대의 전투 장면 바위 그림

스페인 레반트 바위 그림들은 당시 사람들의 일상생활을 파악하는 데 중요하다. 각각의 장면이 충만한 삶과 역동성을 표현하고 있듯이, 등장인물들도 매우 생기 넘친다. 사냥 장면에서도 그렇지만 전투 장면이 특히 그러하다.[18)22] 여러 레반트 바위

....

22 스페인 레반트 예술의 폭력 장면에 관한 최근 연구는 Bea, M., 2017, When not everything is as nice as

그림 유적 중에서 가장 잘 알려진 바위 그림은 가술라(Gasulla) 협곡에 있는 아레스 델 마에스트레(Ares del Maestre) 마을 인근 신글레 데 라 몰라 레미히아(Cingle de la Mola Remigia) 유적이다. 이 유적은 한 줄로 길게 늘어선 10여 개의 바위 그늘로 이뤄져 있는데, 벽마다 다양한 장면의 바위 그림이 많다. 게다가 그림들이 서로 겹쳐지는 부분도 있어서 바위 그림의 시기에 따른 변화상도 읽어 낼 수 있다.

9호 바위 그늘에는 전투를 묘사한 장면이 있는데, 레반트 바위 그림 중에서 유명하다(그림 24). 검은색과 갈색으로 그려진 궁수들은 붉은색으로 그려진 염소와 부분적으로 중첩되어 있어, 후자가 전자보다 더 앞서 그려졌다는 사실을 알 수 있다. 그림 속의 궁수들은 두 패로 나뉘어 한창 전투 중이다. 오른쪽에 있는 무리는 20명가량 된다. 대부분 궁수로 활이 없는 인물들도 궁수인 것으로 짐작되지만 탈색되어 확인할 길이 없다. 무리 중 한 명은 접근하는 적을 잡으려고 밧줄 같은 것을 던지는 자세를 취하고 있다. 그림의 왼쪽에는 15명 정도로 이뤄진 무리가 오른쪽 무리에 맞서 전투를 벌이고 있다. 이 중 몇몇은 창을 던지고 있고, 세 명은 전투에 막 참여하려고 준비하고 있는 듯한 모습이다. 특히 그림의 왼쪽 윗부분에 그려진 다섯 명으로 구성된 작은 무리가 취한 자세가 흥미롭다. 이들은 다른 무리와 좀 떨어져 있는데 마치 전장으로 달려가고 있는 듯한 모습이다(그림 25). 머리에 무엇인가를 쓰고 앞장서서 밀집 대형을 이끄는 사람은 우두머리로 보이고 머리에 아무것도 쓰지 않은 나머지 사람들은 부하인 듯하다. 모두 한 손에는 활을 들고 다른 한 손에는 화살 또는 화살통을 들고 있다.

같은 지역의 비슷한 해발 고도(800m)에 있는 로스 도게스(Los Dogues) 바위 그늘 유적도 가술라 협곡에 자리 잡고 있다. 이 유적의 바위 그림은 겨우 가로 40cm 남짓 되는데, 이 작은 공간 속에 놀랄 만한 전투 장면이 담겨 있다(그림 26). 이 바위 그

....

its looks: Social veiled conflicts in Levantine rock art (Spain), *Quaternary International*, 30, pp. 1-11; López-Montalvo, 2018, Spanish Levantine rock art: A graphic trace of violence and warfare in Iberian prehistory, Fernández-Götz, M., Roymans, N. (ed.), *Conflict Archaeology: Materialities of Collective Violence from Prehistory to Late Antiquity*, Routledge, pp. 23-33 참조.

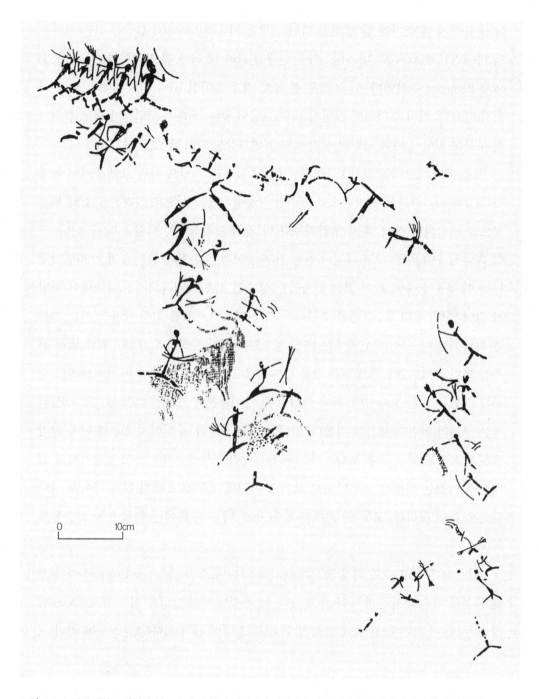

그림 24 스페인 레반트 지역의 신글레 데 라 몰라 레미히아 바위 그늘 유적 9호 벽화에 담긴 궁수들 간의 전투(J. Porcar, 1946)

그림 25 <그림 24>의 부분 확대 장면으로, 전장으로 이동하고 있는 이른바 '밀집 전투 대형'의 궁수들(L. Dams, 1984)

림에 그려진 사람은 많게는 30명가량 된다. 수적으로 더 우세한 오른쪽 무리가 차림새나 몸짓도 더 일사불란한 듯하다. 머리에 깃털을 꽂고 다리를 벌리고 있거나 뛰어오르는 자세인데, 마치 창을 던지거나 화살을 쏘면서 전장을 향해 힘껏 달려가는 것 같다. 그림 아랫부분 가장자리에 넘어지는 듯한 자세를 취하고 있는 인물은 부상자로 보인다. 이들과 맞서 싸우고 있는 그림 왼쪽에 있는 전사들의 움직임은 상대적으로 덜 역동적이다. 왼쪽 무리의 특징에 대해 좀 더 세밀히 살펴보자. 전선 맨 앞에 네 명의 궁수가 있다. 그중 한 명은 능수능란하게 적을 향해 화살을 퍼붓고 있다. 그는 머리, 허리, 장딴지를 깃털로 꾸몄는데, 아마도 레반트 지역 전사들이 적을 대면하기 전 의식을 거행하면서 꽂았던 장신구인 듯하다. 그림 윗부분 왼쪽에는 다섯 명의 전사들이 아직 적극적으로 전투에 참여하지 않고 있는데, 그들도 머리를 깃털과 뿔로 장식한 것을 보면 아마도 전투에 투입되기 전에 어떤 의례적 준비 동작을 취하고 있는 듯하다.

비슷한 사례를 알바세테 지방의 네르피오(Nerpio) 근처에 있는 몰리노 데 라스 푸엔테스(Molino de las Fuentes) 바위 그늘 유적에서 볼 수 있다. 이 유적은 해발 고도 1,100m 되는 지점에 있다(그림 27). 교전 중인 두 집단은 행동 방식이나 신체적 특징을 볼 때 서로 다른 종족인 듯하다. 오른쪽 무리는 키가 작은 16명의 전사로 일정하게 모두 몸을 굽히고 활시위를 당기고 있다. 몇 명은 가짜 꼬리(깃털?) 같은 것을 붙이고 있는데, 위장한 채 웅크리고 앉아 있는 듯한 모습이다. 혹시 기습을 노리고

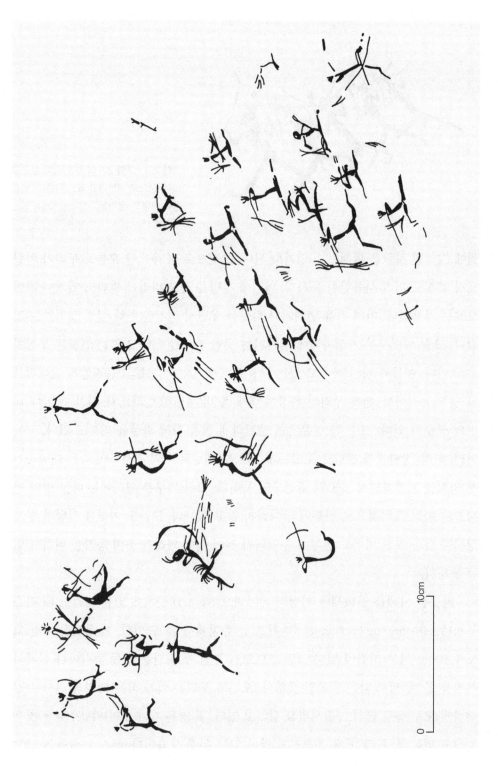

그림 26 스페인 레반트 지역의 아레스 델 마에스트레 인근의 로스 도게스 바위 그늘 유적에 그려진 궁수들 간의 전투 모습(L. Dams, 1984)

0   10cm

그림 27 스페인 레반트 지역의 네르피오 근처 몰리노 데 라스 푸엔테스 바위 그늘 유적에서 발견된 두 궁수 집단 간의 전투 모습을 담은 벽화(M.-A. Garcia Guinea, 1963)

있는 것은 아닐까? 그림 왼쪽에 있는 적들은 더 큰데도 그냥 서서 싸우고 대형도 덜 조직화되어 있는 것을 보면 다소 여유를 부리고 있는 것 같다. 성기를 드러내고 턱 (턱수염?)이 뾰족한 남성 전사는 다른 전사들보다 체격도 건장하다는 점에서 이 무리의 우두머리인 듯하다. 그는 모자를 써서 그런 건지 아니면 머리 모양 자체가 그런 건지 모르지만, 아무튼 머리 모양도 남다르다. 등장인물들은 모두 검은색으로 그려졌다. 그리고 앞서 말했던 왼쪽 무리 뒤의 약간 볼록한 면에 칠해진 붉은색은 자연적 또는 인위적 경계선을 표시한 듯하다. 이 경계선 너머에는 네다섯 명의 전사가 지켜 서 있다.

레반트 예술에서 가장 중요한 작품은 알바세테의 미나테다 바위 그늘 유적이다. 프레스코 화풍의 이 커다란 바위 그림에는 500이 넘는 인물과 동물의 형상으로 꽉 차 있다. 여러 장면이 묘사되어 있는데, 여기에 등장하는 인물과 동물 들은 동시에 그려진 것이 아니다. 전문가들에 따르면 그림 속 인물과 동물 들은 단계적으로 변화했다고 한다. 여기서 우리는 여러 장면의 바위 그림 가운데 전투 장면만 따로 떼어 살펴보려 한다(그림 28). 오른쪽의 최소 일곱 명의 전사로 이뤄진 한 집단이 위아래 두 조로 나누어 왼쪽에 있는 적을 집중적으로 공격하고 있다. 이들에 맞서는 적의 전선은 이미 무너져 버렸다. 그림 속에는 단 한 명의 적만 등장한다. 그는 있는 힘껏 맞서 싸우려 바둥대지만 이미 여러 발의 화살에 맞아 고슴도치처럼 되어 버렸다. 떼로 몰려들어 공격하는 전사들의 몸에는 수직의 줄무늬가 있다. 아마 전장에 나서기 전에 몸에 새긴 문신 또는 바디페인팅일 것이다. 게다가 이들은 팔찌나 발찌도 찼다. 활 중에는 이중, 삼중으로 굽은 것들이 보이는데, 이 활은 전사 집단을 특징짓는 무기다. 떼로 공격하는 전사 중에도 적이 쏜 화살을 몇 발 맞은 이가 있다. 알바세테 네르피오 인근에 있는 토르칼 데 라스 보하딜라스(Torcal de las Bojadillas) 바위 그늘 유적군에서도 전투 장면이 확인되었다. 3호와 6호 바위 그늘이 바로 그것이다. 6호 바위 그늘에는 채 열 명이 못 되는 궁수들이 열을 지어 대치 중으로, 전면전에 앞서 탐색전을 벌이는 듯한 광경이 묘사되었다. 무르시아(Murcia) 모라랄라(Morararlla) 마을 인근 푸엔테 델 사부코(Fuente del Sabuco) I 유적에도 서로 대치 중인 두 집단의

그림 28 스페인 레반트 지역의 알바세테 미나테다 바위 그늘 유적에 그려진, 궁수들의 습격으로 고슴도치처럼 된 사람(E. Hernandez Pacheco와 L. Dams, 1918)

모습이 바위에 그려져 있다. 카스텔론 발토르타(Valltorta) 협곡에 있는 티링(Tiring) 마을 근처 엘 시빌(El Civil) 유적의 3호 바위 그늘의 그림에서도 전형적인 전투 장면이 여럿 남아 있다(그림 29). 그림 왼쪽에 여덟 명의 궁수들이 시위를 당기고 있는 장면이 있는데, 그중 한 명은 화살통으로 추정되는 물건을 지니고 있다. 그림 한가운데 선두에 서서 왼쪽 무리를 이끄는 두 명(또는 그 이상?)은 규모가 더 큰 오른쪽 무리의 집중 공격을 받고 있다. 오른쪽 집단도 두 명이 앞장서서 전투를 이끄는 듯한 모습이다. 왼쪽 집단보다 오른쪽 집단이 해석하기가 더 어렵다. 전반적으로 오른쪽 집단은 다소 혼란스럽고 내분에 휩싸인 듯한 인상을 준다. 전사들의 몸에 옷이나 장신구가 없는 것을 보면 모두 나체로 창 또는 활 같은 무기만 들고 전투에 나선 모양이다. 작가가 백병전과 유사한 전투 장면을 연출하려고 일부러 그렇게 표현한 것인지도 모르겠다. 전장에서 멀찌감치 떨어진 후미에는 전투에 참가하려고 준비 중인 전사들의 모습이 보인다.

자신이 화가이기도 했던 포르카르 리폴레스(Porcar Ripollès)는 엘 시빌 동굴 벽화를 세밀하게 관찰한 끝에, 이곳 벽화들이 적대적인 두 집단 사이에서 벌어진 단 한 번의 큰 전투에서 일어났던 갖가지 장면을 묘사한 것이라고 주장하였다.[23] 불행하게도 시간이 지나면서 그림이 탈색되어 전투에 참여한 사람이 몇 명인지 정확히 알 수 없는 상태이다. 현재 그림에 남아 있는 인물들을 계산해 보면 오른쪽 집단의 전사는 적어도 22명 이상이다. 그런데 만일 그림 맨 오른쪽에 있는 이른바 '예비군'으로 보이는 인물들까지 포함한다면 25명을 더 보태야 한다. 반면에 왼쪽 집단은 겨우 13명뿐이다. 그림이 풍화되었다는 점을 고려할 때 왼쪽 진영의 병력도 이보다는 컸을 가능성이 있다. 그림에서 주의 깊게 봐야 할 부분은 활의 크기가 집단 간에 서로 다르다는 점이다. 오른쪽 집단은 작은 활을 사용하는 반면, 왼쪽 집단은 큰 활을 사용하고 있다. 테루엘(Teruel)의 모렐라 라 벨라(Morella la Vella) 마을에 있는 로우레(Roure) 바위 그림도 매우 표현력이 풍부한 작품이다(그림 30). 이 그림에서 여덟 명

....

23 화가였던 포르카르 리폴레스(1889~1974)는 1960년대 레반트 예술 연구의 기초를 닦았다.

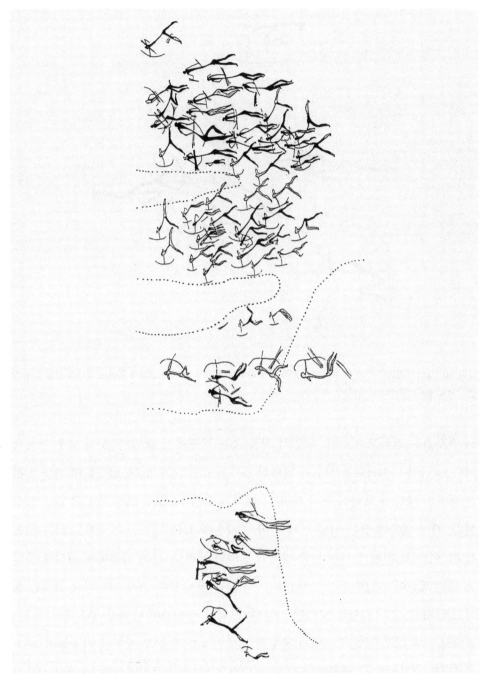

그림 29 스페인 레반트 지역의 카스텔론 발토르타 협곡에 있는 티링 마을 인근 엘 시빌 동굴 유적에서 발견된 그림으로, 벽면이 부식해서 각각의 전투 장면으로 나누어 보관했던 그림들을 다시 맞춰 복원한 두 공동체 간의 전투 장면(J. Porcar, 1946)

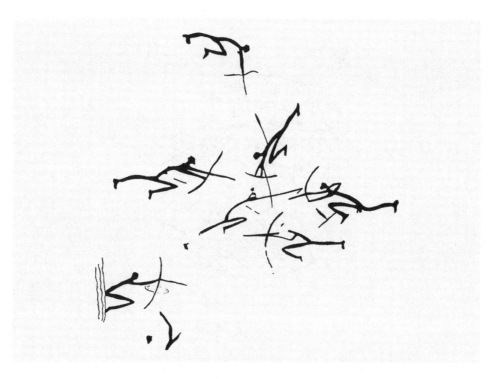

그림 30 스페인 레반트 지역 테루엘의 모렐라 라 벨라 마을의 로우레 바위 그림에 표현된 궁수들 간의 전투 장면(E. Hernandez Pacheco, 1918)

의 전사가 교전하고 있는데, 뛰면서 활을 쏘는 장면에서 알 수 있듯이 매우 역동적이다. 그들이 민첩하다는 사실은 날렵한 몸매에서도 알 수 있다. 궁수들이 겨누고 있는 화살의 방향을 보면 오른쪽 세 명의 전사가 왼쪽 네 명과 맞서 싸우고 있는 모습이다. 가장 위쪽에 있는 여덟 번째 전사가 가운데 있는 인물을 겨냥하고 있는 것을 볼 때, 이 여덟 번째 전사는 왼쪽 집단의 전사인 듯하다. 한편 가운데에 머리에 깃털을 꽂은 사람이 유일한 목표물이고 나머지 일곱 명이 모두 그를 겨냥하고 있다는 해석도 있지만, 그리 타당해 보이진 않는다. 그림이 생동감이 넘치고 양식화되었다는 점에서 진짜 전투 장면이 아니라 전투를 모방한 의례적 전투 장면일 가능성도 있다. 테루엘의 오본(Obón) 마을에 있는 엘 세라오(El Cerrao) 유적에서도 두 궁수 집단이 대치 중인 장면이 묘사되어 있는데, 한 명을 제외한 나머지 궁수들은 모두 뛰고 있는 모습이다. 그 밖의 다른 바위 그림들도 있지만, 앞서 살펴본 작품들보다는 덜 역동적이다. 라 마리나 알타(La Marina Alta) 지방의 살로(Xaló)에 있는 코바 델 만사노(Cova del Mansano) 바위 그늘에 그려진 그림에는 일곱 명의 궁수와 대치하고 있는 두 명의 전사를 표현하였는데, 이들도 활과 화살로 무장하고 있다. 두 명 중의 한 명은 키가 작은데 혹시 청소년은 아니었을까? 이 바위 그림은 전투 장면이 아니라 어쩌면 사냥 장면을 표현했을 수도 있다.[19] 처음에 사냥감을 그렸다가 지웠던 흔적이 남아 있기 때문이다. 산타 마리아(Santa Maria)의 파모르카(Famorca) 협곡에 있는 6호 바위 그늘 유적에서는 두 명이 결투하는 장면이 그려져 있다. 한 사람은 끝이 삼각형인 창으로 상대방을 찌르려 하고 상대방은 창을 든 오른팔을 꺾으려고 안간힘을 쓰는 장면이다. 그런데 이 결투의 성격에 대해서는 의견이 분분하다. 정말로 싸우고 있는 것일까, 아니면 그냥 시늉만 내는 걸까? 무자비한 결투였을까, 아니면 의례적 결투였을까?[20]

부상자들과 처형

앞서 미나테다 바위 그늘 유적에는 궁수 한 명이 여러 발의 화살을 맞은 모습이 그려져 있다고 언급했다. 그런데 사실 레반트 예술에는 화살에 맞은 전사가 그려진 경우가 많다. 쿠에바 레미히아(Cueva Remigia) 바위 그늘 1호 유적에도 여러 발의 화살에 맞아 쓰러진 전사의 모습이 그려져 있다(그림 31). 순서상 먼저 붉은색으로 전사를 그리고 나중에 갈색으로 화살을 그려 넣었다. 여러 발의 화살을 맞은 전사가 서서히 죽어 가는 모습 또는 확인 사살 모습으로 해석된다. 카스텔론 지방 쿠에바스 데 빈로마(Cuevas de Vinroma)에 있는 살타도라(Saltadora) 12호 바위 그늘 유적에서는 머리에 깃털 장식 또는 두건 같은 것을 쓰고 나풀거리는 얇은 옷을 입은 한 궁수가 한쪽 무릎을 땅에 대고 있는 장면이 붉은색으로 그려져 있다. 등에 한 발, 사지에 한 발씩 모두 다섯 발의 화살이 꽂혀 있다. 알바세테 네르피오의 보하딜라스(Bojadillas) 6호 바위 그늘 유적에서는 검은색으로 그려진 활과 화살통을 들고 있는 키가 큰 궁

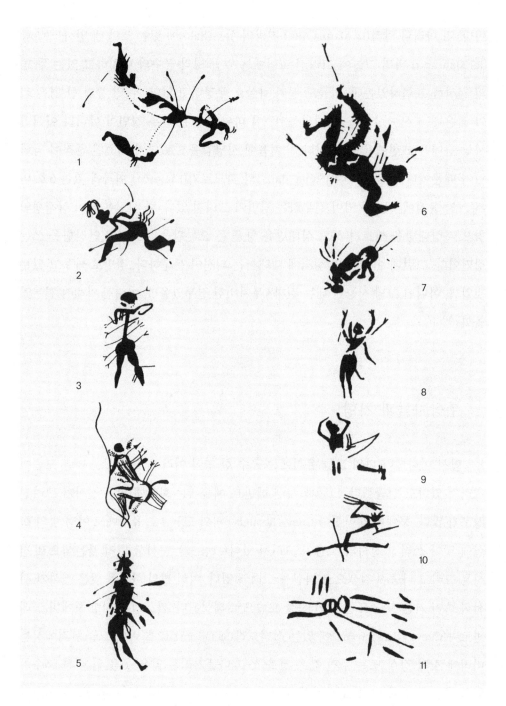

그림 31 스페인 레반트 지역에서 발견된 화살에 맞아 부상당한 사람을 표현한 그림(L. Dams, 1984)

1. 쿠에바 레미히아 유적 1호, 2. 살타도라 유적, 3·4·9. 미나테다 유적, 5. 폴보린 유적, 6·7. 쿠에바 레미히아 유적 3호,
8. 신글레 데 라 몰라 레미히아 유적, 10. 로스 도게스 유적, 11. 레보소 델 초릴로

수가 피의 색깔인 붉은색 화살에 맞아 쓰러지는 모습이 묘사되어 있다. 주위에서 화살을 쏘는 키 작은 전사들은 붉은색으로 칠해졌다. 희생자와 가해자 간에 키 차가 크다는 점에서 이 두 집단이 서로 다른 종족이라고 해석할 수도 있고, 아니면 인물들이 시간 간격을 두고 따로 그려졌기 때문이라고 해석할 수도 있다. 만약 후자의 가설이 옳다면 키가 큰 희생자에게 박힌 화살들은 나중에 주위의 붉은색으로 작은 사람들을 그릴 때 덧붙여진 것이다.

그림 속 인물들은 모두 전투에 열정적으로 참여하고 있는 모습이다. 의심할 나위 없이 그림을 그린 예술가들은 수많은 화살을 맞고 장렬히 최후를 맞이하는 전사들의 모습을 묘사함으로써, 그들의 역동성과 용기를 간직하고자 했을 것이다. 이와 같은 전투 장면들은 시간상 서로 다른 순간에 일어났던 사건들을 마치 같은 시기에 발생한 일처럼 묘사한다는 특징이 있다. 첫 번째 순간이 탁월한 전사가 자신의 민첩함과 위력을 뽐내는 순간이라면, 두 번째 순간은 자신의 무용을 과시하는 도중 폭력적인 죽음을 맞이하는 순간이다. 앞서 살펴본 미나테다의 바위 그림은 좋은 사례다. 그림 속 희생자는 허벅지부터 머리끝까지 적들이 쏜 수많은 화살에 맞고 고슴도치처럼 되어 장렬한 최후를 맞이한다. 가해자 중 한 명도 교전 중 창에 찔렸다. 카스텔론 지방의 라 세니아(La Cenia)에 있는 폴보린(Polvorin) 바위 그늘 유적에서는 뿔 또는 깃털로 머리를 장식한 사람이 사방에서 화살을 맞는 장면이 묘사되어 있다. 뭔가 딱딱하게 굳어 있는 듯한 자세인 것을 보면 손발이 묶인 채 죽임을 당했다고 판단되는데, 희생자 옆에 서 있는 키가 큰 궁수가 처형을 집행했던 듯하다. 고통 속에 팔을 위로 올리고 있는 듯한 전사들의 모습은 신글레 데 라 몰라 레미히아 유적과 미나테다 유적에서 확인된다. 그 밖에도 고통 속에 신음하는 듯한 장면도 그려졌다. 쿠에바 레미히아 유적의 3호 바위 그늘 유적에서는 한 사람이 머리끝부터 발끝까지 창에 찔려 뒤로 넘어지는 모습이다. 이 유적의 또 다른 그림에서는 등과 허리 쪽에 공격을 받아 희생자가 땅바닥으로 고꾸라지는 장면도 있다.

전투 장면을 묘사한 레반트 바위 그림들은 화살에 맞아 폭력적인 죽음을 맞이한 사람들을 생생하게 표현했다. 그런데 이보다 더 슬픈 장면도 있다. 궁수들로 구성된

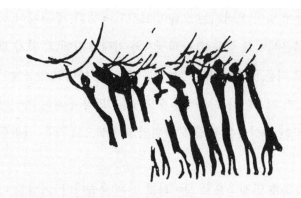

그림 32 스페인 레반트 지역의 신글레 데라 몰라 레미히아 5호 동굴 유적에 그려진 처형 장면으로, 화살을 여러 발 맞고 쓰러진 희생자 앞에 일렬로 늘어선 궁수들이 활을 치켜들고 환호하는 모습(H. Obermaier, 1937)

소규모 집단이 조직화된 방식으로 처형을 집행하는 광경이다. 처형당하는 사람은 포로나 죄인일 수도 있고 심지어 희생 의례에 바쳐진 동족일 수도 있다. 신글레 데 라 몰라 레미히아 유적의 5호 동굴 유적에서는 처형 장면이 세 군데에 남아 있는데, 그중 한 장면을 보자. 열 명의 궁수가 목표물을 향해 화살을 쏜 다음 일제히 활을 머리 위로 높이 치켜들고 있는 장면이다. 몇 발자국 앞에 처형당한 희생자가 누워 있다. 그의 몸에는 여러 개의 화살이 꽂혀 있다(그림 32). 이 장면 가까이에 다섯 명의 궁수가 사형집행을 막 끝낸 장면도 있다. 희생자는 팔을 벌리고 다리를 구부린 자세로 땅에 쓰러져 있고 머리부터 허리까지 적어도 네 발의 화살을 맞았다(그림 33). 마지막 장면에는 땅바닥에 사지를 벌린 채 누워 있는 한 사람 옆에 길쭉한 선으로 표현된 열네 명의 사람이 지켜보고 서 있다. 이들은 땅바닥에 누워 있는 사람에 대한 일말의 동정도 없이 그저 물끄러미 쳐다보고 있는 듯하다(그림 34). 사람들은 화살 없이 그냥 서 있는데, 그들 위로 단지 활 하나만 가로로 놓여 있다. 희생 의례 또는 집단 따돌림을 묘사한 듯하다. 테루엘 지방 알라콘(Alacón)시 인근의 모르테로(Mortero) 협곡

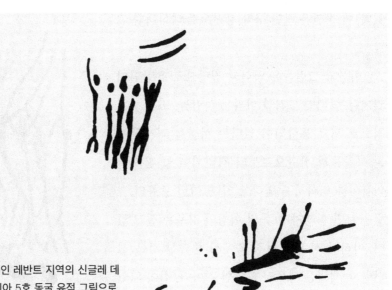

그림 33 스페인 레반트 지역의 신글레 데 라 몰라 레미히아 5호 동굴 유적 그림으로, 일렬로 늘어선 다섯 명의 궁수가 쏜 화살을 맞고 희생자가 처형된 모습(L. Dams, 1984)

그림 34 스페인 레반트 지역의 신글레 데 라 몰라 레미히아 5호 동굴 유적에서 발견된, 한 사람을 '제거'하는 장면을 표현한 그림(L. Dams, 1984)

에 자리 잡은 로스 트레파도레스(Los Trepadores) 바위 그늘 유적의 바위 그림에서는 일곱 명이 무리를 지어 활을 높이 쳐들고 있고 그들의 발아래에 희생자 한 명이 누워 있다. 이 장면은 집단 구타 장면으로 해석된다(그림 35).

　이상의 그림들은 하나의 집단으로 통합되어 있거나, 아니면 그러길 바라는 사람들, 또는 사회적으로 서로 통합되어 있다는 사실을 과시하려는 사람들과 집단으로부터 격리되어 늘 혼자인 외톨이를 명확히 구별하고 있다. 이런 종류의 그림을 보면 희생자가 두 명 이상인 경우는 결코 없다. 이러한 사회적 환경 속에서 중요한 것은 집단이지, 개인은 아무것도 아닌 것이다. 적이 되었든, 왕따가 되었든, 아니면 희생양이 되었든 그들의 '사회적 무게'는 참으로 깃털만큼 가벼웠다.

그림 35 스페인 레반트 지역의 테루엘 알라콘 인근 로스 트레파도레스 바위 그늘 유적에 그려진 처형 장면(T. Ortego, 1948)

불화의 원인

　레반트 예술은 집단 간 전투, 따돌림당하는 자의 제거, 공동체에 반하는 자들의 처형처럼 폭력의 여러 가지 모습을 보여 주고 있다. 전투 장면을 묘사한 바위 그림에서 가장 먼저 주목되는 현상은 일단 전투에 참여하는 인원이 적다는 점이다. 많아야 15명을 넘지 않는다. 하지만 리폴레스의 계산에 따르면, 신글레 데 라 몰라 레미히아 유적의 한 전투 장면에는 25명 정도가 동원된 사례도 있다. 엘 시빌 유적에서의 전투 집단도 비슷한 규모였던 것으로 보이는데, 만약 후미에 있는 '예비군'까지 포함한다면 참가 인원은 더 늘어나게 된다. 이와 같은 수치는 당시 공동체의 인구를 추정하는 데 중요한 실마리가 된다. 만일 전투에 참여하는 25명의 전사가 한 공동체에 속하는 남성 청년의 전체라면, 거기에 노인, 여성 그리고 어린이 들의 인구를 더하여 공동체의 인구 규모를 대략 추정할 수 있기 때문이다. 이런 식으로 계산해 보면 공동체의 인구는 100명가량 된다. 그렇지만 만일 엘 시빌 유적에 대한 리폴레스의 추정치가 맞다고 하면, 즉 전투 중인 전사와 예비군을 모두 합해서 약 50명 정도라면, 공동체의 규모는 두 배 정도 더 늘어나게 될 것이다. 그러나 첫 번째 추정치, 즉 전투에 참여한 전사를 25명으로 가정하고 계산해서 얻은 공동체의 인구조차 구석기시대 또는 최말기 구석기시대의 공동체보다 그 규모가 크다. 물론 구석기시대 또는 최말기 구석기시대에도 몇몇 공동체가 연합해서 전투에 참여했을 가능성이 있긴 하다. 그렇지만 이 정도 규모의 공동체는 농경인의 공동체, 즉 신석기시대의 공동체에 더 적합해 보인다. 따라서 레반트 예술의 연대에 관한 문제를 재검토해봐야 한다. 이 복잡한 문제는 뒤에서 다시 언급하도록 하겠다.

아울러 전투 장면에서 암묵적으로 드러나는 공동체의 위상 문제에 대해서도 논의하겠다. 만약 사냥-채집 사회라면 성인 남녀는 각각 15명 정도에 불과하고 몇몇 노인과 어린이로 구성되어 있으므로, 공동체의 규모가 50명을 넘는 경우는 거의 없다. 그렇지만 레반트 바위 그림에 묘사된 전사들이 만약 농경 사회에 속한 사람, 즉 신석기시대 사람이라면 인구 규모를 추정하는 계산 방식은 더욱 복잡해진다. 신석기시대 초기, 즉 찍은무늬토기 문화기에는 농경 사회라 하더라도 여전히 인구가 적은 편이다. 간혹 바닷가를 따라 펼쳐진 평원 지역에 사람이 모여 살면서 큰 마을을 건설하기도 했지만 같은 시기에 내륙에서는 그처럼 큰 마을이 매우 드물다. 이는 당시 내륙에 자리 잡은 농경 사회의 인구가 그만큼 적었기 때문이라고 해석될 수 있다. 그러나 내륙에 건설된 마을의 집터가 적은 이유가 지금까지 보존된 집터가 적어서인지, 아니면 실제로 당시에 마을에 살았던 사람이 적어서인지 아직 확인할 길이 없다.[24]

대개 학계에서는 이베리아반도의 지중해 연안 지역에서 신석기 사회화 과정, 다른 말로 농경과 목축의 확산 과정이 적어도 두 가지 방식으로 이뤄졌다고 보고 있다.

....

24   마을의 인구 규모를 추정하는 고고학적 방법의 하나는 마을의 전체 규모와 집터 개수의 상관관계를 계산하는 것이다. 연안 지역의 마을터 유적에는 집터가 많지만, 내륙 지역의 마을터 유적에는 집터가 드문데, 이러한 양상을 해안과 내륙의 인구 차이로 해석할 수 있다는 말이다.

첫 번째 방식은 이탈리아나 프랑스 남부에서 새로운 기술을 가지고 출발한 소규모 집단이 바다를 통해 이베리아반도의 지중해 연안 평야 지대에 정착한 다음, 가까운 지역부터 점차 신석기 문화를 확산하는 방식이다. 두 번째 방식은 문화 접변으로, 원주민이 새로 들어온 이주민과 접촉해서 신석기 문화를 받아들이는 방식이다.[25] 대부분의 스페인 연구자들은 저지대 평야 지대의 경우, 농경과 목축 기술을 가지고 들어온 사람들이 빠르게 신석기 문화를 확산하였다고 본다. 그렇지만 험준하고 숲이 우거진 산악 지대의 경우, 사냥-채집 사회의 원주민들이 처음에는 부분적으로, 그리고 나중에는 생활 깊숙한 곳까지 농경 사회의 목축 경제를 점차 받아들이면서도, 끝내 자신들의 생활 방식 자체를 포기하지는 않았다고 생각한다.

기원전 6000년 기부터 기원전 5000년 기 초기, 즉 신석기시대 전기에 제작된 레반트 바위 그림은 대부분 원주민이 남긴 작품이었을 가능성이 크다. 이베리아반도 연안에서는 이미 농경인들이 정착하여 마을을 이루고 살았지만, 이웃하고 있는 내륙의 산악 지대에서는 원주민들이 사냥-채집 경제를 여전히 유지하면서 살고 있었기 때문이다. 그렇지만 정주 생활을 하던 보다 '생산적인' 이주민들이 사냥철에 산악 지대에서 잠깐 머물면서 이 예술 작품을 남겼을 수도 있다. 만일 그렇다면 전투 장면에 묘사된 전사들은 농경 마을 공동체에서 가장 활을 잘 쏘는 궁수라고 봐야 한다. 이들은 주로 사냥에 종사하면서, 부수적으로 전쟁도 불사하는 일종의 '전문가 집단'이다. 따라서 전투의 본질을 더 깊게 이해하려면 먼저 해당 공동체의 경제적 토대가 무엇이었는지를 밝혀야 한다.

레반트 작품을 남겼던 예술가들은 스타일, 행동, 옷차림, 그리고 등장인물의 키 차이를 강조함으로써 전선에서 맞닥뜨린 두 집단을 구별하려 했다. 그리고 활, 머리 장식, 바디페인팅, 발찌, 깃털 그리고 그 밖의 머리, 몸통, 등, 허리 등에 달린 장식물의 형태에 차이를 둠으로써 집단을 구분하였다. 게다가 전투 장면의 한가운데 있는

·······

25 문화 변용이라고도 하는 문화 접변은 서로 다른 두 문화 체계의 접촉으로 문화 요소가 전파되어 새로운 양식의 문화로 변화되는 과정이나 그 결과를 말한다.

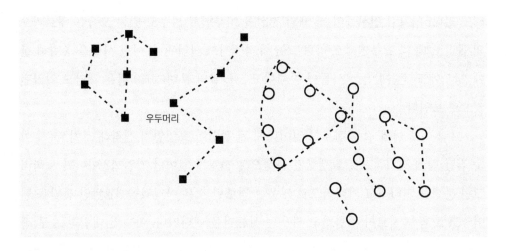

우두머리

그림 36 스페인 레반트 지역의 아레스 델 마에스트레 인근의 로스 도게스 바위 그늘 유적의 그림을 근거로 복원한 전투 대형(J. Porcar, 1946)
왼쪽 집단은 전방 1열이 우두머리를 방어하고 후방에 여러 명의 예비병력이 전투 개입을 기다리고 있는 반면, 오른쪽 집단은 여러 개의 전선을 구축하고 있다.

전사는 다른 전사들보다 세밀하게 묘사된다는 점도 특징적이다. 아마 이 인물은 신분이 높거나 탁월한 전사일 수 있다. 대개 호위무사들이 그를 둘러싸고 있거나 보호하고 있는 듯한 양상이다. 한편 그들에게 전략이라는 개념이 완전히 낯선 개념만은 아니었던 것 같다. 사람들은 원시인들은 무질서하게 싸웠을 것이라고 쉽게 이야기한다. 그렇지만 신글레 데 라 몰라 레미히아 유적의 '밀집 대형' 장면에서 보듯이, 전선의 아군이 불리할 때 투입하기 위한, 문자 그대로 잘 조직된 '예비군'이라는 개념이 이미 존재했다. 엘 시빌 동굴의 오른쪽 바위 그림에 묘사된 전사 집단도 비슷한 역할을 했다고 생각된다. 아울러 로스 도게스 유적에 그려진 '전장(戰場)'의 병력 배치 상황을 보면, 당시 전사들이 정교하게 전투 대형을 유지하면서 교전했음을 알 수 있다(그림 36). 바위 그림의 왼쪽에 있는 무리를 보면 최전선에서 몇몇 전사들이 우두머리를 보호하면서 싸우고 있고 그들 뒤에는 '예비군'이 전선에 뛰어들 태세를 갖추고 있다. 오른쪽에 자리 잡은 무리는 왼쪽 무리보다 더 정교하게 전투 대형을 짜고 공격하고 있다. 최전선에는 네 명의 궁수를 앞세운 삼각 편대를 이루었고 가운데 열에는 보충병들이 최전선 아군의 측면을 지원하고 후방에서는 또 다른 삼각 편대가 지키고 있다. 이처럼 전사들이 몇 개의 전선을 이루면서 싸우고 있는 모습은 네르피오의 몰리노 데 라스 푸엔테스 바위 그늘 유적에서도 확인된다. 이런 사실을 종합해 볼 때, 당시에도 훈련받은 전사들이 존재했고 오늘날의 분대(分隊) 같은 개념도 있었던 것으로 보인다.[21]

그럼 이제 이와 같은 전투가 일어나게 된 원인이 무엇인지 생각해 보자. 혹시 이웃 집단 간에 정기적으로 발생했던 분쟁으로 전투가 일어난 것일까? 아니면 오히려 그런 분쟁을 피하려고 의례적으로 싸우는 척했던 것은 아니었을까? 쌓인 불만을 털어놓고 고함을 지르며 위협하고 싸우는 시늉만을 낸다거나, 아니면 대립하는 두 진영에서 가장 우수한 전사들만 나가 싸운다거나 하는 행위는 공동체 간의 전면전을 회피하는 한 방편이다. 예를 들어 태즈메이니아의 원주민 사회에서는 공동체 간에 전투가 벌어지더라도 피를 보게 되는 순간 그 즉시 싸움을 멈춘다. 그들의 전투는 서구 사회의 결투와 닮은 구석이 있다. 따라서 이 바위 그림이 의례적인 전투 장면을 담은 것인지, 아니면 폭력적인 진짜 전투 장면을 묘사했는지 파악하는 것이 핵심이다. 그런데 이 바위 그림에서 전사들이 화살에 맞아 죽는 모습이 묘사된 것을 보면 그냥 싸우는 시늉만 냈던 것은 아니었던 듯하다. 한편 몇몇 바위 그림에는 한 사람이 한두 명의 궁수들에게 죽임을 당하는 장면이 그려져 있다. 이런 장면은 사적 원한관계 때문에, 아니면 매복해 있던 궁수들에게 살해당하는 장면을 담으려고 한 것일 수도 있겠다. 다른 공동체에 속한 사냥꾼이 홀로 사냥을 나갔다가 본의 아니게 이웃 공동체와의 경계 지대에 들어가서 죽임을 당하는 일도 가끔 일어나기 때문이다.

이상의 사실들은 갈등이 왜 일어났는가 하는 문제를 푸는 데 실마리를 준다. 그들에게 일차적인 관심은 가축을 사육할 초지나 곡식을 재배할 풍요로운 토지가 아니었던 것 같다. 농경과 관련된 장면은 레반트 예술에서 드문 반면에 사냥은 매우 흔한 주제였다. 대상이 되었던 동물은 주로 사슴과 야생 염소였고 멧돼지는 그보다 적었으며 소나 말을 그리는 경우는 매우 드물었다. 대부분의 바위 그림은 '사냥꾼의 이야기'를 전달하려 했고, 그들의 물질적 또는 상징적 세계에서 중요시되었던 사건을 묘사하려 했던 듯하다. 따라서 사냥 구역과 그들이 선호하는 지역을 놓고 이웃 간 갈등이 생겼고 이 때문에 공동체 간에 분쟁이 발생했다고 봐도 전혀 이상하지 않다. 아마도 지형적으로 경계가 되는 지점, 즉 산 정상부, 가파른 절벽, 깊은 골짜기 같은 자연 경계가 분쟁의 대상이 되었을 것이다. 예를 들어 사냥감을 쫓다가 경계를 넘는 일이 꽤 있었을 텐데, 이 경우 싸움으로 번질 공산이 크다. 그리고 어떤 집단이 자신들의 정체성 형성에 중요한 특정 지역, 경관 그리고 바위나 나무 같은 랜드마크를 확보하기 위해 경쟁하는 과정에서도 경계선을 둘러싼 긴장관계가 고조된다. 랜드마크가 공동체 간 경계 지대에 있는 경우가 많기 때문이다. 농경 사회가 아닌 야만 사회라 하더라도, 땅은 그곳에 사는 사람들에게 문화적으로 중요한 대상이며, 그러기에 애착의 대상이다. 바위 그림 속에는 경계 지대가 잘 묘사되어 있다. 레반트 예술가들은 바위 그늘의 천장이나 벽면의 미세한 기복을 적절히 이용하여 경계 지대를 상세하게 표현하였다. 벽면에서 툭 튀어나온 부분, 방해석이 뭉쳐진 부분, 습기가 차는 부분 등은 모두 자연적 경계를 상징한다. 그리고 이러한 경계를 넘게 되면 갈등이 폭발하고 마는 것이다. 스페인 레반트 지역의 바위 그림을 보면 사냥감을 잡는 사냥꾼처럼, 궁수들은 적을 죽이는 데도 전력을 다했던 듯하다. 그렇다고 당시 레반트 사람들의 사회가 본질적으로 전사 공동체였다고 보는 것은 큰 오산이다.[22]

사냥꾼과 농사꾼의 충돌

위에서 잠깐 언급했듯이, 갈등의 이유를 파악하려면 해당 집단의 경제적 기반이 무엇이었는지를 이해하는 것이 관건이다. 전투 장면들은 사냥-채집 집단들 간의 전투, 즉 '중석기시대적 생업 경제에 기반을 둔 집단들' 간의 전투인가, 아니면 주로 농업 생산에 의존하지만 가끔 사냥 활동도 하는 집단, 즉 '신석기시대적 생업 경제에 기반을 둔 집단들' 간의 전투인가? 만약 첫 번째 경우라면 바위 그림에 묘사된 사람들은 사냥-채집 경제에 기반을 둔 이동성이 강한 소규모 사회에 속한 사람이 된다. 그리고 그렇다면 바위 그림에 그려진 장면들은 그들의 근본적인 생계 활동을 표현한 것이다. 그렇지만 만일 두 번째 경우라면, 이 그림을 남긴 사람들은 농경과 목축에 기반을 둔 생산 경제를 근간으로 하는 사람이기 때문에 이 바위 그림에 묘사된 사냥 장면은 경제적으로 별로 중요하지 않지만, 상징적으로는 중요했던 장면을 표현한 것이라고 해석할 수 있다.

비록 대부분이 사냥 장면이긴 하지만 전투, 처형, 공격 자세의 궁수처럼 폭력과 공격성을 드러내는 장면들도 이 시기 바위 그림의 특징이라는 점은 분명하다. 땅을 갈거나 꿀을 모으는 활동처럼 농업 생산과 연관된 장면은 매우 드물다. 목동이 가축 떼를 모는 장면처럼 목축과 관련된 장면 또한 고삐를 맨 말로 해석할 수 있는 그림을 빼놓고는 없다. 게다가 '궁수 또는 전사'에 비해 여성성을 보여 주는 작품도 매우 적은데, 여성임이 확실한 경우 매우 세밀하게 묘사되는 경향이 있다. 그렇지만 바위 그림에 그려진 인물이 남성인지 여성인지 판단할 수 없는 경우가 아주 많다. 따라서 이처럼 성적 정체성이 애매한 그림이 여성일 가능성도 있기 때문에 레반트 바위 그림 예술에서 여성이 차지하는 비중이 작다고 보긴 아직 이른 듯하다. 이처럼 성별을 판별할 수 없는 그림이 모두 여성을 표현한 것이라 해도, 궁수와 전사 들이 사실은 남성이 아닌 여성이라 해도, 레반트 예술 세계에서 전쟁 장면이 중요한 위상을 차지한다는 사실 그 자체는 변하지 않는다.

여러 가지 이유로 바위 그림의 연대를 알기가 그리 쉽지 않다. 특히 스페인에서 선사시대 늦은 시기에 유행했던 도식적 예술 또는 '대형 도식' 예술이라고 하는 추상적인 형태의 바위 그림과 레반트 바위 그림 간의 선후관계를 파악하는 일이 그러하다.[26] 한편 레반트 바위 그림 자체도 연대가 불확실하다. 한꺼번에 그림이 그려진 것이 아니라, 장기간에 걸쳐 그려졌으므로 먼저 작품들을 시기별로 배열할 필요가 있다. 앙리 브뢰유(Henri Breuil)는 동물을 표현하는 양식이 후기 구석기시대 예술품과

....

26 이베리아 도식 예술이라고도 불리는 대형 도식 예술은 사물을 추상적인 양식으로 표현했다. 순동시대부터 철기시대까지 이베리아반도에 퍼져 있던 이 예술 양식은 논쟁의 소지가 있긴 하지만, 대개 기원전 4000년 기부터 기원전 1000년 기까지 지속되었다고 본다.

레반트 예술품 사이에 몇 가지 공통점이 있다는 점을 들어, 칸타브리아(Cántabria) 산악 지대의 후기 구석기시대 예술과 레반트 예술은 같은 시기에 제작되었을 것이라고 주장하였다.[27] 그렇지만 대부분의 스페인 초기 전문가들은 세밀한 유형학적 분석 결과를 근거로 앙리 브뢰유의 주장을 반박하면서, 레반트 예술은 대개 '빙하기 이후', 즉 따뜻했던 후빙기에 그려졌을 것이라고 보았다. 한편 그들은 레반트 바위 그림 중에 선사시대의 늦은 단계, 즉 최초의 농업 공동체 사회(신석기시대) 또는 심지어 청동기시대로 막 진입하던 시기의 작품도 약간 있지만, 대개는 '중석기시대' 사냥-채집 활동을 했던 사람들이 남긴 작품이라고 주장하였다. 만일 스페인 초기 연구자들의 편년이 맞다면 레반트 예술과 '대형 도식' 예술은 잠깐이지만 동시기에 제작되었던 적이 있다는 이야기다(그러나 오늘날 연구자들은 대체로 '대형 도식' 예술이 레반트 예술보다 나중에 제작된 것으로 보고 있다). 이상의 논의를 종합해 보자면 레반트 예술은 장기간에 걸친 예술 양식이며 각각의 장면들은 당시 경제 활동을 반영하고 있는데, 초기에는 오로지 사냥꾼이, 그다음에는 농사꾼이, 마지막에는 금속기를 사용하는 사람들이 그렸다고 할 수 있겠다.

그렇지만 이러한 스페인 초기 연구자들의 편년체계는 '대형 도식' 예술에 관한 최근 연구 성과 때문에 완전히 수정되어야 할 상황이다.[23] 대형 도식 양식의 예술 작품에는 마치 기도하는 듯이 손을 가지런히 모으고 있는 사람의 윤곽을 다소 추상적으로 크게 그린 도상이 많은데, 이러한 도상은 이베리아반도에서 기원전 6000년 기, 즉 찍은무늬토기 문화기에 제작된 토기 문양에서도 발견된다. 따라서 '대형 도식' 양식의 바위 그림 연대를 신석기시대 초기까지로 올려 봐야 한다. 게다가 레반트 양식의 작품과 '대형 도식' 양식의 작품이 중첩된 경우, 전자가 후자보다 늘 나중에 그려

....

27   앙리 브뢰유(1877~1961)는 가톨릭 신부이자 선사 고고학자로, 20세기 전반기에 '선사학의 교황'이라고 불릴 만큼 대단한 권위를 누렸다. 그는 구석기시대 시기 구분을 확립했고, 특히 구석기시대 예술 작품 연구에 크게 공헌했다. 칸타브리아 산악 지대의 후기 구석기시대 예술과 레반트 예술의 관계에 대해서는 Breuil, H., 1962, Théories et faits cantabriques relatifs au Paléolithique Supérieur et à son art des cavernes, *Munibe*, 14, pp. 353-358 참조.

졌다는 사실도 판명되었다. 이 두 가지 사실을 놓고 볼 때, 레반트 예술의 연대는 신석기시대 초기보다 앞선 시기로 올라갈 수 없으며 가장 이른 연대의 그림은 신석기 초기부터 제작되었다고 할 수 있다. 레반트 예술이 일정 기간 지속되었고 시간이 지날수록 점점 다양한 활동을 묘사하는 장면들이 늘어난다는 점에서 바위 그림은 기원전 5000년 기(또는 6000년 기)부터 기원전 3000년 기까지 제작되었던 듯하다. 달리 말하면 이 작품들을 남긴 사람들은 농경인이었다는 뜻이다. 물론 이때에도 험준한 산악 지대에서는 고립된 사냥-채집 집단이 존재했을 수도 있다. 그렇지만 사냥-채집 사회의 생활 방식은 나날이 발전하고 팽창해 가는 농경 문명의 생활 방식과 양립하기 힘들었을 것이다. 기름진 땅은 농지가 되고 메마른 땅은 초지가 되었다. 신석기 사회 경제는 토질에 따라 최대한 공간을 넓게 사용한다는 점에서 팽창적이다. 만일 레반트 예술이 신석기시대의 작품이라면 사냥과 전쟁은 부수적인 활동이었지만 사회적으로 중요한 역할을 담당했던 활동이었다는 이야기가 된다. 개인은 사냥과 전쟁을 통해 자신의 사회적 위상을 높일 수 있었고 공동체에 자신의 영향력을 직접 행사할 수 있었을 것이다. 사냥과 전쟁은 농사와 목축 같은 일상적인 활동에서 벗어나 자신의 사회적 지위를 높일 수 있는 드문 기회였던 셈이다.

이와 같은 사실은 기원전 4000년 기와 기원전 3000년 기의 신석기시대 후기와 순동시대에 화살촉이 많아지고 그 형태도 다양해진다는 사실과도 무관하지 않다. 즉 신석기시대에 사냥은 생업 경제 활동에서 부차적인 역할밖에 못했지만, 이 시기에 이르러 사냥은 사회적으로나 상징적으로나 그 역할이 오히려 강화되었음을 의미한다. 따라서 이 시기에 화살촉이 집중적으로 생산되고 심지어 과잉 생산되었다는 사실은 그리 놀랄 만한 일이 아니다. 화살촉은 공격과 방어의 수단임과 동시에 자신을 사회적으로 과시하는 수단이었다. 그리고 무덤까지 함께 가져가야 할 물품이 됨으로써, 화살촉 제작은 매우 특별한 활동이 되었다. 이제 화살촉은 단순히 늘 지니고 다녀야 할 생필품을 넘어, 사냥과 습격에서 보호와 질서 그리고 억제력을 뜻하는 상징적 기능도 갖추게 됨으로써, 전사들의 사기를 북돋아 주는 역할을 하게 된 것이다. 이런 관점에서 레반트의 바위 그림은 특정 사건을 단순하게 묘사한 게 아니라 당시 사회가 어떻게 작동되었는가를 보여 주는 거울이다.

강자와 약자

우리는 신석기시대라는 맥락 속에서 대학살의 의미를 되짚어 보는 것으로써 이 장을 마무리 지으려 한다. 고고학적 방법을 통해 신석기시대에 처형 또는 희생되었던 피해자들의 성별과 나이를 조사하면서, 여성과 아이의 비중이 유난히 높다는 사실을 바로 깨닫게 된다. 탈하임 유적에서는 아이의 비중이 전체 희생자의 50%에 이르고, 성인 중에서는 여성이 절반을 차지했다. 헤르크스하임 유적의 경우, 살해당한 사람 중에 아이가 아주 많다. 티페넬른의 융페른휠레 유적은 희생자의 거의 전부가 어린이와 여성이었다. 호네탈 유적에서도 희생자 중에 아이가 확인되었고, 퐁브레구아 유적도 양상은 비슷하였다. 이처럼 적은 사례를 가지고 신석기시대 사회를 일반화하기에는 이르지만, 몇 가지 경향만은 짚고 넘어갈 필요가 있다. 너무 당연한 말이겠지만 자기 자신을 지킬 힘이 없는 사람은 죽이기도 쉽다. 공동체 간에 전쟁이 일어났을 때 여성들과 아이들을 납치해서 학살하는 일은 적의 공동체 자체를 아예 없애 버리겠다는 뜻이다. 그렇지만 다른 해석도 가능하다. 공동체에서 의례에 사용될 희생자의 나이와 성별에 제한을 두었기 때문에 이처럼 희생자 중에 아이와 여성의 비중이 높다는 해석이다. 가장 약한 자 또는 공동체에는 별 도움이 안 된다고 여겨지던 사람을 희생시켰던 것은 아닐까?

체코 모라비아의 블루치나(Blučina) 인근 체사비(Césavy)에는 조금 더 늦은 시기, 즉 청동기시대(기원전 2000년 기 초기)의 성벽으로 둘러싸인 마을 유적이 있다. 이 유적의 한 구덩이에서 무려 700명분에 달하는 사람의 머리뼈 조각이 다른 뼈들과 한데 뒤섞여 발견되었다. 이 구덩이에서 수습된 머리뼈 대부분은 아이의 것으로 판명되었다. 그리고 일부 뼛조각에서는 식인 행위도 있었음을 보여 주는 흔적이 확인되었다.[24] 그런데 기원전 5000년 기~기원전 4000년 기에 형성된 루마니아의 한 신석기시대 마을 유적에서는 더욱 심각한 상황이 발생했음을 알려 주는 인골이 수습되었다. 그 마을에 살았던 사람들은 건물을 세우거나 길을 새로 놓을 때 터 닦기를 하면서 의례를 치렀고, 그 과정에서 건물이 들어설 자리에 구덩이를 파고 사람을 묻었다. 희생 의례의 일부로 폭력이 있었을 것이라는 점은 불 보듯 뻔하다. 한편 다뉴브 강 저지대에 자리 잡은 흐르쇼바(Hârşova) 유적에서는 손과 발이 묶인 채 광주리에 담겨 생매장당한 두 아이의 뼈가 발견되었다. 이 아이들도 희생 의례 때문에 죽임을 당했던 것으로 판단된다. 당시 폭력이 어찌나 심했던지 아이가 광주리에 똥까지 쌌다. 인류학적 분석에 따르면 희생당한 아이들은 장애인 또는 기형아였다.[25] 이 아이들은 신체적 장애로 인해 선택되어 살해된 듯하다. 마치 신체적 장애를 갖고 태어난 개체들은 제거되어야 한다는 우생학의 논리를 보는 것 같다. 이는 좋은 일, 즉 행복을 위해서는 나쁜 것쯤은 얼마든지 없애도 좋다는 식의 사고방식이다. 실제로 '비정상적인' 사람을 제거함으로써, 그들의 관습을 지킬 수 있었을 것이다. 만약 이 해석이 타당하다면 그들의 '조절 행위'에 관한 좀 더 깊이 있는 분석이 필요할 것으로 생각된다.[28]

....

28 흐르쇼바 유적은 기원전 5100년부터 기원전 3650년까지 지속되었다. 이 유적은 1960년대 초에 처음 보고되었으나, 본격적인 발굴조사는 1993년부터 2002년까지 진행되었다. 유적에 대한 상세한 발굴보고는 Popovici, D., Randoin, B., Rialland, Y., Voinea, V., Vlad, V., Bem, C., Bem, C., Haită, G., 2,000, Les recherches archéologiques du tell de Hârşova (dép. de Constanța) 1997-1998, *Cercetări Arheologice*, 11, pp. 13-124; Le Bailly, M., Barbin, V., Bălăşescu, A., Popovici, D., Bouchet, F., Paicheler, J.-C., 2006, Nouvelle approche taphonomique des coprolithes du Tell d'Hârşova (Roumanie): contribution de la cathodoluminescence, *Comptes Rendus Palevol*, 5-8, pp. 919-925 참조.

표적이 되어 버린 사람들

이 장에서는 프랑스에서 발굴된 유적 중에서 화살에 맞은 부상 흔적이 있는 인골이 발견된 단독 무덤, 복수 무덤, 집단무덤을 살펴보려 한다. 유적들의 연대는 기원전 8000년부터 기원전 4000년까지다. 사실 이와 같은 주제에 관한 연구는 그리 새로울 것도 없다. 이미 19세기에 로제르(Lozère) 지방 봄-쇼드(Baumes-Chaudes) 동굴 그리고 아를(Arles) 지방, 마른(Marne) 지방의 돌방무덤에서 출토된 화살촉이 박힌 인골에 관한 연구가 있었다.[1] 19세기에는 선사시대 사람들이 평화롭게 살았다고 막연히 상상했다. 그렇지만 화살촉이 박힌 인골들이 보고되자, 고고학자들은 '혹시 그때도 폭력이 있었던 것은 아닐까?'라는 의구심을 처음으로 품게 되었다. 그리고 폭력에 관한 고고학적 증거가 축적되면서 선사시대는 다양한 각도로 해석되고 재해석되었다.[1)] 우리는 M. 노데(Naudet)와 R. 비달(Vidal)에게 폭력의 흔적이 확인된 프랑스 유적의 목록을 작성해 줄 것을 부탁했다. 지금까지 작성된 목록들 가운데 가장 최신인 이 목록에 따르면, 프랑스에서 폭력과 관련된 신석기시대의 유적은 50곳

....

1　　Prunières B., 1878, Sur les cavernes des Baumes-Chaudes (Lozère), *Bull. Soc. Anthropologie de Paris*, 1, n·2, pp. 206-220.

가량에 이른다.[2]

지역적 차이가 큰 폭력의 증거들

분포도를 보면 폭력에 관한 고고학적 증거가 시공간적으로 몰려 있어서, 지역
간 차이를 금방 알아볼 수 있다(그림 37-1). 파리 주변을 제외한 알자스(Alsace), 브르
타뉴(Bretagne), 방데(Vendée), 샹파뉴(Champagne), 마시프상트랄(Massif Central)
등 프랑스 북부 지역에서는 폭력을 지시하는 유적이 매우 드물다. 반면에 그랑-코스
(Grand-Causses), 랑그독, 프로방스, 그리고 조금 덜하지만 피레네 지역 등 남부 지역
에서는 폭력의 흔적이 관찰되는 유적이 아주 많다(그림 37-2).[3] 그 밖의 지역에서는
폭력의 흔적이 있는 유적이 아직 보고된 바 없다. 아마 자연적, 문화적 그리고 역사
적 요인으로 그 이유를 설명할 수 있을 것 같다.

프랑스 남부 지역은 기원전 4000년 기~기원전 3000년 기에 고인돌, 동굴무덤,
돌방무덤 같은 일종의 공동체적 지하무덤을 장기간 사용했다. 기반암을 파면서까
지 조성했던 무덤은 30기(基) 정도에 불과하지만, 큰 돌을 써서 무덤방을 조성했던
매장 유적은 무려 3,000기가 넘는다. 그리고 아직 정확한 개수 파악은 안 된 상태지
만 동굴을 마치 무덤처럼 사용한 매장 유적도 수백 기에 이른다. 신석기시대와 청동
기시대 사람들은 석회암 지대에서 발달한 동굴, 자연적으로 형성된 얕거나 깊은 웅
덩이, 절벽 바닥 부분을 집단무덤처럼 사용하였다. 고인돌의 하부 구조인 돌방무덤
은 물론이고 선사시대 내내 수천 기에 이르는 동굴들은 시신을 매장하던 공간으로
'기능'했다. 이 유적들에 관한 성과가 그동안 꽤 축적되었지만, 아직도 연구할 부분

....

2 〈부록 1〉 참조.

3 그랑-코스 지역이란 프랑스 한가운데 있는 마시프상트랄산맥의 남쪽 기슭을 따라 형성된 석회암 고원
  지대를 말한다. 행정 구역상 아베롱, 로제르, 가르, 에로 등이 그랑-코스에 속한다. 그랑-코스의 서쪽에
  랑그독과 피레네 지역이 있고 동쪽에 프로방스가 있는데, 이 지역들을 모두 아울러 프랑스 남부라 한다.

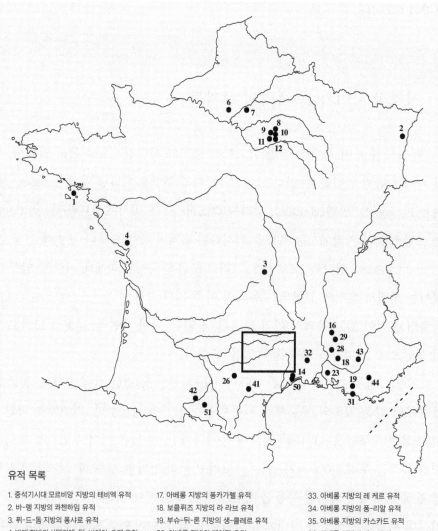

유적 목록

1. 중석기시대 모르비앙 지방의 테비엑 유적
2. 바-랭 지방의 콰첸하임 유적
3. 퓌-드-돔 지방의 퐁샤로 유적
4. 방데 지방의 샤텔리에-뒤-비에이-오제 유적
5. 아베롱 지방의 트레유 유적
6. 발-두와지 지방의 라 페르므 뒤포르 유적
7. 발-두와지 지방의 라 피에르 플라트 유적
8. 마른 지방의 라제 유적
9. 마른 지방의 라 피에르 미술로 유적
10. 마른 지방의 빌브나르 2번 돌방무덤 유적
11. 마른 지방의 우아 1번 돌방무덤 유적
12. 마른 지방의 우아 2번 돌방무덤 유적
13. 가르 지방의 르 파-드-쥘리에 유적
14. 에로 지방의 쉬케-쿠콜리에르 유적
15. 로제르 지방의 르 크레스팡 유적
16. 보클뤼즈 지방의 르 캅피텐 유적

17. 아베롱 지방의 퐁카가렐 유적
18. 보클뤼즈 지방의 라 라브 유적
19. 부슈-뒤-론 지방의 생-클레르 유적
20. 아베롱 지방의 메이막 유적
21. 아베롱 지방의 르 소 드 라 라보뉴
22. 로제르 지방의 생-테니미 유적
23. 부슈-뒤-론 지방의 르 카스텔레 유적
24. 아베롱 지방의 퓌에슈캉 유적
25. 아베롱 지방의 프레벵키에르 유적
26. 타른 지방의 모레 유적
27. 로제르 지방의 아라공 유적
28. 보클뤼즈 지방의 부알로 유적
29. 보클뤼즈 지방의 로엑스 유적
30. 로제르 지방의 로메드 유적
31. 부슈-뒤-론 지방의 테르벤느 유적
32. 가르 지방의 르 슈멩 드 페르 유적

33. 아베롱 지방의 레 케르 유적
34. 아베롱 지방의 퐁-리알 유적
35. 아베롱 지방의 카스카드 유적
36. 아베롱 지방의 가슈 유적
37. 아베롱 지방의 사르젤 유적
38. 로제르 지방의 레 봄-쇼드 유적
39. 로제르 지방의 알미에르 유적
40. 아베롱 지방의 르 모나 유적
41. 에로 지방의 렉 드 라스 발모스 유적
42. 오트-가론 지방의 라 투라스 유적
43. 알프-드-오트-프로방스 지방의 파르 유적
44. 바 지방의 플랑 돕스 봉분 유적
50. 에로 지방의 카스텔노-르-레즈 유적
51. 아리에주 지방의 몽포르 유적(구석기시대)

그림 37-1 신석기시대와 순동시대에 화살에 맞아 죽거나 부상당한 흔적이 보이는 뼈가 출토된 프랑스 유적의 분포도

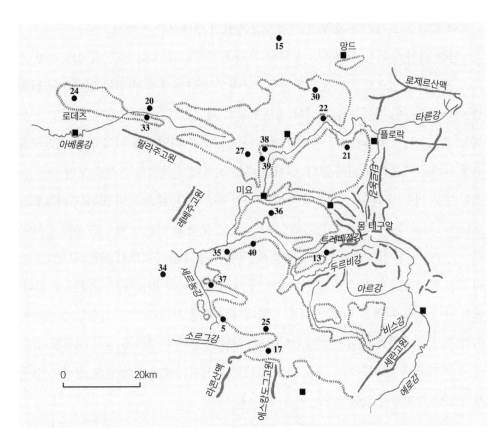

그림 37-2 신석기시대와 순동시대에 화살에 맞아 죽거나 부상당한 흔적이 보이는 뼈가 출토된 프랑스 남부 그랑-코스(그림 37-1의 네모 표시 지역: 아베롱+로제르) 지방의 유적 분포도

이 많다. 19세기 이후 고고학자들은 과잉 발굴이라고 부를 정도로 발굴을 강조했다. 그렇지만 정작 발굴을 통해 발견된 자료를 분석하고 연구하는 데는 그리 관심을 두지 않았다. 특히 고인돌무덤과 동굴무덤에서 출토된 인골에는 아무 관심도 없었다. 아마추어 고고학자와 도굴꾼은 오로지 화살촉, 단검, 장식이 들어간 토기, 정교하게 제작된 장신구 같은 유물에만 관심이 있었다. 심지어 저명하다는 몇몇 고고학자들조차 서둘러 발굴조사를 끝내 버리고 후속 연구에는 별로 관심이 없었다. 그나마 다행인 점은 세밀한 부분까지 신경을 쓰면서 꼼꼼히 발굴 정황을 기록으로 남겼던 훌륭한 발굴자들도 늘 있었다는 점이다. 그들 덕택에 발굴 당시 폭력 행위의 흔적에 관한 초기 기록을 우리가 연구할 수 있는 것이다. 여러 가지 이유로 프랑스 남부 지역은

폭력에 관한 자료가 매우 풍부한 편이지만 자료의 질에서는 차이가 크다.

남부 지역과 다른 문화권인 샹파뉴 지역 돌방무덤과 파리 인근 지역의 하부 구조가 통로식 돌방으로 이뤄진 고인돌무덤에서도 폭력의 흔적이 남아 있다.[4] 이 건축물들이 세워졌던 시기는 남부에서 집단무덤이 세워졌던 시기와 같다. 그렇지만 샹파뉴, 파리 인근 지역과 남부 지역을 제외하면 나머지 지역에서 이와 같은 집단매장 유적은 매우 드물거나 아예 없다. 이처럼 다른 지역에서 폭력의 흔적을 보여 주는 유적이 드문 이유 중 하나는 유적의 후퇴적 과정 때문이다. 예를 들어 서부의 아르모리크(Armorique) 지역에서는 고인돌이 많은데도 불구하고 인골이 매우 드물게 출토된다. 이 지역의 산성 토양이 인골을 부식해 폭력의 증거를 파괴했기 때문이다.[5] 그 밖의 다른 지역에서 폭력의 증거가 보이지 않는 원인을 여러 각도에서 설명할 수 있다. 예를 들어 집중 지역을 벗어난 다른 지역에서는 해당 연구가 막 시작되었기 때문에 아직 조사가 제대로 이뤄지지 않았다든지, 아니면 보다 단순하게 남부 지역보다 유적 수 자체가 적기 때문이라든지, 그도 아니면 역사시대에 들어와 농토 정비 과정에서 무덤이 파괴되어 없어졌다는 이유 말이다.

그러므로 위의 폭력과 연관된 유적의 분포도는 현재까지 잠정적으로 그렇다는 것이지, 미래에도 그렇다는 것은 아니다. 앞으로 연구가 더욱더 깊어지고 광범한 공간에 대한 전면적인 구제 발굴이 시행된다면, 그리고 전국적으로 신석기시대, 청동기시대에 해당하는 유적에 대한 발굴이 균형 있게 이뤄진다면, 현재의 유적 분포 양상은 얼마든지 달라질 수 있다.

....

4 통로식 돌방 고인돌무덤은 allée couverte를 번역한 말이다. 지하에 통로처럼 길쭉한 돌방을 만들어 여러 구의 시신을 묻었고, 위에는 고인돌을 세운 무덤 양식이다. 파리 인근 지역, 브르타뉴, 아키텐 지역의 신석기시대와 청동기시대 무덤들에서 이와 같은 양식의 무덤을 볼 수 있다.

5 아르모리크 지역의 기반암은 프랑스의 다른 지역과 달리 화강암이다. 화강암은 풍화 이후, 산성 토양이 되므로 알카리성의 뼈가 부식된다는 뜻이다.

점차 격렬해지는 갈등?

공간에 관한 문제를 봤으니, 이번에는 시간에 관한 문제를 살펴보자. 만약 신석기시대, 즉 첫 번째 농경인의 시대가 3,000년 또는 4,000년 동안 지속되었다면(대략 프랑스의 신석기시대는 기원전 6000년부터 기원전 2000년까지로, 최초로 금속, 즉 구리를 사용하였던 순동시대까지를 포함한다), 이 긴 시간 동안 여러 가지 변동이 있었으리라는 것은 너무 당연한 얘기다. 이 기간은 프랑스 사람들의 기원인 골족이 역사상 처음으로 등장하여 현대에 이르는 기간의 두 배에 해당할 만큼 긴 세월이다. 4,000년이나 지속된 '신석기시대'에 경제적, 사회적, 문화적, 그리고 이데올로기적 토대는 때로는 점진적으로, 때로는 급진적으로 수도 없이 변했을 것이다.

화살에 맞아 다친 흔적이 있는 인골은 신석기시대 후기, 즉 기원전 3500~기원전 2000년에 속하는 유적에서 집중적으로 나타난다. 그렇다면 우리는 신석기시대에 시간이 지날수록 폭력이 늘어났다고 결론지어야 할까? 실제로 기원전 6000~기원전 3500년에 해당하는 인골의 출토 건수보다 기원전 3500~기원전 2000년 사이의 인골 출토 건수가 훨씬 많다는 사실에서 신석기시대 후기에 인구 증가가 있었음을 유추할 수 있다. 그리고 그와 같은 인구 증가로 인해 신석기시대 후기에 폭력이 더 많이 발생하게 되었다는 주장이 설득력 있게 들리는 것도 사실이다.

그렇지만 이처럼 신석기시대 전기와 후기의 인골 출토량을 단순 비교한다는 것 자체가 무리가 있는 것은 아닐까? 왜 기원전 3500년과 기원전 2000년 사이에 폭력 흔적이 있는 인골은 그렇게나 많은데, 기원전 6000년과 기원전 3500년 사이에는 그와 같은 인골이 드문 것일까? 당연한 말이겠지만 시신은 장례 방식에 따라 보존되거나 파괴될 수도 있다. 그렇다면 장례 방식의 차이로 신석기시대 전기와 후기 간에 차이가 발생하게 되었다고 볼 수도 있다. 다만 이와 같은 설명은 전자, 즉 신석기시대 전기에 속하는 자료 자체가 너무 적기 때문에 두 시기를 비교할 수 있는 보다 확실한 근거를 제시할 수 없다는 한계가 있다. 그리고 여러 차례 말했듯이 우리는 인구가 적다고 폭력 사태가 덜 일어난다고 보지 않는다. 기원전 5000년 전에 형성된 탈하임 유적의 대학살이 바로 그와 같은 사례이다. 신석기시대 전기의 폭력에 관한 분석이 여태껏 정량적 방법보다 정성적인 방식으로 이뤄지는 이유도 여기에 있다. 여기서 브르타뉴 지방 모르비앙의 테비엑 유적의 사례는 논외로 하겠다. 왜냐하면 이 유적은 기원전 6000년 기 중반에서 후반기로 연대가 비교적 늦긴 하지만, 농경 이전의 중석기시대의 마지막 사냥-채집 집단이 남긴 유적으로 생각되기 때문이다. 프랑스 땅에서 농경 문화는 지중해 연안을 중심으로 한 찍은무늬토기 문화와 알자스, 로렌 그리고 파리 분지 등을 중심으로 한 '다뉴브 문화(Danubien)'에서 처음 등장한다.[6] 전자에서는 찍은무늬토기가, 후자에서는 띠무늬토기가 특징적인데, 이 두 문화권 모두에서 폭력의 흔적이 확인되었다. 다뉴브 신석기 문화에 속하는 알자스의 한 공동묘지 유적(바-랭 지방의 콰첸하임 유적)에서는 두 사람의 뼈에서 화살을 맞은 흔적이 발견되었다. 한 명은 어른으로 허리 오른쪽에 맞았고(10호 무덤), 다른 한 명은 머리에 맞았다(11호 무덤).[7]

현재까지의 연구 성과에 따르면 신석기시대 중기에는 폭력의 증거가 거의 없다. 퓌-드-돔(Puy-de-Dôme) 지방의 클레르몽-페랑(Clermont-Ferrand)에 있는 퐁샤로(Pontcharaud) 공동묘지 유적이 유일한 폭력의 예다.[8] 이 유적의 한 구덩이에는 일곱 명분의 인골이 곧게 펴 묻힌 자세[伸展葬]로 놓여 있었다. 이 중 다섯은 어른 남성이고 둘은 아이였다. 척주에 돌살촉이 박혀 있는 것을 보면, 적어도 한 명은 화살에 맞

....

6 다뉴브 문화는 띠무늬토기 문화의 다른 이름으로, 유럽 동부에서 기원한 문화이기 때문에 이렇게도 부른다.

7 기원전 5100년 전에 형성된 신석기시대 공동묘지 유적이다. Jeunesse, C., 2005, Nouvelles données sur la nécropole du Néolithique ancien de Quatzenheim (Bas-Rhin): Lbk graveyard in Alsace, Cahiers alsaciens d'archéologie, d'art et d'histoire, 58, pp. 5-30.

8 최근 퐁샤로 유적에서 출토된 인골에 대해 안정성 동위원소 분석이 이뤄졌다. 분석 결과에 따르면 이 유적에 묻힌 사람들은 산악 지대에 살면서 사냥-채집 생활을 하던 집단으로, 지중해 연안 평야 지대에서 농경 생활을 하던 집단과 구별된다고 한다. André, G., Cabut S., Loison G., Herrscher E., Schmitt A., Goude G., 2013, Pratiques alimentaires au Néolithique moyen: nouvelles données sur le site de Pontcharaud 2 (Puy-de-Dôme, Auvergne, France), *Bulletin de la Société préhistorique française*, 110, n°2, pp. 299-317.

아 죽었음이 분명하다. 그러나 나머지 여섯 명의 사망 원인을 밝히는 일은 쉽지 않다. 그러나 이들이 모두 구덩이에 묻힌 뒤에 석회석 돌널로 덮인 것을 보면 나머지 여섯 명도 화살에 맞아 죽었던 사람과 동시에 묻혔다는 사실만큼은 확실하다. 이 사람들도 전투 때문에 죽었거나, 아니면 처형당했던 것일까? 그렇다 하더라도 이들이 당했던 폭행의 흔적을 구체적으로 밝히는 작업은 쉽지 않다. 게다가 사고나 병 같은 다른 원인 때문에 죽었을 가능성도 있다. 그렇지만 일곱 명이 동시에 묻혔고 적어도 그중 한 사람이 살해당했다는 정황을 고려할 때, 나머지 여섯 명이 자연사했을 가능성은 거의 없어 보인다.[2]

이와 비슷한 사례가 기원전 4000년경에 형성된 프랑스 남부 론강을 따라 형성된 무덤들에서도 확인되었다. 시신을 묻으려고 일부러 구덩이를 판 사례도 있지만 원래 저장용으로 사용하던 구덩이를 재활용한 사례도 있다. 이러한 무덤으로 생-폴-트루아-샤토(Saint-Paul-Trois-Châteaux)의 레 물랭(Les Moulins) 유적과 몽테리마르(Montélimar) 근처 구르니에(Gournier) 유적이 있다.[3][9] 각각의 무덤에는 대개 서너 명의 시신이 동시에 매장되었는데, 예외적으로 두 시기에 걸쳐 시신이 매장된 집단무덤도 하나 있다. 시신의 배치 상태를 보면 구덩이 가운데에 자리 잡은 사람을 중심으로 다른 사람들이 둘러싸고 있는 양상이다. 둘레에 묻힌 사람들은 마치 순장되었던 것처럼 보인다. 여기서도 이들의 죽음이 자연사인지, 아니면 강압에 의한 죽음인지 하는 의문이 제기된다.

사실 집단무덤, 즉 여러 명을 동시에 묻는 행위의 의미를 파악하기란 그리 쉽지 않다. 이들은 굶어 죽은 것일까? 아니면 알 수 없는 병에 걸려 죽은 것일까? 그도 아니면 살해당한 것일까? 하지만 무덤이 추가장의 흔적이 없고 묻힌 사람들 사이의 주종관계가 확인된다면 순장으로 볼 수도 있을 것이다. 순장과 관련하여 방데 지방의

....

9   Brochier, J. L., Ferber, F., 2009, Méthode d'approche du fonctionnement des fosses du site chasséen des Moulins, Saint-Paul-Trois-Châteaux, Drôme: d'après l'étude de leur remplissage sédimentaire, *Mémoire XLVIII de la Société préhistorique française*, pp. 143-151.

사진 13 기원전 4000년 기 프랑스 방데 지방의 샤텔리에-뒤-비에이-오제 유적의 3호 무덤으로, 두 명 중 어른 남자는 척주에 화살을 맞고 얼굴 부위가 깨져 있으며, 남자 청소년은 머리를 둔기로 맞고 가슴에 화살을 맞은 것으로 보인다(P. Birocheau/M. Large 촬영).

샤텔리에-뒤-비에이-오제(Châtelliers-du-Vieil-Auzay) 유적에서 발견된 무덤 3기를 살펴보자.[10] 연대가 기원전 3500년으로 추정되는 이 무덤들에서는 남자가 무덤마다 두 명씩 묻혔는데, 한 명은 어른이고 다른 한 명은 좀 더 젊다. 3호 무덤에서는 키가 큰 20세가량의 어른과 청소년이 머리와 다리가 서로 엇갈려 눕힌 상태로 출토되었다(사진 13).

두 명의 키는 각각 170cm와 190cm로 청소년의 키가 매우 크다. 어른의 뼈를 보면 네 번째 허리뼈에 날카로운 화살촉이 꽂혀 있는데 아마도 화살을 맞고 즉사했을

....

10 Birocheau P., Convertini F., Cros J.-P., Duday H., Large J.-M., 1999, Fossé et sépultures du Néolithique récent aux Châtelliers du Vieil-Auzay (Vendée): aspects structuraux et anthropologiques, *Bulletin de la Société préhistorique française*, 96, n°3, 1, pp. 375-390.

것으로 추정된다. 그뿐만 아니라 얼굴 쪽을 보면 둔기에 맞아 이가 부러지고 턱도 깨졌다. 함께 묻힌 청소년도 이마와 옆머리에 맞은 흔적이 관찰되었다. 가슴우리 안에서 날카로운 화살촉이 출토된 정황으로 보아 화살이 가슴을 관통했던 것으로 보인다. 1호 무덤에서도 3호 무덤과 비슷하게 한 명의 어른 뼈와 20세가량의 청년 뼈가 출토되었다. 둘 다 다리가 굽혀진 채 묻혔다[屈身葬]. 둘은 다리가 서로 맞닿을 정도로 가깝다. 어른의 뼈에서는 도끼 같은 무기로 여러 차례 머리에 타격을 받은 흔적이 관찰되고, 청년의 뼈에서는 타박상의 흔적이 관찰된다. 2호 무덤에서도 두 사람이 나란히 묻혔는데, 왼쪽에 놓여 있는 사람은 다리가 굽혀진 채 묻혔다. 한 명은 젊은 어른이고 다른 한 명은 16~18세가량의 청소년이다. 어른의 경우, 머리를 몇 차례 둔기로 얻어맞았는데, 지름이 2cm쯤 되는 뼛조각이 떨어져 나갔을 정도로 심하게 다쳤다. 청소년의 머리뼈에서도 여러 번 얻어맞은 흔적이 관찰된다. 발굴을 담당했던 사람들과 인류학자들은 이 여섯 명의 인골에서 타박상을 입은 지점이 정확하게 일치한다는 점에 놀라움을 감추지 못했다. 모두 머리를 맞았고 3호 무덤의 두 사람은 화살도 맞았다. 무덤 속에 시신이 놓인 상태와 두 명씩 짝지어 묻혔다는 점에서 이들은 의례화, 즉 '보통 사람과는 다른' 특별한 사람을 기리는 희생 의례처럼 극적 연출을 거쳐 매장되었던 것으로 추정된다.[4]

프랑스 남부의 호전적인 사람들?

신석기시대 전기에는 화살에 맞은 부상 흔적이 드물지만, 기원전 3500년쯤부터 눈에 띌 만큼 많아진다. 이러한 부상 흔적이 있는 인골은 고인돌무덤, 돌방무덤 그리고 동굴무덤 등에서 발견되는데, 주로 프랑스 남부 석회암 지대에 집중되어 있다. 물론 분포도에서 보았듯이, 프랑스 북부 마른 지역의 돌방무덤에서도 이와 같은 희생자의 흔적을 볼 수 있다. 이 지역 돌방무덤은 이른바 '센-우아즈-마른 시기 (Seine-Oise-Marne: 기원전 3400~기원전 2800년)'와 '고르 시기(Gord: 기원전 2800~기원전 2400년)'에 거의 1,000년 동안 사용되었다.[11] 그러나 기원전 4000년 기와 기원전 3000년 기에 아베롱(Aveyron)과 로제르, 그리고 그 주변 지역인 에로와 가르의 석회암 고원 지대를 중심으로 폭력의 흔적이 가장 집중되어 있다는 사실을 부정할 사람은 없을 것이다(사진 14, 15, 16, 17).

장 아르날(Jean Arnal)은 이와 같은 지역 문화를 처음에는 로데지앙(Rodézien)이라고 불렀다가, 나중에 아베롱의 생-장-생-폴(Saint-Jean-Saint-Paul) 동굴 유적에서 출토된 유물을 분석하면서, '트레유(Treilles) 집단'이라고 고쳐 불렀다.[12] 그는 트레유 집단을 매우 호전적인 민족으로 생각했다. 그는 이 집단이 석회암 고원 지대에 거주하면서 저지대에 있는 마을들을 습격하여 약탈하기를 서슴지 않았을 것이라고 주장했다. 그들은 '소나무 양식'이라는 특이한 형태의 돌살촉을 만들어 썼던 무시무시한 궁수들로 정기적으로 저지대로 내려가 주변 지역을 약탈했다는 것이다. 에로 지방의 레 마텔르(Les Matelles) 근처에 있는 쉬케-쿠콜리에르(Suquet-Coucolière) 동굴 유적에서는 실제로 소나무 양식 화살촉에 맞은 흔적이 있는 사람의 뼈가 출토되기도 하였다.[13] 한편 체질 인류학자들은 이 시기에 이르러 프랑스 남부 석회암 지대에서 머리 원형 절제 수술을 했던 흔적이 많아진다는 점을 지적한다. 잦은 무력충돌과 고대의 외과 수술 사이에 어떤 연관성이 있다고 주장하려는 것은 아니지만, 적어

....

11   센-우아즈-마른 시기란 프랑스 북부와 벨기에를 중심으로 한 지역의 신석기시대 말기와 순동시대를 아우르는 시기다. 이 시기에 통로식 돌방 고인돌무덤이 유행했다. 연구자에 따라서 동일한 지역에 비슷한 시기 또는 보다 늦은 시기의 문화를 고르 문화라고 구별하기도 한다. Bailloud G., 1982, Vue d'ensemble sur le Néolithique final de la Picardie, *Revue archéologique de Picardie*, 4, pp. 5-35 참조.

12   장 아르날(1907~1987)은 프랑스 남부 지역을 중심으로 활동했던 고고학자이자 의사로, 1950년대 초반에 프랑스 남부 지역의 신석기시대 문화의 편년체계를 세웠다. 트레유 집단 또는 트레유 문화란 프랑스 남부 아베롱과 로제르 등 석회암 고원 지대의 순동시대 문화를 말한다. 트레유 문화는 기원전 2650년부터 기원전 2500년까지 지속되었다. Mohen, J.-P., 1988, Treillles (culture des), Leroi-Gourhan (dir.), *Dictionnaire de la Préhistoire, Quadrige* / PUF, p. 1115.

13   Pannoux, P., Pannoux, C., 1953, Four crématoire néolithique aux Matelles (Hérault), *Gallia*, 11-1, pp. 69-79.

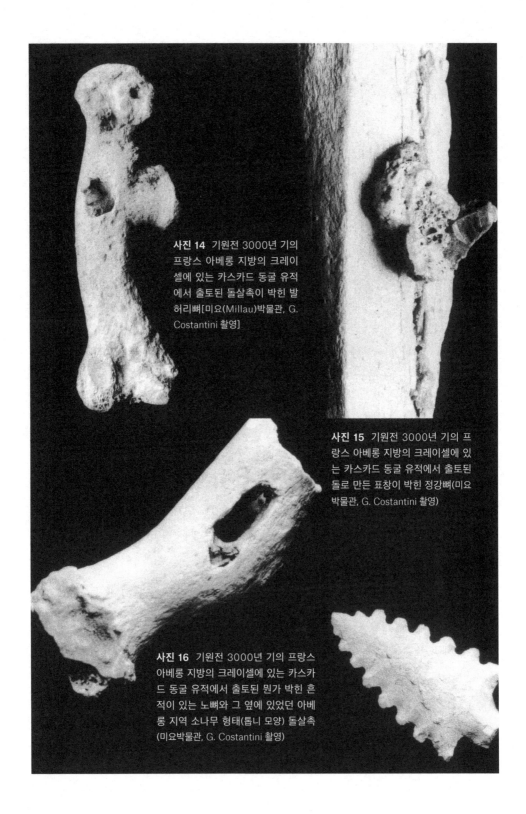

사진 14 기원전 3000년 기의 프랑스 아베롱 지방의 크레이셀에 있는 카스카드 동굴 유적에서 출토된 돌살촉이 박힌 발허리뼈[미요(Millau)박물관, G. Costantini 촬영]

사진 15 기원전 3000년 기의 프랑스 아베롱 지방의 크레이셀에 있는 카스카드 동굴 유적에서 출토된 돌로 만든 표창이 박힌 정강뼈(미요박물관, G. Costantini 촬영)

사진 16 기원전 3000년 기의 프랑스 아베롱 지방의 크레이셀에 있는 카스카드 동굴 유적에서 출토된 뭔가 박힌 흔적이 있는 노뼈와 그 옆에 있었던 아베롱 지역 소나무 형태(톱니 모양) 돌살촉(미요박물관, G. Costantini 촬영)

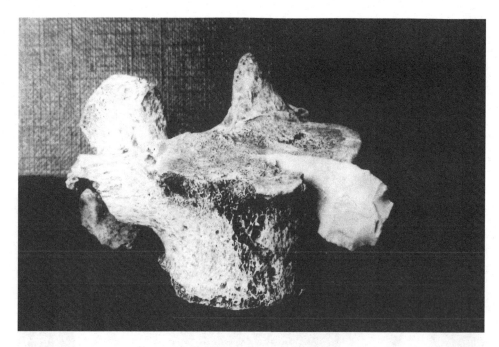

사진 17 기원전 3000년 기 프랑스 타른 지방 지주네 마을 인근의 모레 수직굴 유적에서 출토된 허리뼈에 박힌 돌살촉(G. Costantini 촬영)

도 이 시기에 전쟁, 의료 행위 또는 의례 행위 등을 통해 몸에 자주 손을 댔다는 점만큼은 강조하고 싶다. 무력충돌과 고대 외과 수술 간의 연관성에 대해서는 조금 뒤에 다시 논하도록 하겠다. 프랑스 남부 지역에서 기원전 3000년 기에 관통상 또는 타박상을 입은 머리뼈, 부상당한 사지 뼈, 그리고 화살을 맞은 흔적이 있는 뼈가 증가하는 현상이 있었다는 점만큼은 분명하다.

프랑스 남부에서 폭력에 관한 증거가 가장 많은 시기는 순동시대 중기다. 그렇지만 순동시대 중기 이후, 즉 종형(鐘形)토기 문화가 서유럽 전역으로 퍼졌던 시기인 순동시대 후기부터는 오히려 폭력의 증거가 줄어든다.[14] 하지만 프랑스에서는 표

....

14   순동시대에서 청동기시대 전기, 즉 기원전 2900~기원전 1900년 사이에 독일, 프랑스, 스페인, 영국 등 서유럽에서 번성하였던 문화이다. 프랑스에서는 종형토기 문화(Culture campaniforme), 영국에서는 비커 문화(Beaker culture), 독일에서는 종형토기 문화(Glockenbecherkultur)라고 부른다. 이 문화에서는 새끼줄로 그릇의 표면을 눌러 장식하는 토기와 배 모양의 전투용 도기가 특징적이다.

식 유물인 종형 잔으로 대표되는 종형토기 문화기에 속하는 무덤은 드물다. 따라서 그보다 앞서 있었던 문화나, 동시대 다른 문화와 비교하기가 어렵다. 더욱 심각한 문제는 종형토기를 제작했던 사람들이 이전 시기에 살았던 사람들이 이미 만들어 썼던 커다란 집단무덤에 자신들의 선조를 묻었다는 사실이다. 이처럼 서로 다른 시기에 죽었던 사람들을 한곳에 묻었기 때문에 집단무덤에서 출토된 인골이 정확히 어느 시기에 해당하는지를 판단하기는 현실적으로 불가능하다. 이런 이유로 알프-드-오트-프로방스(Alpes-de-Haute-Provence) 지방의 포르칼키에르(Forcalquier) 근처의 무덤인 파르(Fare) 개인 무덤이 주목된다.[15] 이 무덤에서는 전형적인 종형토기가 출토되었기 때문이다. 파르 무덤에 묻혔던 사람의 자뼈 팔꿈치머리에는 돌살촉이 박혀 있었다. 하지만 맞은 상처가 아물었다는 점에서 이 부상 때문에 죽었던 것은 아닌 듯하다.[5]

이와 비슷한 사례를 바 지방 플랑 돕스(Plan d'Aups)에 있는 한 봉분(tumulus)에서도 볼 수 있다. 마을 사람들은 이 유적을 '장군무덤(Gendarme)'이라고 부른다.[16] 무덤에서는 버들잎 모양의 돌살촉이 박혀 있는 넙다리뼈와 종형토기 문화를 지시하는 독특한 문양이 새겨진 단지가 함께 출토되었다. 오드 지방의 콘느-미네르부아(Caunes-Minervois) 인근의 렉 드 라스 발마스(Rec de las Balmas) 동굴 유적에서는 자뼈의 팔꿈치머리에 슴베와 양 날개가 있는 유형의 돌살촉이 박혀 있는 흥미로운 사례가 확인되었다. 유적에서 연대가 기원전 2500~기원전 2200년으로 추정되는 종형토기 조각이 다른 유물과 함께 출토되었다.[17] 한편 오트 가론(Haute-Garonne) 지방

....

15 Lemercier, O., Furestier, R., Müller, A., Blaise, E., Bouville, C., Fabien Convertini, F., Salanova, L., 2011, La sépulture individuelle campaniforme de La Fare (Forcalquier, Alpes-de-Haute-Provence). Salanova, L., Tchérémissinoff, T. (eds.), *Les sépultures individuelles campaniformes en France*, CNRS, Suppléments à Gallia Préhistoire XLI, pp. 145-159.

16 Courtin, J., Palun, Y., 1962, La caverne de la Grande-Baume (Commune de Gémenos, Bouches-du-Rhône), *Gallia préhistoire*, 5-1, pp. 145-157.

17 Rec de las Balmos라고도 쓴다. Guilaine J., 1959, Le vase campaniforme dans le groupe pyrénaïque catalan français: Etude préliminaire, *Pallas*, 8-2, pp. 33-40.

생-마르토리(Saint-Martory)에 있는 라 투라스(La Tourasse) 동굴 유적에서 출토된 인골의 허리뼈에는 날개가 있는 날카로운 돌살촉이 꽂혀 있었다. 이 동굴에서 함께 출토된 몇 점의 토기를 놓고 판단해 볼 때, 이 유적의 중심 연대 또한 종형토기 문화기로 생각된다.[6][18]

희생자 추정의 어려움

전체 인골 중에서 화살에 맞아 부상을 입은 흔적이 있는 개체가 차지하는 비율은 그다지 높지 않다. 아베롱 지역의 생-장-생-폴의 트레유 동굴에서는 74개체분에 해당하는 인골 중에서 단지 네 명에게서만 부상 흔적이 발견되었다. 같은 지역 크레이셀(Creissels)에 있는 카스카드(Cascades) 동굴에서는 79개체분에 이르는 인골 중에서 고작 세 명에게서만 부상의 흔적이 관찰되었다. 로제르 지역 샤낙(Chanac)의 노자레드(Nojarède) 고인돌에서는 40명분의 인골 중에서 두 명, 그리고 보클뤼즈(Vaucluse) 지역 생-사튀르냉 답트(Saint-Saturnin-d'Apt)의 라브(Lave) 동굴 유적에서는 66명분의 인골 중에서 세 명, 보클뤼즈 지역 그리용(Grillon)의 캅피텐(Capitaine) 돌방무덤에서는 150~200명분의 인골 중에서 고작 두 명, 보클뤼즈 지역 로엑스(Roaix)의 크로트(Crotte) 돌방무덤에서는 약 200명 중에 세 명, 발-두아즈(Val-d'Oise) 지역 프레슬(Presles)의 피에르-플라트(Pierre-Plate) 고인돌에서는 100명 중 한 명, 부슈-뒤-론(Bouche-du-Rhône) 지역의 퐁비에유(Fontvieille)에 있는 카스텔레(Castellet) 돌방무덤에서는 100명 중 겨우 한 명에게서만 부상당한 흔적이 관찰되었다. 게다가 몇몇 뼈에서 부상을 입었지만 말끔하게 아물었던 흔적이 있는 것

....

18 Cordier, G., 1990, Blessures préhistoriques animales et humaines avec armes ou projectiles conservés, *Bulletin de la Société préhistorique française*, 87, n°10-12, Spécial bilan de l'année de l'archéologie. pp. 462-482.

을 보면 부상으로 모두 죽은 것도 아니다. 선사 고고학의 초창기 연구자인 M. 프뤼니에르(Prunière)는 1세기도 전에 로제르 지역의 봄-쇼드 유적에서 출토된 몇몇 뼈에서 상처가 아물었던 흔적이 관찰된다고 보고한 적이 있다.[19]

후기 신석기시대 48곳의 무덤 유적에서 확인된 2,000~3,000명분에 이르는 인골 중 75명가량에서 부상당한 흔적이 있는 것으로 밝혀졌다. 그러나 이 수치는 어림값일 뿐 참값은 아니다. 마른 지역의 돌방무덤처럼 무덤 하나에 정확히 몇 명이 묻혔는지 알 수 없는 경우도 있기 때문이다. 만약 전체 인골의 개체수를 2,000명으로 놓고 계산한다면 부상 입은 사람의 비율은 고작 4% 이하다. 게다가 3,000명으로 놓고 계산해 보면 그 수치는 3% 이하로 더 떨어진다. 한편 치명상을 입고 사망했던 사람과 부상 이후에 치유되었던 사람 간의 비율이 어느 정도인지도 가늠하기가 쉽지 않다. 게다가 폭력으로 사망한 사람의 비율을 추정하려면 여러 가지 요소를 함께 고려해야 한다. 예를 들어 위의 계산에서는 후기 신석기시대가 무려 1,000년이라는 장기간의 시간대라는 점을 전혀 고려하지 않고 있다. 선사 고고학에서는 이처럼 오래된 유적들을 연구할 때 연대를 정확히 아는 것이 불가능하므로 대개 무덤이 조성되었던 시기를 1,000년 단위로 분류한다. 한편 그 시대에 모든 사람이 고인돌이나 돌방무덤에 묻힐 수 있는 권리를 가졌던 것은 아니다. 따라서 유적에서 수습된 뼈는 실제로 해당 지역에 살았던 사람보다 언제나 적을 수밖에 없다는 사실도 잊지 말아야 한다. 고고학자들은 당시 사람들이 한번 만들어진 돌무덤에서 정기적으로 오래된 인골을 치우고 새롭게 시신들을 채워 넣었다는 사실 또한 잘 알고 있다. 이 모든 사실을 고려하여 볼 때, '부상당한 희생자들의 비중이 작다는 사실을 과연 신뢰할 수 있는가?' 하는 의문이 들며, 다시 계산해야 할 필요가 있다고 생각된다.

다음에서는 부상으로 죽은 사람들의 비중을 다시 계산해야 한다는 입장에서 논지를 전개하려고 한다. 전쟁이나 기습을 나갔다가 죽임을 당했던 사람들 또는 마을

....

19 Prunière, 1878, Sur les cavernes de Beaumes-Chaudes (Lozère), *Bulletins et Mémoires de la Société d'Anthropologie de Paris*, 1-2, pp. 206-220.

에서 멀리 떨어진 곳으로 탐색하러 나갔다가 죽은 사람들은 아마 죽은 바로 그 자리에 묻혔거나 버려졌을 것이다. 이러한 가설을 적용해 볼 수 있는 유적이 한 군데 있다. 그 유적은 기원전 5000년 기에 조성된 불가리아의 바르나(Varna) 공동묘지 유적이다.[20] 이 유적에서는 시신의 흔적을 전혀 찾을 수 없는 일종의 가짜 무덤 몇 기가 발견되었다. 아마도 이 무덤들은 외지에 나갔다가 죽은 이를 기리기 위해 만들어진 듯하다. 물론 이러한 특권을 누릴 수 있었던 사람은 몇몇 소수에 불과했을 것이다. 사회적으로 낮은 계층의 사람이 나가서 죽거나 행방불명되었을 때는 이와 같은 특권이 베풀어지지 않았을 것이다. 만약 이 빈 무덤들이 외지에 나가서 죽은 사람의 무덤이라면 마을에서 폭력으로 인해 죽은 사람이 더 많았음을 의미한다. 그러나 집단 무덤에서 부상당해 죽은 사람과 그렇지 않은 사람의 뼈의 비율만 놓고 계산해 보면 폭력으로 사망한 사람의 비중이 실제보다 작을 수밖에 없다. 이처럼 외지에 나가 죽은 사람 중의 하나가 바로 알프스산맥 지밀라운에서 발견된 아이스맨 외치(Ötzi)이다. 그는 마을에서 멀리 떨어진 산속에서 죽었지만, 마을에서는 그의 죽음과 관련된 어떤 흔적도 찾을 수 없을 것이다.

또 한 가지 고려해야 할 사항은 뼈처럼 단단한 조직이 아닌 피부, 근육, 창자 같은 부드러운 조직에 부상을 입어 사람이 죽을 수도 있다는 점이다. 부드러운 조직은 시체가 부패하면서 썩어 없어지므로 실제로 죽은 자가 폭력에 의해 죽은 것인지, 아니면 자연사한 것인지 확인할 길이 없다. 그동안 얼마나 많은 고고학자가 근육에 박

....

20   바르나 공동묘지 유적(294기)은 불가리아 동부 흑해 연안에 있는 유적으로, 기원전 4600년부터 기원전 4200년까지 사용되었다. 바르나 유적은 유럽에서 가장 먼저 금속(구리, 금)을 사용한 것으로 유명하다. Chapman, J., Higham, T., Slavchev, V., Gaydarska, B., Honch, N., 2006, The social context of the emergence, development and abandonment of the Varna Cemetery, Bulgaria, *European Journal of Archaeology*, 9, N° 2-3, pp. 159-183; Gimbutas, M., 1977, Varna: a sensationally rich cemetery at the Karanovo civilization: about 4500 B.C, *Expedition*, Summer, pp. 39-47; Renfrew, C., 1978, Varna and the social context of early metallurgy, *Antiquity*, 52, 206, pp. 199-203; 다뉴브 강 하류, 흑해 연안 지역의 신석기시대 말기 무덤 유적들의 전반적 양상에 대해서는 Debois, S., 2008, Approche des comportements funéraires dans la région du Bas-Danube à la fin du Néolithique, *L'anthropologie*, 112, pp. 661-690.

힌 화살(독화살?) 때문에 죽었을 것이라고 주장했던가? 수많은 돌살촉이 파리 분지 (마른 지역)와 프랑스 남부(보클뤼즈와 아를 지역)의 돌방무덤을 비롯한 거석문화의 다양한 무덤에서 출토되었다. 고고학자들은 대개 무덤 안에서 출토된 화살촉을 죽은 사람의 소유물로 보려 하거나, 화살촉의 날이 무뎌 도저히 쓸 수 없는 경우 죽은 사람에게 바치는 부장품으로 보려는 경향이 있다. 그러나 이와 같은 돌살촉 중에는 다는 아니더라도 무덤 속 희생자의 부드러운 조직을 관통했던 화살이었을 가능성이 얼마든지 있다. 이런 사례를 추가한다면 치명상을 입고 죽은 사람의 비율은 더 올라가게 될 것이다.

실제로 몇몇 집단무덤의 정밀조사 결과는 이와 같은 가설을 뒷받침해 주는 듯하다. 앞에서 잠깐 언급한 보클뤼즈 생-사튀르냉의 라브 동굴 유적을 예로 들자면 화살에 맞은 흔적이 관찰되는 뼈는 고작 세 명분이었다. 그중 두 명은 머리에 외상을 입었는데, 이마에 새총 같은 무기로 쏜 돌멩이에 맞아 깨진 흔적이 관찰되었다.[7] 그리고 다른 뼈에서도 타박상의 흔적이 관찰되었다. 공동체 간에 전투가 벌어졌을 때, 새총이나 투석용 돌멩이는 활과 화살만큼 효과적인 무기였을 것이다. 그러므로 통계상 돌살촉이 박힌 인골이 드물다고 해서 당시 폭행으로 살해당한 희생자가 적었다고 보는 것은 다소 성급하다. 머리를 가격하는 행위는 상대방을 살해하겠다는 의도가 담긴 공격 행위다. 앞서 탈하임의 사례에서도 보았지만, 프랑스 방데 지역의 샤텔리에-뒤-비에이-오제, 보클뤼즈 지역의 부알로(Boileau) 돌방무덤처럼 신석기시대 유적에서도 머리에 부상을 입은 사례를 심심치 않게 볼 수 있다.[21]

....

21 Mahieu E.. 1987, L'hypogée des Boileau (Vaucluse): Vers une meilleure connaissance des rites funéraires du Néolithique provençal, *Bulletin de la Société préhistorique française*, 84, n°1, pp. 5-7.

효과적인 살상 무기

신석기시대 궁수들이 쏘던 화살의 살대는 나무로 만들어졌다. 공식적으로 '지밀라운 사람'이라고 알려진 미라와 함께 발견된 화살통에는 나무로 된 살대가 14점이 있었으나, 대부분 미완성 상태였다('외치'라는 애칭으로 더 유명한 이 미라는 알프스산맥 티롤 지역에서 외찰 빙하에 덮인 채 수천 년간 보존되었다가 최근에 발견되었다. 외치는 현재 이탈리아 북동부 볼자노박물관의 냉동 시설이 갖춰진 전시실에 전시되어 있다). 사실 고고학적 관점에서 살대에 돌살촉이 장착되어 있지 않다면 이 살대를 화살로 보기가 쉽지 않다.

화살촉의 형태는 문화와 기술 발달 수준에 따라 다양하다. 방데의 오제(Auzay) 유적에서 출토된 인골에는 날이 마치 도끼날처럼 생긴 화살촉[斧刃形]이 박혀 있었다.[22] 이러한 화살촉은 주로 목표물을 뚫기보다 목표물에 큰 상처를 입히는 데 사용된다. 그렇지만 프랑스의 신석기시대 인골에 박힌 화살촉은 대부분 목표물을 뚫는 데 사용하는 이른바 관통용 화살촉이다. 삼각형, 비대칭 삼각형, 버들잎형, 아몬드형, 날개와 슴베가 달린 형 등 여러 가지 형태의 관통용 화살촉은 일반적으로 기원전 4000년 기부터 등장하는데, 이에 관한 훌륭한 연구가 있다. 신석기시대 인골에 박힌 화살촉 63점의 형태에 관해 분석한 이 연구에 따르면 도끼날처럼 생긴 화살촉은 모두 11점으로 신석기시대 초기부터 사용되다가, 센-우아즈-마른 문화의 경우, 기원전 4000년 기까지 지속되었다. 반면 관통용 화살촉은 모두 42점이 확인되었다. 이러한 유형의 화살촉은 기원전 3500년에서 기원전 2000년까지 주로 사용되었

....

22 오제 유적 3번 무덤에서 화살을 맞은 인골(5번)에 관한 자세한 내용은 Birocheau, P., Convertini, F., Cros J.-P., Duday, H., 1999, Fossé et sépultures du Néolithique récent aux Châtelliers du Vieil-Auzay (Vendée): Aspects structuraux et anthropologiques, *Bulletin de la Société préhistorique française*, 96, n°3, pp. 375-390; 도끼날처럼 생긴 화살촉의 분류에 관해서는 Cheynier, A., 1946, Les flèches à tranchant transversal, *Bulletin de la Société préhistorique française*, 43, n°7-8, pp. 208-211 참조.

사진 18 기원전 3000년 기 프랑스 마른 지방의 돌방무덤 유적에서 출토된 돌날이 박힌 사람의 척추
위: 쿠아자르 유적 출토, 아래: 빌브나르 유적(프랑스 고대 국립 박물관, © J. G. Berizzi/RMN)

고, 나머지 10점의 화살촉은 잘게 조각나서 원래 형태를 알 수 없는 상태였다.[8)] 한편 화살 이외에 다른 살상 무기도 있다. 돌칼에 부상을 입은 흔적이 관찰되는 인골이 샹파뉴의 돌방무덤들에서 두 점 출토되었다(사진 18). 그중 하나는 마른 지역 쿠아자르(Coizard)의 라제(Razet) 1호 돌방무덤에서 출토된 등뼈이다. 등뼈 옆으로 돌날이 박혀 있다. 또 다른 한 점은 같은 지역 빌브나르(Villevenard) 2호 돌방무덤에서 발견된 돌칼이다. 이 칼은 앞쪽에서 내장 기관을 뚫고 허리뼈에 꽂혔다. 아마도 희생자는 치명상을 입고 즉사했을 것이다. 조제프 드 베예(Joseph de Baye)가 이미 지적했던 대로 마치 화살처럼 이 돌칼을 사용했을 수도 있지만, 근접전에서 칼이나 단검처럼 사용했을 가능성이 더 크다.[23] 만약 이 석기가 근접전에서 사용되었던 무기라면 그 크

....

23 조제프 드 베예(1853~1931) 남작은 여행자이자 고고학자로, 프랑스 동부 지역의 신석기시대와 청동기시대 거석문화 유적을 많이 조사하였다.

사진 19 기원전 3000년 기 프랑스 가르 지방의 파-드-줄리에 동굴 유적에서 출토된 척추에 박힌 구리 단검의 부러진 날(미요박물관)

기가 작다는 점을 볼 때 단독으로 쓰지는 못하고 자루에 끼워 썼을 것이다. 근접전에서는 돌날이나 돌칼을 나무 또는 뼈로 만든 칼자루에 꽂아서 쓰는 것이 효과적이다. 가르 지역 트레브(Trèves)에 있는 파-드-줄리에(Pas-de-Joulié) 동굴 유적에서는 순동으로 된 부러진 칼끝이 허리뼈에 꽂힌 채 출토되었고, 로제르 지역 봄-쇼드 동굴 유적에서도 갈비뼈 사이를 관통한 금속제 칼날이 발견되었다(사진 19).

신석기시대 궁수들은 거의 온몸을 표적으로 삼은 듯하다. 프랑스의 신석기시대 및 순동시대의 뼈에 대한 조사에 따르면 머리 부분(눈구멍, 광대활, 오른쪽·왼쪽 마루뼈), 가슴우리, 그리고 볼기뼈에서 화살을 맞은 흔적이 관찰되었다. 물론 팔도 공격 대상이었는데, 주로 위팔뼈와 노뼈에서 부상을 입은 흔적이 관찰되었다(그림 38). 노뼈의 경우 피해자가 공격을 막으려다 생겼을 수도 있다. 화살촉은 주로 척주에 박혀 있었다. 발굴보고서에는 정확히 어느 부위가 공격당했는지 적혀 있지 않은 경우가 많지만 보고서나 논문에 그 부위가 명시되어 있는 경우, 가장 많이 공격받은 부위는 등뼈나 허리뼈였다. 다리에 폭행의 흔적이 관찰되는 경우 주로 넙다리뼈와 정강뼈에 부상 흔적이 집중되었으나 종아리뼈에서는 상대적으로 적었다. 발뼈 중에는 주로

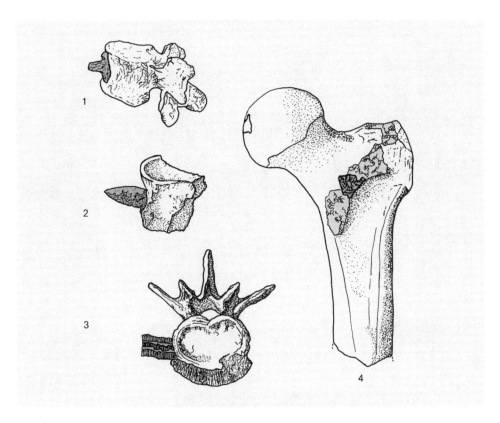

그림 38 신석기시대와 순동시대의 돌살촉 또는 창끝이 박힌 척주와 넙다리뼈들
1. 라 투라스 동굴 유적(E. Cartailhac, 1896), 2. 카스텔레 돌방무덤(P. Cazalis de Fondouce, 1873, 1978), 3. 라제 돌방무덤 1호(J. de Baye), 4. 프레뱅키에르 고인돌 유적(R. Azémar, 1989)

목말뼈에 부상 흔적이 많았다. 아베롱 지역의 두 유적, 즉 세바작-콩쿠레(Sébazac-Concourès)의 퓌에슈캉(Puechcamp) 고인돌무덤과 생-장-생-폴의 트레유 동굴무덤에서는 특이하게도 손뼈에서 부상당한 흔적이 관찰되었다. 폭력의 흔적이 있는 개체 60명분을 대상으로 주로 어느 곳에 폭력의 흔적이 나타났는지 간략히 조사해 봤다(그림 39). 〈표 1〉은 인골에서 어떤 부위에 흔적이 있는지를 상체와 하체로 나눠 제시한 것이다.

희생자들은 사방에서, 즉 앞과 뒤와 옆에서 공격을 받았다. 만일 화살촉이 낮은 곳에서 높은 곳으로 올라가는 궤도를 그렸다면, 궁수는 무릎쏴 자세(?)에서 화살을 쏘았다고 볼 수 있다. 반면에 궤도가 높은 곳에서 낮은 곳으로 내려가는 경우, 궁수

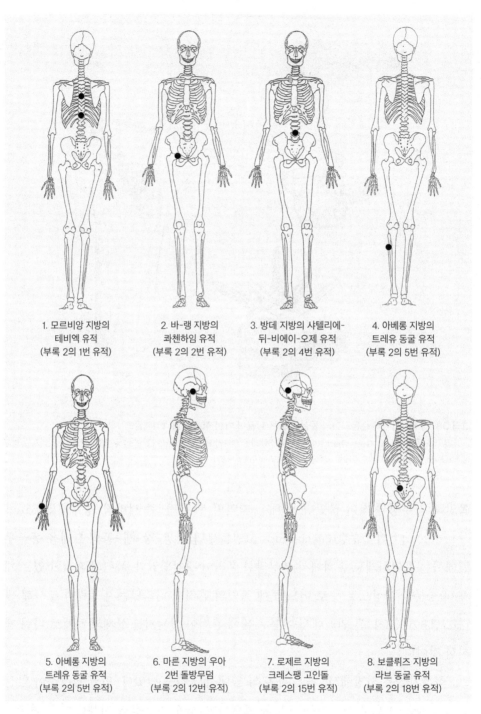

1. 모르비앙 지방의
테비엑 유적
(부록 2의 1번 유적)

2. 바-랭 지방의
콰첸하임 유적
(부록 2의 2번 유적)

3. 방데 지방의 샤텔리에-
뒤-비에이-오제 유적
(부록 2의 4번 유적)

4. 아베롱 지방의
트레유 동굴 유적
(부록 2의 5번 유적)

5. 아베롱 지방의
트레유 동굴 유적
(부록 2의 5번 유적)

6. 마른 지방의 우아
2번 돌방무덤
(부록 2의 12번 유적)

7. 로제르 지방의
크레스팽 고인돌
(부록 2의 15번 유적)

8. 보클뤼즈 지방의
라브 동굴 유적
(부록 2의 18번 유적)

그림 39 프랑스에서 출토된 신석기시대와 순동시대의 인골에 화살이 박힌 지점(유적 이름 다음의 괄호 안의 숫자는 <부록 2>의 일련번호에 해당함)(M. Naudet와 R. Vidal)

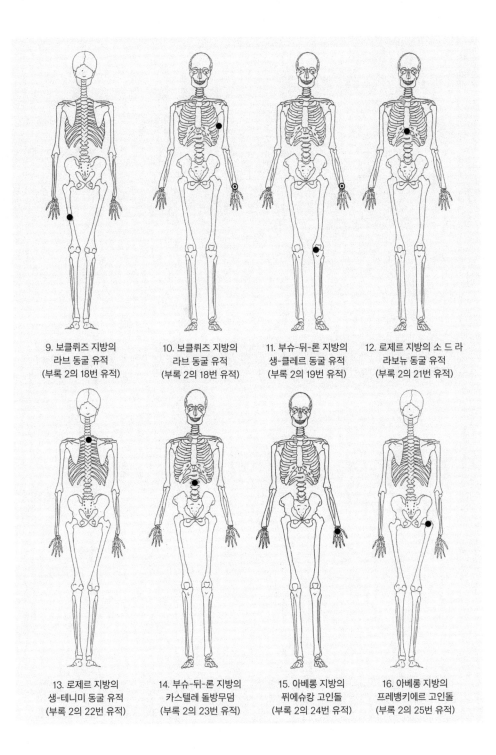

9. 보클뤼즈 지방의
라브 동굴 유적
(부록 2의 18번 유적)

10. 보클뤼즈 지방의
라브 동굴 유적
(부록 2의 18번 유적)

11. 부슈-뒤-론 지방의
생-클레르 동굴 유적
(부록 2의 19번 유적)

12. 로제르 지방의 소 드 라
라보뉴 동굴 유적
(부록 2의 21번 유적)

13. 로제르 지방의
생-테니미 동굴 유적
(부록 2의 22번 유적)

14. 부슈-뒤-론 지방의
카스텔레 돌방무덤
(부록 2의 23번 유적)

15. 아베롱 지방의
퓌에슈캉 고인돌
(부록 2의 24번 유적)

16. 아베롱 지방의
프레뱅키에르 고인돌
(부록 2의 25번 유적)

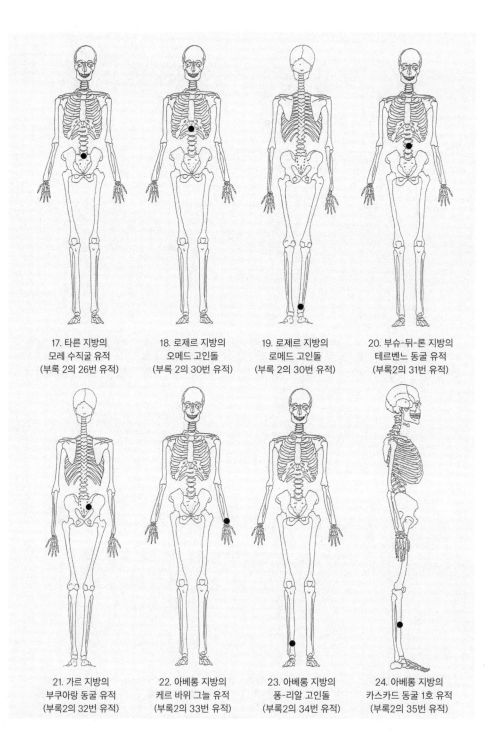

17. 타른 지방의
모레 수직굴 유적
(부록 2의 26번 유적)

18. 로제르 지방의
오메드 고인돌
(부록 2의 30번 유적)

19. 로제르 지방의
로메드 고인돌
(부록 2의 30번 유적)

20. 부슈-뒤-론 지방의
테르벤느 동굴 유적
(부록2의 31번 유적)

21. 가르 지방의
부쿠아랑 동굴 유적
(부록2의 32번 유적)

22. 아베롱 지방의
케르 바위 그늘 유적
(부록2의 33번 유적)

23. 아베롱 지방의
퐁-리알 고인돌
(부록2의 34번 유적)

24. 아베롱 지방의
카스카드 동굴 1호 유적
(부록2의 35번 유적)

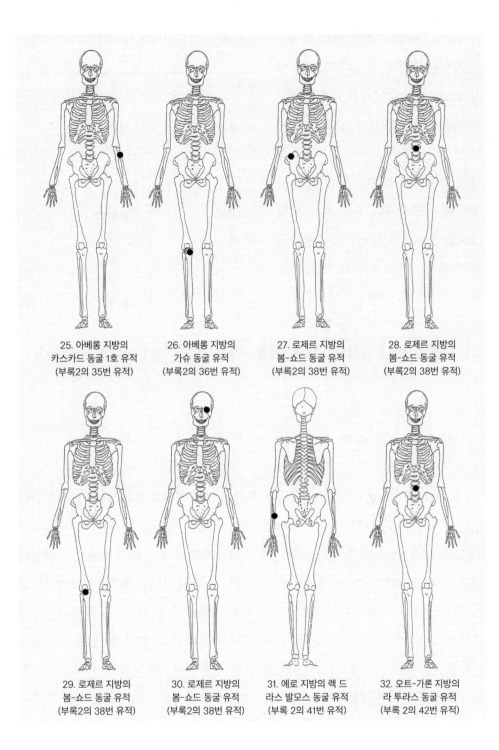

25. 아베롱 지방의
카스카드 동굴 1호 유적
(부록2의 35번 유적)

26. 아베롱 지방의
가슈 동굴 유적
(부록2의 36번 유적)

27. 로제르 지방의
봄-쇼드 동굴 유적
(부록2의 38번 유적)

28. 로제르 지방의
봄-쇼드 동굴 유적
(부록2의 38번 유적)

29. 로제르 지방의
봄-쇼드 동굴 유적
(부록2의 38번 유적)

30. 로제르 지방의
봄-쇼드 동굴 유적
(부록2의 38번 유적)

31. 에로 지방의 렉 드
라스 발모스 동굴 유적
(부록 2의 41번 유적)

32. 오트-가론 지방의
라 투라스 동굴 유적
(부록 2의 42번 유적)

가 높은 곳에서 아래를 향해 화살을 쏜 것으로 추정할 수 있다. 그러나 현실적으로 화살이 날아간 궤도를 정확히 측정하는 일은 쉽지 않다. 타른 지방 지주네의 모레(Mauray) 수직굴 유적에서 출토된 인골의 경우, 박힌 화살촉의 각도와 화살촉이 뼈에 박힌 정도를 볼 때, 희생자가 이미 땅바닥에 쓰러진 상태에서 몸에 대고 화살을 쏘았던 것으로 추정된다. 이 유적은 화살이 날아간 궤도를 통해 희생

표 1 프랑스 신석기시대와 순동시대의 인골에서 화살이 박힌 부위

상체		하체	
허리뼈를 제외한 척주	5	허리뼈	13
머리뼈	5	볼기뼈	4
위팔뼈	3	엉치뼈	3
노뼈	4	넙다리뼈	5
자뼈	1	정강뼈	7
손허리뼈	2	종아리뼈	1
갈비뼈	2	무릎뼈	1
		목말뼈	3
		발허리뼈	1
합계	22	합계	38

자가 어떻게 죽임을 당했는지 구체적으로 파악할 수 있는 매우 보기 드문 사례다.

부상과 머리 원형 절제 수술

로제르 지역의 봄-쇼드 동굴무덤은 화살에 맞은 희생자의 흔적이 가장 잘 남아 있는 유적으로, 그 연대는 기원전 3000년 기다. 집단무덤에서 출토된 인골의 개체수는 300명에서 400명가량이다. 그중 17명이 화살에 맞아 부상을 입은 흔적이 관찰되었고, 한 희생자의 가슴우리에서는 순동으로 만든 검의 부러진 날이 발견되었다. 당시 프랑스 남부 지역에서는 머리 수술이 자주 이뤄졌다. 봄-쇼드 유적에서만 60여 명이 머리 수술을 받았다. 이 집단무덤에 묻힌 사람 대여섯 명 중 한 명 정도가 외과 수술을 받았다는 뜻이다. 그뿐만 아니라 다른 개체의 뼈들에서도 부상을 당하고 치료를 받았던 흔적이 많았다. 이상과 같은 사실에 대해서는 지금까지 유적의 인골을 조사하였던 모든 인류학자가 의견을 같이한다. 골절 등 부상 후에 치료받았던 흔적이 있는 뼈들은 다음과 같다. 볼기뼈, 넙다리뼈, 정강뼈, 종아리뼈에서는 부러진 뼈에

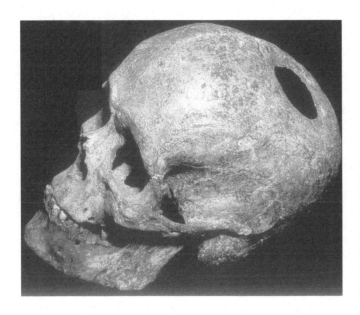

사진 20 기원전 3000년 기의 프랑스 아베롱 지방의 몽펠리에-르-비유 퓌에슈(Puech) 고인돌 유적에서 발굴된 머리뼈로, 마루뼈 부분에 원형 절제 수술을 받은 흔적이 두 군데 있다 (사진에서는 한 곳만 보임)(님박물관, A. Aigoin 촬영).

서 아문 흔적이 관찰되었으며, 금이 갔던 자뼈도 다시 메워진 흔적이 있다. 병리학적 원인 때문에 상처 입은 뼈로는 넙다리뼈, 정강뼈 그리고 복장뼈 등이 있다. 갈비뼈의 경우 부러진 뒤에 다시 붙은 흔적이 있었고, 정강뼈의 끝부분과 발꿈치뼈와 목말뼈가 달라붙어 버리는 관절 굳음증도 관찰되었다. 이와 같은 관찰 결과를 볼 때 전반적으로 당시 사람들은 공동체 간 잦은 전쟁으로 힘든 삶을 살았던 것으로 추정된다. 아울러 많은 고고학자는 당시 사람들의 호전적인 행위와 머리 원형 절제 수술[穿頭術] 사이에 모종의 관계가 있었을 것이라고 보고 있다(사진 20).

프랑스 로제르 지역과 아베롱 지역은 유럽에서 신석기시대 머리 수술에 관한 자료가 가장 많이 축적된 지역이다. 신석기시대 유럽의 머리 원형 절제술의 흔적이 있는 자료 중 4분의 1(총 600점 중 170점)에 해당하는 자료가 바로 이 지역에서 출토되었다.[9] 그렇다면 머리 수술의 증가와 마을 간 전쟁 사이에 어떤 연관성이 있었던 것일까? 그러나 그와 같은 연관성에 대해 논하기 전에 먼저 알아야 할 점은 머리 원형 절제 수술이 신석기시대의 '발명품'은 아니라는 사실이다. 이 수술이 시술됐던 최초의 증거는 마지막 사냥-채집 사회로까지 시기가 거슬러 올라간다. 모로코의 타포랄(Taforalt) 동굴 유적, 포르투갈의 무즈(Muge) 무덤 유적 그리고 우크라이나의 바실

레프카(Vasilevka) II 유적과 보프니그스키(Vovnigskii) II 유적 등에서 머리 원형 절제 수술이 확인된다. 한편 기원전 6000년 기부터 기원전 5000년 기까지, 즉 유럽에서 농경 문명이 처음으로 시작되는 시기에도 머리 원형 절제술이 확인되었다. 체코의 베드로비체(Vedrovice) 유적, 프랑스 알자스 지방의 앙시사임(Ensisheim) 유적, 이탈리아의 트라사노(Trasano) 유적이 여기에 해당한다. 그러나 신석기시대 말기에 머리 원형 절제술이 급격하게 늘어났다는 점은 사실이며 이 시기 화살을 맞아 부상당한 사람이 많아졌다는 점 또한 사실이다. 그리고 지리적으로 프랑스 영역 안에서 발견된 화살에 부상을 입은 뼈의 절반이 프랑스 남부에서 발견되고 이 지방에 머리 원형 절제술의 증거도 많다는 사실은 머리 수술 증가와 전쟁 간에 연관성을 보여 주는 증거로 해석될 수 있다. 그렇다면 머리 수술은 전쟁과 연관이 있는 것일까? 정말 빈번한 전쟁의 의학적 결과가 수술인 것일까?[24] 어떤 이들은 그렇다고 한다.[10] 만약 그렇다면 청동기시대가 시작되는 기원전 2200년에서 기원전 2000년 사이에 왜 머리 원형 절제술을 받았던 인골의 수가 급격하게 떨어지는 것일까?

고고학자들은 투구의 발명에서 그 이유를 찾고 있다. 청동기시대 초기에 투구가 발명됨으로써, 전투에 참여했던 사람들은 머리를 보호하려고 투구를 썼고 그래서 전투에서 머리 부상이 줄어들었다는 주장이다. 그러나 이와 같은 주장은 청동기시대 말기 또는 철기시대 이전, 즉 기원전 1000년 이전에 제작된 금속 투구가 지금까지 발견된 적이 없다는 점과 심지어 나중 시기인 철기시대조차 금속제 투구가 매우 드물다는 점에서 수긍하기 어렵다. 한마디로 투구 착용과 머리 수술의 감소는 시기적으로 맞물리지 않는다. 그렇지만 청동기시대 전기와 중기에 가죽처럼 금속이 아닌 재료로 투구와 갑옷을 제작하였을 가능성은 있다. 예를 들어 미케네인은 머리를

....

24 머리뼈가 깨지는 경우, 뼈 아래 거미막의 혈관이 끊어져 혈종이라고 불리는 핏덩어리가 생기게 된다. 급성 경막하혈종으로 불리는 이 질병은 빨리 머리에 구멍을 뚫어 굳은 피를 배출시키지 않으면 뇌를 압박해 의식을 잃고 죽을 수도 있다. 이와 같은 이유로 머리 원형 절제 수술이 전쟁과 상관관계가 있다고 보는 것이다. 그러나 역사적으로 머리 원형 절제 수술의 목적은 매우 다양하므로 반드시 전쟁과 머리 원형 절제 수술이 관련이 있다고 할 수는 없다.

보호하기 위해 멧돼지의 송곳니로 장식된 모자를 썼다. 한편 머리 원형 절제술 감소는 유럽 전역에 걸쳐 나타났던 일반적인 현상도 아니었으며, 일정한 패턴을 따르지도 않는다. 시술을 받았던 흔적이 관찰되는 뼈는 오로지 이탈리아, 네덜란드, 중부 유럽에서만 산발적으로 확인된다. 독일에서는 철기시대에 수술 흔적을 보이는 뼈가 발견된 사례가 몇 가지 있긴 하지만 신석기시대 말기 프랑스의 남부 지역이나 동북부의 프티-모랭(Petit-Morin) 유역에서처럼 많지 않다.[25] 부상과 머리 수술 간의 관계를 명확하게 보여 주는 사례가 매우 드물다는 점도 폭력과 수술 간에 밀접한 관계가 있다는 주장을 반박하는 두 번째 증거다. 이와 같은 논리적 약점을 고려할 때 현재까지 밝혀진 자료를 가지고 어떤 결론을 내리기가 어렵다. 심지어 프랑스 남부 지역으로 범위를 제한하면 여성이나 남성이나 머리 원형 절제술을 받은 사람의 수가 비슷하다.[11] 따라서 기존의 가설대로 머리 원형 절제술이 '전투'에 참가했다가 부상당한 사람을 대상으로 한 수술이었다면 남성 못지않게 여성도 전투에 참여했다는 이야기가 된다.

한편 머리 원형 절제 수술을 받은 31명에 이르는 개체를 대상으로 한 분석 결과를 보면, 전체의 71%(22명)에 이르는 사람이 청년 또는 장년층이다. 모두 전투에 나갈 수 있는 연령대이기는 하다. 그러나 이들 중 여덟 명은 어른이 되기 전에 이미 머리 원형 절제술을 받았고 나중에 아물었던 흔적이 있었다. 이러한 사실을 고려해서 머리 원형 절제 수술을 받았던 사람을 다시 계산해 본다면 어른이 45%, 어린이와 청소년이 55%로, 연령대에 따른 시술 흔적 간의 빈도수가 역전된다. 아이와 청소년에게서 머리 원형 절제 수술의 흔적이 더 많이 발견된다는 사실은 머리 원형 절제 수술과 전쟁 간에 연관성이 있다는 기존 주장에 강한 의문을 제기한다. 게다가 프랑스 남부 지역 그랑-코스 지역에서 출토된 머리뼈를 보면, 수술 흔적이 어느 특정 부위에 편중되어 나타나지는 않았다. 37.2%는 왼쪽 부위에 수술 흔적이 있었고, 41.9%

....

25 Dastugue, J., 1973, Les crânes trépanés de la vallée du Petit-Morin, *Bulletins et Mémoires de la Société d'Anthropologie de Paris*, 10, pp. 249-263.

는 오른쪽 부위에 있었다. 나머지 20.9%는 머리 한가운데에 수술 자국이 있었다.[12] 그러나 이와 같은 결과는 프랑스의 그랑-코스 지역만 대상으로 했을 때 유효하다. 다른 지역에서는 수술받은 흔적이 오른쪽보다 왼쪽이 3분의 2가량 더 많았다. 게다가 그랑-코스와 가까운 프로방스 지방에서 출토된 원형 절제 수술을 받은 흔적이 있는 머리뼈 중 12점은 머리 왼쪽에, 아홉 점은 오른쪽에, 그리고 네 점은 정수리 부위에 흔적이 있었다.[13] 따라서 머리 원형 절제 수술을 받았던 부위는 너무 다양하므로 여기서 어떤 의미 있는 결과를 도출하기가 어렵다. 대부분이 오른손잡이이므로 만일 전투 중에 머리에 부상을 입고 치료를 받았다면 주로 이마뼈나 왼쪽 마루뼈에 외상을 입은 흔적이 집중적으로 나타날 것이다. 그러나 이와 같은 가설은 그랑-코스 지역과 프로방스 지역에서는 성립될 수 없다. 그리고 이런 논리는 사실 결투처럼 일대 일로 싸울 때나 타당하다. 하지만 신석기시대에는 결투보다 매복이나 기습이 더 많았을 것이다.

지금까지 살펴봤듯이 선사시대 전쟁과 머리 수술 간에 연관성을 찾기 어렵다. 따라서 머리 원형 절제술을 했던 이유를 전쟁 이외의 다른 데서 찾아야 한다. 두통과 경련 같은 병리적 현상 때문에 수술했다거나, 아니면 통과 의례나 속죄 의식처럼 어떤 '의례' 때문에 머리 원형 절제술이 시술되었다는 다소 고전적인 가설이 오히려 사실에 가까운 것 같다. 그러나 고고학적으로 의례 때문에 수술했다는 두 번째 해석은 검증하기가 어렵다.

한편 신석기시대에 머리 원형 절제 수술을 받은 사람 중에 살아날 확률은 낮게 잡아도 70%에 이르렀을 것으로 추정된다(어떤 의사는 생존율이 무려 90%에 이를 정도로 높았다고 주장한다).[14] 5,000년 전에 오로지 돌로 만든 수술용 칼만 가지고 수술했으면서도 이처럼 생존율이 높았다는 점은 그들의 외과 수술 수준이 매우 높았다는 사실을 잘 보여 준다.

집단무덤은 가끔 대학살의 시체 구덩이로 사용되지 않았을까?

구석기시대 이후로 화살에 맞았거나 부상당한 흔적이 있는 인골이 줄줄이 발견됨으로써 선사시대 내내 폭력이 끊임없이 일어났음이 밝혀졌다. 그러나 인골은 그들이 받았던 고통에 대해서만 말하고 있을 뿐, 그러한 고통을 가져온 원인이 무엇인지 대해서는 아무 말도 하지 않는다. 원인은 외부와의 전쟁, 의례적 전쟁, 계급투쟁, 개인 사이의 앙갚음, 집안 간 복수, 희생 의례 등 여러 가지가 있을 수 있다. 그러나 혹시 무덤 자체에 폭력의 성격을 가늠해 볼 수 있는 실마리가 남아 있지는 않을까? 특히 기원전 4000년 기와 기원전 3000년 기에 속하는 집단무덤에서 이와 같은 의문을 품을 만하다. 수 세기 동안 사용되면서 큰 지하실로 생각할 수도 있는 이 무덤들에는 많은 시신이 쌓이게 된다. 그런데 무덤방 안에 너무 많은 시신이 쌓이게 되면 정기적으로 방을 정리할 필요가 있다. 그 과정에서 유골 포개 쌓기, 종류별로 뼈 모으기, 뼈 추리기, 비우기 같은 작업이 이뤄졌을 것이다.

평화로운 시절에는 규범에 따라 예를 갖춰 시신을 집단무덤에 모셨을 것이다. 그렇지만 전시 상황에는 혹시 이 집단무덤을 적에 학살당한 사람들 또는 전투 중에 죽은 전사들의 시신을 쌓아 놓는 공간으로 쓰지 않았을까? 중요한 것은 마을 사람들이 이 집단무덤 안에 죽은 사람들을 묻으려면 다시 정리할 필요가 있다는 점이다. 평화로운 시절에야 죽은 사람이 생기면, 무덤의 문을 열고 들어가 시간을 갖고 절차를 차근차근 밟아 가며 죽은 사람의 누울 자리를 손본다거나, 자리를 청소하고 이전에 묻었던 시신들을 정리했을 것이다. 그러나 전시에는 그럴 여유가 없다. 많은 시신을 무더기로 좁은 집단무덤에 다 쌓아 넣으려면 빠르게 처리해야 한다. 따라서 원래 정기적으로 차근차근 진행되었던 장례 절차가 전시에는 생략되고 짧게 끝나 버린다. 따라서 집단무덤은 일종의 집단학살의 시체 구덩이가 되는 것이다.[26] 그렇지만 '무덤에 묻힌

<hr />

26 '집단무덤(sépulture collective)'은 여러 구의 시신이 묻혀 있는 매장 시설이다. 여러 명을 한 곳에 묻었다는 점에서 '집단 시체 구덩이(fosse commune)'와 같지만, 집단무덤은 일정한 의례에 따라 죽은 자를

뼈 중에서 시간을 충분히 갖고 제대로 묻힌 뼈와 긴박한 상황에서 급하게 한꺼번에 묻힌 뼈를 구별할 수 있을까?'라는 의문이 들 수도 있을 것이다.

실제로 프랑스와 스페인에서는 몇몇 집단무덤에서 이런 구별을 시도한 적이 있다. 이때 분석되었던 유적은 프랑스 보클뤼즈 지역의 로엑스 돌방무덤과 스페인 알라바(Alava) 지역의 산 후안 안테 포르탐 라티남(San Juan Ante Portam Latinam) 무덤이었다. 보클뤼즈 지역의 다른 무덤과 마찬가지로 로엑스 돌방무덤도 재질이 무른 몰라스(Molasse) 석회암의 바닥을 파서 무덤방을 만들었기 때문에 발견 당시 이미 돌방무덤의 많은 부분이 파손되어 일부만 남아 있는 상태였다.[27] 천장이 무너지고 벽도 일부 파손되어 사라졌다. 현재 남아 있는 벽의 크기를 가지고 원래 무덤방의 크기를 추정해 보면 무덤방은 단지 6×6m 정도에 불과하다. 1965년부터 그 이듬해까지 발굴되었다. 그런데 놀라운 점은 이 무덤 안에서 200명분이 넘는 인골이 출토되었다는 사실이다. 풍화 작용으로 뼈 일부가 삭아 없어져 버렸을 것이라는 점까지 감안한다면 상당히 많은 양이다.[15] 로엑스 무덤의 특징은 무덤방 안에 퇴적된 층에 따라 인골의 출토 양상이 다르다는 점이다. 가장 깊은 층에서 출토된 인골은 해부학적으로 골격을 이루는 요소가 모두 갖춰져 있지 않고 일부 뼈만 출토되었다. 이는 같은 자리에 다른 시신을 계속 추가하면서 자리를 정리하고 새로운 시신을 넣는 과정에서 생긴 현상이라고 해석할 수 있다. 따라서 이 층은 돌방무덤이 집단무덤으로 '정상적으로' 작동하였던 시기를 반영하는 층으로 해석된다. 그렇지만 정상기가 끝나고 짧은 휴지기가 있은 다음, 상당히 많은 양의 시신을 좁은 공간에 마구 욱여넣은 듯한 층이 나타난다. 이 층에서 수습된 인골의 상태를 보면 네다섯 겹 정도로 포개져 있고, 일정한 방향성 없이 어지러이 놓여 있다. 시신들은 서로 마주 닿아 있으며, 해부

....

묻고 죽은 자에 대해 권리를 주장하는 자가 있다는 점에서 집단 시체 구덩이와 다르다. 'fosse commune'은 '집단 무연고 무덤'이라고도 번역할 수 있겠으나 여기서는 '집단 시체 구덩이'라는 말이 더 적절한 듯하다.

27   몰라스(Molasse)는 역암, 사암, 셰일, 이회암 등을 함유한 두꺼운 해양 퇴적물과 비해양성 퇴적물로 구성된 퇴적상을 말한다. 프랑스에서는 조가비 화석을 포함한 석회암을 지칭한다.

사진 21 기원전 3000년 기의 프랑스 보클뤼즈 지방의 로엑스 돌방무덤 유적의 이른바 '전쟁층'이라고 불리는 2층의 모습으로, 해부학적으로 골격을 이루는 모든 요소가 갖춰진 상태로 인골들이 출토되었다(J. Courtin 촬영).

학적으로 골격을 이루는 뼈가 모두 갖춰져 있다. 이 층은 앞서 언급했던 집단무덤의 특징, 즉 정기적으로 무덤방을 정리했던 흔적을 전혀 찾아볼 수 없다(사진 21). 당시 발굴 대원들은 발굴하는 동안 이 층에 묻힌 사람들이 어떤 급작스러운 사건으로 말미암아 한꺼번에 서둘러 매장된 듯한 느낌을 받았다고 한다. 끝으로 무덤의 가장 위층의 퇴적 양상을 보면, 가장 아래층과 마찬가지로 정기적으로 무덤의 문을 열어 청소하고 앞서 묻힌 시신들을 시간을 두고 천천히 정리하였던 층이라고 해석된다. 이 층에서 출토된 뼈들은 해부학적으로 골격을 이루는 많은 요소가 빠져 있고, 특히 머리뼈들은 따로 떼어져 무덤 벽 쪽에 차곡차곡 쌓여 있었다.[16]

이상의 퇴적 상황을 볼 때 무덤방의 퇴적은 크게 세 시기로 나눌 수 있다. 이 중 가장 아래층(1층)과 가장 위층(3층)이 형성되었던 시기는 시신들이 차곡차곡 쌓이고 정리되었던 시기로 추정된다. 반면에 이 두 시기 사이에 낀 중간층(2층)은 최소 34명에서 최대 50명에 이르는 시신들을 한꺼번에 서둘러 묻은 층으로, 매우 짧은 시간 안에 퇴적된 층으로 여겨진다. 그렇다면 그 짧은 시기에 무슨 일이 일어났던 것일까? 짧은 시간 안에 많은 사람을 묻었다는 것은 한꺼번에 많은 사람이 죽었다는 것을 뜻한다. 그리고 이와 같은 사실을 설명할 수 있는 가장 타당한 가설은 이들이 집단으로 살해당했다는 가설이다. 중간층에서는 세 점의 화살촉이 뼈에 박힌 채 출토되었다. 화살이 박혔던 부위가 꼭지돌기의 끝부분, 척추, 엉덩뼈였다는 점을 볼 때, 이 화살들에 맞았던 사람들은 모두 치명상을 입었을 것으로 추정된다. 이러한 정황을 고려해 볼 때 이들은 전투 중에 죽임을 당했거나 학살당했던 사람으로 판단된다. 발굴 대원들은 평소 중간층(2층)을 '전쟁층(couche de guerre)'이라고 불러왔는데, 실제로 이 층은 그 이름에 썩 잘 어울린다. 그러나 많은 사람이 동시에 사망했던 원인이 전쟁이 아니라 전염병이라고 주장하기도 한다. 로엑스 돌방무덤의 이른바 '전쟁층'이라고 불리는 층에 대한 해석을 둘러싼 논쟁을 매듭지으려면 새로운 발굴과 더욱 정교한 분석 방법이 요구된다.[17]

지금까지 살펴봤듯이 부상의 정도가 치명적이었든 그렇지 않았든 간에 후기 신석기시대 프랑스 남부의 여러 집단무덤에서 화살촉이 박힌 인골이 많이 확인되었다. 화살에 맞은 부상 흔적이 보이는 뼈는 전체에서 차지하는 비중이 언제나 미미하지만, 폭력 사건 그 자체는 당시 아주 흔했던 현상이었다고 봐야 한다. 따라서 뼈에서 관찰되는 화살을 맞아 생긴 부상 흔적만 가지고 폭력 여부를 판단하는 태도는 지양해야 한다. 화살이 박힌 인골은 오로지 폭력이 사람을 죽음에 이르게 할 정도까지 격렬했다는 점만 나타낼 뿐이다. 한편 드론 지방 남부와 보클뤼즈 지방에서 로엑스 무덤 유적과 같은 시기에 세워진 다른 돌방무덤들의 발굴보고서도 주목할 필요가 있다. 이 유적들에서도 로엑스 유적에서처럼 의도적으로 구덩이를 파서 돌방을 만들고 많은 시신을 묻었다. 그리용의 캅피텐 돌방무덤 유적에서는 약 150명가량의 인골이, 사리앙(Sarrian)의 부알로 돌방무덤 유적에서는 300명가량의 인골이 출토되었다. 한편 무르–생–외제브(Mours-Saint-Eusèbe)의 푸르노(Fourneaux) 돌방무덤 유적에서는 인골이 70명가량 수습되었다. 이 유적은 다른 유적들에 비해 상대적으로 적은 수의 뼈가 출토되었지만, 대신 뼈의 보존 상태가 아주 좋다. 이상의 집단무덤에는 시신들을 곧게 펴 묻었든 굽혀 묻었든 간에 해부학적으로 골격을 이루는 요소를 모두 갖추고 있는 뼈들로 쌓인 층이 존재한다. 그리고 이 뼈들은 아주 짧은 시간 동안 퇴적되었고 그 후 어떤 교란된 흔적도 없다는 점에서, 로엑스 돌방무덤 유적의 '전쟁층' 퇴적 양상과 비슷하다. 그렇지만 차이점도 있다. 예를 들어 캅퍼텐 무덤에서는 시신들을 쌓아 두는 것을 피하려고 했던 흔적이 뚜렷하게 관찰되었다. 그리고 부알로 돌방무덤 유적에서는 그 많은 인골 중에서 오로지 한 명분의 인골에서만 부상의 흔적이 보였는데, 부상을 입은 흔적이 관찰되는 뼈는 허리뼈와 머리뼈다. 허리뼈는 화살을 맞았고, 머리뼈는 도끼 같은 흉기에 맞아서 산산조각 난 채로 발견되었다. 그렇지만 그 밖의 뼈에서는 폭력의 흔적이 전혀 확인되지 않았다. 그러나 앞서 언급했듯이 뼈 손상 없이 무른 부위에만 입은 상처만으로도 사람이 죽을 수 있다는 점을 잊지 말자.

확실한 것은 많은 사람이 다치고 고통에 신음했던 대량 학살이 끝난 이후에도 돌방무덤에 시신들이 몇 차례 더 쌓였다는 점이다. 부알로 유적에서는 겹겹이 쌓인 시신들 사이에 긴 얇은 퇴적층들이 발견되었다. 이와 같은 미세한 층들이 형성되려면, 그 두께가 아무리 얇다 해도 반드시 퇴적 작용이 일어나야만 한다. 따라서 겹겹이 쌓인 시신들 사이에 이러한 미세한 층이 형성되었다는 사실은 몇 번에 걸쳐 시신들이 쌓였다는 것을 의미한다. 한편 새로이 시신이 묻히면서 이전에 묻혔던 뼈들이 원래의 자리에서 벗어난 사례도 볼 수 있었다. 예를 들어 머리뼈의 경우, 다른 뼈에서 떨어져 멀찌감치 놓여 있었다. 이와 같은 현상은 좁은 공간이 시신으로 꽉 들어차서, 몸과 몸이 밀착되지 않았다면 일어날 수 없는 현상이다. 시간이 지남에 따라 시신들이 부패하고 머리뼈가 목뼈에서 떼어진 다음에 멀찌감치 떨어지게 되는 것이다. 그리고 특정 뼈만 추려 다른 곳에 놓았던 흔적도 확인되었다. 이와 같은 증거는 먼저 묻혔던 시신을 들어내고 새로이 시신을 놓았음을 알려 준다. 당연한 말이겠지만 겹겹이 쌓인 인골 중에서 맨 위에 놓인 뼈들이 정리 작업의 영향을 가장 크게 받았을 것이다. 부알로 돌방무덤 유적에서 관찰된 결과를 가지고 종합적으로 판단해 볼 때, 비좁은 공간에 너무 많은 시신이 묻혔다 해도, 그리고 해부학적으로 골격을 이루는 부분이 모두 갖춰져 있다고 해도, 한꺼번에 시신들이 묻혔던 것은 아니었던 듯하다. 시간이 흘러감에 따라 무덤방은 서서히 채워졌으며, 그 기간은 아마도 수 세기 이상 걸렸을 것이다. 따라서 부알로 돌방무덤 유적에서는 로엑스 돌방무덤 유적에서 논의되었던 '전쟁층' 가설을 그대로 적용할 수 없다.

한편 로엑스 유적에서는 해부학적으로 골격을 이루는 부분이 모두 갖춰져 있는 뼈들이 출토되는 층(2층)에서도 가끔 해부학적으로 연결이 안 되는 뼈들이 함께 출토되었는데, 이 두 가지 계통의 뼈들이 서로 어떤 관계를 맺고 있는가 하는 문제도 풀어야 한다. 혹시 해부학적으로 연결이 안 되는 뼈들은 무더기로 시신을 쌓아 놓기 전에 무덤방을 정리하는 과정에서 남겨진 것일까? 아니면 나중에 정상기로 돌아오면서 쌓인 층, 즉 3층에서 밑으로 쓸려 내려온 것은 아닐까? '전쟁층'에서 나온 해부학적으로 연결이 안 되는 뼈의 성격에 관해 좀 더 깊이 고민해 봐야 한다. 누군가 일부러 골격의 특정 부위를 제거했기 때문에 골격을 이루는 구성 요소가 빠졌거나 2차장을 위해 일부 뼈를 다른 곳으로 옮겼을 수도 있다.

이처럼 연결이 안 되는 뼈까지 모두 더해서 로엑스 유적의 2층에서 출토된 인골의 최소 개체수를 다시 계산해 보면, 이 층에 묻혔던 시신은 최소 136명이다.[18] 58%는 어른(79명)이고, 나머지 42%는 아이와 청소년(57명)이다. 그런데 당시 프랑스의 지중해 연안 지역에 자리 잡은 마을 유적 중에서 어른이 50명을 넘는 경우는 한 군데도 없다는 점을 생각해 보면 시신의 수가 136명이라는 수치는 너무 높다. 물론 이와 같은 추정치는 불완전한 자료를 가지고 다시 계산한 것이어서 확신할 순 없다. 그렇다 하더라도 '전쟁층'이라고 불리는 중간층에 원래 더 많은 시신이 묻혔을 가능성이 크며, 따라서 이 층에서도 위아래 층과 마찬가지로 어느 정도 시신을 정리했던 흔적이 있다고 볼 수 있다. 그렇다고 이 층이 한순간에 많은 시신을 묻은 층이라는 사실을 부정하지는 않는다.

해부학적으로 골격을 온전히 갖추고 있든 아니든 간에 보클뤼즈 지방의 돌방무덤 유적들에는 왜 이렇게 많은 시신이 묻혔는지를 다소 일반론적 수준에서나마 설명할 필요가 있다. 사실 프랑스 남부 지역에서 이처럼 많은 집단무덤이 만들어지게 된 사회적 배경에 대해서는 아직 명쾌한 답을 찾지 못하고 있다. 게다가 집단무덤 자체만 보더라도 그 성격이 각양각색이다. 예를 들어 오드 지방의 몇몇 고인돌은 무덤방이 매우 크기 때문에 많은 시신을 묻을 수 있다. 그렇지만 그랑-코스 지방의 고인돌이나 비좁은 동굴처럼 작은 무덤을 자주 쓰려면 시신을 축소하든지 아니면 이전에 묻은 시신을 치우는 작업이 필요하다. 그리고 공간의 수용량과 그 속에 묻힌 시신들의 총부피라는 요인 이외에 시간이라는 요소도 반드시 고려해야 한다. 무덤방은 아주 오랜 기간 사용되었다. 심지어 1,500년(기원전 3300~기원전 1800년) 동안 사용된 무덤방도 있다. 반면에 어떤 무덤은 아주 짧은 기간에만 쓰이고 완전히 밀봉되었다. 따라서 집단무덤을 서로 비교하려면 이와 같은 다양성을 먼저 고려해야 한다.

더욱 알기 힘든 점은 '누가 집단무덤에 들어갈 권리를 갖고 있었느냐?'라는 문제다. 마을의 모든 구성원은 남녀노소 누구나 고인돌이나 돌방무덤에 묻힐 '권리'가 있었던 것일까? 솔직히 말해서 이 문제에 관해 고고학자들이 아는 것은 별로 없으며 단지 가설 수준에서 논의를 끝내는 게 대부분이다. 사실이 그렇다 해도 여러 가지 사례를 참조해 보면 오로지 하나의 설명 모델만이 존재하는 것은 아닌 듯하다. 게다가 사회관계, 생물학적 또는 상징적 친족 체계, 집단의 정체성 같은 요소는 시공간적으로 바뀔 수 있다. 그리고 죽음의 사회적 기능은 의례와 전통 그리고 문화에 따라 그 성격이 달라진다. 이와 같은 요소들을 모두 고려해야겠지만, 개념적으로 명확하게 이해하기 위해 서로 대비되는 두 가지 사례를 가지고 살펴보도록 하겠다.

첫 번째 가설은 집단무덤 유적에서 출토된 뼈의 총량을 가지고 기원전 3500년 또는 기원전 3300년부터 수백 년 동안 살았던 마을의 인구 규모를 추정할 수 없다는 주장이다. 무덤은 새로 들어오는 시신을 놓을 '공간 만들기'를 위해 정기적으로 치워졌으므로 당시의 인구를 대표할 수 없다는 말이다. 그러나 당시 마을의 총인구 추정치보다 시신의 수가 적은 이유가 전적으로 '공간 만들기'에만 있었던 것은 아니다. 아마 무덤에 묻힐 수 있는 사람을 선별했다는 점도 중요한 이유였을 것이다. 예를 들어 신화적인 차원이든 실제로 그랬든 간에 마을의 창시자로 숭상되는 사람의 자손 같은 특정 가계의 구성원들은 무덤에 묻힐 권리가 있었을 것이다. 그리고 반드시 그랬던 것은 아니겠지만 몇몇 집단무덤에서 젊은이와 어린이의 뼈가 전혀 나타나지 않는 사실을 볼 때, 이 연령대에 속하는 시신은 제외되었을 가능성도 크다. 두 번째 가설은 첫 번째 가설과는 정반대로, 몇몇 무덤의 경우 무덤에서 출토된 뼈로 당시 마을의 인구학적 특징을 파악할 수 있다는 주장이다. 즉 집단무덤에 묻히는 데 차별은 없었으며, 공동체에 속한 모든 사람은 동등하게 묻힐 권리를 갖고 있었다는 뜻이다. 따라서 이 가설은 특정 집단무덤에서 출토된 인골의 인구학적 특징은 해당 공동체의 인구학적 특징뿐만 아니라, 집단무덤이 사용된 전 기간의 인구학적 변동도 반영한다고 주장한다. 보다 단순화해 말하자면 첫 번째 가설은 선별을 강조하는 관점에서 가계와 가족 간에 이미 사회적 서열화가 존재했다는 점을 암묵적으로 깔고 있다. 반면에 두 번째 가설은 당시 사회가 더 집단적이고 '민주적'이었으며 공동체 안에 강한 연대의식이 존재했다는 점에 방점을 찍는다.

그렇지만 두 가지 가설 모두 집단을 사회 운영의 핵심 요소로 본다는 점에서는 같다. 왜냐하면 한 개인이 조직화된 집단무덤에 묻히게 됨으로써, 그의 개인으로서의 특징은 제거되기 때문이다. 첫 번째 관점에서 볼 때, 여러 시신이 묻힌 집단무덤의 규모는 지도자를 비롯하여 고귀한 소수 특정인이 행사하는 권력의 세기에 비례한다는 해석이 가능하다. 소수 특정인과 친연관계에 있는 사람이나 동맹 세력은 공동체의 무덤에 묻힐 수 있는 권리를 보장받는다. 따라서 시신이 적게 묻혔던 집단무덤은 그만큼 특정 가족의 사회적 영향력이 작았음을 뜻한다. 두 번째 가설은 시간에 따라 변형되었음에도 집단무덤에서 출토된 인골은 특정 시기, 특정 공간의 마을의 인구 규모에 관해 실마리를 줄 수 있다고 본다. 사실 이 두 가지 가설은 모두 일정 부분 타당하다. 집단무덤에 시신을 묻는 데에는 많은 요소가 개입되며, 또 그와 같은 요소는 주어진 특정 시기의 사회적 관습에 의존한다. 심지어 무덤은 장기간 사용되면서 사회적 환경 변화에 따라 묻힐 자격 조건조차 변했을 가능성도 있다. 자격 조건의 유동성은 기원전 3000년 기에 조성된 집단무덤에서 인골이 너무 많거나 너무 적은 이유를 부분적으로 설명해 준다. 물론 앞서 보았듯이 주기적으로 무덤에서 이전에 묻힌 시신을 제거했을 수도 있다.

로엑스 유적을 비롯한 집단무덤에서 왜 수많은 사람(남자와 여자)이 특정 시점에 무엇 때문에 묻혔는지 아직 명쾌한 답을 못 찾고 있다. 앞서 학살당했을 것이라고 주장했지만 로엑스 집단무덤 유적에서는 탈하임 유적에서 봤던 수많은 부상의 흔적을 찾을 수 없다. 대량 학살당한 희생자들의 몸에는 부상의 흔적이 남을 텐데도 말이다. 학살 이외에 여러 가지 원인을 생각해 볼 수 있다. 전염병일까? 음식에 독극물을 넣었을까? '희생양이었나'?(이 경우라면 매장된 수많은 사람은 무덤 주인을 따라가는 길에 '초대'되어 환각 상태로 죽임을 당했을 것이다), 아니면 사회로부터 '유죄'를 선고받은 사람들을 처형했던 것일까? 우리가 생각하지 못하는 그 밖의 다른 원인 때문이었을까? 이처럼 시신들이 겹겹이 쌓여 있게 된 이유를 밝혀 보려는 탐구열, 그 자체가 어쩌면 이 유적들이 흥미로운 이유일 것이다. 그러나 아직 탐구는 끝나지 않았다.

알라바 지역의 집단무덤 유적 사례

최근 스페인 북서부 알라바 지역 리오하(Rioja)의 한 유적을 재조사하면서 이른바 '전쟁층'의 문제가 다시 제기되었다. 라구아르디아(Laguardia)의 산 후안 안테 포르탐 라티남 집단무덤이 '전쟁층'의 문제를 다시 *끄집어낸* 것이다. 바위 그늘인 이 매장 유적은 천장이 무너져 내려 시신을 묻었던 층을 덮고 있었기 때문에 오랫동안 완전히 감춰져 있었다. 그러다가 현대에 이르러 도로를 넓히는 과정에서 굴착기로 작업하던 도중에 발견되었다. 유적에서는 300명분이 넘는 인골이 확인되었다.[19] 어떤 층에서는 차곡차곡 쌓여 있었고 또 어떤 층에서는 어지럽게 마구 섞여 있는 상태로 출토되었다. 해부학적으로 골격이 모두 갖춰진, 즉 '완전한 상태'로 출토된 인골은 50명가량이었다. 이 뼈들은 대학살 이후 일시에 한꺼번에 묻혔던 '전쟁층'을 뒷받침하는 증거로 여겨지게 되었다. 물론 마을에 전염병이 돌아 이처럼 많은 사람이 한번에 죽었을 가능성도 있지만 학살당했다고 보는 편이 더 타당한 듯하다.

그렇게 보는 데는 몇 가지 이유가 있다. 첫째, 시신들이 아무렇게나 쌓여 있다는 점에서 그 이유를 찾을 수 있다. 시신들은 서둘러 매장되었으며, 심지어 상자를 던지 듯이 무덤방 안으로 던져졌던 것으로 보인다. 이렇게 묻히고 난 뒤에 무덤은 그 어 떤 교란 작용도 겪지 않았다. 여러 사람의 팔다리가 서로 엉겨 붙어 있는 상태로 봐 서 순식간에 시신들이 쌓였음을 알 수 있다. 특히, 뼈에 박힌 화살촉 아홉 점은 이들 이 모두 전쟁 때문에 사망했다는 가설을 뒷받침해 줄 결정적 증거다. 게다가 팔꿈치 의 머리 부분이 깨진 자뼈가 많이 출토되었는데, 이는 희생자가 흉기를 팔로 막는 과 정에서 생긴 흔적이다. 몇 점의 머리뼈에서는 둔기로 얻어맞은 타박상의 흔적도 확 인되었다. 이 집단무덤에서 출토된 돌살촉은 모두 55점으로 전체 석기의 50%에 이 른다. 돌살촉은 죽은 사람을 위한 부장품이 아니라, 희생자의 뼈 이외의 연한 부위를 관통했던 무기로 추정된다. 왜냐하면 이 유물들은 부장품을 놓는 특정 구역에 모여 있지 않고 포개진 시체 더미에서 수습되었기 때문이다. 게다가 앞부분이 깨진 돌살 촉이 많았는데, 목표물에 적중하면서 발생한 충격 때문에 깨졌던 것으로 보인다.

마지막으로 이 집단무덤이 발견됨으로써 근처에 있는 다섯 기 고인돌의 성격에 대해서도 다시 한 번 생각하게 된다. 만약 이 다섯 기의 고인돌이 산 후안 안테 포르 탐 라티남 집단무덤과 같은 시기에 세워졌고 또 고인돌이 이 시기의 대표적인 무덤 양식이라고 한다면, 바위 그늘을 집단무덤으로 쓴 사례와 고인돌을 집단무덤으로 쓴 사례는 분명히 다르다. 고인돌무덤과 달리 바위 그늘 집단무덤에는 너무 많은 시신 이 가득 차 있다는 점에서 다르고, 또 고인돌은 인공 건축물이지만, 바위 그늘 집단 무덤은 천연 동굴을 단순히 이용했을 뿐이라는 점에서도 다르다. 아울러 바위 그늘 집단무덤은 내부 공간을 정리한 흔적을 찾을 수 없다는 점도 고인돌과 구별된다.

그러나 자료를 꼼꼼히 따져 보면 산 후안 안테 포르탐 라티남 바위 그늘 집단무 덤이 '대학살 무덤'이었을 것이라는 주장, 즉 대학살이 끝난 뒤 희생자들을 한군데 묻었던 일종의 시체 구덩이라는 주장에 동의하기에 조금 망설여진다. 당연한 얘기지 만 현재 이 집단무덤이 대학살의 시체 구덩이였을 것이라는 주장에 동조하던 연구 자들은 이전보다 신중해졌다. 이 흥미로운 유적에 적어도 300명 이상 묻혔다고 하는 데, 그때가 언제였느냐가 문제의 핵심이다. 대개 신석기시대 후기의 작은 농촌 마을의 인구는 고작 100명에서 200명에 지나지 않는다. 따라서 학살당한 사람이 300명이 넘는다는 주장은 선뜻 이해가 되질 않는다. 유적에서 출토된 인골에서 폭력의 흔적이 관찰된다는 점에서 몇 명은 폭력 때문에 죽었을 것이라는 점에는 동의할 수 있다. 그러나 마을의 모든 주민이 한꺼번에 학살당하고 동시에 묻혔다고 보기는 어렵다고 생각한다. 만약 그와 같은 대학살이 벌어졌다고 한다면 탈하임 유적에서 보듯이, 더 많은 폭력의 흔적이 나타나야 하기 때문이다.

한편 발굴보고서에 따르면, 오로지 남자들의 뼈에서만 치명상을 입었던 흔적이 관찰되었다고 한다. 그리고 치명상을 입은 여덟 명 중 다섯 명만 그 부상으로 죽었다. 이는 뒤집어 보면 나머지 세 명은 크게 다쳤지만 치유되었다는 것을 의미하지 않는가? 그 세 사람이 얼마나 더 살았는지 우리로서는 알 수 없다. 그렇지만 적어도 그들은 상처가 아물 정도의 시간만큼 더 오래 살아남았으므로 논리적으로 대학살당했던 사람들의 사망 시점과 이 세 사람의 사망 시점이 일치할 수는 없다. 따라서 마을 주민이 모조리 학살당하고 아주 짧은 기간에 한꺼번에 묻혔다는 기존 주장과 모순된다.[20] 그러나 부상당하고 치유된 흔적이 있는 세 명이 입었던 부상이 대학살이 일어나기 전에 입었던 것일 가능성도 있다. 만일 그렇다면 과거 어느 시점에 부상당하고 치유되었던 세 사람이 대학살이 나던 날에 다른 마을 주민과 함께 몰살당하고 동시에 묻혔다고 봐야 순리적이다. 그리고 무덤에서 출토된 인골에 관한 분석 결과를 찬찬히 살펴보면 무덤방은 몇 번에 걸쳐 비워지고 다시 채워진 흔적이 관찰된다. 몸의 다른 뼈들은 치워 버리고, 머리뼈만 한곳에 따로 모아 둔다든지 하는 무덤방을 정리했던 흔적이 보이는 것이다. 이는 장기간 사용된 집단무덤의 전형적인 특징이다. 사실 탄소연대측정 결과도 이 집단무덤이 장기간 사용되었음을 알려 주는데, 열 개의 연대 측정값이 보고되었다. 탄소연대측정 결과에 따르면 이 유적은 기원전 3800년부터 기원전 2800년까지 약 1,000년 동안 사용되었다.[21] 따라서 이 천연 동굴은 무덤으로서 장기간 사용되었으며 시신들은 한꺼번에 무더기로 묻혔던 것이 아니라, 조금씩 쌓였다고 보는 쪽이 타당할 듯싶다. 그렇다고 어떤 비극적인 사건으로 인해 많은 사람이 죽임을 당하고 한꺼번에 묻혔을 가능성이 전혀 없다는 얘기는 아니다.

그리고 다양한 원인으로 여러 사람이 동시에 사망했을 수도 있는데 그 원인 중의 하나가 전쟁이라는 점만큼은 분명하다.[28]

부상 흔적의 위치와 궤도상의 특징

산 후안 안테 포르탐 라티남 집단무덤에서 화살에 맞은 흔적이 뚜렷한 인골은 모두 아홉 점으로 대부분 치명상이었다(그림 40). 이 중 여덟 점의 인골에 대한 탄도학적 분석이 이뤄져 흥미롭다.[22] 희생자들의 몸에 화살이 박혔던 지점을 살펴보면 다음과 같다.

- 엉덩이(오른쪽 엉덩이뼈)에 깊숙이 박힌 화살촉: 뒤쪽에서 맞았다. 화살은 아래에서 위로 그리고 왼쪽에서 오른쪽으로 날아왔다.
- 첫 번째 허리뼈에 꽂힌 화살촉: 화살은 허리 오른쪽에 적중했다. 궤도를 보면 약간 상승 궤도를 그렸던 것으로 추정된다.
- 엉덩뼈의 가장자리에 박힌 화살촉은 아래에서 위로, 왼쪽에서 오른쪽으로 날아왔다.
- 가슴 오른쪽 갈비뼈들 사이에 꽂힌 화살촉: 허파에 치명상을 입혔다. 피해자는 살아남지 못했을 것이다. 뒤쪽에서 맞았는데, 화살은 오른쪽에서 왼쪽으로

·······

28 산 후안 안테 포르탐 라티남 집단무덤 출토 인골에 대한 현지 연구자들의 최근 연구 성과에 따르면 이 책의 지은이들과는 다르게 이 무덤은 짧은 기간만 사용됐다고 한다. Vegas, J. I., Armendariz, Á., Etxeberria, F., Fernández, M. S., Herrasti, L., 2012, Prehistoric violence in northern Spain: San Juan ante Portam Latinam, Schulting R., Fibiger, L.,(eds.), *Sticks, Stones, and Broken Bones: Neolithic Violence in a European Perspective*, Oxford University Press, pp. 265-302; Duboscq, S., Gibaja, J., 2016, Evidence of violence in the Neolithic period in the North East of the Iberian peninsula, García-Piquer, A., Vila-Mitjà, A. (ed.), *Beyond War: Archaeological Approaches to Violence*, Cambridge Scholars Publishing, pp. 115-140.

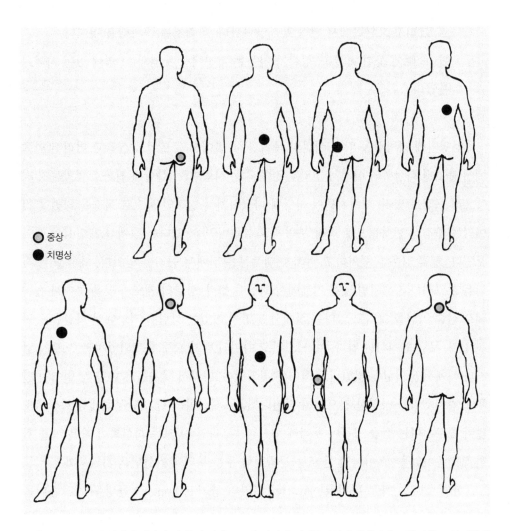

그림 40 스페인의 알라바 지방의 산 후안 안테 포르탐 라티남 집단무덤이 유적에서 출토된 아홉 구의 시신에 화살 맞은 부분을 표시한 그림(J.-l. Vegas, 1991)

날아왔다.

- 상승 궤도를 그리며 날아온 화살이 희생자의 왼쪽 어깨뼈에 수직으로 꽂혔다.
- 머리 뒤 아랫부분, 즉 뒤통수뼈에 꽂힌 화살촉: 피해자는 뒤쪽에서 맞았다. 화살은 왼쪽에서 오른쪽으로 가파른 상승 궤도를 그리며 날아왔다. 화살에 맞은 부위가 이미 아물었다는 점에서 피해자는 이 부상으로 죽은 것은 아니다.
- 오른쪽 가슴을 뚫고 등뼈에 꽂힌 화살촉: 화살은 희생자의 앞쪽에서 뒤쪽으

로, 그리고 오른쪽에서 왼쪽으로 날아왔다. 피해자는 즉사했을 것이다.

- 팔(노)뼈에 꽂힌 화살촉: 상처가 아무는 과정에서 노뼈와 그 옆에 있는 자뼈가 붙었다.

엉덩이에 타박상을 입은 시신의 목뼈 쪽에 붙어서 출토된 화살촉과 머리뼈 안쪽에서 출토된 화살촉의 사례처럼 몇몇 경우 죽은 사람이 이 화살에 진짜로 맞았는지 의심스러운 점도 있다. 희생자들이 사냥에 나갔다가 우발적인 사고로 목숨을 잃었을 것이라는 주장은 반복적으로 특정 부위에 화살촉이 박혀 있다는 점에서 개연성이 적어 보인다. 몇몇 경우를 제외하고 피해자 대부분은 뒤에서 공격을 받았다. 화살을 쏜 사람은 쪼그려쏴 자세처럼 낮은 자세에서 화살을 쐈다. 화살의 궤도가 낮은 곳에서 높은 데로 상승 곡선을 그리고 있다는 점에서 도망치고 있는 사람을 겨냥해서 화살을 쐈던 것 같다. 무덤 안에서는 남자, 여자, 그리고 아이의 뼈가 모두 출토되었지만, 오로지 남자의 뼈에서만 화살에 맞았던 흔적이 관찰되었다. 따라서 남자들은 마을 간 벌어진 전투에 참여했다가 사망한 것으로 추정된다. 많은 시신이 묻힌 집단무덤에서 화살촉도 많이 출토된다는 점을 곰곰이 생각해 봐야 한다. 과연 이 모든 화살촉이 죽은 이를 위한 부장품이었을까? 아니면 살 또는 근육처럼 무른 부위에 박혔던 무기였을까?

한편 스페인 북부 나바르(Navarre) 지역의 롱가르(Longar) 돌방무덤도 흥미롭다. 이 유적에서는 모두 112명분의 인골이 확인되었는데, 네 명에게서 부상의 흔적이 보였고, 그중 세 명에게서 치명상의 흔적이 관찰되었다.[29] 산 후안 안테 포르탐 라티남 유적과 롱가르 유적은 이베리아반도에서 당분간 독특한 사례로 남을 것이다. 이 두 유적을 제외하면 이베리아반도에서 신석기시대의 폭력 행위를 알 수 있는 유적은 드문 편이다. 여기서는 화살에 맞아 부상을 입었던 흔적이 보이는 인골이 발견된 유적 두 곳을 추가로 소개하려 한다. 두 유적의 연대는 모두 기원전 4000년에

....

29 Armendáriz Martija, J., Soto, S. I., 1995, Violencia y muerte en la prehistoria: el hipogeo de Longar (Viana, Navarra), *Revista de arqueología*, 168, pp. 16-29.

서 기원전 3500년 사이이므로 앞에서 언급했던 바스크 지방의 롱가르 유적보다 시기가 올라간다. 바르셀로나 지방에 있는 이 두 유적은 모두 '움무덤 문화(Culture des tombes à fosses)'의 매장 유적이다.[30] 첫 번째로 살펴볼 유적은 산트 키르세 델 바예스(Sant Quirze del Vallès)시 부근에 있는 보빌라 마두렐(Bòvila Madurell) 공동묘지 유적이다. 이 공동묘지 유적의 한 무덤에서는 두 명의 인골이 출토되었는데, 다른 부분은 온전히 남아 있었지만, 머리뼈는 완전히 산산조각 난 상태로 출토되었다. 그중 한 명의 허리뼈에는 화살촉이 박혀 있었다.[23] 화살이 피해자의 배를 뚫고 지나갔던 것으로 볼 때 피해자는 치명상을 입었을 것이다. 두 번째 사례는 로카 델 바예스(Roca del Vallès)의 칸 그라우(Can Grau) 공동묘지 유적이다. 이 유적의 수직으로 난 굴을 타고 내려가면 원형에 가까운 무덤방을 만나게 된다. 무덤방 안에는 두 명분의 인골이 땅에 등을 대고 곧게 눕혀 있었는데, 주변에는 몇 점의 부장품도 함께 놓여 있었다. 이 중 한 명의 등뼈 고리에는 부러진 돌살촉의 끝부분이 박혀 있었다.[24] 등뼈 고리가 아문 것을 봐서 부상자는 화살을 맞은 뒤에도 얼마간 더 살다가 죽었던 것으로 보인다.[31]

위의 두 유적을 제외하고 이베리아반도에서 폭력의 흔적을 볼 수 있는 유적들은 모두 시기가 늦은데, 신석기시대 후기 또는 청동기시대 초기에 속한다. 칸타브리아 지방의 라스 카스카라스(Las Cascaras) 동굴 유적에서는 넙다리뼈 머리에 돌살촉이, 레리다(Lerida) 지방의 코예트 수(Collet Sú) 고인돌 유적에서는 희생자의 뒤통수뼈 왼쪽에 금속제 화살촉이, 그리고 타라고나(Tarragona) 지방의 아르보리(Arboli) 동굴 H층에서는 턱뼈 왼쪽에 청동제 화살촉이 박혀 있었다. 로그로뇨(Logroño)시

....

30 움무덤 문화는 기원전 10세기에 이탈리아 남서부 칼라브리아(Calabria), 캄파니아(Campania), 이스키아(Ischia)섬을 포함한 지역에 주로 분포했던 선사시대 문화로, 직사각형의 움을 파고 시신을 매장한 다음 돌을 쌓아 올리는 무덤 양식이 특징적이다. 움무덤 문화는 몰타섬과 스페인 일부 지역에서도 발견된다.

31 최근 보빌라 마두렐 공동묘지 유적과 칸 그라우 공동묘지 유적을 비교 연구한 박사학위 논문이 발표되었다. Allièse, F., 2016, *Les sépultures de la Bobila Madurell-Can Gambus (Vallès occidental): éclairage sur les pratiques funéraires du nord-est de la péninsule ibérique à la fin du Ve et au début du IVe millénaire*, thèse de doctorat, Université de Paris 1.

인근 아타라유엘라(Atalayuela) 집단무덤의 종형토기가 출토된 층에서는 날개 달린 형태의 화살촉이 머리뼈 뒷부분에 꽂힌 채 출토되었다. 화살이 아닌 다른 무기로 폭행당한 흔적이 관찰되는 무덤 유적도 있다. 부르고스(Burgos) 지방 쿠에바 데 라스 카브라스(Cueva de las Cabras), 에브로(Èbro)강 유역의 카르투하 데 레스 푸엔테스(Cartuja de les Fuentes), 벤타 델 그리소(Venta del Griso), 알코이(Alcoy)시 인근의 레스 요메테스(Les Llometes), 바뇨스(Baños)의 쿠에바 델 바랑코 데 라 이게라(Cueva del Barranco de la Higuera) 그리고 세비야(Seville)시 인근의 발렌시아 데 라 콘셉시온(Valencia de la Concepción) 등의 유적에서 화살 이외의 폭력 흔적이 인골에서 확인되었다.[32]

이 장에서 논의되었던 프랑스와 스페인의 사례들은 고고학적으로 신석기시대 동안 전쟁이나 살인이 끊이지 않았다는 사실을 명확하게 보여 준다. 폭력의 흔적은 신석기시대 후기, 즉 기원전 4000년 기부터 기원전 3000년 기까지 집중적으로 나타난다. 물론 집단 간 무력충돌이나 개인 간 폭행이 발생하게 된 원인이나 배경에 대해 우리는 구체적으로 알 수 없다. 따라서 현재로서는 이러한 사건들을 신석기시대 또는 순동시대라는 시대적 맥락을 따라 일반적인 수준에서 이해하는 것에 만족할 수밖에 없다.

....

32 이베리아반도의 신석기시대 후기 또는 청동기시대 초기의 폭력 유적의 성격에 대한 논의는 Serrano, J., Marrero J., González, F., 2016, A Marxist approach to Violence: Iberian Southeast in Late Prehistory, García-Piquer, A., Vila-Mitjà, A., (ed.), *Beyond War: Archaeological Approaches to Violence*, Cambridge Scholars Publishing, pp. 93-114; Duboscq, S., Gibaja, J., 2016, Evidence of violence in the Neolithic period in the North East of the Iberian peninsula, García-Piquer, A., Vila-Mitjà, A. (ed.), *Beyond War: Archaeological Approaches to Violence*, Cambridge Scholars Publishing, pp. 115-140 참조.

전사 이데올로기의 형성

앞 장에서 고고학적 자료를 통해 확인하였듯이, 신석기시대를 특징짓는 폭력 행위의 증가는 당시 사회 조직에 대한 정밀한 조사로 설명할 수 있을 뿐이다. 우리는 고인돌무덤, 돌방무덤, 동굴무덤 같은 거대한 집단무덤의 유물들을 분석함으로써 당시 사회 조직을 파악할 수 있다. 사실 죽은 사람이 저세상에서도 쓰라고 묻었든 무덤 속에 있는 죽은 조상에 대한 제물로 바쳤든 간에 모든 부장품에는 한 가지 공통점이 있다. 그건 바로 부장품에 해당 공동체의 이데올로기를 파악할 수 있는 단서가 있다는 점이다.

부장품은 실제로 물품의 미적 가치, 이국적이고 희귀한 재료, 제작자의 기술적 숙련도, 그리고 물품을 만드는 데 소요된 시간 같은 요소를 통해 이데올로기적 가치가 부여된다. 예를 들어 '사치스럽거나 고상한' 토기, 호화롭기 그지없는 장신구, 특히 화살촉 또는 단검 같은 부장품은 시신 옆에 놓인다. 반면에 무덤에 일용품 또는 일상생활을 알려 주는 부장품을 묻는 경우는 별로 없다. 그들이 농경 사회에서 살았고 먹거리 대부분을 농사와 목축을 통해 얻었는데도 말이다. 그들은 일용품 대신에 가치재를 묻음으로써, 그들의 사회적 지위를 과시하고 다른 이와 구별 짓고 체면치레를 하려 했다.

여러 가지 위세품 중에서 무기는 사냥을 목적으로 하든 전쟁을 목적으로 하든, 언제나 특별한 위상을 지닌다. 무기는 강함, 능력 그리고 모험을 찬양·고무하는 데 이용되기도 하고, 또 그렇게 함으로써 소유자는 사회적 위신과 영향력을 얻는다. 따라서 먹고사는 데 직접적인 도움이 되지 않는 활동이 어떤 사람에게는 사회적 지위를 보장해 주는 방편이 된다. 물론 이 시기에도 사냥은 존재했다. 그리고 여전히 사회적으로 중요한 역할을 담당했겠지만, 경제 활동으로서 그 가치가 떨어졌기 때문에 특별한 경우가 아니면 사냥하러 가지 않았다. 무력충돌이나 전쟁이 토지와 생산물을 확보하기 위한 수단이라는 점은 맞지만, 일상적으로 일어났던 일은 아니었고 어디까지나 생업 활동의 보조 위치에 머물렀다. 달리 얘기하자면 농경 사회에서도 이데올로기적으로는 야생성(사냥)과 비정상성(전쟁)이라는 상징적 가치가 일상적이고 길들어진 삶의 가치보다 우선했다는 말이다. 그와 같은 이유로 무기와 사냥 도구를 구별하기가 쉽지 않은 것이다. 도끼는 나무를 넘어뜨릴 때 쓰지만 적을 공격할 때도 쓸 수 있고, 화살은 사슴과 멧돼지 사냥에 쓰지만 사람을 죽일 때도 쓸 수 있다. 따라서 사냥 도구 또는 무기를 남들 앞에 내비치거나 휘두르는 행위는 분명 자신의 특성을 드러내는 행위다. 그리고 동시에 개인으로서 자신의 사회적 위상을 굳게 다지는 행위다. 더 일반적인 수준에서 보자면 사냥 도구 또는 무기들은 여성 영역에 대비되는 남성 영역을 확정하고 과시하는 수단이다. 이 문제에 대해 좀 더 깊게 논의할 필요가 있다.

남자의 무게

위에서 이미 언급했듯이 기원전 4000년 기에서 기원전 3000년 기 사이에 경제 활동으로서 사냥은 농경과 목축에 밀려나 그 위상이 급속히 추락했다. 그렇지만 사냥과 전투를 막론하고 무기가 가진 상징적 힘은 꾸준히 증가했다. 무기는 이제 하나의 사회적 표식으로 중요하게 된 것이다. 특히 활과 화살, 단검, 도끼가 핵심이다.

활·단검·도끼 이 세 가지 무기의 조합은 상징적으로 남성 영역의 토대가 되었고, 또 남성 영역의 시각적 표현물이 되었다. 이와 같은 점을 살펴보기 위해 몇 가지 예를 들어보자.

기원전 3200년경 알프스산맥 티롤 지방의 지밀라운을 가로지르던 한 사람이 눈과 얼음에 갇힌 채 죽었다. 불행했던 이 사람은 처음에는 추위 때문에 사망했다고 여겨졌다. 그러나 왼쪽 어깨에 화살촉이 박혀 있다는 최근 엑스레이 조사 결과를 볼 때, 그가 추적자들을 피해 도망치다가 사망했다는 주장이 새롭게 제기되었다. 1991년 미라가 발견되었을 당시 그가 걸쳐 입었던 겨울용 외투도 함께 발견되었다. 그는 외투만 걸치고 높은 곳까지 올라갔던 것이다. 고고학자들이 특히 주목하는 것은 그가 가지고 있던 사냥 또는 방어를 위한 무기일 것이다. 그가 지니고 있던 활은 주목으로, 화살통은 백당나무로 만들어졌다. 화살은 모두 미완성품이었는데, 화살을 완성할 시간이 미처 없었거나 아니면 완성할 필요가 없었기 때문일 것이다. 대중매체가 붙여 준 별명 '외치'로 더 잘 알려진 그는 돌칼, 단검, 그리고 순동제 도끼를 가지고 있었다.[1] 아마도 이 유물들은 그가 일상적인 활동을 하는 데 필요한 생활용품이었을 것이다. 그러나 이 물품들이 사냥과 전투를 위한 무기로 사용되었는지 아닌지는 그것을 가지고 있던 사람의 특성, 그리고 그가 속한 영역에 따라 보다 상징적 차원에서 결정된다. 물론 그가 가지고 있던 물품들은 동식물성 먹거리를 확보하거나 아니면 광물을 획득하는 것처럼 실용적 목적에 쓰일 수 있다. 그렇지만 위기 상황에서 그 물품들은 공격과 방어를 위한 무기로 사용될 수 있으며, 심지어 사냥과 전쟁, 육체적 시련을 통과한 남성의 자부심이나 어떤 특권에 대한 독점권을 나타내는 상징물이었을 수도 있다.

서양에서는 신석기시대가 끝나고 기술의 전문화가 이뤄지면서 거의 모든 영역에서 우월한 남성이라는 이념이 최초로 탄생하였다. 사실 피로 물든 무기는 구석기시대에도 남자들에게만 허락되었다. 반면 여자들은 구석기시대에는 식물성 먹거리를 장만하고 신석기시대에는 곡식을 재배하고 수확했다는 차이가 있지만, 모두 식물을 다루는 일을 했다. 게다가 토기를 빚고 광주리를 엮고 천을 짜는 일도 여자들이 담당했다. 좀 더 솔직히 말하자면 집 안에서 해야 할 모든 일을 여자들이 도맡았다. 활 쏘는 여성 전사들이 산다는 아마존은 어디까지나 신화 속 이야기일 뿐이다. 심지어 그 신화 속에서도 용감한 아마존 여성들은 활을 쏘기 위해 가슴 한쪽을 잘라야 하는 고통을 겪어야 할 정도로 남성스러움을 강요당했다. 여러 민족지학적 사례들을 보더라도 남녀의 역할은 명확히 구분된다. 물론 문화와 시기에 따라 차이가 있지만 이와 같은 구분은 보편적으로 나타나는 현상인 듯하다.

기원전 4000년 기에 쟁기가 경작에 서서히 보편적으로 도입되었다. 그런데 쟁기는 누군가 가축을 몰고 끌어야 움직이는 기구이다. 따라서 이 기구를 사용하려면 어느 정도 육체적 힘이 필요하다. 그전까지 숲의 제거, 농지 준비 외에 농사일에서 딱히 두드러지게 할 일이 없었던 남성의 역할이 이 시기에 이르러 중요하게 된 것이다. 여성들은 여전히 괭이로 농사를 지었지만, 이전까지 전적으로 자신들의 영역이었던 경제 영역을 이젠 남성들에게 나누어 주어야만 했다. 한편 시간이 지남에 따라 기술의 숙련도가 증가하고 전문화되면서, 여성의 경제적·상징적 역할은 제거되거나 약화되어 갔다. 야금술, 중동에서 발명된 물레를 이용한 토기 생산 기술, 그리고 더 나중에 일어난 일이지만 수확용 도구가 작은 낫에서 커다란 서양식 낫으로 바뀌게 되면서 남성 우월주의는 강화되었다. 귀금속으로 제작된 장신구들은 엘리트 계층에 속한 남성과 여성 모두에게 가치재로 여겨졌지만, 도끼나 단검처럼 청동을 다루는 기술은 남성을 위한 도구 생산에 주로 사용되었다. 따라서 이 신소재도 남성 영역에 편입되었다고 볼 수 있다. 금속제 도구는 남녀의 성별을 구별 짓기 위한 수단이었던 것이다. 금속을 사용한다는 것은 한편으로는 정력적인 활동에 대한 찬양이었고, 다른 한편으로는 특권층과 다른 사람들의 신분 차이를 뚜렷하게 보여 주는 방편이었다. 한마디로 신기술은 사회적 구별 짓기의 원천이었다.[1]

....

1 피에르 부르디외(Pierre Bourdieu, 1930~2002)는 경제 자본뿐만 아니라, 문화 자본이라는 개념을 빌려 계급을 정의하고, 다양한 문화적 행위를 계급적 분류에 따라 조사했다. 그에 따르면 사람들의 취향이란 단순히 개인적 선택의 결과가 아니라 계급적 차이다. 그리고 이와 같은 취향은 물질적 수단과 더불어 계급 간의 '구별 짓기(distinction)' 전략이기도 하다. 홍성민, 2012, 『취향의 정치학: 피에르 부르디외의 『구

그림 41 이탈리아 루니지아나 지역의 사람 모양 선돌(E. Anati, 1979)
1. 폰테베키오(Pontevecchio): 구리 단검을 들고 있어 남자로 보임, 2. 몬치고리(Moncigoli): 가슴으로 미루어 여자로 보임

　　그러므로 유럽에서 금속을 다루는 일이 처음으로 시작되었던 '구리시대' 또는 '순동시대'라고 불리는 시기에 남성과 전사를 상징하는 이미지들이 넘쳐났다는 사실은 그리 놀랄 만한 일도 아니다. 다뉴브강 저지대부터 이베리아반도까지 퍼져 있는 판석 모양의 기둥이나 사람 모양의 선돌은 모두 남성 우위 이데올로기를 담고 있다. 사람 모양의 이 석조 기념비는 해부학적 특징 또는 성을 지시하는 코드화된 기호를 사용함으로써 남성과 여성으로 구분된다(그림 41).[2]

　　여성은 가슴이나 목걸이를 비롯한 장식물을 통해 표현되는 반면, 남성은 흔히

....

별짓기』읽기와 쓰기』, 현암사, 212쪽; 피에르 부르디외, 최종철(옮김), 2005, 『구별짓기』상·하, 새물결, 1008쪽.

무기로 표현된다. 새겨진 무기로는 활, 화살촉, 도끼 등도 있지만 가장 많이 새겨진 무기는 단검이다. 특히 단검은 남성의 책무감을 상징한다. 가끔 이 사람 모양 선돌에는 초월성을 표현하는 표식이나 상징이 함께 새겨지기도 한다. 정확한 용도는 모르지만, 한쪽 끝은 뾰족하고 다른 끝에는 고리나 긴 띠가 달린 지팡이처럼 생긴 '물건'도 그와 같은 상징물이다.[2]

이와 같은 시각적 요소를 통해 돌에 새겨진 사람 모양 선돌에 물질세계와 일상적인 삶을 뛰어넘는 존재, 즉 신, 영웅, 조상이라는 의미가 부여된다. 흥미로운 점은 성별을 나타내는 가장 확실한 표식인 성기가 이 사람 모양 선돌에서는 전혀 보이지 않는다는 점이다. 달리 말하면 성기 자체는 성별을 구분하는 데 별 의미가 없었다는 뜻이다. 그 대신 특별한 방식으로 상징물을 서로 대립시킴으로써 남성과 여성을 구분하였다.

여성의 경우 앞서 가슴을 새겨 넣음으로써 여성임을 나타냈다고 언급했는데, 달리 말하자면 해부학적이고 생물학적인 특징으로 여성임을 표시하였다는 뜻이다. 그러나 남성의 경우 무기로써 그가 남성임을 드러낸다. 따라서 여성은 자연으로부터 주어진 것(données naturelles)이고, 남성은 문화적 산물(productions culturelles)이라는 해석이 가능해진다. 사실 이러한 구별은 우연이 아니다. 사람 모양 선돌을 만들었던 사람은 여성의 지위를 먹거리를 제공하는 자연의 영역 속에 한정했던 반면, 남성은 무기나 금속 같은 기술적 혁신을 담당하고 물리적이고 윤리적으로 지배하는 존재로 인식했던 것이다. 따라서 이 사람 모양 선돌은 이데올로기를 전달하는 매체인 동시에 성에 따른 사회적 행위를 명확하게 구별 짓는 표식이었다.

....

2   "지팡이(rod)는 힘, 권위, 위엄, 우주축(宇宙軸)을 나타내며, 석장(錫杖)과 동일한 상징성을 가진다." 진 쿠퍼, 이윤기(옮김), 1994, 『그림으로 보는 세계문화상징사전』, 까치글방, 292쪽.

한 남자를 위한 죽음

이탈리아에는 '무기'를 차고 사회적으로 신분 상승한 남성의 모습을 보여 주는 순동시대 유적이 있다. 비테르보(Viterbo)시 인근 폰테 산 피에트로(Ponte San Pietro)에서 발견된 일명 '과부 무덤'이라고 불리는 무덤부터 먼저 살펴보자. 이 무덤은 토스카나(Toscana)와 라티움(Latium) 지역에서 기원전 3200년에서 기원전 2500년까지 지속된 리날도네(Rinaldone) 문화에 속한다.[3] 리날도네 문화는 구리를 다루는 기술이 발달하였다. 심지어 노천 광산이긴 하지만 채굴하면서까지 구리를 썼을 정도였다. 그런데 리날도네 문화에 속하는 생활 유적은 거의 발견된 적이 없으며 대부분 무덤 유적이다. 바위를 깎아 여러 개의 작은 방을 두는 방식으로 무덤이 만들어졌으며 대부분 방에는 시신들이 안치되었다. 죽은 이와 함께 묻힌 부장품을 보면 대개 질적으로 뛰어나다. 금속제 단검, 꺾창, 도끼, 조개날 도끼, 겉면을 갈아 윤이 나는 간토기, 곤봉의 머리 부분에 꽂는 갈아 만든 돌덩어리, 귀한 돌을 갈아 만든 도끼, 그리고 '전투용 도끼'라고 불리는 도끼도 함께 매장되었다. 리날도네 문화는 부장품에서 보듯이 기술 수준이 높다는 점, 특히 부장품 중에 무기가 많다는 점 때문에 문학 작품의 소재로 자주 이용되었다. 상상력에 크게 의존하는 대중문학 작품 속에서 리날도네 사회는 목축과 전사 집단에 기반을 둔 가부장제 귀족 사회처럼 묘사되어 왔다. 그동안 왜 리날도네 문화의 사람들을 마치 인도-유럽계 민족 계통의 사람들인 것처럼 인식해 왔는지를 알 수 있는 대목이다. 그리고 실제로 리날도네 문화와 인도-유럽계 문화 사이에 공유되는 특징이 적지 않다. 그렇지만 리날도네 사람들의 의례 행위를 파악할 수 있는 결정적인 자료는 '과부 무덤'이다(그림 42).[3]

'과부 무덤'은 응회암을 파서 만든 돌방무덤으로, 무덤 가운데에는 30대로 추정되는 남자 시신이 놓여 있다. 머리에는 산화철 성분의 붉은 안료가 발라져 있는데,

....

3   이탈리아 중서부 지방에서 번성하였던 순동시대 문화를 리날도네 문화라고 한다. 본문에서 언급되었듯이 리날도네 문화는 생활 유적은 거의 없는 반면 매장 유적이 많다는 특징이 있다.

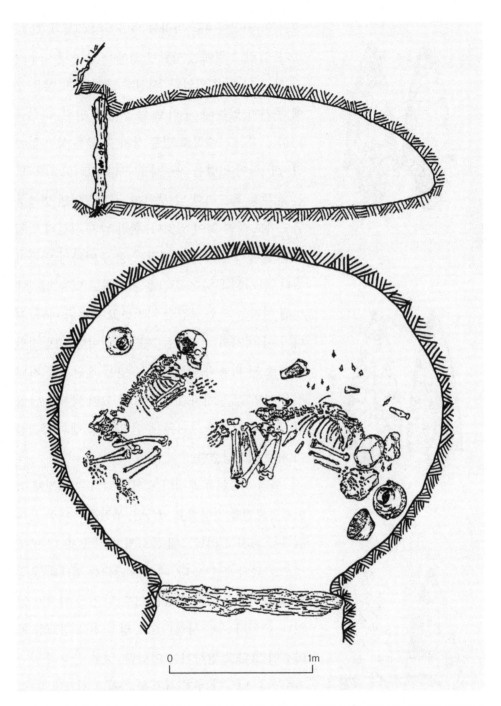

그림 42 이탈리아 비테르보시 인근의 이스키아 디 카스트로 폰테 산 피에트로 돌방무덤의 단면도와 평면도로, 두 구의 시신 중 남자 인골 주위에는 부장품이 풍부하지만, 머리가 부서진 여자 인골 주위에는 부장품이 단 한 점뿐이다(M. Miari, 1994에서 L. Cardini 재인용).

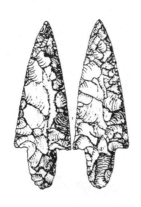

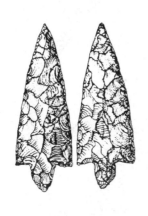

그가 다시 살아나길 바라는 마음에서 그렇게 한 듯하다. 그리고 옆에는 사발과 액체를 담는 단지가 각각 한 점씩 놓여 있었다. 시신과 그리 멀지 않은 곳에 무기가 있는데, 구리로 날을 만든 단검, 화살촉 15점이 담긴 사슴뿔로 만든 상자, 지금은 삭아 없어졌지만 활이 있었을 가능성도 크다. 그리고 갈아 만든 전투용 돌도끼와 날 부위를 구리로 덧댄 벌목용 돌도끼도 함께 놓여 있었다. 한편 남자 시신의 발치에는 굴욕적인 자세로 매장된 젊은 여자의 인골이 있다. 한가운데 넓은 공간을 차지하고 있는 남자에 비해 여자는 최소 공간만 차지하고 있는 듯하다. 게다가 이 여자의 머리뼈는 깨진 상태이다. 그렇지만 구리로 된 바늘과 안티몬으로 만든 펜던트를 지닌 것을 보면 젊은 여자의 신분 또한 그리 낮지는 않았던 듯하다. 그러나 그녀는 '주인'의 다음 생과 함께하기 위해 희생당했다.

만일 이 2인용 무덤이 당시 사회의 '가부장제'적 이데올로기를 반영하고 있다면, 부장품에 대한 분석 결과를 가지고 리날도네 문화의 실상을 좀 더 구체적으로 파악할 수 있다. 여성은 단순한 형태의 물병 한 점을 가지고 있고 남성은 그릇 두 점을 가지고 있었다. 그러나 이런 사실만으로 양성 간에 명백한 차이점이 있다고 말하기는 어렵다. 양성 간의 뚜렷한 차이점은 남성만 무기 세트를 가지고 있으며, 특히 그 무기가 가치가 높은 재료로 만들어졌다는 점이다. 무기들을 통해 남자의 우월적 지위가 확인되는 것이다. 화살통, 구리 단검, 도끼, 이 세 가지 무기 조합은 이 유적에서도 남성의 우월한 지위를 과시하는 증표이다. 이 남자는 돌도끼를 두 점 가지고 있었다. 리날도네 문화의 전형적인 양식으로 정교하게 제작된 도끼는 기능을 넘어 상징성을 지닌다. 사회적 위치와 역할을 드러내는 동시에 남성성을 드러내는 물품과 함께 묻혔던 정황으로 볼 때, 남성 전사는 중요한 인물임이 틀림없다. 반면에 저승길의 동행자로 희생된 여성에게는 그러한 우월적 지위를 드러내는 물품이 전혀 없다. 그녀의 부장품이라고는 바늘 한 점, 보석 세 점뿐이다. 이러한 물품들은 오직 가사와 유혹을 나타낼 뿐이다.

폰테 산 피에트로 무덤과 같은 시기에 이탈리아 남부 마테라(Matera) 근처 투르시(Tursi) 마을에서도 비슷한 양식으로 축조된 '군장(君長)' 또는 지체 높은 사람의 무덤이 확인되었다(그림 43). 돌방무덤 형식의 집단무덤이 광범하게 확산하던 당시에 만들어진 이 무덤에서는 역암제 판석으로 만든 석관이 확인되었고, 그 안에서 인골이 출토되었다. 부장품으로 솥 두 점, 공기 한 점, 잔 한 점

그림 43 순동시대의 이탈리아 마테라 인근의 투르시 무덤에서 출토된 돌살촉들(264쪽)과 길이 40cm의 '왕홀'이라고 불리는 유물(위)과 무늬가 있는 토기(G. Cremonesi, 1976)

등 식사에 필요한 그릇이 출토되었다. 그리고 갈색 동석(凍石)을 갈아 만든 구슬 300점가량을 꿰서 만든 목걸이도 출토되었다. 이 무덤에서도 피장자의 사회적 위상은 그와 함께 묻힌 무기를 통해 드러난다. 구리 단검과 훌륭한 솜씨로 만든 돌살촉 여덟 점이 담긴 튼튼한 화살통이 발견되었다. 게다가 사암을 깎아 만든 지팡이와 비슷한 형태의 유물도 출토되었다. 남자의 신분을 알려 주는 이 유물은 길이가 40cm로 한쪽 끝에는 고리가 달려 있다. 전투용 도끼가 없는 대신 이 의례용 지팡이 같은 물품을 지니고 있었다. 앞서 보았던 프랑스의 사람 모양 선돌들에 새겨진 신비스러운 '왕홀'과 무덤에서 출토된 의례용 지팡이는 크기에서 차이가 있지만, 형태는 서로 닮은 데가 있다. 물론 기원전 4000년 기~기원전 3000년 기의 사람 모양 선돌을 만들었던 사람들이 사물의 비율을 정확히 맞춰 새겨 넣지는 않았을 것이다. 중요한 점은 개인의 사회적 위치는 이처럼 지팡이, '전투용 도끼' 같은 위세품 또는 무기를 통해서 확인된다는 점이다. 그런데 이 시기에 이르러, 빼어난 솜씨로 제작된 석제 무기보다 금속제 무기가 선호되기 시작했다는 점이 주목된다. 금속제 무기 같은 위세품은 사람 모양 선돌에 상징적으로 표현되었다. 따라서 이데올로기적 측면에서 '전사'의 무덤과 조상이나 영웅을 표현한 사람 모양 선돌은 완벽히 일치한다. 솜씨가 뛰어난 실제 물품들과 상징적 이미지들이 모두 같은 이데올로기를 나타내고 있다.

이와 같은 해석은 기원전 3000년 기에 해당하는 유럽의 다른 유적에서도 유효하다. 매듭무늬토기 문화가 중유럽과 북유럽으로 확장하던 기원전 3000년부터 기원전 2500년까지는 봉분이 매장 시설이었다.[4] 동서 방향으로 시신을 구부려 묻었는데, 남자는 무덤의 오른쪽에, 여자는 왼쪽에 놓았다. 남자의 구역에는 토기, 구멍이 뚫린 전투용 도끼, 돌날로 만든 단검, 화살촉 등을 부장품으로 묻었다(그림 44와 45).

기원전 2500년경 종형토기 문화권의 무덤 유적들도 마치 거울처럼 그 시대 사람들이 살았던 세계를 반영하고 있는 듯하다. 유럽 한복판에서 꽃피웠던 종형토기

....

4 흙을 둥글게 쌓아 올려서 만든 무덤을 봉분이라고 한다. 봉분은 동아시아, 중앙아시아, 인도, 중동, 유럽 등 구대륙은 물론 심지어 신대륙(북아메리카)에서도 나타난다. 대개 높게 쌓은 흙더미 아래에는 돌을 쌓아 만든 하부 구조물이 있고 그 안에 시신을 넣는다.

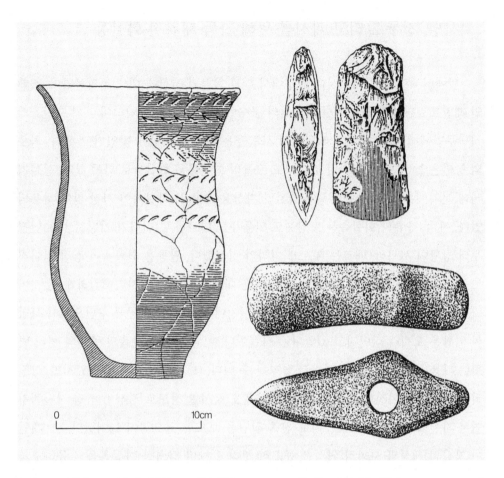

그림 44 기원전 2600년 전 네덜란드 스테인베이크(Steenwijk) 인근의 스테인베이커볼트(Steenwikerwold) 유적의 매듭무늬토기 문화 무덤의 부장품으로, 잔, 작은 돌도끼, 전투용 도끼, 제3기에 형성된 플린트로 제작된 돌단검(그림 45 참조, H.-T. Waterbolk와 W. Glasbergen, 1957)

문화권에서도 남녀 간의 차이가 무덤에서 강조되었다. 남성의 위상은 활을 포함하여 화살촉, 궁수의 팔뚝을 보호하는 데 썼을 것으로 추정되는 작은 석판, 그리고 특히 구리로 만든 단검을 통해서 드러난다. 반면 여자 무덤에서는 보석을 비롯해 V자로 구멍이 나 있는 단추, 가락바퀴, 뜨개질용 바늘처럼 천을 짜는 데 사용되는 바늘이 부장품으로 놓여 있다. 그러나 이따금 여자 무덤에서도 단검이 출토되기도 한다. 어쩌면 이 여성들은 살았을 때 '남성'의 역할을 맡았거나, 여성 영웅이었는지도 모르겠다. 이런 사례를 보면 지배 계급에서 여성이 완전히 배제되지는 않았던 듯하다.

사냥, 전투 그리고 과시를 위해 가득 채워진 화살통

앞에서 우리는 신석기시대 전투에서 활과 화살의 역할에 대해 논의하였다. 스페인 레반트고원과 협곡의 전사들은 거의 궁수였다. 그리고 신석기시대 후기 프랑스의 집단무덤에서 부상 입고 살해당했던 사람들은 대부분 화살에 맞았다고 했다. 최초의 농민은 늘 이 무기를 지니고 다녔고 그들의 화살통은 화살들로 가득 찼다. 신석기시대 전기에는 관통용 화살촉도 있지만 자상용(刺傷用) 화살촉이 가장 많이 사용되었다. 이 두 종류의 화살촉은 모양새도 만듦새도 다르다. 그러다가 기원전 3500년경부터 상황이 서서히, 때로는 빠르게 변하기 시작했다. 관통용 화살촉이 점점 많아지고 또 형태도 다양해지더니, 결국 이 시기를 대표하는 무기로 자리매김하게 된 것이다. 그런데 선뜻 이해하기 어려운 점은 이 시기에 이르러 식량 공급 수단으로서 사냥의 역할은 오히려 작아지고 있었다는 사실이다. 이와 같은 화살촉의 증가와 형태 변화는 다음 세 가지 가설 중 하나로 설명될 수 있다. (1) 사냥은 횟수는 줄었지만, 상징적 활동으로서 여전히 중시되었다. (2) 전쟁도 불사할 정도로 경쟁이 점점 격렬해지면서 자신들의 마을, 영역 그리고 친족 집단을 보호할 필요성이 늘어났다. (3) 개인이 자신의 개성과 사회적 위상을 공고히 하려고 보다 강력한 화살촉을 소유하고자 했다. 우리는 왜 그렇게 많은 화살촉을 무덤 속에 묻었는지에 대한 설명으로 세 번째 가설이 가장 타당하다고 생각한다. 그리고 상대적으로 실용성이 강한 칼과 도끼가 무덤에 부장품으로 매장된 이유도 아마 같은 이유에서일 것이다. 그렇다고 위의 세 가지 설명 가설이 서로 배타적 관계를 맺고 있는 것은 아니다. 이 세 가지 설명 가설과 더불어 왜 그랬는지 아직 정확한 이유를 파악하기 힘들지만, 이 시기에 이르러 세 가지 특징이 나타난다. 첫째, 개인을 긍정적으로 바라보기 시작했다. 둘째 집단의 정체성을 보여 주는 요인들이 강조된다. 마지막으로 기술적으로 높은 가치를 지닌 물품들의 사회적 역할이 중요해지고 동시에 장거리 교역도 시작되었다. 한마디로 후기 신석기시대는 창의성이란 측면에서 전통과 혁신이 공존하던 시대였다.

활과 화살은 후기 구석기시대 또는 그 이전에 발명되었으므로 그리 새로운 현상도 아니다. 그리고 북유럽의 마지막 사냥-채집 사회, 즉 중석기시대의 활과 화살의 기능에 대해서도 앞서 논했다. 기원전 7000년 기~기원전 6000년 기에 중동 지역에서 이주한 최초의 농경인은 간도끼를 가지고 유럽으로 들어왔다. 돌날을 사용하여 단검을 만드는 기술은 오래전부터 있었지만, 돌날의 양면을 가공해서 긴 버들잎처럼 생긴 단검을 만드는 기술은 유럽의 경우 기원전 3500년경에야 비로소 출현한다. 그리고 얼마 지나지 않아 이 단검의 모양을 본뜬 구리로 만든 단검도 등장했다. 양면을 가공한 관통용 돌살촉은 기원전 5000년 기부터 이미 존재했지만, 기원전 3500년경에 이르러서야 양적으로도 많아지고 형태도 다양해진다는 사실에 주목해야 한다. 이때부터 석기 제작 솜씨가 뛰어난 장인들이 이러한 돌살촉을 대량으로 생산하기 시작했다고 해석될 수 있는 부분이다. 비록 일하다가 틈날 때 제작한 장인의 수공업적인 물품에 불과했겠지만 최고 기술자들이 만든 이 무기는 사회적으로 높게 평가받는 가치재로 인식되었을 것이다.

스페인 알메리아(Almería)의 거대한 유적인 로스 밀라레스를 굽어보는 1호 보루 유적에서 발견된 방 하나는 석기 제작을 위한 공방이었다.[5] 방 안에는 지역 내의 여러 산지에서 운반된 돌덩어리와 조각 들이 쌓여 있었는데, 돌살촉을 제작했던 공방이었던 듯하다. 유물 중에는 '눌러 떼기'를 좀 더 쉽게 해 볼 요량으로 불에 서서히 달구었던 석기도 출토되었다.[6] 돌살촉을 제작하려면 먼저 격지의 양면을 다듬어서 화살촉의 모양을 대강 잡은 다음, 마무리 단계에서 눌러 떼기 기술을 적용한다. 방 바닥에는 석기 제작 과정에서 떼어진 격지와 돌조각이 여기저기 흩어져 있었고 석

....

5   스페인 남부 안달루시아 지역에 있는 로스 밀라레스 마을 유적은 순동시대(기원전 3200~기원전 2300
     년)에 세워졌다. 세 겹의 성벽으로 둘러싸인 이 마을 유적은 크기가 2헥타르 정도이며, 약 1,000명이 살
     았을 것으로 추정된다. Cunliffe, B., 2008, *Europe Between the Oceans, 9,000 BC-AD 1,000*, Yale
     University Press, p. 144.
6   눌러 떼기란 석기 제작 기술의 하나이다. 망치돌로 충격을 주어 돌을 깨뜨리는 것이 아니라 막대기처럼
     생긴 뿔로 만든 누르개[加壓器]로 돌에 압력을 주어 격지나 돌날을 떼어 내는 기술이다. 후기 구석기시
     대에 처음 등장했다. 흑요석을 비롯하여 몇몇 돌감은 서서히 달구면 돌감의 질이 좋아진다. 눌러 떼기로
     석기를 제작하기 전에 준비 작업으로 하는 경우가 대부분이다.

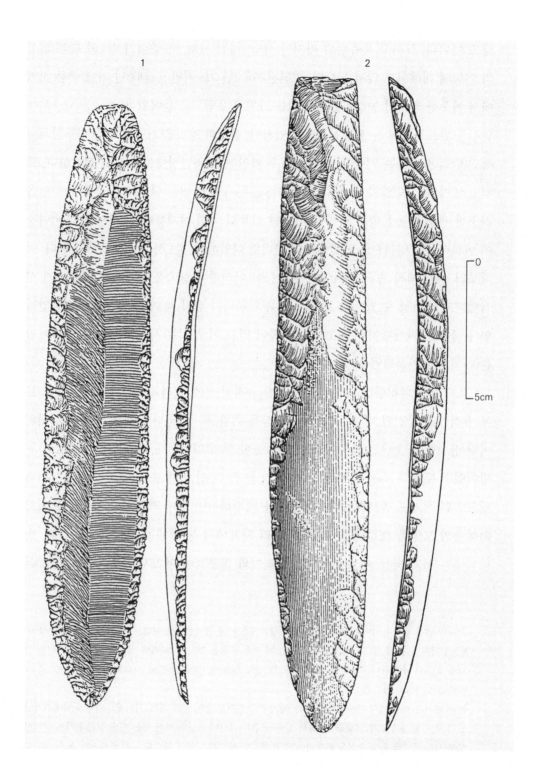

1   2

0

5cm

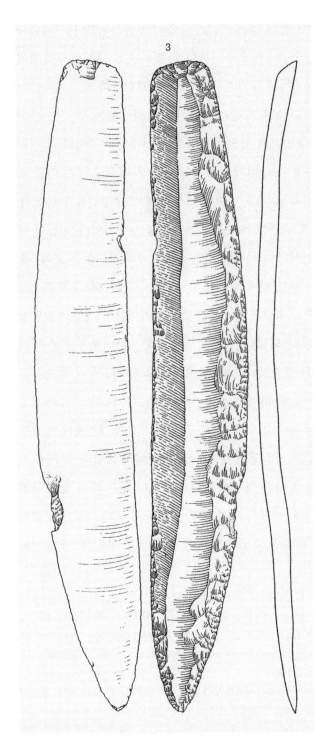

그림 45 북서유럽 매듭무늬토기 문화 무덤에서 출토된 돌로 만든 단검들 1. 네덜란드 스테인베이커볼트 유적(H.-T. Waterbolk와 W. Glasbergen, 1957), 2. 네덜란드 할흐반덴베인(Galgwanden-veen) 3호 유적(M. Vlaeminck, 1997), 3. 독일 스판(Spahn) 유적(그랑-프레시니 로 만든 단검)(M. Vlaeminck, 1997)

기 제작에 거치적거리는 돌조각을 쓸어 담은 쓰레기 구덩이도 발견되었다. 그라나다 (Granada) 인근의 쿠야르 바자르(Cúllar Bazar) 마을의 엘 말라곤(El Malagón) 유적에서도 돌살촉 제작 공방으로 추정되는 유구가 두 군데에서 발견되었다.[7]

기원전 4000년 기~기원전 3000년 기의 신석기시대 사회에서는 두 가지 생산방식, 즉 가내 수공업과 장인 수공업으로 필요한 물품을 생산하기 시작했다. 전자는 일상용품을 생산하는 단순한 과정으로, 여기서 제작된 물품은 빠르고 쉽게 만들 수 있어서 높은 기술 수준이 요구되지 않는다. 반면에 솜씨가 빼어난 장인들은 화살촉, 단검, 긴 돌날처럼 더 높은 기술적 숙련도가 요구되는 석기를 생산하였다. 이들이 만든 석기들은 마을의 영역을 넘어서까지 사용되었다.[4] 석기 제작 장인들은 보석, 뼈, 조개를 이용해 장신구를 만드는 일도 함께 했는데, 장신구는 주로 교환을 목적으로 제작되었다. 이처럼 필요 이상으로 생산된 잉여생산물은 지배자들이 외부와 교역을 하거나 정치적 동맹을 맺는 데 사용되었다. 근본적으로 이와 같은 '부유함'은 지역 내 네트워크들을 형성하는 데 꼭 필요하다. 네트워크란 사회적 역동성을 창조하고 순환시키며, 심지어 확장을 목적으로 하기 때문이다. 네트워크는 또한 증여와 상호 호혜적 관계의 기초로 사회가 잘 돌아갈 수 있게 해 준다.[8] 이 시기 부장품에서 보듯이 다량의 화살촉과 보석으로 만든 장신구에 대한 수요가 끊이지 않았다. 무기와 장신구는 다른 부장품들과 함께 죽은 이의 위상과 정체성을 보여 주는 데 필요한 물품으로 여겨졌기 때문이다. 이와 같은 사실은 당시 물품에 대한 수요가 어떻게 창출되는지를 잘 설명해 준다. 생산된 가치재 중 일부는 무덤 속에 쌓이게 된다. 달리 말해

....

7   Martínez Fernández, G., Marrero, J., 2008, L'evolution des ensembles d'artefacts en pierre taillé pendant la Préhistoire récente au Sud-est de la Péninsule ibérique, Dias-Meirinho, M.-H., Léa, V., Gernigon, K., Fouéré, P., Briois, F., Bailly, M., (eds.), *Les industries lithiques taillés des IVe et IIIe millénaires en Europe occidentale*, Colloque International, Toulouse 7-9 avril 2005, Publisher: BAR International Series, 1884, pp. 291-308.

8   이윤 창출을 목적으로 하는 근대 자본주의 경제 체계와 달리 전근대적 경제 체제는 위신, 체면, 명예 같은 비경제적 요소를 중요시한다. 원시 사회의 경제 체제에 관한 마르셀 모스(Marcel Mausse, 1872~ 1950)의 선구적 연구였던 『증여론』의 출간 이후, 증여론은 레비-스트로스, 고들리에, 부르디외 등 프랑스의 인류학자와 사회학자에게 주요 화두였다.

사회가 가치재를 정기적으로 '잃어버림'으로써 가치재에 대한 새로운 수요가 창출되고, 이와 같은 끊임없는 사회적 수요 창출은 장인들의 생산 활동의 원동력으로 작동하는 것이다.

화살과 보석: 남성 대 여성

이처럼 무덤 유적에서 풍부하게 출토되는 돌살촉의 주요 기능은 무엇인가? 사냥을 위해서? 전쟁 때문에? 아니면 사회적 위상을 드러내거나, 의례 또는 상징적 목적을 위해서? 그러나 기원전 5000년 기의 화려하고 큰 도끼가 그랬던 것처럼, 아름답고 귀한 돌감으로 만들어진 화살촉들은 한 번도 '쓰인 적'이 없었던 듯하다. 화살촉의 우수성은 원료로 사용되었던 돌감[原石]의 재질이나 빛깔을 통해 드러난다. 그리고 형태적 완숙미는 장인들의 뛰어난 솜씨와 정교함으로 나타난다. 그러나 돌살촉만 높은 가치를 지녔던 것은 아니다. 고르게 잘 깎인 살대와 아름다운 깃대를 통해서도 화살이 돋보일 수 있다. 위세품이었든 단순한 가치재였든 간에, 화살은 자연스레 개별무덤과 집단무덤에서 시신과 함께 매장되었다. 기원전 4000년 기 이집트 돌로 만든 단검들도 비슷한 의식에 의해 무덤에 묻혔을 것이다. 이 단검들의 검신(劍身)은 장인의 빼어난 솜씨로 만들어졌고, 상아로 만든 칼자루는 정교하기 그지없다. 의례용인 이 단검은 아마도 한 개인의 과시를 위해 사용되다가 주인이 죽은 뒤에는 생전의 행위들을 기념하기 위해 함께 매장되었을 것이다.

그러나 위세와 상징만으로 모든 것을 다 설명할 수는 없다. 여러 민족지 자료를 보면 사냥과 전쟁에서도 돌살촉과 장신구가 사용된다는 보고가 있다. 신석기시대가 끝날 무렵 프랑스의 몇몇 지역에서는 사냥 행위가 늘어났다. 쥐라(Jura)산맥의 호숫가 또는 마시프상트랄고원의 남쪽 기슭인 세벤느(Cévenne) 지역처럼 인구밀도가 낮고 숲이 울창한 지역에서 그와 같은 경향이 두드러졌다. 이 지역에서는 멧돼지와 육식동물의 송곳니에 구멍을 뚫어 만든 목걸이, 사슴뿔을 새겨 만든 장신구, 야생 동물의 뼈와 함께 많은 양의 돌살촉이 발견되었다. 사냥을 통해 얻은 고기는 먹거리로서 여전히 중요한 역할을 했다. 야생 동물을 소비하는 행위가 부차적인 지위로 밀려났다 해서 사냥의 사회적 역할까지 약화된 것은 아니다. 사냥의 의미는 달라졌지만 이와 같은 현상은 지금도 프랑스의 많은 농촌 마을에서 흔하게 볼 수 있다. 프랑스 현대 사회에서 식량 공급 활동으로서 사냥은 거의 아무런 역할을 하지 못하지만, 남성들 사이에서는 여전히 가치 있는 여가 활동으로 인식되어 있다.

한편 민족지 자료는 화살촉의 기능에 관해 몇 가지 아이디어를 제공해 준다. 인도네시아의 이리안 자야(Irian Jaya) 지역에는 고구마, 사탕수수, 바나나, 타로(taro)를 경작하고 돼지를 기르는 다니족(Danis)이라는 원시 부족이 있다. 민족지 보고에 따르면 이들은 사냥용 화살촉과 전투용 화살촉을 명확하게 구분하고 다른 마을 사람들과 활과 화살을 서로 교환한다.[5] 다니족 사회에서 보통 사냥용 화살촉은 짧은 시간 동안 제작되는 경향이 있다. 그리고 되도록 사냥감에 크고 깊은 상처를 입히려는 목적에서 제작된다. 반면에 전투용 화살촉은 더 많은 시간을 들여 제작되는 경향이 있다. 먼 거리에서 쏘더라도 정확히 맞힐 수 있고 적에게 깊은 상처를 입힐 수 있어야 하기 때문이다. 그와 같은 목적을 위해 전투용 화살촉을 만드는 재료로 뼈를 이용하는 경우가 많다. 뼈로 만든 화살촉은 더 깊이 박히고 잘 빠지지도 않아서 상처를 덧나게 한다. 게다가 화살촉을 살대에 장착하는 데 사용되는 타래난초[綬草]에서 뽑은 실은 살을 파고 들어가 몸속에 남아, 부상당한 부위가 쉽게 아물지 못하도록 하는 성질이 있다. 이 화살에 맞은 사람은 즉사하는 경우는 드물지만 대개 며칠 시름시름 앓다가 죽게 된다. 쉽게 말하자면 사냥할 때보다 사람을 죽일 때 살상력을 더 높인다는 뜻이다.

뉴기니의 해발 고도 800m에 원시림으로 덮여 있고 인구밀도가 낮은 저지대 마을 사이에서는 무력충돌이 자주 일어난다. 그러나 규모가 작고 주로 매복을 통한 기습의 형태로 진행된다. 반면 해발 고도 1,600m 고원 지대의 사바나성 기후대의 2차 삼림 환경에 자리 잡은 마을 사이에서는 정면충돌로 치닫는 경우가 더 많다. 농업 경제 발달로 사냥이 부차적인 기능밖에 못하는 고원 지대 마을에서는 위세에 대한 열망이 사회 운영의 강력한 동력이다. 작은 규모의 집단들은 전쟁을 대비해 서로 동맹을 맺으면서 두 패로 갈라지는데, 대립하는 전투 공동체 사이의 경계 지대에서 전투가 자주 벌어진다. 이들의 전투 방식을 세밀하게 관찰했던 칼 하이더(Karl Heider)에 따르면, 활과 창으로 무장한 전사들이 어떤 전략도 없이 마구잡이로 떼거리로 엉겨 붙어 싸우는 것처럼 보이지만, 실은 아무 적이나 공격하는 것이 아니라 특정한 적에 맞서 일대일로 싸운다고 한다(사진 3 참조).[6] 뉴기니의 민족지 사례를 통해 우리는 원시 전쟁의 두 가지 특징을 확인할 수 있다. 첫째, 인구밀도가 낮고 숲이 울창한 지역에서는 사냥과 전투가 자주 일어난다. 둘째, 사바나 환경의 농업 경제에 토대를 두고 인구도 더 많은 사회에서는 사냥보다는 전쟁이 더 자주 발생한다. 이와 같은 사실을 근거로 페트르켕(Pètrequin) 부부는 인구압력이 높을수록, 정착 생활이 더 길수록, 자연환경에 관한 통제력이 커질수록 사냥보다 전쟁이 더 자주 발생하는 경향이 있다고 공식화했다.[9]

그럼 뉴기니 민족지의 사례와 유럽의 신석기 사회를 비교해 보자. 유럽의 신석기시대 전반기는 이동 사회로 아직 사냥이 중요한 역할을 했다. 그러다가 기원전 4000년 기로 접어들면서 사회가 점차 정착 생활을 하는 방향으로 발전했고 주변 환경을 더 효율적으로 이용할 수 있게 되었다. 한편 이러한 변화 속에서 내적·외적 갈등이 서서히 깊어졌다.[7] 따라서 후기 신석기시대에 화살촉이 다양화되고 사용량이 증가하는 현상은 인구 증가, 사회적 경쟁 격화, 환경 변화, 위세품에 대한 욕망 같은 여러 가지 요인이 복합적으로 작용하여 낳은 결과라고 해석할 수 있다. 한편 이 시기 단검이 돌에서 구리로 대체되는 현상 또한 금속이라는 신소재를 가공하는 혁신 기술로 제작된 양질의 무기를 사용하려는 욕망에서 비롯된 것이라고 볼 수 있다(그림 46, 47). 사실 경쟁은 새로운 무기 개발을 유도하는 원동력이다. 한때 그랑-프레시니(Grand-Pressigny)라고 불리는 투명한 갈색 돌감을 가지고 빼어난 솜씨로 떼어서 만

....

9   페트르켕 부부는 프랑스 동부 쥐라산맥 주변의 신석기시대 유적들을 연구하는 고고학자로, 프랑스 신석기시대 유적을 해석하기 위한 방법론을 모색하기 위해 여러 해 동안 자와섬의 이리안 자야 지역의 다니족을 연구하였다. 그들의 민족지 고고학적 연구는 단행본으로 출간되었다. Pètrequin, P., Pètrequin, A.-M., 2000, *Ecologie d'un outil: La hache de pierre en Irian Jaya (Indonésie)* CNRS Editions, p. 460.

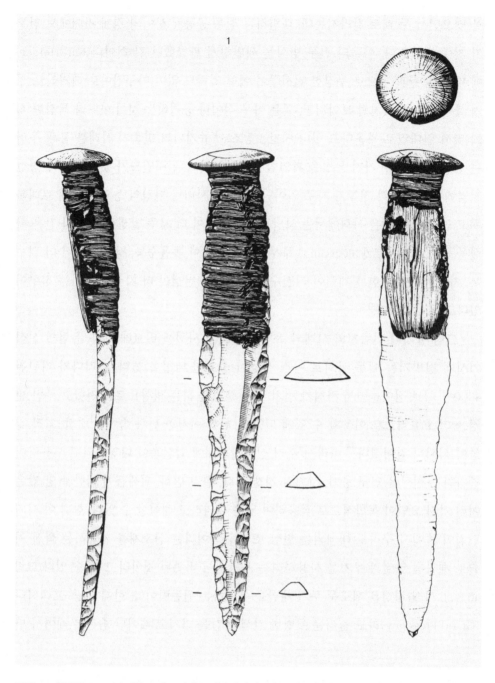

그림 46 기원전 3000년 기의 프랑스 이제르 지방의 샤라빈 유적에서 출토된 그랑-프레시니 돌감으로 만든 단
검(A. Bocquet, 1975)

1. 둥근 끝장식이 특징적인 나무 칼자루와 돌칼을 소나무의 잔가지로 감아서 결합한 단검(길이: 181mm)
2. 돌칼의 손잡이 부분을 버드나무 잔가지로 감은 후에 역청을 발라 단단히 고정한 단검(길이: 190mm)

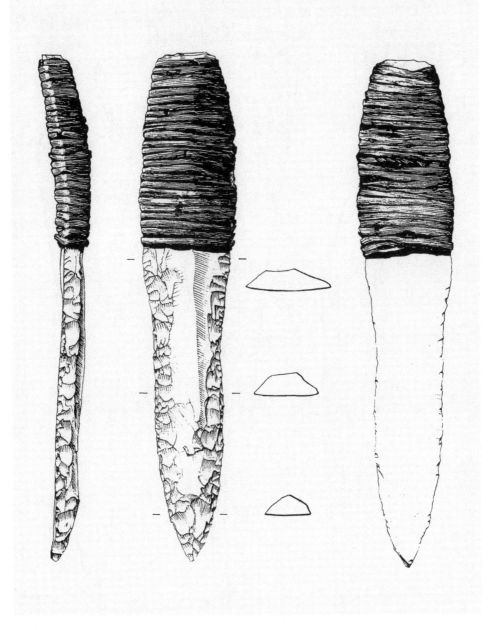

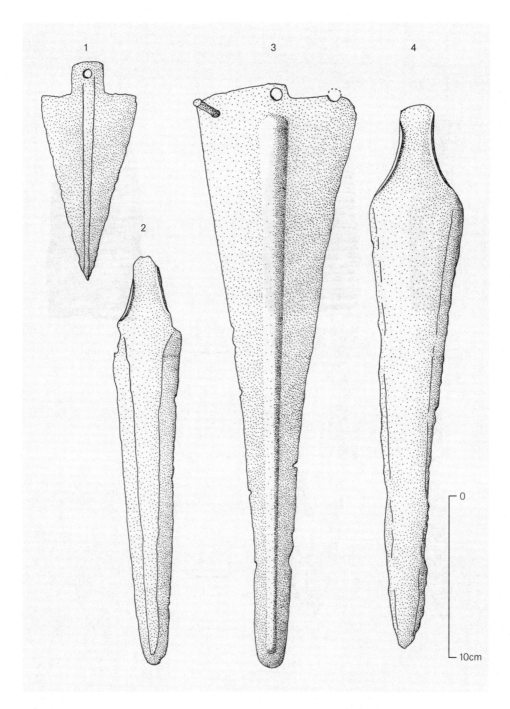

그림 47 기원전 3000년 기의 구리로 만든 단검과 꺾창

1. 이탈리아 레메델로 공동묘지 유적, 2. 프랑스 부니아(Bounias) 유적, 3. 빌라프랑카(Villafranca) 유적, 4. 프랑스 르 베르네
(Le Vernet) 유적(1과 3 유적은 이탈리아 레메델로 문화에 속하고, 2와 4는 프랑스의 종형토기 문화에 속함)

든 단검이 프랑스 전역을 휩쓸었다.[10] 그러나 이 돌로 만든 단검의 인기는 붉은 구리로 만든 단검이 등장하면서 빠르게 시들고 만다. 여기서 혁신 기술이 사냥과 전쟁에 사용되는 도구에 가장 먼저 적용된다는 점에 주목해야 한다. 그러나 무기의 기능 또는 상징성에 관한 논의도 중요하지만, 여기서 알아보고자 하는 점은 '무기 대 보석'이라는 이항 대립적인 형태로 영역을 구별하려는 행위 그 자체이다. 이 두 가지 물품은 모두 가치 있는 재료를 사용하여 뛰어난 솜씨로 제작되고 무덤 속에서 죽은 이의 성별을 지시하는 기능을 한다는 점에서 동일하다. 같은 시대에 세워진 사람 모양의 선돌도 남성은 무기로, 여성은 장신구로 표현된다. 전쟁이 가끔 발생하는 사건이고 일시적인 활동에 지나지 않았다 하더라도, 후기 신석기시대 이후에 무기의 증가가 사냥꾼과 전사 이미지를 더욱 강조하는 기능을 했을 것이라는 점은 기억해 둘 필요가 있다.

사람 모양 선돌: 무장한 최초의 석조 기념비

지중해 서부 지역에 퍼져 있는 사람 모양 선돌의 이미지 문제로 다시 돌아가 보자. 이탈리아의 아디제(Adige)강 유역, 루니지아나(Lunigiana) 지역, 아오스타(Aosta) 지역, 스위스 시옹(Sion) 지역, 사르데냐(Sardegna) 지역, 프랑스 남부, 이베리아반도를 포함하는 이 광활한 지역에 살았던 사람들이 모두 같은 문화를 갖고 있진 않았다는 것은 분명한 사실이다. 그렇지만 이 지역에 세워진 남성상들은 한결같이 구리 단검을 차고 있는 이미지로 표현되었다. 그러나 프랑스에서 남자 모양 선돌이 가장 몰려 있는 그랑-코스, 생-포내(Saint-Ponais), 타른, 아베롱 등 남부 석회암

....

10 그랑-프레시니는 원래 프랑스 중부 르아르(Loire) 지방의 마을 이름이지만 고고학적으로는 이 지역에서 나는 석기 제작에 매우 적합한 질 좋은 플린트(flint)라는 돌감을 의미한다. 신석기시대 후기와 순동시대에는 이 돌감을 적극적으로 채취하기 위한 광산도 있었다. 이 돌감으로 만든 석기들은 멀리 피레네산맥, 네덜란드, 스위스 등 프랑스와 주변 지역의 유적에서 발견되었다.

지역에 세워진 남성상 대부분은 단검이 새겨져 있지 않다. 단검 대신 삼각형의 어떤 '물건'이 새겨져 있는데, 이 물건이 무엇이냐를 두고 해석이 다양하다. 어떤 사람은 이 '물건'을 고리 달린 펜던트로 본다. 또 어떤 사람은 끝에 고리가 있는 지팡이로 보기도 한다. 심지어 어떤 이는 이 '물건'이 사람 모양 선돌을 의미하는 상상 속 '물건'이라고 주장하기도 한다. 가끔 선돌에 활과 돌도끼가 새겨진 경우도 있지만 그런 경우는 드물다. 그렇다면 왜 이 지역의 사람 모양 선돌은 여느 지역과 다를까?

프랑스에서 발견된 사람 모양 선돌은 사냥꾼의 모습을 닮았다(조상이나 사냥을 통해 자신의 위상을 만들어 간 영웅의 모습일 수도 있겠다). 당시 이 지역이 숲이 울창한 산악 지대였다는 점을 고려할 때 사냥이 식량 자원 공급의 주요 수단이었기 때문이라는 환경론적 해석이 가능하다. 그리고 이와 같은 환경론적 해석이 옳다면 사람 모양 선돌이 사냥꾼의 모습을 묘사한 것이라는 주장을 뒷받침하는 강력한 증거가 된다. 한편 시기적으로 프랑스 남부의 사람 모양 선돌의 연대가 칼자루 끝에 고리[環頭]가 달린 금속제 단검을 들고 있는 다른 지역, 즉 아디제, 아오스타, 루니지아나, 사르데냐 등지의 선돌보다 더 오래되었기 때문에, 사냥꾼 모습의 선돌이 많다는 해석도 가능하다. 실제로 프랑스 남부의 선돌과는 달리, 알프스 서부 지역(레메델로, 시옹)과 토스카나 지역(리날도네)의 사람 모양 선돌에는 구리 단검이 새겨져 있다. 만약 제작 시기가 달라서 이러한 차이가 발생했다면 알프스 서부 지역과 토스카나 지역의 선돌은 기원전 3000년 기의 전반부, 즉 구리를 다루는 기술이 이미 무르익었을 때 만들어졌다는 이야기가 된다.[8] 그리고 당시 알프스 서부 지역에 새겨진 사람 모양 선돌은 사냥꾼이 아니라, 실재 인물이든 신화적 인물이든지 간에, 전사처럼 사회적 신분이 높은 남성을 상징적으로 표현한 것이다(그림 48). 여기서 강조하고 싶은 점은 순동 시대의 남성 모양의 선돌에서 이미 청동기시대나 철기시대에서 나타나는 전사의 모습을 볼 수 있다는 사실이다. 그렇다면 어떻게 그와 같은 일이 가능했던 것일까?

아디제강 유역 라군도(Lagundo)에서 발견된 사람 모양 선돌에는 많은 무기가 새겨져 있다. 무기의 유형을 보면 이 무기들은 기원전 3000년 기에 사용되었던 것으로 추정된다. 이처럼 많은 무기를 지닌 사람 모양 선돌이 출현하게 된 데에는 두 가

그림 48 이탈리아 북동부 아디제강 상류 라군도 유적의 '남자 모양' 선돌로, 단검 아홉 자루, 도끼 14점, 소가 끄는 수레가 새겨져 있다(J. Arnal, 1976).

지 설명이 가능하다. 하나는 신석기시대 마을 공동체 내부에서 사회적 계층화가 점진적으로 진행되면서 집단 간 전쟁 또는 무기의 역할이 중요시되었다는 것이다. 두 번째는 침입 또는 이주 가설이다. 즉 기원전 3000년 기 또는 그 이전에 중앙아시아 초원 지대에 살던 유목민들이 동유럽을 거쳐 서유럽으로 이주했다는 가설이다.[9] 실제로 고고학적 자료와 이주설은 부합되는 측면이 아주 없진 않다. 이주민들은 말을 광범하게 사용하였고 말의 가축화는 우크라이나 초원 지대 또는 그보다 더 동쪽에서 기원전 5000년 기에 시작되었다.[11] 그리고 부계제 사회였던 이주민 사회는 마치

....

11　인간이 언제부터 처음 말을 타기 시작했는지에 관해서는 논쟁이 끊이지 않는데, 그 이유는 승마 여부를

피라미드처럼 사회가 매우 위계화되어 있었다. 한편 유목 생활에 기반을 두었으므로 이동 사회의 경제 체계를 따르고 있었다. 동유럽의 신석기시대 무덤 유적에 묻힌 부장품을 보면 '초원' 지대 문화의 영향을 명확히 볼 수 있다. 어떤 연구자들은 동쪽에서 서쪽으로 대규모 이동이 있었다고 생각한다. 그들은 이 이주민 집단의 이동이 무장한 대규모 민족 이동이었으며 지난 4,000년 또는 3,000년 동안 외부의 영향 없이 진화해 온 유럽의 농촌 사회를 정복했다고 주장한다. 마치 로마를 멸망시킨 야만인들의 민족 이동과 유사한 민족 대이동이 여러 차례 있었다는 말이다.

약탈자로 추정되는 이주자들은 원주민을 예속시키고 남성 권위에 토대를 둔 보다 견고한 새로운 사회 조직을 이식함으로써, 지난 수백 년간 번영을 누려 왔던 원주민 문화를 끝장냈다. 그들은 새로운 어휘 및 사유 체계도 함께 옮겨 왔던 것으로 보인다. 19세기 말부터 지금까지 이 침략자들을 '인도·유럽' 문화의 주역으로 인식하면서, 일부 선사학자들은 지도와 고고학적 주요 유적의 분포 양상을 통해 기원전 4000년 기부터 기원전 2000년 기까지 있었던 민족 이동에 관한 시나리오를 몇 차례 썼다.[10] 그들은 발칸반도의 바덴(Baden) 문화, 북유럽의 밑이 둥근[圓低] 토기 문화, 중유럽과 북서유럽의 매듭무늬토기 문화 그리고 중서유럽의 종형토기 문화가 발전하게 된 근본 원인도 '인도·유럽 문화'의 급격한 확산에서 찾았다. 심지어 어떤 고고학자들은 '인도·유럽' 문화의 영향이 별로 없다고 하는 지중해 문화권에서조차 전투용 도끼, 목발처럼 생긴 핀 같은 유물들에서 초원 문화적 요소가 발견된다고 주장하면서, 아시아와 유럽 접경 지대에서 서쪽 지중해까지 문화가 전파되었다고 보았다. 그들은 비슷한 방식으로 인도·유럽 문화가 아나톨리아반도(트로이 문명), 이탈리아(리날도네 유적과 레메델로 유적)까지 확산되었다고 믿었다. 이와 같은 이주를 통해

....

고고학적 발견을 통해 판단하기가 쉽지 않기 때문이다. 재갈을 비롯한 마구류는 말의 가축화가 이뤄진 다음 몇 세기가 지난 뒤에 발명되었다. 말의 가축화에 대해서는 브라이언 페이건, 김정은(옮김), 2016, 『위대한 공존: 숭배에서 학살까지, 역사를 움직인 여덟 동물』, 반니, 199-218쪽; 데이비드 W. 앤서니, 공원국(옮김), 2015, 『말, 바퀴, 언어: 유라시아 초원의 청동기 기마인은 어떻게 근대 세계를 형성했나』, 에코리브르, 285-329쪽; 피타 켈레크나, 임웅(옮김), 2019, 『말의 세계사』, 글항아리, 64-90쪽 참조.

'전사'를 새긴 선돌들이 크리미아반도와 다뉴브강 하구에서뿐만 아니라, 이탈리아, 프랑스 그리고 이베리아반도에 이르기까지 유럽 곳곳에 세워졌다고 그들은 확신했다. 그리고 이는 인도·유럽 문화권의 사고 체계가 유럽 전역으로 퍼졌기 때문에 나타난 현상이라고 덧붙였다.[11] 조금 풀어 말하자면 자신이 지니고 다니면서 과시했던 무기로 인해 숭배와 존경을 받았던 남성 전사가 민족 대이동 때문에 이젠 거의 유럽 전역에서 존경과 숭배를 받는 대상이 되었다는 뜻이다.

앞에서 '유럽의 인도·유럽화 과정'에 관해 언급했지만, 인도-유럽조어(proto-indo-européen)라는 언어학적 논쟁에 휘말려 들고 싶지는 않다.[12] 우리는 어디까지나 고고학 영역에 머무르면서 흑해에서 대서양까지 무기를 든 남자 형상이 기원전 3000년 기부터 세워지는 현상이 초원 지대의 민족 대이동과 아무 관련이 없다는 사실을 증명해 보고자 한다. 왜냐하면 각 지역의 문화에서 기술·경제적으로, 사회적으로 비슷해져 가는 수렴 현상만으로도 신석기시대 후기에 사람 모양 선돌이 유럽 곳곳에서 출현하는 현상을 충분히 설명할 수 있기 때문이다.[13] 그리고 민족 대이동 같은 큰 사건 없이도 외부 문화의 일부 요소가 릴레이식 전달 방식에 따라 서서히 퍼져 나갈 수도 있다. 당시 사회 내부에서 진행 중이던 위계화가 상층부로 올라가길 바라던 사람들에게 자신의 권력을 과시하게끔 했고 이러한 이데올로기 속에서 금속

....

12 현대의 인도-유럽어족의 조상이 되는 인도-유럽조어[印歐祖語]는 길게는 기원전 8000년부터, 짧게는 기원전 2000년부터 있었다고 한다. 일부 고고학자들은 그 언어를 사용했던 집단이 언제, 어디서 살았는지 고고학적으로 검증 가능하다고 확신한다. 그렇지만 언어적 기원을 고고학적으로 탐구하는 학자들 사이에서도 그 기원지를 놓고 흑해·카스피해(기원전 6000~기원전 5000년)로 보는 견해, 아나톨리아로 보는 견해, 아르메니아고원으로 보는 견해 등으로 나뉜다. 데이비드 W. 앤서니, 공원국(옮김), 2015, 『말, 바퀴, 언어: 유라시아 초원의 청동기 기마인은 어떻게 근대 세계를 형성했나』, 에코리브르, 11-180쪽; 에밀 뱅베니스트, 김현권(옮김), 1999, 『인도·유럽 사회의 제도·문화 어휘연구』 1·2, 아르케, 438쪽; 콜린 렌프류, 김현권(옮김), 2017, 『언어고고학: 인도유럽어의 기원은 어디인가?』, 에피스테메, 404쪽 참조.

13 수렴 현상(convergence)이란 계통이 다른 생물 분류군 사이에서 독립적으로 기관 형태나 몸 전체의 형태가 유사한 방향으로 진화하는 일로, 이러한 수렴 결과 생긴 생물 사이에서 형태의 외관이 유사한 현상을 호메오모르피(homeomorphy)라고 한다. 예를 들면 어류인 상어, 파충류인 어룡(魚龍), 포유류인 돌고래는 골격의 기본 구조가 뚜렷이 다르지만, 모두 헤엄치기에 알맞은 유선형의 체형을 가지고 있다.

무기는 권력의 새로운 상징물이 되었다. 그런데 여기서 주의해야 할 점은 이 사람 모양 선돌이 오로지 남성만을 표현하지는 않았다는 점이다. 여성도 석조 기념비의 대상이었다. 이 말은 여성이 의사 결정이나 영향력 있는 집단에서 배제되지 않았음을 뜻한다.

한편 사람 모양 선돌의 기원을 유럽 안에서 찾을 수 있다는 점도 동쪽에서 서쪽으로 대규모의 민족 이동이 있었다는 가설을 부정하는 또 하나의 증거이다. 사실 사람 모양 선돌은 어느 날 갑자기 출현한 것이 아니다. 수천 년 동안 지속해 온 석조 기념물을 제작하는 신석기시대의 지역 전통의 결과물이다. 이러한 관점에서 보면 기원전 3000년 기에 세워진 사람 모양 선돌에서 새롭게 나타난 요소라고는 오로지 금속 무기뿐이다. 그리고 우리가 보기에 이러한 문화적 특성은 금속제 단검과 도끼 같은 신기술에 대한 긍정이며, 동시에 남성 전사 개념을 낳은 변동하는 사회 구조에 대한 긍정이다. 따라서 신석기시대 유럽에 이미 카리스마를 갖춘 '군장'이 있었다는 사실이 그리 새로운 일도 아니다. 유럽 대륙의 동쪽 끝인 흑해 연안의 바르나 유적에서는 이미 기원전 5000년 기부터 카리스마 넘치는 권력자들이 출현했다. 그들과 함께 묻혔던 지팡이는 권위를 상징하며, 무기류와 보석, 왕관, 그리고 금붙이를 비롯한 엄청난 부장품은 그들의 위상을 대변한다.[14]

한편 유럽 대륙 서쪽 끝에 자리 잡은 프랑스 아르모리크 지역에서도 권력자는 거대한 봉분을 만들고, 그의 무덤에 바리사이트(variscite) 구슬을 꿰서 만든 목걸이를 비롯해 귀한 돌로 만든 의식용 긴 도끼, 원반형 석기 같은 폼 나 보이는 '이국적인' 물품들을 함께 묻었다. 유럽에서는 지위가 높은 사람들이 이미 오래전부터 출현했다는 말이다. 게다가 사람의 모습을 돌에 새기는 전통도 순동시대보다 훨씬 이전으로 올라간다. 브르타뉴 지방에서는 고인돌무덤을 세우기 이전부터 남성을 나타내는 막

....

14 Chapman, J., Higham, T., Slavchev, V., Gaydarska, B., Honch, N., 2006, The social context of the emergence, development and abandonment of the Varna Cemetery, Bulgaria, *European Journal of Archaeology*, 9, N° 2-3, pp. 159-183.

대기(또는 지팡이), 뿔(소머리 모양 장식), 뱀, 도끼 등을 거대한 석조 기념물에 새겼다. 그리고 나중에 이 모티프는 프랑스의 가브리니(Gavrinis) 유적에서 보듯이, 기다란 돌방무덤의 복도 벽면에 새겨졌다. 한편 프랑스 피니스테르(Finistère) 지역의 재녹(Geignog)섬에 있는 고인돌에서는 무덤의 하부 구조의 벽면에 인간 형상이 새겨졌다. 인간 형상 모티프는 나중에 몸은 생략되고 머리끝은 뾰족한 삼각형 형태로 발전한다. 한편 프랑스의 아브리에(Avrillé)의 일렬로 길게 늘어선 선돌로 유명한 방데 지역과 남부 지역, 그리고 스위스의 이베르동(Yverdon), 몰타섬에도 사람의 머리같이 생긴 선돌들이 세워진다. 이 석조 기념물들은 모두 기원전 3000년 이전에 세워진 것들이다. 프랑스 남부 지역에서도 인간 형상의 석조 기념물은 전형적인 사람 모양 선돌이 세워졌던 시기보다 앞선다. 프로방스의 트레(Trets) 유형의 석조 기념물이 대표적인 사례다.

따라서 거대한 돌로 만든 인간 형상의 석조 기념물은 순동시대 이전부터 제작되었으며, 순동시대의 사람 모양 선돌 제작 방식은 그 이전 시기의 거대한 돌을 이용해 인간 형상의 석조 기념물을 제작하는 전통과 관련 있다고 봐야 한다. 한편 갈리시아(Galicia)의 파르수베이라(Parxubeira) 유적에서 보는 바와 같이, 이베리아반도에서도 인간 형상의 작은 조각상을 만드는 전통이 있었는데, 이 조각상은 사람 모양 선돌의 시원 양식으로 여겨진다. 한편 사르데냐섬에서는 기원전 3000년 기에 '쌍칼(double poignard)'이라는 별명이 붙은 사람 모양 선돌이 제작되기 이전부터 인간의 형상을 조각한 석조 기념물이 존재했고, 코르시카섬에서도 청동기시대에 무기를 찬 커다란 사람 모양 선돌이 등장하기에 앞서 신석기시대 내내 인간의 형상을 돌에 새기는 전통이 끊임없이 이어졌다. 이처럼 유럽의 몇몇 신석기 문화권에서는 '무기'를 찬 남성을 묘사하는 석조 예술이 전성기를 맞이하기 오래전부터 인간 형상을 거대한 돌에 새기는 전통이 있었다. 그러나 신석기시대에 인간 형상의 석조 기념물 또는 사람 모양 선돌이 드물거나 전혀 없던 광활한 지역에서는, 이주설이 주장하듯이 유럽 남동부에서 기원한 민족이 순동시대에 이주하여 유럽 중서부에 정착했을 수도 있다. 그러나 인간 형상의 석조 기념물이 없었던 지역에서조차 신석기시대에 돌이 아닌 나무를 새겨서 인간 형상의 기념물을 제작하는 전통이 있었을 가능성을 배제할 수 없다.

결론적으로 말해서 '무기를 찬 남성 모양 선돌'이 유럽 곳곳에 세워지는 현상을 민족 대이동이라는 단 한 가지 요인으로 설명하기보다는 두 가지 요인으로 나누어서 설명하는 편이 더 나을 듯싶다. 첫째, 금속은 돌로 만든 무기를 대체하는 신소재인 동시에 더 높은 상징적 가치를 갖고 있으므로, 금속 가공 기술은 유럽 전역으로 급속도로 확산되었다. 둘째, 신석기시대 동안 진행되어 온 농경 사회의 점진적 진화가 무기로 대표되는 남성과 여성이라는 개인, 즉 인격체를 무대 전면에 올려놓았다. 무기는 시대 변화를 잘 반영하는 물건이므로 무기의 변동을 통해 시대 변화를 감지할 수 있다. 유럽의 선사시대에서 기원전 5000년 기부터 기원전 4000년 기까지는 '의례용' 도끼가, 다음 시기는 돌로 만든 단검이 시대를 대표하는 무기의 위상을 가졌다. 그리고 보다 나중에는 구리로 만든 단검이 돌로 만든 단검을 대신하였다. 마지막으로 기원전 2000년 기에 청동기시대가 시작되면서부터는 청동 장검이 전사들과 영웅들의 상징물이 되었다.

몽베고에서 이탈리아령 알프스 지역까지

이탈리아 북부 알프스산맥 자락에 자리 잡은 몽베고(Mont Bego)의 바위에 새겨진 남성을 지시하는 수많은 기호와 모티프를 보면서 우리는 놀라게 된다.[15] 몽베고에는 격렬함과 남자다움을 상징하는 소머리 형태의 장식, 소뿔 형태의 그림이 매우 많다(그림 49). 야생이든 가축이든 솟과 동물은 경제적 가치를 넘어 힘을 상징하는 동물이다. 그리고 몽베고에는 무기를 표현한 바위 새김 그림도 많다. 주로 금속제 단검이 표현된 것을 보면 이 그림이 새겨졌던 중심 연대는 순동시대 또는 청동기시대 전기(기원

....

15   몽베고 유적의 바위 새김 그림에 관해서는 박영희, 1995, 「프랑스 몽베고(Mont Bego) 지역의 선사시대 바위 그림」, 『박물관 기요』 11, 단국대학교 중앙박물관, 33-79쪽 참조.

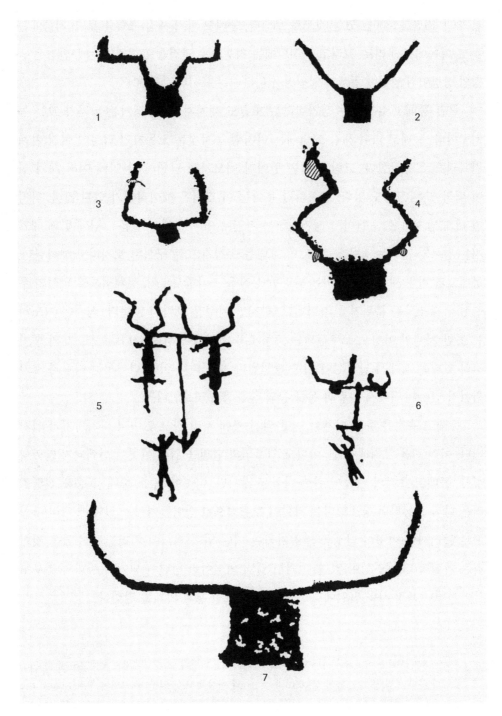

그림 49 프랑스 알프-마리팀 지방의 탕드 마을 인근의 몽베고 바위 그림 유적(H. de Lumley, 1995)에 새겨진 소 머리 모양의 장식 또는 소뿔 모양 그림(1~4, 7)과 밭을 가는 장면(5, 6)

전 2800~기원전 1800년)였을 것으로 보인다. 몽베고 바위 새김 그림을 보면, 처음에는 돌로, 다음에는 구리로, 그리고 마지막에는 청동으로 단검을 표현하였는데, 단검은 남성의 상징이자 남성 공동체의 일원임을 나타내는 표시다(그림 50).

한편 몽베고 유적에는 쟁기질하는 모습도 새겨져 있다. 쟁기는 남자가 끄는 농기구이다. 몽베고 바위 새김 그림에는 이처럼 농사짓는 노동자인 남성이 여러 차례 반복적으로 등장한다. 그림 중에는 원이나 네모처럼 닫힌 공간 안에 여러 개의 점이 찍혀 있는 그림도 있다. 도형처럼 보이는 이 그림은 해석하기가 쉽지 않다. 하지만 대개 남자가 소를 몰아서 쟁기질하는 장면이 이 수수께끼 같은 그림에 함께 새겨지는 경우가 많다는 점을 근거로, 이 그림을 농경지 또는 구획된 토지라고 해석한다. 몽베고의 바위 새김 그림에서는 다양한 상징을 조작함으로써, 전체적으로 남성의 우월성을 강조하는 분위기를 자아낸다. 하지만 여성은 보이지 않는다. 심지어 기도하는 듯한 자세의 여성으로 추정되는 그림조차 머리에 남성을 나타내는 두 개의 뿔이 달려 있다는 점에서 남성성이 일부 확인된다. 더군다나 이 그림에서는 사람과 소가 합쳐져 있다는 점에서 사람과 동물 간의 혼종성도 엿보인다.[16]

몽베고 유적은 유적 자체가 높고 외진 곳에 자리 잡고 있어서 다가가기가 쉽지 않다. 이런 점을 고려해 보면, 아마도 외부와의 단절을 위해 이곳이 선택되지 않았나 싶다. 몽베고 유적의 기능에 관한 가설은 많지만, 이곳이 '수소 숭배'를 통해 신령스러운 힘과 소통하던 장소였다는 가설이 보편적으로 받아들여지고 있다.[12] 그러나 산으로 둘러싸인 이곳이 남성들만 참가하는 어떤 입회 의식이 치러진 장소였을 것이라는 가설이 더 개연성이 있다. 여기서 입회 의식이란 성년이 되거나 사회 상층부로 들어가거나 특정 사회 집단에 가입하는 데 필요한 통과 의례를 말한다.

....

16 몽베고 유적의 황소 이미지와 사람 형상 그림에 대해서는 박영희, 2013, 「프랑스 몽베고(mont Bego) 지역의 바위 그림 중 꼬르뉘 형상(corniformes)의 변화에 대한 연구: 메르베이 지역(région des Merveilles) 지역과 퐁타날바(région de Fontanalba) 지역을 중심으로」, 『한국암각화연구』 17, 113-133쪽; 박영희, 2015, 「선사시대 바위 그림에 표현된 사람 형태에 대한 일 고찰: 몽베고(mont Bego), 발 카모니카(Val Camonica), 타실리의 바위 그림을 중심으로」, 『한국암각화연구』 19, 17-35쪽 참조.

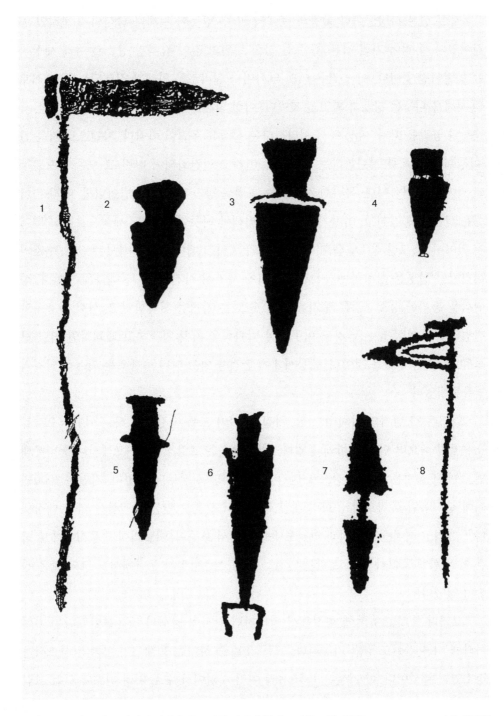

그림 50 프랑스 알프-마리팀 지방의 탕드 마을 인근의 몽베고 바위 그림 유적(H. de Lumley, 1995)에 새겨진 금속으로 제작된 꺾창(1, 8)과 단검(2~7)

사실 산은 사냥꾼이나 목동의 예에서 알 수 있듯이 언제나 남성의 독점적인 공간이었다. 유적이 자리 잡은 곳은 산 정상 주위의 깊이 감춰진 장소로 아래 세상과는 동떨어진 곳이다. 이 공간은 어떤 의식이나 신비로운 의례가 진행되는 동안 서로의 지혜를 나누는 장소가 되었을 것이다. 이런 의례가 인간의 개입으로 길들여진, 즉 순화된 공간을 떠나 '야생'에서 치러졌다는 사실은 우연이 아니다. 자연으로 가득 찬 '야생'에서 의례를 거행한다는 것은 길들여지고 인간화되어 버린 그 모든 것으로부터 멀어지기 위함이다. 특별한 사건에는 특별한 공간이 필요한 법이니까. 따라서 이곳은 남자의 공간이고, 여자가 무기를 멀리해야 하듯이, 이곳도 세상으로부터 떨어져 있어야 할 그런 장소였을 것이다. 의례가 치러질 때마다 이곳에서는 단검, 수소의 머리처럼 남성을 상징하는 '기호'를 바위에 새겨서 사건을 '기록'하였을 것이다. 성년식을 통과한 청소년들은 무기를 지닐 수 있는 자격을 허락받았고, 사회 상층부로 진입하려는 야심 많은 남자도 이곳에서 입회식을 거쳐 엄격하고 폐쇄적인 집단 구성원으로 인정받았을 것이다. 순동시대에 단검을 차고 다니는 행위는 확실히 남자의 전유물이었다.

단검은 한 남자의 사회적 지위, 기질, 심지어 그를 존경해야 하는 이유였으므로 소유자가 죽으면 단검도 함께 묻었다. 이런 관습은 프랑스 그랑-프레시니를 비롯해 먼 곳에서 옮겨온 귀한 돌감으로 단검을 제작하던 시절부터 있었다. 기원전 3000년기에 북서유럽 종형토기 문화의 개인 무덤에서도 돌로 만든 단검들을 함께 매장했다.[17] 그리고 레메델로 유적과 리날도네 유적에서 보듯이, 이탈리아 순동시대에도 죽은 이와 함께 돌이나 구리로 만든 단검을 묻었고 종형토기 문화에서도 그와 같은 관습이 있었다.

그러나 몽베고 유적에 한정해서 말하자면 단검이 남성의 전유물이었다는 가설 이외에 다른 가설도 양립 가능하다. 그런 가설 중 하나는 몽베고가 야외의 성스러운 장소였다는 설이다. 이 가설은 특히 유적 여러 지점에서 수소 머리 기호와 단검 그림

....

17　종형토기 문화에서 처음으로 집단무덤이 아닌 개인 단독무덤이 등장했다.

이 반복적으로 나타나는 현상을 설명하는 데 적합하다. 이 가설에 따르면 이러한 표식들은 사회적으로 영향력을 강화하거나, 신분 상승을 꾀하려는 남자들의 의례가 진행되는 과정에서 새겨졌다는 것이다. 그러나 여기서 말하는 남자들이 특별히 선택된 몇 명뿐인지, 마을 전체 남자들인지, 그도 아니면 유적 주변에 있는 여러 마을에서 온 남자 대표들인지 알 수 없다. 그리고 군장이나 제사장이 의례를 주관했는지, 청소년만 대상으로 했는지, 어른으로만 제한했는지, 전사나 사냥꾼처럼 특별한 사람들만 참가하는 것인지도 전혀 알 수 없다. 하지만 그것은 그리 중요하지 않다. 더 중요한 사실은 몽베고에서 개인의 방어 능력, 전투 능력, 기름진 땅에 쟁기질하는 능력, 정력처럼 남성 고유의 활동을 강조하려는 목적에서 의례가 거행되었다는 점이다. 따라서 몽베고에서 펼쳐졌던 의례 행위는 일상적이고 평범한 행위가 아니라, 매우 이데올로기적 행위였다고 봐야 한다. 바위 새김 그림에 등장하는 단검은 그렇고 그런 평범한 칼이 아니다. 그리고 창과 도끼가 결합된 형태의 꺾창도 실전용 무기가 아니라 의례용 무기였다. 그런 맥락에서 소가 쟁기를 끄는 그림도 그냥 단순히 노동하는 장면을 표현하고자 한 것이 아니었을 것이다. 이 모든 장면은 어느 정도 신화적 요소를 담고 있고 어떤 서사적 이야기와도 연관되어 있다. 그리고 그와 같은 이야기는 의례를 통해 새내기들에게 전승되었을 것이다.

이탈리아령 알프스 산악 지대의 다른 바위 그림 유적들에서도 몽베고 유적에서 보았던 것과 유사한 양식이 확인되었다. 아오스타 지역, 루니지아나 지역 그리고 아디제강 상류 지역에는 기원전 3000년 기의 바위 새김 그림에 금속 무기를 들고 있는 남자가 새겨져 있다. 몇몇 그림에서는 단검을 대체해 여러 점의 다른 무기가 새겨져 있는데, 이처럼 지나치게 많은 무기를 지니고 있다는 점은 무기를 지닌 사람의 '과시욕' 또는 실제 그의 우월한 위치를 드러낸다(그림 51).

이탈리아 트렌토(Trento) 자치주의 아르코(Arco) 마을에 있는 아르코 1번이라고 불리는 남자 모습의 선돌에도 너무 많은 무기가 새겨져 있어 놀라울 정도이다. 이 '영웅'은 목걸이, 꺾창 세 점, 도끼 세 점, 단검 일곱 점, 그리고 전투용 도끼처럼 보이는 무기를 지니고 있다(사진 22).[13] 무기와 태양이 새겨진 다른 석조 기념물도 있

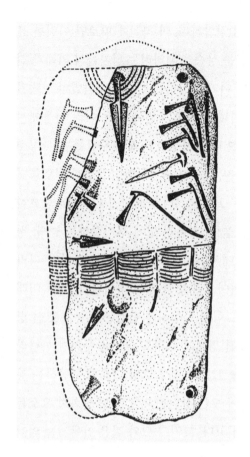

그림 51 이탈리아 북동부 아디제강 상류 라군도 유적에서 나온 남자 모양 선돌로, 목걸이, 도끼, 단검, 혁대가 새겨져 있다(J. Arnal, 1976).

다. 그러나 남성 상징물이 선돌에만 새겨졌던 것은 아니다. 정력적인 활동을 상징하는 무기, 즉 단검과 꺾창이 주변 경관 곳곳에 새겨졌는데, 특히 이러한 표시는 산악 지대에 집중되는 경향이 있다. 무기를 나타내는 기호 이외에도 사슴, 노루, 산양, 야생 염소 등 다양한 야생 동물들이 기원전 3000년 기 내내 바위나 동굴 벽에 새겨졌다. 생동감과 고귀함을 상징하는 이 야생 동물들이 새겨졌다는 것은 당시 사람들이 야생 동물이 내포하는 야수성을 찬양했음을 뜻한다. 드물게는 사람이나 의례적 농경 장면이 위엄 있게 묘사된 사례도 있다. 이러한 상징물은 시기적으로나 문화적으로나 그 맥락이 조금씩 다르긴 하다. 그렇지만 우리는 이와 같은 상징물이 공통으로 의미하는 자연/야생 동물/남성성/힘 같은 요인들이 적어도 순동시대부터는 높은 가치를 부여받았다는 사실과 이러한 지배 이데올로기가 석조 기념물, 바위 그림을 통해 전

사진 22 이탈리아 트렌토 인근의 아르코 마을의 사람 모양 석조 기념비로, 목걸이, 꺾창 세 점, 도끼 세 점, 단검 일곱 점, 그리고 전투용 도끼가 새겨져 있다(© Archive Ufficio beni archeologici Soprintendenza per i beni culturali Provincia autonoma di Trento Italy).

달되었다는 사실을 알 수 있다.

남성 대 여성: 상징의 역설

기원전 3500년부터 기원전 2000년까지 남성의 이미지와 영역은 실제로도 이데올로기적으로도 점차 확립되어 갔는데, 이는 가사, 가족, 출산 등으로 그 역할이 서서히 축소되어 가던 여성 영역과 구조적으로 대비된다. 전사는 단검을 소유하고자 열망하였고, 단검은 시대에 따라 돌이나 금속으로 제작되었다. 물론 그들은 이전 시대부터 내려오는 유산인 활과 화살, 도끼도 지니고 다녔고, 이 전통적 무기의 성능

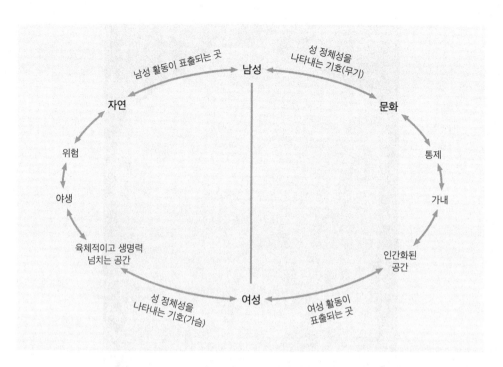

그림 52 남성과 여성 간에 상징의 역전을 나타내는 도식으로, 문화적인 특징(무기)으로 대표되는 남성은 야생의 공간에서 자신을 드러내지만, 자연적이고 생물학적인 특징(가슴)으로 대표되는 여성은 길들여진 영역, 즉 가내에서 자신을 드러낸다.

또한 기술이 발전하면서 전보다 향상되었다. 화살촉은 더 완벽하게 되었고, 도끼는 돌이 아니라 구리로 만들어졌다. 고고학자들은 이와 같은 무기 제작 기술의 발전이 전사의 신분 상승을 가져왔을 것이라 보고 있다. 무기를 차고 있는 남성의 모습이 바로 유럽 최초의 조각상이었다. 동시에 석조 기념비가 들어섰던 공간 자체도 점점 더 요새화되었으며 활과 화살은 더 많이 사용되었다. 무엇보다 주목해야 할 점은 남성을 지시하는 상징물이 가장 외진 곳에서 등장하기 시작했다는 점이다. 무기와 사슴 사냥 장면이 산꼭대기나 다가가기 힘든 깊은 숲속 바위에 새겨졌다.

그렇지만 이와 같은 상징물을 사용하는 데 역설적인 측면도 있었다는 점을 잊지 말아야 한다(그림 52). 사람들이 이제껏 한 번도 들어가 보지 못한 땅을 들어간다거나, 아니면 가장 야생적인 곳을 개간하려 할 때, 남자들은 문화적 산물 중에서 가장 정교한 물건인 무기를 들고 그곳에 들어간다. 즉 문화의 결정체인 무기를 들고 그곳에 들어감으로써 자연을 소유화하는 것이다. 반대로 여성은 생물학적 특성으로 그가 여성임을 드러낸다. 예를 들어 사람 모양 선돌을 보면 여성은 해부학적 특성을 통해 선돌에 새겨진 대상이 여성이라는 사실을 알려 준다. 가슴은 모성애의 상징이며 양육의 상징이었다. 사실 태초부터 언제나 아이를 낳고 젖을 먹이는 모습은 여성에게 주어진 이미지였다. 생활 영역 역시 적어도 신석기시대 초기부터 집, 마을, 밭 등으로 축소되었다. 이 공간은 가장 인간화된 공간인 동시에 사회에 의해 변형된 공간이다. 한마디로 여성이 활동하는 공간은 가장 문화적 공간이다. 이와 같은 남성 영역과 여성 영역 간의 역설적 대비는 그 후로도 오랫동안 지속되었다. 남성은 문화적 도구의 도움을 받아 주변부나 밀림, 즉 미지의 세계인 동시에 무한의 세계인 인간의 손길이 미치지 않는 그곳에서 자신의 열정과 대담함을 마음껏 뽐냈고 결국 그곳을 지배하였다. 반면에 여성은 인간화되고 가부장적이며 폐쇄된 공간에 있으면서도 마치 자연의 일부로 여겨졌다. 완벽한 역설이다. 이로써 남성은 문화적 도구로 무장하고 끊임없이 야생을 정복하였지만, 여성은 인위적으로 변형된 공간에 살면서도 충동적이고 감성적 자연의 존재로 남게 된 것이다.

열린 마을과 닫힌 요새

신석기시대 및 원사시대에 무력충돌이 잦았던 증거로 흔히 무기, 방어 시설, 뼈에 남겨진 부상의 흔적을 들곤 한다. 그러나 마을 유적의 전반적 건물 배치 양상에서 관찰되는 특징을 분석하여 사회 갈등이 깊어졌다는 사실을 밝혀 보려는 연구는 지금까지 별로 없었다. 특히 이 시기에 마을 안에서 외부로 개방된 공간과 폐쇄적 공간 (요새)이 극적으로 대비된다는 점에 거의 주목하지 않았다. 사실 이것은 영역이라는 관념, 그리고 그와 같은 관념의 실천인 영역성이란 문제와 직접적으로 연관되어 있다.[14] 장소의 요새화는 해당 장소를 보다 '위엄' 있게 보이게끔 한다. 당시 마을에 살았던 사람들뿐만 아니라, 심지어 그 유적을 발굴하는 고고학자들조차 요새화된 유적에 매력을 느낀다. 고고학자는 방어 시설 없이 안락해 보이는 마을 유적을 발굴하는 것보다 성벽이나 요새를 발굴하는 것이 이점이 더 많다고 생각한다. 그러나 고고학자가 그와 같은 편향적 태도를 보이는 것은 그리 바람직하지 않다. 편향된 시각 속에서 특정 패턴의 마을 유적을 선택적으로 발굴하고, 또 거기서 나온 몇 가지 특징에 초점을 맞춰 당시 사람들의 사회 조직과 분포 양상에 관한 이론을 세우고, 심지어 그와 같은 마을 유적 간의 관계와 서열을 논한다는 그 자체가 개념상 혼란을 가져올 뿐만 아니라, 수박 겉핥기식 연구로 끝날 위험이 있기 때문이다.

이베리아반도 남동부의 사례가 바로 그러하다. 이 지역에서 요새화된 유적이 출현하는 시기는 보통 기원전 4000년 기 말기 또는 기원전 3000년 기라고 하지만, 그보다 시기가 더 올라갈 가능성도 있다. 당시 유적들을 보면 견고한 성벽으로 둘러싸여 있고 군데군데 반원형의 망루가 있는 구조이다. 이와 같은 구조물의 전체적인 형태가 지중해 동부 지역의 요새와 비슷하다는 점에서 초창기 연구자 대다수는 에게 문명권에서 건너온 기술자들이 이 요새들을 건설했다고 주장하였다.[15] 그러다가 나중에는 이주민이 아니라 원주민이 이 요새들을 건설했다는 해석이 주류가 되었다. 즉 초기 농경 시기에 인구가 늘어나면서 자신들을 보호하기 위한 특별한 건축물을 건설할 필요를 느꼈고, 그 결과 요새를 만들게 되었다는 뜻이다(그림 53).[16]

이와 같은 과정을 통해 이주 또는 침입 같은 외적 요인이 요새 건설의 주요 원인이었다는 외인론(外因論)은 다른 설명 가설, 즉 내재적 발전론으로 바뀌게 되었다. 여기서 내재적 발전 모델이란 시간의 경과에 따라 현지의 사회 자체가 진화해서 점차 사회적·물적 수준이 높아진다는 이론으로, 거주 공간의 서열화, 마을의 요새화처럼 유적의 구조 변화를 통해 문화 변동을 확인할 수 있다는 관점이다. 거주 공간의 진화 과정은 몇 가지 형태를 띠는데, 이때 두 가지 요소가 중요한 역할을 한 듯하다. 그것은 인구밀도와 유적 주변의 지형인데, 특히 평지와 산이 차지하는 비중이 중요하다. 그러나 어떤 경우라도 물, 토지, 돌감 같은 유적 주변 자원의 풍부함이 결정적인 요인으로 작용한다. 외진 지역에 살면서 고립된 생활을 하는 집단은 인구밀도가 낮기에 그만큼 분쟁이 일어날 가능성도 적다. 여러 공동체가 주변 자원을 동시에 이

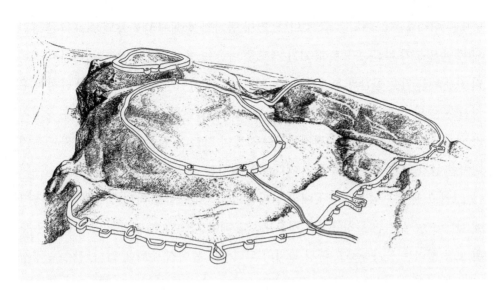

그림 53 넓이가 약 7헥타르에 이르는 2b 시기 스페인 알메리아 지방의 산타 페 데 몬드하르 인근 로스 밀라레스 요새 유적의 복원도(F. Molina 제공)

용한다 해도 그들 사이의 경쟁은 그리 격렬하지 않을 것이다. 때에 따라서는 어떤 집단이 다른 집단과 정기적으로 협력할 수도 있다. 이러한 환경에서는 자기가 사는 곳을 방어하거나 보호할 필요가 없다. 이와 대조적으로 협곡, 평야, 교통로, 그리고 기름진 땅처럼 사람의 왕래가 잦은 곳은 경쟁이 심하다. 물 가까운 곳, 목재로 쓸 나무가 많은 곳, 두 강이 서로 만나는 두물머리는 농사에 유리하기 때문이다. 이러한 지점에서 인구가 갑자기 늘어나면 집들은 서로 거리를 두지 않은 채 빼곡히 들어서게 된다. 몇몇 집단들은 이처럼 밀집된 공간 안에서 이웃들을 경계하면서 재빨리 담을 둘러침으로써 자신의 영역을 지키려 할 것이다. 인구 증가는 스페인의 알메리아나 그라나다의 사례처럼, 거주 공간의 요새화를 불러일으켰고, 이 요새화된 거주 공간은 바깥으로 열린 주변 마을과 확연히 구분된다.

　환경적 요소는 중요한 역할을 한다.[17] 외지고 고립된 지역에서 생활하는 집단에서 요새화된 거주 공간이 새로이 등장하는 경우는 매우 드물다. 고립된 지역의 몇몇 요새화된 공간에 사는 집단은 자신들의 생존 전략을 바꾸지 않고도 광범하게 열려 있는 공간을 통제할 수 있기 때문이다. 요새화된 공간에 사는 집단은 인구 증가에도 별다른 어려움을 느끼지 못할 것이다. 인구 증가가 한계에 다다르면 요새화된 공간의 주민 일부가 다른 곳으로 옮겨가 새로운 마을을 형성하면 그만이다. 따라서 기존의 요새화된 거주 공간과 통제를 받는 주변 마을들 사이의 경제적·사회적 균형이 유지된다. 이와 같은 시스템 아래서는 또 다른 요새화된 거주 공간, 즉 새로운 중심지가 형성되지 않는다. 그러나 평지에서는 사정이 다르다. 물론 같은 평지더라도 늪지대처럼 살기 힘든 곳은 계속 무인 지대로 남겠지만, 살기 좋은 곳에는 사람이 넘쳐난다. 그리고 사람이 넘쳐나는 곳에서 살아남으려면 죽을힘을 다해야 한다. 좁은 공간에 한데 모여 살려면 토지를 집약적으로 이용해야 하는데, 토지의 집약적 이용은 고된 노동 없이는 불가능하고 환경 파괴의 위험성도 높아질 수밖에 없다. 갈수록 경쟁이 더욱 치열해지지만 과밀 인구의 일부가 다른 지역으로 이주해 새로운 거점을 건설하기도 힘들다. 살기 좋은 곳은 이미 사람들로 꽉 차 버렸기 때문이다. 그리고 기존 마을과 중심지 간에 위계적 경제 체계가 이미 확립되어 있고 그 체계 속에서 각각의 마을은 일정한 역할을 안정적으로 수행하고 있기 때문에, 새로운 이주민들이 비집고 들어갈 틈이 없다. 여기서 우리는 '풍요도'와 공동체 간의 팽창 메커니즘을 확인할 수 있다.

한편 신석기시대 전기까지만 해도 자연 지형물로도 충분히 방어가 가능했겠지만 이젠 정교하게 성을 쌓고 도랑을 파서 마을을 보호해야만 했다. 그 결과 중심지는 주변부의 작은 마을들을 지배하기 시작했고 종속된 마을들은 중심지의 정치적 우위를 받아들여야만 했다. 일종의 소자본(microcapitales)이라고도 할 수 있는 잉여가치가 중심지로 모이고 축적되었다. 하지만 방어 시설이 마을의 일상생활이 원활하게 돌아가도록 보호자 역할만 한 것은 아니었다. 방어 시설 각각은 자신의 역사가 있고 방어 체계가 변화될 때마다 시설 자체도 바뀌었다. 포르투갈의 토레스 베드라스(Torres Vedras)에 있는 잠부잘(Zambujal) 요새가 바로 그런 사례로, 이 요새는 점유되는 동안 끊임없이 변형되었다(사진 23).[18] 잠부잘은 스페인 알메리아의 로스 밀라

....

18 포르투갈의 리스본에서 가까운 대서양 연안 토레스 베드라스 지역에 있는 잠부잘 요새는 다섯 단계

사진 23 기원전 3000년 기의 포르투갈 토레스 베드라스 지방에 위치한 잠부잘 요새의 옹성 위에서 내려다본 모습(Deutscher Archäologisches Institut, Madrid)

레스와 비슷한 시기에 세워진 방어 시설로, 순동시대 방어 유적 중에서 가장 잘 알려져 있다. 이 요새는 이중, 삼중으로 성벽을 두르고 망루를 양옆에 세워 출입구를 방어하였다. 그리고 성 주변의 높은 봉우리 12곳에 작은 위성 요새를 세웠다.

순동시대 요새 유적의 기능에 관해서는 그간 많은 논쟁이 있었다. 특히 방어 시

....

에 걸쳐 완성되었다. 이 다섯 단계는 다시 순동시대(I~III기: 기원전 3000~기원전 1800년)와 청동기시대(기원전 1800~기원전 1450년)로 나눌 수 있는데, 특히 순동시대에 성의 축조가 활발하게 이뤄졌다. Mohel, J.-P, 1988, Zambujal, Leroi-Gourhan (dir.), *Dictionnaire de la Préhistoire*, Quadrige/PUF, p. 1188.

설로서 요새의 건립 목적과 기능이 논쟁의 핵심이었다. 침략자 저지를 위해 건립되었느냐, 요새 안에 사는 사람들에게 지배자의 위엄을 과시하기 위해 건립되었느냐가 문제였다. 그렇지만 요새가 그 안에 사는 사람과 재화를 지키기 위해 세워졌다는 사실 그 자체를 부정하기는 어려울 듯하다. 사실 신석기시대 초기부터 사방으로 통하는 마을 중심부는 도랑과 목책으로 둘러싸여 있었고 마을 안에 특정 물품의 생산과 분배를 통제하는 공간이 따로 마련되었는데, 지배집단이 그 공간을 관리하였다. 이런 맥락에서 이베리아반도 남부에 자리 잡은 요새들은 유럽의 순동시대에 돌로 쌓은 가장 성공적인 방어 시설이다. 요새를 뚫고 들어가려는 행위는 긴장과 충돌 사태를 불러일으켰을 것이다.

유럽의 원시 전사

지금까지 우리는 서구에서 기원전 4000년 기부터 기원전 3000년 기에 이르는 기간에 전사의 이미지와 전사 이데올로기가 점진적으로 출현하였음을 보았다. 이웃 마을들 사이에 일종의 '원시 전쟁', 습격, 매복 같은 무력충돌이 일어날 경우, 남자들은 즉각 전투에 참여해야 한다는 통념이 있었음을 당시 바위 그림을 통해 짐작해 볼 수 있다. 많은 연구자는 유럽 동남부 초원 지대에서 기원한 인도-유럽어족 집단이 서쪽으로 확산함에 따라, 이와 같은 전쟁과 전사의 개념이 유입되었다고 보는데, 이에 관해 전사 모양의 선돌을 다루면서 이미 언급했다. 여기서는 외인론적 관점에서 전쟁의 기원을 설명하기보다는 다소 일반론적 수준에서나마 내재적 발전론의 관점에서 논의해 보려고 한다. 외인론에 따르면 신석기시대에 평화롭게 농사를 지었던 농경 사회는 다른 집단의 소유물을 힘으로라도 뺏으려 했던 이주민들에게 종속되었다고 한다. 즉 원래 목축 경제를 기반으로 중서유럽의 바깥 지역에서 살았던 이주민이 서쪽으로 이주해 와서 원주민을 약탈하고 착취하면서 그들의 가부장적 사회 구조도 이식했다는 것이다. 이러한 가설은 사회적 계층화나 무력충돌이 없던 유럽의 신석기시대 농경 문명이 외부에서 기원한 새로운 사회 경제 시스템이 유입됨에 따라 최후를 맞이했음을 뜻한다. 그리고 이 가설에는 전사라는 관념이 동쪽에서 갈라져 나온 호전적 집단의 침략 때문에 갖게 된, 즉 외부로부터 이식된 부자연스럽고 부차적인 관념이라는 의미가 들어 있다.

그러나 우리는 이와 같은 주장에 대해 다음과 같은 근본적인 문제를 제기할 수밖에 없다. 과연 이 시기에 발생했던 사회적 격동만으로 '전사 이미지가 이데올로기적으로 형성'되었던가? 앞서 보았듯이 사회적 긴장은 농경 사회 초기부터 이미 있었으며, 특히 기원전 5000년 기~기원전 4000년 기에 사회 계층화가 심화되었다. 기원전 4500년경에 형성된 불가리아 바르나 공동묘지에 묻힌 280명 중 몇몇은 권력을 상징하는 홀을 비롯해 시신을 따라 쭉 늘어선 금붙이, 구리로 만든 무기, 그리고 의례용 돌칼과 함께 묻혔다. 이러한 유물들은 그들이 사회적으로 높은 신분에 속하는 사람이었음을 가리킨다.[19] 같은 시기에 서유럽에서도 그와 비슷한 '왕릉급' 무덤들이 있었지만, 그 무덤들에서는 금속 유물이 출토되지 않았다. 당시 유럽에는 오로지 발칸반도에서만 금속을 다룰 수 있는 기술이 있었다. 기원전 4000년 기~기원전 3000년 기에는 또 다른 형태의 계층화가 진행되기 시작했다. 바퀴, 마차, 그리고 말의 사용 같은 새로운 기술이 확산하면서 일상재와 사치재의 교환 체계가 완성되었고, 이를 토대로 새로운 위계질서가 출현하게 된 것이다. '지도자들'은 공동체 간에 분쟁이 일어나면 이를 중재하고 결정을 내렸다. 분쟁은 평화롭게 끝나거나 전쟁으로 치달았을 것이다. 지도자 각각의 행동 방식은 시기와 문화에 따라 달라지므로, 모든 지도자의 행동 방식을 설명할 수 있는 단 하나의 '표준 모델'이란 존재하지 않는다. 그렇다 하더라도 당시 사회 구조를 가장 잘 보여 주는 무덤 양식에 따라, 기원전 3000년 기 중서유럽 문화를 적어도 세 가지 지역적 유형으로 나눠 볼 수는 있다.

....

19   최근 자료에 따르면 바르나 공동묘지에 묻힌 사람은 294명이다. Chapman, J., Higham, T., Slavchev, V., Gaydarska, B., Honch, N., 2006, The social context of the emergence, development and abandonment of the Varna Cemetery, Bulgaria, *European Journal of Archaeology*, 9, N° 2-3, pp. 159-183.

첫 번째 유형은 지중해 서부 지역에서 두드러지게 나타난다. 이 지역에서는 1,000년 또는 그 이상의 세월 동안 써 왔던 집단무덤, 즉 돌방무덤, 고인돌, 동굴무덤 등이 많다는 점이 특징이다. 집단무덤이 주류였다는 점은 개인보다는 가족이나 씨족 같은 집단이 우선시되었다는 뜻이다. 그리고 개인이 어느 집단에 속해 있는지가 개인의 자질보다 더 중요했다는 뜻이기도 하다. 이와 같은 사회 시스템에서는 사회적·혈연적 유대에 토대를 둔 네트워크를 통제할 수 있는지 없는지가 '지도자'의 권위를 결정한다. 이 경우 특정 네트워크에 속한 구성원들은 자신들만의 집단무덤에 함께 묻힌다. 두 번째 유형도 첫 번째 유형과 비슷한데, 이 유형의 사회는 포르투갈에서 아일랜드에 이르는 대서양 연안 지역에서 확인된다. 종형토기 문화를 가진 새로운 이주민들은 유럽 대륙의 동쪽에서 서쪽 대서양 연안으로 옮겨 와 살았지만, 지역 안에 이미 광범하게 퍼져 있는 종래의 토착 무덤인 고인돌을 자신들의 집단무덤으로 재사용하였다. 마지막 세 번째 유형은 중유럽과 북유럽에서 확인되는 하나의 커다란 봉분 안에 여러 구의 시신을 묻는 방식이다. 이 지역에서는 지중해 서부 지역 또는 대서양 연안 지역과는 달리, 여러 시신을 큰 무덤방 하나에 묻지 않고 방을 따로 내어 방 하나에 시신을 한 구씩 묻었다. 이와 같은 관습을 볼 때, 순동시대에 중유럽과 북유럽은 서유럽이나 대서양 연안 지역보다 상대적으로 개인의 가치를 더 존중했던 것으로 판단된다.

그렇다고 중유럽과 북유럽에서 이런 풍습이 어느 날 갑자기 출현한 것은 아니었다. 매듭무늬토기 문화권의 사람들은 기원전 3000년 기 전반에 이미 그런 방식으로 시신을 묻었다. 그리고 후속 문화인 후기 종형토기 문화권에도 같은 장례 풍습이 있었다. 사실 중유럽 지역에서 개별무덤 양식은 그 기원을 따져 보면 기원전 6000년 기부터 기원전 3000년 기까지 거슬러 올라갈 수 있기 때문에 이와 같은 무덤 양식은 거의 신석기시대 내내 지속되어 온 지역적 전통이라고 봐야 한다. 이탈리아령 알프스 지역에서도 비슷한 풍습이 있었다. 레메델로 문화기, 즉 기원전 3000년에 해당하는 시기에 상자 모양의 무덤방들을 개별적으로 만들었다. 그리고 이러한 무덤 양식은 기원전 5000년 기에 있었던 사각구연부(四角口緣部) 토기 문화(culture des Vases à

Bouche carrée)까지 거슬러 올라갈 수 있으므로, 여기서도 장례 풍습의 연속성을 볼 수 있다.[20] 그러므로 기원전 3000년 기에 유럽에서 성행했던 개별무덤 양식은 그보다 훨씬 오래된 전통에 그 뿌리를 두고 있으며, 이는 '브로델적(braudélienne) 의미'에서 영원한 것이었다.[21]

여러 지역에서 이처럼 유사한 현상이 관찰되지만 당시 유럽은 변화하는 중이었다. 그리고 그러한 변화의 주요 동력은 금속기의 사용이었다. 금속의 사용은 중유럽에서는 이미 기원전 5000년 기~기원전 4000년 기에 시작되었고, 서유럽에서는 4000년 기 끝 무렵에서야 비로소 시작되었다. 금속을 다루게 되면서 이전까지 소유자의 정력과 사회적 지위를 과시하는 위세품이었던 돌도끼를 대신해서 구리 단검이 위세품이 되었다. 특히 비슷한 시기의 문화인 바덴 문화, 매듭무늬토기 문화, 종형토기 문화 등에 만들어졌던 술잔은 하나의 지표로서, 당시 사람들의 취향뿐만 아니라 문화적 특징도 나타낸다.[22] 그들은 왜 술을 마셨을까? 술잔치? 의례 행위? 축제? 또는 통과 의례?[18) 이유야 어떻든 여럿이 술을 함께 마시는 행위는 어떤 생각이나 이념을 확산하는 데 도움을 준다. 실제로 새롭게 탄생한 사회적 계급의 구성원들에게 술을 함께 마시는 행위는 매우 중요한 행사처럼 여겨졌을 것이다.[23] 새로운 사회적

....

20 사각구연부 토기 문화란 기원전 5000년 기 이탈리아 북부의 신석기시대 중기 문화를 말한다. 토기의 입술, 즉 구연부가 네모진 토기가 특징적이라서 그와 같은 이름이 붙게 되었다.

21 본문에서 '브로델적 의미에서 영원한 것'이란 시간의 흐름에도 거의 변하지 않는 것, 즉 영원한 것을 의미한다. 페르낭 브로델(Fernand Braudel, 1902~1985)은 프랑스 아날학파의 대표적인 역사가이다. 그는 역사가 여러 층으로 구성된다고 주장하였다. 그는 역사가 표층의 사건사, 중간층의 국면사 그리고 가장 아래층에는 시간에 거의 영향을 받지 않는 움직임이 없는 장기 지속의 역사로 이루어진다고 보았다. 더 자세한 내용은 페르낭 브로델, 이정옥(옮김), 1990, 『역사학 논고』, 민음사, 47-84쪽 참조.

22 바덴 문화(Culture de Baden)는 중부 유럽과 동남부 유럽의 순동시대 문화(기원전 3600~기원전 2800년)이다. 당시 서유럽과 동유럽에는 매듭무늬토기 문화(Culture de la céramique cordée: 기원전 3000~기원전 2200년)가 있었다. 청동기시대 문화인 종형토기 문화(기원전 2800~기원전 1800년)는 이 두 문화보다 시기적으로 늦다.

23 술을 마시는 행위는 소규모 전통 사회의 정치·경제적 측면에서 중요한 역할을 한다. 여러 가지 민족학 자료에 따르면 술을 함께 마시는 행위는 환대를 나타내는 증표이다. 또한 술을 함께 마신다는 것은 동맹 세력과 사회적 관계를 강화하고 반대로 적대 세력을 고립시키는 전략이기도 하다. 이와 같은

계급의 구성원들은 술을 함께 마심으로써, 다른 계급과 구별되는 동시에 동류의식을 강화할 수 있었다. 그와 같은 과정을 겪으면서 '원시 귀족 정치'가 탄생하게 되었다. '원시 귀족'의 일원이 되는 데에는 혈연관계도 어느 정도 영향을 끼쳤겠지만, 근본적으로는 내부 경쟁과 동맹관계에 따라 좌우되었고, 협력자와 적대자는 수시로 뒤바뀌었다. 끊임없는 권력 투쟁은 유럽에서 계층 사회가 군장 사회를 넘어 국가 단계로까지 발전하지 못했던 이유의 많은 부분을 설명해 준다. 그리고 이런 정치 시스템은 청동기시대까지 지속되었다.

전사 모양 선돌이나 거대 석조 기념물 등에서 보듯이, 유럽 사회에서 전사 이데올로기가 이 시기에 '창조'되었던 것은 사실이다. 그렇다고 남자들이 날마다 무기만 휘둘렀던 것은 아니다. 물론 꼭 싸워야 한다면 남자는 모두 잠재적으로 전사처럼 싸울 수 있는 존재이다. '원시 전사'들은 평상시에는 용감한 사냥꾼이었지만, 필요하다면 언제라도 이웃 부족을 침략할 준비가 된 전사였으므로, 평소 좋은 관계를 맺고 있는 이웃사촌이라 하더라도 그 관계는 순식간에 나빠질 수 있었다. 한편 충돌은 마을 간 경쟁의 형태로도 일어났는데, 위세품을 얻으려고 하거나 사회적으로 높은 지위를 차지하려고 하는 행위가 바로 경쟁적 충돌이다. '야만스러운 유럽인'이라는 이름에 딱 걸맞은 짓이었다.

그러나 같은 시기에 지중해 동부 지역에 있던 도시화된 국가, 즉 메소포타미아, 시리아, 이집트, 그리고 조금 뒤에 팔레스타인이나 아나톨리아반도 지역의 국가에서는 수비대, 민병대, 그리고 심지어 전시에 소집되는 한시적 군대 등 다양한 형태의 군대가 이미 존재하고 있었다. 따라서 기원전 3000년 기의 '전사'를 말할 때는 어느 지역의 상황을 얘기하는지 구체적으로 밝힐 필요가 있다. 지역에 따라 사회 구조가 다르고 통합 정도가 크게 차이가 나기 때문이다. 개인 간의 다툼 또는 이웃 마을 간

....

입장에서 유럽의 원시 귀족 정치의 탄생 과정을 분석한 연구는 Dietler, M., 1990, Driven by Drink: The Role of Drinking in the Political Economy and the Case of Early Iron Age France, *Journal of Anthropological Archaeology*, 9-4, pp. 352-406 참조.

의 분쟁을 통제하는 상비군은 당시 지중해 서부 지역, 즉 유럽에서는 꿈도 못 꿀 일이었지만, 그래도 당시 사람들의 마음속에 전사는 긍정적 이미지로 뚜렷하게 새겨져 있었다. 전쟁의 참상이 본격적으로 알려지기 전까지 싸울 줄 알아야 남자라는 인식이 사회 곳곳에 팽배해 있었다. 구석기시대 사냥꾼에서 시작된 이와 같은 남성 이미지는 기원전 3000년 기에 이르러서 원시 전사의 이미지로 탈바꿈했다. 그리고 전쟁이 늘어남에 따라 새로운 이데올로기가 생겨났다. 그것은 바로 전사 중에서도 최고의 전사, 즉 영웅이란 개념이었다.

영웅의 출현

잘 알고 있는 사실들부터 먼저 이야기를 시작해 보자. 지중해와 유럽에서는 대개 기원전 2000년 기부터 기원전 800년(또는 기원전 700년)까지를 청동기시대라고 하는데, 독자들은 이 시기 무력충돌 양상과 폭력 행위가 지역에 따라 편차가 매우 크다는 점을 금방 눈치챘을 것이다. 어떤 지역에서는 이미 도시가 발달하고 문자도 있었지만 다른 지역에서는 여전히 마을 상태에 머물렀고 문자도 없었다. 메소포타미아 지역과 유프라테스강 상류 지역과 지중해 동부 지역에서는 기원전 4000년 기부터 이미 요새화된 도시가 존재했다. 그리고 얼마 지나지 않아 중동 전역과 인더스강을 따라 도시들이 연달아 건설되었다. 기원전 3000년 기에 수메르인이 세운 '도시 국가들'은 서로 치열하게 싸웠다. '도시 국가들'의 끝없는 전란은 기원전 2300년에 사르곤 왕이 아나톨리아반도에서 걸프만에 이르는 아카드 제국을 세움으로써 끝났지만, 그의 제국은 허약하기 짝이 없었다. 이집트에서는 고고학적으로 입증하기는 어렵지만, 기원전 3000년경에 중앙집권적 국가가 출현했고 나일강을 따라 여러 도시가 건설되었던 듯하다. 그리고 도시와 국가를 지키기 위한 군대도 창설되었다. 다소 일반론적 수준에서 얘기하자면 도시 문명은 상비군을 필요로 했고, 한시적이라는 단서가 붙긴 하지만 전시에는 주민 전체를 징집할 수도 있었다.

기원전 3000년 기 아나톨리아반도와 에게해 곳곳에 도시 국가들이 세워질 때, 이 도시들 사이에 중심이 되는 도시가 출현했다. 이 중심 도시들은 지배자의 가족이 사는 곳이거나, 물자의 재분배, 장인 집단의 생산, 지역 내 교환 및 장거리 교환이 이뤄지던 장소였다. 중심 도시는 대개 튼튼한 성벽으로 둘러싸여 보호받았는데, 히타이트, 크레타, 미케네 지역에서는 요새화된 도시가 그 이전부터 나타났다. 기원전 2000년 기 오리엔트 제국주의는 극에 달하였다. 최고 지배자는 정복 야욕으로 들떠 있었고 지역 간 전쟁은 점차 국제전 양상으로 치달았다. 침략과 전쟁은 영토 병합과 국경선의 변동을 가져왔다. 제국은 건국부터 멸망 직전까지 제국을 유지하기 위해 안간힘을 썼지만, 늘 새로운 지배자가 등장했다. 기원전 2000년부터 기원전 1600년까지는 바빌론 제1왕조가 번영을 누렸고 그다음에는 카시트 왕조가 세워졌다. 원래 아나톨리아반도에 살던 히타이트인은 기원전 1600년 무렵에 주변 민족들보다 더 강력하게 성장하면서, 미케네인을 서쪽으로, 아시리아인을 동쪽으로, 그리고 이집트인은 남쪽으로 밀어냈다. 이집트의 정복왕인 파라오들은 팔레스타인과 시리아의 땅을 여러 차례 공격한 끝에 결국 정복에 성공하였다. 이와 같은 끊임없는 외침 이외에도 내부 갈등, 민족 대이동 등의 이유로 미케네, 아나톨리아의 히타이트, 그리고 파라오 통치시대의 이집트 같은 동방의 큰 왕국들은 기원전 1200년과 기원전 1100년 사이에 대부분 급격히 쇠퇴하고 말았다. 그러다가 기원전 1000년 기에 들어서면서 승기를 잡은 아시리아가 중동 지역 전역을 다시 통일했지만, 결국 아시리아도 페르시아에 정복당한다.

지금까지 중동 지역에서 흥망성쇠 했던 고대 국가에 대해 간략히 살펴봤다. 그러나 같은 시기 유럽 대륙 대부분은 전혀 딴판이었다는 사실을 잊지 말아야 한다. 당시 유럽에는 국가는커녕 도시도 없었다. 사람들은 마을을 이루고 살았다. 마을 중에서 더 큰 마을이 생겨났고, 그 마을이 중심지가 되었을 것이다. 거기에는 지배자나 영향력 있는 사람들도 살았을 것이다. 그리고 마을에는 장이 서고, 사회적 통합을 강화하기 위한 의례도 거행되었을 것이다. 게다가 몇몇 큰 마을은 서로 동맹도 맺었을 것이다. 그러나 아무리 마을이 컸다 해도 토대가 너무 미약했기 때문에 그곳의 계층화는 자주 반발에 부딪혔을 것이다. 권력이 한 가문에만 쏠리는 것을 다른 유력 가문들이 가만히 두고 보고만 있지는 않았을 것이기 때문이다. 따라서 지배자의 권력은 제한받을 수밖에 없었고 그가 휘두를 수 있는 권력은 기껏해야 마을 안에서나 통용되었을 뿐, 주변 지역에까지 미치는 경우는 아주 드물었을 것이다. 이러한 시스템 아래에서 귀족정 정도의 정치체는 출현했지만 그들의 사회적 피라미드는 늘 불안정했으며 보다 영토가 넓은 왕국으로까지는 발전하지 못했다.

이 시기 유럽 사회는 미케네 또는 오리엔트의 발전 모델과 잘 들어맞지 않는다. 유럽에도 번영을 누리는 마을은 있었지만 도시로까지 발전하지는 못했다. 가끔 사회적 경쟁 속에서 강력한 권력을 가진 지배자가 나타났지만 새로운 왕조를 열지는 못했다. 그렇다면 유럽에서는 전쟁이 없었던 것일까? 물론 아니다. 유럽 대륙 거의 전역에서 군장의 지배를 받는 마을에서 선발된 남성 전사 집단 간의 전투가 있었다. 그러나 당시 전투는 대부분 마을 간의 소규모 충돌이었을 뿐, 더 광범한 지역 간의 충돌, 즉 전쟁으로 번지는 경우는 매우 드물었던 것 같다. 위세품 교환 네트워크를 유지하기 위해 마을 간 경쟁이 치열해질 때조차, 마을에 묶여 있던 사람들은 전투가 전쟁으로 확산되는 것을 바라지 않았다. 그러므로 동맹 파기, 심리적 이유, 토지와 가축의 확보 같은 다양한 원인 때문에 무력충돌이 발생하더라도 그 범위는 제한적이었다.

고고학자들은 그동안 유럽의 청동기시대 전투의 범위와 성격을 파악하기 위해 노력해 왔다. 분명한 사실은 실제적이든 상징적이든 간에 무기의 역할이 이 기간에도 꾸준하게 중요했다는 점이다. 무장한 전사의 모습은 이상주의적 모델을 넘어, 이제 일상적으로 체험하는 실체가 되었다. 그렇지만 유럽과 오리엔트는 사회·경제적 수준 차이가 크지만, 무기 체계 그 자체만 놓고 본다면 별반 차이가 없다. 두 지역 모두 무기 제작에 상당히 신경을 썼다. 발트해와 지중해 사이에 있던 '호박길(routes de l'ambre)' 같은 원거리 교역망처럼 멀리 떨어져 있는 지역 간에 서로 소통할 수 있는 네트워크가 촘촘히 구축되었고, 유럽 전역에 새로운 발상과 기술이 파급되었다.[1] 먼

....

1   호박(琥珀)을 교역하던 고대 교역로이다. 북해 연안과 발트해를 거쳐 지중해에 이르는 길을 말한다.

지역 간의 상호 작용이 이제 일상적으로 이뤄지게 된 것이다. 한 명의 전사가 겪었던 무용담은 다른 지역으로 건너가 문화적 거름망을 통해 걸러지면서 영웅 신화로 탈바꿈했다. 영웅이라는 개념은 원사시대에 처음으로 출현하여 최근까지도 사회의 중심적 이데올로기로 작동하고 있다. 그럼 이 새로운 변화에 관해 자세히 알아보자.

무기의 무게

사람 모양 선돌과 바위 새김 그림에서 보듯이 순동시대부터 유럽 곳곳에서 무기의 모습이 나타난다. 그런데 순동시대의 무기, 즉 구리 도끼, 돌 또는 구리 단검, 화살촉 등은 전사들의 무기로서는 기술적으로나 미적으로 미숙했다. 그러나 기원전 2000년 기 주석과 구리의 합금인 청동이 발명됨으로써, 금속 무기는 이전의 구리로는 도저히 따라갈 수 없을 만큼 단단해졌다. 이와 같은 기술적 진보가 이뤄지자마자 금속제 무기의 생산량은 급증하였다. 청동제 무기는 이러한 기술적 혁신에 따라 탄생한 최초의 무기였던 셈이다. 기원전 1500년 무렵, 청동제 물품 중에서 가장 정교하게 제작된 물품은 단검과 장검으로, 이 무기들은 장인의 빼어난 솜씨로 주문자의 요구에 맞춰 제작되었다. 최첨단 기술이 무기 제작에 가장 먼저 적용된 것이다.

사실 기원전 4000년 기까지 무기의 형태와 원료가 거의 변화가 없었다는 점을 잊지 말아야 한다. 선사시대에 무기는 다른 물품보다 정성스레 제작되었고 위세의 근원이었다. 그리고 언제나 남성 영역에 속하는 물품이었다. 전쟁의 도구, 자부심의 상징, 그리고 죽음의 동반자였던 무기는 오로지 남성만이 손댈 수 있었다. 흥미로운

....

적어도 기원전 16세기부터 북유럽 산지에서 지중해 소비지로 운반된 것으로 알려져 있다. Harding, A., 2013, Trade and Exchange, Fokkens, H., Harding, A. (eds.), *The Oxford Handbook of the European Bronze Age*, Oxford University Press, pp. 375-377; Navarro (de) J. M., 1925, Prehistoric Routes between Northern Europe and Italy Defined by the Amber Trade, *The Geographical Journal*, 66, n°6, pp. 481-503 참조.

점은 유럽에서는 이미 긴 칼, 즉 장검이 출현했지만, 같은 시기에 중동 지역에서는 이와 같은 장검이 등장하지 않았다는 사실이다. 당시 중동 지역에서는 이전보다 약간 더 긴 단검만이 존재했을 뿐이다. 그러나 유럽에서는 전사의 상징은 단검에서 장검으로 넘어갔다.

대개 청동 장검은 아름답다. 대갈못(rivet)을 사용해 정교하게 세공된 기다란 검신과 화려하게 장식된 칼자루를 결합한다. 기원전 1500년에 중유럽과 알프스산맥 서부 지역에서 최초로 제작된 장검은 전형적인 청동 단검(칼자루가 크고 날이 장식됨)을 좀 더 크게 만든 것에 지나지 않았다. 그런데 얼마 지나지 않아 진정한 장검이 등장하고 시간이 지날수록 그 형태는 다양해졌으며, 더 넓은 지역으로 확산되었다.[2] 프랑스 영역 안에서 출토된 유물들을 보면 아르모리크 지방의 생-브랑당(Saint-Brandan) 유적, 오트-루아르(Haute-Loire) 지방의 슈이루네(Cheylounet) 유적에서 출토된 장검은 검신과 칼자루가 하나인 일체형이다. 같은 일체형 장검이라 할지라도 북유럽의 장검들은 검신에는 아무런 장식이 없으나, 칼자루에 유기물 재료를 사용한 장식이 있다. 그러나 헝가리의 허이두삼손(Hajdúsámson) 장검은 칼자루뿐만 아니라 검신도 장식이 되었다는 점에서 북유럽에서 출토된 장검과 다르다.[3] 그 밖의 지역에서 출토된 유물들은 검신과 칼자루 결합 방식에 따라 형식이 구별된다.

유럽에서 청동기시대 전반기에 제작된 유물들, 즉 단검, 장검 또는 큰 도끼, 그리고 그 밖의 무기나 도구의 출토 상황을 살펴보면, 이 유물들은 주로 은닉 유적, 신에

....

2   프랑스와 유럽의 청동 장검에 대한 형식 분류학적 연구는 Gaucher G., Mohen J.-P., 1972, *Typologie des objets de l'âge du Bronze en France I (Épées)*, Société préhistorique française, 87, p. 참조.

3   20세기 초에 헝가리 허이두삼손 유적에서 청동 장검 한 점이 다른 청동제 도끼 12점과 함께 발견되었다. 이 유물은 기원전 16세기~기원전 15세기에 제작된 유물로, 현재 미케네 지역을 제외한 유럽 대륙에서 가장 연대가 빠른 청동 장검으로 여겨지고 있다. 한편 비어 고든 차일드(Vere Gordon Childe, 1892~1957) 이후 많은 고고학자는 이 장검과 북유럽의 장검들이 유형학적으로 공통점이 있다고 본다. 그러나 같은 일체형 동검임에도 불구하고 북유럽 장검과 달리 허이두삼손 장검의 검신에는 카르파티아산맥 인근 지역의 특징인 소용돌이 무늬(C-scroll ornament)가 있다. Zoltai, L., 1926: Two Bronze Hoards from Hajdusamson, near Debreczen (with note by V.V. Childe), *MAN*, 26, pp. 129-132.

게 봉헌하는 유적, 무덤 유적에서 가장 많이 출토된다는 특징이 있다. 금속을 가지고 정교하게 물품을 제작하려면 기술 수준이 높아야 한다. 바로 그런 이유로 금속은 늘 그 가치를 인정받는 것이다. 전사에게 영광을 돌리기 위해, 지배층의 욕망을 채우기 위해, 그리고 신을 기쁘게 하기 위해 바쳐진 물품이 금속제 물품이다. 금속제 물품은 노동과 일상의 영역에 아주 천천히 들어갔다.[1] 청동기시대의 생활 유적을 발굴하다 보면 우리는 더러 놀라게 된다. 제작 수준이야 어떻든 선사시대에 줄곧 써 오던 석기들을 계속해서 쓰고 있기 때문이다. 호숫가 집터에서 출토되는 유물을 보면 농경이나 가사 노동에 주로 사용된 재료는 나무였다. 따라서 도구에서조차 두 가지 영역은 뚜렷하게 구분되었고 기술 혁신으로 영역의 구별 짓기가 더욱 강화되었음을 알수 있다. 그러나 이러한 영역 대립은 남성 영역과 여성 영역 간의 대립이 아니라, 위세 영역과 일상 영역 간의 분리에 더 가깝다. 그리고 이런 구별은 여러 가지 형태로 언제나 있었기에 그리 새로운 현상도 아니었다. 하지만 이 시기에 위세품과 일용품의 제작에서 기술적 차이가 너무 벌어져 버렸다는 점은 새롭게 나타난 현상이다. 청동기 제작 기술인 야금술은 장인이 모든 시간을 작업에 전념할 것을 요구한다. 나무나 돌 같은 재료를 이용하여 아무 곳에서나 쉽게 쓸 수 있는 도구를 만드는 데는 그와 같은 집약 노동이 필요하지 않다. 따라서 물품 자체의 가치가 달라지면서 기호화되었다. 궁극적으로 금속제 물품이 가장 높은 '가치'를 지니게 되었고 그중에서도 무기와 의례용 도구 그리고 몇 가지 보석류가 최상의 가치를 지닌 물품으로 인식되었다. 보석류가 최고의 물품으로 취급받았다는 점은 상층부에서 여성이 배제되지 않았음을 보여 주는 중요한 증거이다. 여기서 우리는 청동기시대에 이르러 '두 가지 속도로 달리는' 사회 체계의 이원화가 강화되었음을 볼 수 있다.[4] 그러한 사회 체계 속

....

4 청동기시대 사회에 이르러 '두 가지 속도로 달리는' 사회 체계의 이원화가 강화되었다는 것은 돌, 나무 같은 일상재를 소비하는 집단과 금속재, 즉 사치재를 사용하는 집단 간의 격차가 돌이킬 수 없이 커져 버렸다는 뜻이다. 계층 간의 차이를 속도의 차이로 변환시키는 관점은 폴 비릴리오(Paul Virilio, 1932~ 2018)의 질주학(Dromologie)에서 빌려 온 개념이다. 폴 비릴리오는 서양 사회를 군산복합체 사회로 규정하면서 군사학적 관점에서 사회를 이해하려 한다. 그에 따르면 속도가 전쟁에서 승패를 가르는 결정

에서 무기가 지니는 사회적 무게는 더욱 무거워졌고 그때부터 단순 생산자와 무기를 지닌 자 사이의 틈은 더욱 벌어졌다. 게다가 이때부터 물품 제작의 재료로서 지금까지 돌이 지니고 있던 가치가 떨어졌다는 점도 중요하다. 돌은 오랫동안 두 가지 영역, 즉 일상적으로 사용되는 도구의 재료인 동시에 단검처럼 화려하게 제작된 무기, 즉 사치품의 재료였다. 그러나 사치품 제작을 위한 석기 제작 기술의 가치는 이집트 선왕조시대와 스칸디나비아 순동시대의 돌 단검 제작에서 절정에 이르고 곧바로 사라져 버렸다.[5] 이제 석기들은 오로지 일상의 영역에서 '별 가치' 없는 흔하디흔한 물품이 되어 버렸고 그에 따라 제작 기술도 함께 퇴화했다.

....

요인이다. 따라서 모든 사회는 속도를 가속화하는 방향으로 발전하는 경향이 있으며, 현대 사회는 인터넷과 초음속 비행 등으로 더 이상 가속화를 허용할 수 없을 정도로 임계점에 도달한 사회이다. 폴 비릴리오, 이재원(옮김), 2004, 『속도와 정치: 공간의 정치학에서 시간의 정치학으로』, 그린비, 334쪽. 그와 같은 관점에서 풀이해 보면 청동기시대에 금속 무기, 전차 및 기병은 그것을 소유한 집단과 소유하지 못한 집단 간에 돌이킬 수 없을 정도로 차이가 더욱 벌어짐으로써, 지배집단과 피지배집단 간의 이원화가 공고히 되었다는 뜻이다.

5   이집트 선왕조시대의 나가다 IId기(기원전 3300년 또는 기원전 3200년)에는 눌러 떼기로 정교하게 만든 돌칼이 많이 제작되었다. 이처럼 미적으로 탁월한 뗀석기를 기제식 돌칼이라고 부르는데, 이 칼은 실용적 목적보다는 상징적 목적에서 제작된 작품이다. 앞서 '시작하는 말'에서 언급된 게벨 엘-아라크 돌칼의 상아로 된 칼자루도 이처럼 아름답게 제작된 돌칼에 장착하기 위한 목적에서 제작되었다. 이집트 선왕조시대의 기제식 돌칼의 독특한 제작 방식에 대해서는 Kelterborn, P., 1984, Towards replicationg Egyptian Predynastic flint knives, *Journal of Archaeological Science* 11, pp. 433-453를 참조할 만하다. 한편 기제식 돌칼에 관한 종합적인 연구로는 Holmes, D., 1989, *The Predynastic Lithic Industries of Upper Egypt: A Comparative Study of the Lithic Traditions of Badari, Nagada, and Hierakonpolis*, BAR international series p. 496. 참조; 스칸디나비아반도 남부의 신석기시대 후기 또는 순동시대(기원전 2350~기원전 1600년)에도 돌로 만든 단검이 많이 출토된다. 이 돌 단검을 만든 솜씨도 기제식 돌칼에 못지않게 빼어났다. 북유럽의 돌 단검 제작 방식에 관해서는 Apel, J., 2008, Knowledge, Know-How and Raw Material: The Production of Late Neolithic Flint Daggers in Scandinavia; Callahan, E., 2006, Neolithic Danish Daggers: an experimental peek, Apel. J., Knutsson, K., (Eds.), *Skilled Production and Social Reproduction: Aspects on Traditional Stone-Tool Technologies*, Proceedings from an International Symposium held in Uppsala August 20-24, 2003, Societas Archaeologica Upsaliensis. SAU Stone Studies 2, Uppsala, pp. 115-137; Stafford, M., 1998, In search of Hindsgavl-experiments in the production of Neolithic Danish flint daggers, *Antiquity*, 72-276, pp. 338-349 참조.

야만의 유럽, 전사의 탄생

기원전 2000년 기 청동기시대에 '야만 상태'에 머물러 있던 유럽 사회를 하나로 범주화하는 일은 어렵다. 우선 지역에 따라 다양하게 발전해 온 사회 조직을 하나로 묶어 내기가 쉽지 않고, 또 약 1,000년 동안 점진적으로 진행되어 온 미세한 지역적 변화를 파악하는 일도 어렵기 때문이다. 사실 그 어떤 시기 구분도 시대를 단순화하지 않고서는 성립될 수 없다. 이러한 한계가 있음에도 어느 정도 기본적인 시기 구분은 가능하다. 청동기시대에서 가장 눈에 띄는 점은 상층 계급이 금속제 물품의 생산과 분배에 관한 경제적 통제권을 가졌다는 사실이다. 상층 계급은 공동체와 공동체의 재산을 보호한다는 명분 아래 무기를 지닐 권리와 의무를 독점하고, 필요하면 용감하고 능력 있는 남자들을 지배 계급으로 끌어들였다. 반면 하층 계급은 곡물을 재배하고 가축을 길러 식량 생산에 종사하였다. 금속을 다루는 대장장이는 지배자들에 봉사한다는 점, 그들의 기술이 전문적이라는 점, 그리고 그들이 생산해 내는 물품이 가치가 높다는 점에서 특권적 지위를 누리는 장인으로 대접받았을 것이다. 그러나 더 '민주주의적인' 관점에서 유럽의 청동기 사회를 설명할 수도 있다. 이 관점에 따른다면 공동체의 모든 구성원은 무기를 지닐 권리와 의무가 있었고 공동체가 위험에 빠지면 공동으로 적을 방어했다는 주장이다. 그렇지만 상황은 시대와 지역에 따라 다르게 전개되었을 것이다.

청동기시대 유럽 사회의 발전 수준을 볼 때, 어느 정도 계층화는 이미 이뤄졌던 것으로 보인다. 그리고 그와 같은 계층화는 고고학적으로 계층별로 차이 나는 무덤, 거주지의 높고 낮음, 점진적 요새화와 거주 공간의 규모, 시간이 지남에 따라 늘어가는 위세품을 통해 파악할 수 있다. 한편 인구 증가와 더불어 늘어난 농업 생산물은 몇몇 사람이 전문화된 활동을 할 수 있는 여건을 마련해 주었다.[2] 흔히 쓰는 물건이야 여전히 가족 경영적이고 가내 수공업적 제작 수준에 머물러 있었겠지만, 크고 정교한 청동기를 제작하는 데는 꽤 숙련된 기술이 필요하다. 따라서 청동으로 만든 장검, 단검, 창, 투구, 방패, 그리고 정강이받이 같은 물품은 전업 대장장이들이 생산했을 것이다. 지역에서 구하기 힘들어 먼 곳에서 공급받았을 구리와 주석을 원료로 제작된 청동기는 제작하는 데도 많은 시간이 걸렸기에 아마 값진 물품이었을 것이다. 이런 값진 청동 제품을 주문한 사람이라면 사회에서 어느 정도 영향력을 끼쳤던 인물이라고 보는 편이 순리에 맞다. 오직 지배집단만이 청동기를 제작하는 장인들에게 단골이고 복종해야 할 대상이었다. 반면 지배집단은 그런 장인들을 보호할 의무가 있었다. 정복과 방어에 청동제 무기를 사용하던 지배집단은 타인을 지배하기 위해 다양한 규모와 수준에서 동맹관계를 맺는 것, 즉 네트워크 형성이 중요했다. 특권층은 먼저 그들의 카리스마를 통해 사회로부터 위엄 있는 존재로 인정받았고 그렇게 얻은 위엄은 축제를 베풀고 선물을 주고받으면서 유지되었을 것이다. 공동체의 이익과 영역을 책임졌던 이들은 서서히 무장한 상비군처럼 변해 갔으며, 인명과 주요 물자를 지킨다는 명분 아래 사회적 피라미드의 정점에 올라섰을 것이다. 그러면서 그들은 경제와 위세뿐만 아니라 실력 행사와 위협으로 권력을 행사했을 것이다. 권위가 권력에 자리를 내준 셈이다. 이제 단순히 경제적 이유뿐만 아니라 즐거움과 체력 단련 같은 이유로 전쟁이 일어나게 되었다.

이와 같은 맥락에서 전사는 청동기시대에 그 시대를 대표하는 인물이 되어 갔다. 물론 이 과정은 아주 느리게 진행되었다. 그렇지만 여러 가지 단서를 볼 때 이와 같은 경향이 실제로 진행되었음을 알 수 있다. 예를 들어 기원전 3000년 기 말기에 몇몇 지역에서는 개인 무덤이 다른 지역에 비해 더 빨리 등장했다. 여기서 개인 무덤이 등장했다는 사실은 개인이 해방되었음을 뜻한다. 드디어 개인은 혈연적 제약을 덜 받고 자신의 운명을 개척하는 존재가 된 것이다. 어쩌면 이와 같은 개인의 자유가 정치적 불안을 가져왔을지도 모른다. 중유럽과 대서양 연안에서는 사회 계층화가 빠르게 정착되었지만, 이전 시대의 대표적인 무덤 양식인 집단무덤은 사르데냐와 프랑스 남부에서는 기원전 1700년경까지 지속되었다. 중유럽과 대서양 연안에서는 '지배자들'에게 커다란 무덤방이 마련되었다. 그들의 시신은 값진 금속, 호박, 유리로 제작된 보석으로 치장되었고 가장 정교하게 제작된 무기와 고급 토기가 그들과 함께 묻혔다. 아르모리크, 웨식스(Wessex)와 작센(Saxony)의 왕릉급 무덤들이 그러한 사례이다.[6] 스페인 남동부의 아르가르(El Argar) 문화 후기에 속하는 무덤에서는 화려한 은세공품들이 무기, 보석류와 함께 출토되었다. 여기서 발견된 은세공품은 이베리아 남부에서 출토된 가장 아름다운 유물일 것이다.[7] 이처럼 몇몇 개인 무덤에서 출토된 부장품은 질적으로 다르다. 그뿐만 아니라 먼 지역에서 운반된 원료로 제작된 부장품들이 개인 무덤에 매장되었다는 점에서 사회적 피라미드 구조가 더욱 강화되었음을 알 수 있다. 비록 국가 단계에 이르지 못하고 또 구성원의 지위 또한 안정적이지 못했지만, 청동기시대에 이르러 소수의 지배집단이 출현했다는 점만큼은 분명한 사실이다.

전사의 위세를 강화하려고 야금술이 발달했는가? 아니면 지배 계급이 더 효과적인 무기를 원해서 야금술이 발달하게 되었는가? 사실 어느 것이 원인이고 어느 것이 결과인지 구분하기가 쉽지 않다. 그러나 그 원인이 무엇이든 중요한 사실은 구리와 주석의 합금인 청동은 전투력 향상에 이바지한 재료였다는 점이다. 전기 청동기시대에 제작된 아름다운 단검과 꺾창은 의례적 기능도 있었겠지만, 무기의 기능도 무시할 수 없다. 그런데 여기에 새롭게 추가된 무기가 장검이다. 장검은 군사 행진 때도 사용하

....

6 영국 남부, 프랑스 북부, 벨기에, 네덜란드, 독일 북부 등에 퍼져 있던 청동기시대 전기 문화를 웨식스 문화 또는 힐베르쉼(Hilversum) 문화라고 한다. 웨식스 문화는 다시 I기(기원전 2000~기원전 1650년)와 II기(기원전 1650~기원전 1400년)로 나뉘는데, 스톤헨지는 I기에 세워졌다. 웨식스 문화의 사람들은 시신을 묻고 봉분을 만든 다음 육탈이 끝나면 많은 부장품과 함께 시신을 화장하였다. Darvill, T., 2002, Wessex culture, *The Concise Oxford Dictionary of Archaeology*, Oxford University Press, p. 464.

7 스페인 동남부에서 기원전 2200년에서 기원전 1550년 사이에 번영을 누렸던 청동기 문화이다. 아르가르 문화에서는 그 이전까지 지속하여 오던 집단무덤을 포기하고 최초로 개인 무덤을 썼다. 빌레나 은닉 유적(Trésor de Villena)에서 출토된 다량의 금과 은으로 만든 그릇이나 카베조 레돈도 유적(Cabezo Redondo)의 장신구에서 보듯이, 화려한 금은 세공품으로 유명하다. 몇몇 연구자들은 아르가르 문화에 이르러 이미 국가 단계로 진입했을 것으로 추정한다. Atiénzar, G., Hernández, M., Barciela, V., 2014, The Treasures of Villena and Cabezo Redondo, Meller, H., Risch, R., Pernicka, E. (eds.), *Metals of power: Early gold and silver*, Landesamt für Denkmalpflege und Archäologie Sachsen-Anhalt landesmuseum für vorgeschichte, pp. 593-610; Lull, V., Micó, R., Herrada, C., Risch, R., Lull, V., Micó, R., Herrada, C., Risch, R., 2011, El Argar and the Beginning of Class Society in the Western Mediterranean, *Archäologie in Eurasien*, 24, pp. 381-414 참조.

지만 원래 무시무시한 무기다. 장검과 더불어 창끝도 이 시기부터 청동으로 제작되었는데, 이 두 무기는 때로는 실전용으로, 때로는 위엄을 갖춘 위세품으로 사용되었다. 마지막으로 먼 거리에서 적을 공격할 수 있는 전통적인 무기였던 화살촉 또한 이 시기에 금속으로 제작됨으로써 그 성능이 향상되었다. 이처럼 청동 야금술 발달이 다른 분야보다 먼저 무기 제작에 적용되었다는 사실은 결코 우연이 아니다. 그만큼 청동기를 제작하는 장인들에게 무기를 소유한 지배층의 사회적 요구가 강하게 작용했음을 뜻한다. 그리고 이는 소수의 권력자가 청동 야금술이 발달하는 데 길을 터 줬다는 의미도 있다.

후기 청동기시대, 즉 기원전 1200년부터 유럽의 경우 철기가 나타나는 기원전 800~기원전 700년까지, 전사의 무기 양식과 형태가 바뀌고 심지어 그 재료까지 바뀌었지만, 공격용 무기와 수비용 무기를 모든 갖춘 전사의 전형적인 이미지가 완성되었다. 후대에 석궁과 총기처럼 더 정교한 무기가 나타나기 전까지 사실 이때 이후로 전사의 모습은 거의 바뀐 게 없다. 따라서 고대와 중세 시기까지 지속되었던 유럽 전사의 전형적인 모습은 기원전 2000년 기 후반기에 확립되었다고 볼 수 있다. 그렇다고 이 시기 유럽에 상비군이 있었다는 게 아니다. 그리고 청동기시대 공동체 간의 무력충돌은 교전보다는 약탈, 여자와 어린이의 유괴, 가축 훔치기에 훨씬 가까웠을 것이다. 그렇다 하더라도 사회집단을 호위하고 이웃 마을의 재화를 차지하고 침략자들에게 대항해야 한다는 의무감을 느끼고 무기도 잘 다룰 줄 아는 특별히 선택된 개인들이 생겨났던 것이다. 청동기시대 후기에 여기저기서 출현한 작은 '봉건제'가 철기시대 귀족정의 뿌리였다는 것만큼은 의심할 나위가 없다.[3]

무기의 왕, 장검

앞서 장검의 상징적 역할에 관해 다루었다. 유럽에서 장검은 청동기시대 중기에 등장했는데, 세계에서 가장 이르다.[4] 기원전 15세기에 슴베가 있는 장검(épées à languette)이 중유럽과 북유럽에서 사용되었고, 이 같은 장검 형식은 그리스, 키프로스, 이집트 등 지중해 동부 지역으로 빠르게 확산되었다. 기원전 13세기부터는 서유럽에서도 사용했고 이때부터 장검의 형식이 다양해진다.[8]

칼자루에 검신을 끼우는 부분, 즉 좁고 판판한 슴베는 그 형태가 다양한데, 이는 칼자루와 검신을 결합하는 데 여러 가지 방식이 있었음을 알려 준다. 그러므로 칼자루와 검신을 결합하는 방식은 장검의 유형을 분류하는 데 중요한 기준이 된다. 프랑스의 바-랭 지역에서는 아그노(Haguenau) 유형, 오-랭 지역에서는 릭사임(Rixheim) 유형, 피니스테르(Finistère) 지역에서는 로노앙(Rosnoen) 유형의 장검이 출토되었다. 한편 슴베가 매우 가느다랗고 이를 덮는 칼자루가 긴 유형의 장검도 있는데, 이러한 유형의 장검을 몬자(Monza) 유형이라고 한다. 주로 이탈리아 밀라노 지역에서 출토된다. 그리고 칼자루 끝에 달린 끝장식[劍把頭飾]의 다양한 형태는 장검을 보다 세분하는 기준이 된다. 스위스에서는 뫼링겐 유형(Möringen)이라고도 하는 팔각형의 끝장식, 오목한 끝장식(bourrelets avec pommeau concave), 안테나처럼 벌어진 끝장식(pommeau à antennes), 독일 북부와 중유럽에서 유행했던 가느다란 금속 실을 코일 말듯이 말아 올린 동심원 형태의 끝장식(enroulées en spires), 이탈리아에서 유행했던 끝이 약간 구부러진 끝장식 등이 있다. 그 밖에 칼자루와 코등이가 교차하는 부위에 두 개의 홈이 있는 유형도 있다. 이러한 유형의 장검은 스위스에서는 오베르니에(Auvernier) 유형이라고 하며, 체코슬로바키아에서는 타흐로비체(Tachlovice) 유형이라고 한다.

청동기시대가 끝날 무렵 검신과 칼자루의 뼈대를 이루고 있는 부분이 하나로 이뤄진 일체형 장검이 제작되었다. 칼자루의 덮개로는 유기물(이 경우 삭아서 없어져 버

....

8 장검의 형식 변화와 지역적 분포에 관한 연구는 Drews, R., 1993, *The End of the Bronze Age: Changes in Warfare and the Catastrophe CA. 1200 B.C.*, Princeton University Press, pp. 192-208; Quilliec, B., 2005, Échanges et circulation des techniques en Europe atlantique à l'âge du Bronze: une modélisation à partir des données archéologiques recueillies sur les épées, *M@ppemonde*, 80, pp. 1-7 참조.

렸다) 또는 금속이 사용되었다. 칼자루의 뼈대 위에 덮개를 고정하기 위해 콧등이나 뼈대에 대갈못을 단단히 박았다. 검신의 전체적 모양새를 보면 가운데 부분이 가장 넓고, 뾰쪽한 칼끝으로 갈수록 가늘어져 마치 버들잎 같다. 그래서 이와 같은 유형의 검신을 버들잎 형태(pistilliforme)의 검신이라고 한다. 형태적으로나 기술적으로나 독창적인 이 버들잎 모양의 검신은 독일의 헤믹코펜(Hemigkofen), 스위스의 로크라스(Locras), 포렐(Forel) 같은 유럽 내륙 지역에서뿐만 아니라, 프랑스의 대서양 연안에서도 발견된다(그림 54). 한편 영국, 프랑스, 이베리아반도 등 대서양 연안 지역에서는 또 다른 형태의 장검이 특징적으로 나타나는데, 이 장검은 양날이 서로 평행하게 나가다가 급작스럽게 줄어들어 끝이 날카로워지는 형태의 칼이다. '잉어의 혀(en langue de carpe)' 유형 장검이라고도 부른다. 유기물로 칼자루를 덮는 경우 홈을 파서 칼자루와 검신의 경계로 삼았다. 이 독특한 형태의 장검은 다시 여러 가지 세부 유형으로 나눌 수 있는데, 벨기에의 붐(Boom) 유형, 프랑스의 샤랑트 유형, 사르데냐의 몬테 사 이다(Monte Sa Idda) 유형이 있다. 발레아레스 제도의 마요르카섬에서는 큰 칼자루 끝에 원반형 장식이 달린 장검이 특징인데, 거기에 가끔 원형 장식물을 덧대기도 한다. 유럽에서 대형 청동 장검은 철기시대 들어서야 비로소 등장한다. 귄들링겐(Gündlingen) 유형이라고 불리는 이 장검은 독일의 바덴뷔르템베르크 지역에서 주로 출토되었다. 귄들링겐 유형의 장검도 더 세분할 수 있지만 모두 긴 슴베 끝부분의 단면이 사다리형이라는 공통점이 있다.

유럽에서는 강에서 상당히 많은 양의 무기가 발견된다. 통상 물길을 따라서 공동체의 경계선이 그어졌다는 점을 생각해 보면 강가에서 이웃하는 공동체 간에 전투가 벌어졌기 때문에 그곳에서 많은 무기가 출토된다고 볼 수 있다. 특히 강바닥이 얕아서 걸어서 강을 쉽게 건널 수 있는 여울목은 공동체 간의 소통을 위한 가교 역할을 하였다.[9] 그러므로 강 유역은 토지 때문에 중요할 뿐만 아니라, 교통로로서 강 자

....

9   최근 북부 독일에서 청동기시대 대규모 전쟁터 유적이 보고되었다. 톨렌세(Tollense) 협곡의 여울목에 자리 잡은 이 유적은 청동기시대 강을 사이에 두고 경쟁하던 이웃 집단 간의 전쟁터였다. 자세한 내용

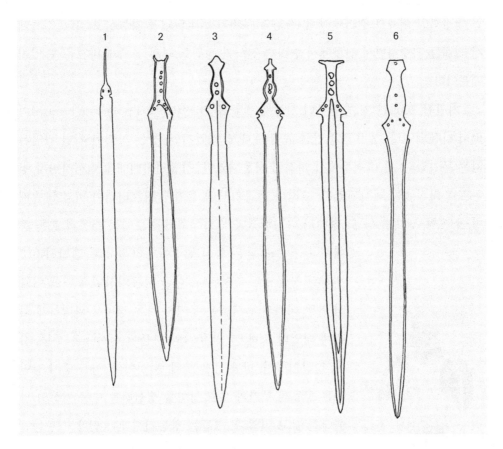

그림 54 청동기시대 말기 서유럽의 다양한 장검들(G. Gaucher와 J.-P. Mohen, 1972)
1. 몬자 유형(프랑스), 2. 헤믹코펜 유형(독일), 3. 로크라스 유형(스위스), 4. 포렐 유형(스위스), 5. '잉어의 혀' 유형(프랑스 망슈),
6. 귄들링겐 유형(독일)

체도 중요하다는 점에 주목해야 한다. 한편 강을 지배한다는 것은 주어진 공간 안에
서 경제적 우위를 확보하는 행위다. 따라서 자연적 경계, 특히 여울목처럼 유역 안의
몇몇 지점은 공동체들이 서로 탐내는 곳이다. 중석기시대 사냥꾼의 시대에서 보았
던 유역을 둘러싼 경쟁을 수천 년이 지난 뒤에 다시 보게 된다는 점이 홍미롭다. 한

....

은 Jantzen, D., et al., 2011, A Bronze Age battlefield? Weapons and trauma in the Tollense Valley,
north-eastern Germany, *Antiquity*, 85, pp. 417-433; Curry, 2016, A., Slaughter at the bridge:
Uncovering a colossal Bronze Age battle, *Science*, 351, pp. 1384-1389 참조.

편 상징적인 이유로 강가에서 많은 양의 무기가 퇴적되었을 가능성도 있다. 강둑에서 의례를 거행하면서 전투에서 승리한 전사가 장검을 강의 신에게 바쳤을 수 있기 때문이다.

기원전 2000년 기 중반부터 청동제 창끝을 단 창(lance à pointe de bronze)이 많이 사용되었다. 창이 장검만큼 유행할 때도 있었지만, 창은 장검이 지닌 위엄은 없는 무기였다. 활도 전투에서 여전히 사용되었다. 청동기시대에 들어서자마자 청동으로 화살촉이 제작되었다. 그러나 청동기시대 후기에 이르러서야 비로소 슴베형, 소켓형, 날개형 등 그 형태가 다양해졌다.[10] 화살촉처럼 보이는 청동제 유물 중에서 무거운 것들은 화살촉이 아니라 투창과 결합하려고 제작된 창끝으로 추정된다. 한편 청동기시대 후기에 이르러 유럽 대륙의 전사들은 무기와 보호 장비를 완벽하게 갖추게 되었다(그림 55).[5] 무기와 더불어 전사들은 투구, 갑옷, 정강이받이, 방패 등을 쓰게 된 것이다. 사실 당시 장인들은 청동제 무기와 보호 장비를 생산하는 수준 이상의 기술력을 갖고 있었다. 그들은 청동기시대가 진행되는 동안 스스로 축적된 기술력을 보유하고 있었고, 장인 중 몇몇은 지중해 동부에 있던 왕국들의 왕실 직영 공방에서 일했던 경험도 갖고 있었기 때문이다. 그들을 통해 지중해 동부 지역의 수준 높은 기술이 중유럽을 거쳐 서유럽으로 퍼져 나갔다.

그러나 지중해 동부 지역에서 서부 지역으로 기술이 전파되었다는 점을 인정한다 해도, 이 시기 청동기들을 보면

그림 55 기원전 8세기 중반의 서유럽 전사 및 무구류(P. Brun, 1987)

....

10　청동제 창끝과 화살촉의 형식 분류에 관해서는 Briard A., Mohen J.-P., 1983, *Typologie des objets de l'âge du bronze en France II: Poignards, hallebardes, pointes de lance, pointes de flèche, armement défensif*, Société préhistorique française, p. 159 참조.

지역에 따른 미세한 차이점이 관찰된다. 즉 같은 종류의 물품이더라도 지역적 다양성이 드러난다는 뜻이다.[6] 예를 들어 유럽에서는 금속제 갑옷이 거의 발견되지 않았다. 이는 전사들이 짐승의 가죽 또는 털가죽으로 만든 갑옷을 입었음을 의미한다. 그리스에서는 청동기시대에 큰 금속제 갑옷을 입는 전통이 있었지만 이내 사라졌다. 그리스의 덴드라(Dendra)에서 발견된 대형 갑옷들은 기원전 15세기에 제작된 유물로, 그중에는 여러 부품을 결합해서 상체를 보호하는 조합식 갑옷도 출토되었다(그림 56).[11] 대부분의 고고학자는 보병이 이 갑옷을 입었다고 보지만 전차를 몰던 병사가 입었을 가능성도 있다. 사실 여러 보병이 엉겨 붙어 싸워야 하는 백병전에서 이처럼 커다란 갑옷은 거추장스러울 수 있다. 그리스 미케네시대의 '전사들의 단지'라고 불리는 기원전 1200년에 제작된 토기에 그려진 전투 장면을 보면 전사들은 단지 몸통만 갑옷으로 보호하고 엉덩이 부분은 짧은 치마처럼 생긴 옷을 걸치고 있다.[12] 허벅지는 맨살이 그대로 드러나고 종아리 부분에는 정강이받이가 덮여 있는데, 아마도 금속으로 제작된 듯하다. 그리스의 필로스(Pylos)에서 발견된 프레스코 벽화에서도 전사

그림 56 그리스 덴드라 유적에서 출토된 기원전 15세기 갑옷(J.-J. Eiroa 외, 1999)

....

11   기원전 1450년에서 기원전 1400년 사이에 제작된 덴드라 갑옷(panopolie de Dendra)은 몸통, 어깨, 가슴 등을 보호하기 위한 여덟 개의 부분으로 분리된다. 금속이지만 부드러웠는데, 무게가 18kg이나 된다. 나중에 나타나는 고대 그리스의 시민 보병, 즉 호플리테스(panopolie d'hoplite)의 원형이 된다. Snodgrass, A., 1964, *Early Greek Armour and Weapons: From the End of the Bronze Age to 600 B.C*, Edinburgh University Press, pp. 71-73.

12   트로이 발굴로 유명한 하인리히 슐리만(Heinrich Schliemann, 1822~1890)이 1876년 미케네 유적에서 발굴한 유물이다. 기원전 12세기의 작품으로, 후기 헬라도스 문화(Helladique)에 속하는 유물이다,

그림 57 그리스인과 야만인 간의 전투를 묘사한 그리스 필로스섬의 프레스코 벽화(R. Drews, 1993)

들은 정강이받이를 착용하고 있다(그림 57).[13] 서유럽에서 갑옷이 발견되는 시기는 기원전 9세기 또는 기원전 8세기다. 프랑스에서는 오트-마른(Haute-Marne) 지역의 마르메스(Marmesse), 그리고 오트-사부아(Haute-Savoie) 지역의 필랭주(Filinges) 등지에서 출토되었다.[14]

방패 또한 중요한 방어용 도구인데, 그 형태가 다양하다. 그리스의 미케네 지역에

....

13 그리스 남부 펠로폰네소스 지역의 메시니아에 있는 필로스는 미케네시대(기원전 1600~기원전 1100년)의 도시 국가이다. 현재까지도 네스토르 궁전이 남아 있어서 당시 미케네 사람들의 생활상을 생생하게 전해 준다. 필로스에서 발견된 선형문자 B형이 새겨진 석판의 기록에 따르면 거주 인구가 최소 5만 명에서 최대 8만 명 또는 12만 명에 이르렀다고 한다.

14 1974년 마르메스 근처에 있는 늪(Petit Marais)에서 공사 도중에 갑옷이 발견되었다. 조각난 상태로 출토된 갑옷을 다시 맞추고 복원하는 데 20년이 걸렸다. 이 갑옷은 원사시대(기원전 1200~기원전 750년)의 금속 처리 기술이 탁월했음을 보여 주는데, 최근 연구에 따르면 이 갑옷 한 벌을 만드는 데 적어도 150시간이 걸렸다고 한다. Lehoërff, A., 2008, Les cuirasses de Marmesse (Haute-Marne), un artisanant d'exception, *Antiquités nationales*, 39, pp. 95-106; 필랭주 갑옷에 관해서는 Beauregard, O.-C., 1901, Les cuirasses celtiques de fillinges, *Revue Archéologique*, pp. 308-315 참조.

서는 8자형 방패처럼 특이한 방패도 있었지만, 대체로 초기 방패들은 길쭉한 직사각형이었고 나중에는 원형으로 바뀌었다. 파라오의 전투 장면이 묘사된 이집트 벽화에서도 원형 방패가 사용되었음을 볼 수 있다. 기원전 12세기부터 영국, 아일랜드, 덴마크, 독일 등 북유럽에서는 다양한 형태의 방패가 출현하였다. 금속제 투구가 유럽에서 처음 나타난 시기는 기원전 13세기경이다. 미케네에서는 금속 투구가 멧돼지 송곳니가 달린 가죽 투구를 대체하였다.[15] 청동기시대가 끝나갈 무렵 유럽에서는 몇 가지 유형의 투구가 등장했다. 유럽 동부 지역에서는 꼭대기에 짧은 막대기가 솟아 있는 종 모양의 투구가 출현하였는데, 이러한 유형의 투구는 에게해의 지역적 전통을 따른 것이다. 반면에 유럽 서부 지역에서는 뒤통수에서 이마에 이르는 긴 돌기가 부착된 투구가 선호되었고 덴마크 지역에서는 거기에 뿔까지 달았다. 사실 뿔 달린 투구는 덴마크뿐만 아니라 지중해 연안에서도 사용되었다. 코르시카의 선돌에는 뿔이 달린 투구를 쓰고 있는 전사의 모습이 뚜렷하게 새겨져 있다. 누라게라고 불리는 돌로 쌓은 거대한 원형의 망루형 주거지 안에서 출토된 작은 청동 인물상, 즉 브론제티(bronzetti) 덕택에 기원전 1000년 기 초기에 사르데냐에서 활동하던 전사와 영웅 들의 모습을 볼 수 있다.[16] 사르데냐의 전사들도 긴 뿔이 달린 투구를 쓰고 원형 방패를 사용했다. 또한

....

15   유럽에서 금속 투구의 확산은 중유럽의 후기 청동기시대 문화인 언필드 문화(Urnfield culture, Culture des champs d'urnes: 기원전 1300~기원전 750년)의 확산과 밀접한 관계가 있다. 그리스의 멧돼지 송곳니가 달린 가죽 투구에서 금속 투구로의 변화 과정에 관한 최신 연구로는 Mödlinger, M., 2013, From Greek Boar's-Tusk Helmets to the First European Metal Helmets: New Approaches on Development and Chronology, *Oxford Journal of Archaeology*, 32, n°4, pp. 391-412 참조.

16   누라게는 사르데냐섬의 주요 거석 건축물이다. 기원전 1900년부터 기원전 730년까지 건설되었다. 현재까지 7,000여 개의 누라게가 발견되었는데, 학계에서는 1만 개가 넘는다고 추정한다. 이 건축물의 기능에 대해서는 지배자의 거주지, 군사적 요새, 회합 장소, 종교적 성소, 일반 거주지 등 여러 가지 해석이 있다. 그러나 모두 구릉지의 정상에 자리 잡고 있다는 점을 볼 때 누라게가 전략적으로 중요했던 것만큼은 사실인 듯하다. Depalmas, A., Melis, R., 2010, The Nuragic People: Their settlements, economic activities and use of the land, Sardinia, Italy, Martini, I. P., Chesworth, W., (eds.), *Landscapes and Societies: Selected Cases*, Springer, pp. 167-186. 한편 브론제티는 누라게 청동상(Bronzetto nuragico)이라고도 하는데, 청동기시대 말기에서 철기시대 초기에 제작되었다. 성스러운 우물, 신전, 일반 주거 공간, 누라게 등에 대한 고고학적 발굴을 통해 출토된 브론제티는 현재까지 500여 점에 이른

그들은 일자형 코등이의 한쪽이 휜 작은 단검, 창, 활, 긴 막대기(막대기 끝에 철퇴 머리에 해당되는 부분이 없지만, 철퇴임이 분명하다) 등을 무기로 썼다.[7] 사르데냐 말고도 키프로스의 엔코미(Enkomi)에서도 기원전 12세기 또는 기원전 11세기에 해당하는 후기 청동기시대에 제작한 금속제 인물상들이 발견되었다.[17] 이 인물상들도 창과 둥근 방패를 들고 뿔 달린 투구를 쓰고 있다. 흥미로운 점은 금괴 모양의 받침대 위에 소가죽을 깔고 그 위에 인물상을 모셨다는 점이다. 이러한 사실을 볼 때, 당시 사람들은 이 인물상을 통해 신 또는 영웅의 모습을 보고자 했던 듯하다.

성곽, 요새 그리고 성채

만일 청동기시대에 이르러 실제로 전사가 중요한 인물로 부상하였다면 그에 따른 정치적·경제적 책임도 상당했을 것이다. 제국이 되었든 왕국이 되었든 아니면 도시 국가가 되었든, 지중해 동부 지역처럼 국가 체계가 확립된 지역에서 전사는 정복의 주체인 동시에 국가와 공동체의 보호자였다. 이와 같은 국가 체계 아래에서는 영토 방위군과 상비군이 필요하므로 외국인 용병을 포함하여 전투에 능한 사람들을 고용해야만 한다. 예를 들어 이집트에서는 고왕국시대에 각각의 노모스(nome: 지방 행정 조직)가 독자적인 군대와 지휘관을 갖고 있었고, 신전, 보물 창고 같은 기관도 스스로를 보호하기 위한 방어 조직을 따로 갖고 있었다. 심지어 중왕국시대까지도 왕의 직할부대가 없었다. 그러다가 신왕국시대에 이르러 비로소 파라오들은 자신

....

다. 브론제티를 통해 누라게 사람들의 일상생활을 엿볼 수 있다. 브론제티에 관해서는 Lilliu G., 1966, *Sculture Della Sardegna Nuragica*, Edizioni Della Zattera, p. 500 참조.

17　키프로스섬에 있는 청동기시대 중기(기원전 16세기~기원전 12세기)의 유적이다. 지중해 구리 무역의 중심지로, 특히 시리아 연안의 도시 국가인 우가리트(Ugarite 또는 Ougarit)와 많은 교역을 하였다. 그러나 기원전 1050년에 발생한 지진으로 이 도시는 더는 기능하지 못하였다. 엔코미에서는 뿔 달린 사람 모양의 신(horned God), 대장장이 신(Ingot God: 기원전 12세기)을 비롯하여 청동으로 된 인물상들이 출토되었다. Schaeffer, C., 1965, An Ingot God from Cyprus, *Antiquity*, 39, 153, pp. 56-67.

들의 직할부대를 가질 수 있었다.[18] 직할부대의 병사들은 이집트인뿐만 아니라 누비아, 리비아 등 이웃 국가에서 온 용병으로 구성되었기 때문에 병사들은 군복에서부터 무기에 이르기까지 각양각색이었다.[8)]

이처럼 지중해 동부에 자리 잡은 왕국과 도시에서는 여러 민족으로 구성된 상비군이 창설되었다. 그러나 유럽에서는 에게해 연안의 도시화된 지역을 제외하고는 그와 같은 현상이 나타나지 않았다. 사실 당시 유럽 대부분은 시골 마을 수준을 벗어나지 못했고, 기껏해야 원시적 형태의 도시 단계에 머물렀다. 심지어 7헥타르가 넘는 로스 밀라레스 요새처럼 이베리아반도에 있는 남동부의 요새 유적들에서조차 실제로 그 안에 살았던 사람은 그리 많지 않았던 듯하다.[19] 물론 그렇다고 해서 유럽에서 경쟁이나 충돌이 없었다는 것은 아니다. 단지 전투에 참여했던 사람들이 지중해 동부 지역과 비교해서 상당히 적었다는 뜻이다.

앞서 언급했듯이 순동시대, 아니면 그 이전부터 큰 마을들은 다양한 규모의 마을들과 동맹 네트워크를 맺는다거나, 일상재 또는 사치재 유통의 길목을 통제한다거나, 아니면 보다 작은 마을과 혈연적·경제적 동맹을 체결하면서 영향력을 행사했다. 지중해 동부 지역을 제외하고 기원전 2000년 기에 유럽은 농촌 사회에 머물러 있었다. 그러나 이와 같은 상황도 수백 년 동안 서서히 진행되었던 귀족정이 확립되는 것을 막지는 못했다. 귀족정은 지역의 유력한 몇몇 가족에서 출발하였다. 그들은 농경인이나 장인 들에 대한 경제적 지배력을 행사했지만, 그 영향력이 그리 크지는 않았다. 이 시기 서유럽에서는 새로운 형태의 정치체가 등장하였는데, 귀족들 사이에서도 자의든 타의든 간에 일종의 '종주권(宗主權, suzerain)'이라는 개념이 생겨났다.[20]

....

18　이집트의 고왕국시대와 중왕국시대의 군사 전략이 수비에 치중했다면 신왕국시대는 공격 중심의 전략이었다. 아더 훼릴, 이춘근(옮김), 1990, 『전쟁의 기원』, 인간사랑, 61-65쪽 참조.

19　로스 밀라레스에 살던 인구에 대한 추정치는 학자에 따라 다르지만 대체로 1,000~1,500명 정도로 보고 있다. Cunliffe, B., 2008, *Europe Between the Oceans, 9,000 BC-AD 1,000*, Yale University Press, p. 144.

20　종주권이란 한 나라가 국내법의 범위 안에서 다른 나라의 내정이나 외교를 지배하는 특수한 권력을 말한다.

기원전 6세기에 지중해와 떨어진 지역의 군장들은 지중해 연안 지역에서 온 물자의 유통을 통제하고 자신들이 사는 공간을 요새화하고 교역의 중계 거점으로 탈바꿈시킴으로써 권위와 카리스마를 키워 갔다.

기원전 2000년 기에 이처럼 작은 규모의 귀족정이 서서히 성립된 원인에 대해 농경인과 그들의 소유물을 보호할 필요성이 이 시기에 높아졌기 때문이라고 보는 시각이 있다. 여기저기 흩어져 있는 농업 경제 기반의 사회들이 원활하게 운영되려면 경제적·사회적으로 좋은 관계가 유지되어야 하는데, 권력이 보다 집중됨으로써 농업 공동체 간의 관계가 더 안정되었다는 주장이다. 한편 청동기시대가 끝나갈 무렵 사회는 문화적으로 더욱 발전해 갔다. 신석기시대부터 내려오던 나무와 돌로 도구를 제작하던 전통이 끝나고 이제 청동으로 도구를 제작했다. 하지만 그에 따른 부작용 또한 컸다. 사회적 불안과 약탈도 늘어났다. 이처럼 늘어만 가는 불안과 약탈을 피해 기원전 2000년 기가 끝나갈 무렵, 지중해 서부 지역 또는 지중해에서 멀리 떨어진 온대성 기후대에서 살던 사람들은 언덕에 올라가 성을 쌓고 살았다[高地性集落, hill town]. 지배자들과 그의 부하들은 이따금 그들 스스로가 사회적 혼란의 원인이 되기도 했겠지만, 평상시에는 사회적 안녕을 유지하는 데 힘썼을 것이다. 후기 청동기시대의 유럽 '전사들'은 지중해 동부 지역의 병사들과는 대조적으로 사회의 상층부에 속하는 사람들이었고 부하들에게 신망받는 존재였다.

한편 거주 공간에 관한 자료를 살펴보더라도 점진적인 사회 계층화가 확인되는데, 북서부 유럽에서는 서서히 진행되었던 반면, 중유럽에서는 훨씬 빠르게 진행되었다. 중유럽의 카르파티아(Carpartes)산맥으로 둘러싸인 분지 지형의 대평원에 높게 솟은 언덕들(tells)은 상업 활동의 중심지로서, 지역 거점으로서 자리매김하였다. 그중 몇몇 지점은 정교한 방어 체계를 갖추고 있는데, 스피슈스키 슈트브르토크(Spišský Štvrtok) 유적도 그런 곳 중의 하나였다.[21] 지배자들의 거주 공간이 모두 요

....

21   슬로바키아의 성터 유적인 스피슈스키 슈트브르토크 유적은 청동기시대 초기(기원전 1700~기원전 1500년)가 끝날 무렵에 세워졌다. 이 유적은 미케네 문명이 중유럽 지역으로 확산하는 과정에서 가교

새화되었던 것은 아니었지만, 이때부터 주요 거점들은 요새화되었고 그와 같은 현상은 서서히 전 유럽으로 퍼졌다. 그렇다고 유럽의 전역이 이러한 발전 모델을 따른 것은 아니었다. 실제로 이렇다 할 방어 시설이 없는 '열린' 마을로만 이뤄진 네트워크도 있었다. 그렇지만 기원전 9세기에서 기원전 8세기 사이에 요새화된 거주 공간이 이전 시대보다 빠르게 증가한 것만큼은 사실이다. 지중해 서부 지역에서는 이베리아 반도의 사례처럼 기원전 3000년 기, 순동시대에 요새화된 작은 마을들이 생겨났고 청동기시대에도 요새와 성채가 줄곧 세워졌다. 사르데냐를 비롯한 지중해의 몇몇 섬에서는 마을 한복판에 거대한 원형 탑처럼 생긴 거주 공간 누라게가 세워졌다. 누라게 둘레는 성벽이 에워싸고 있고 성의 모서리에는 망루가 서 있었다(사진 24). 그 모습은 마치 중세시대의 성벽탑(donjon) 아래에 세워진 마을[城下村]과 비슷한데, 망루 아래 하층민의 작은 집들이 망루에 기댄 채 다닥다닥 붙어 있었다. 누라게를 중심으로 세워진 마을의 모습은 그 당시 정치적·경제적·이데올로기적 상황을 시각적으로 보여 주는 것만 같다. 지중해 연안을 비롯하여 유럽 전역에서 거주 공간의 요새화는 처음에는 마을 전체에 울타리를 치는 일로 시작해서, 상층부에 속하는 사람이 거주하는 공간에 성채를 건설하는 단계를 지나, 마지막에는 왕이 거주하는 도시의 중심부를 요새화하는 단계로 발전해 갔다. 〈표 2〉는 이와 같은 발전 과정을 보여 주는 몇 가지 사례다.

....

역할을 했다. 특히 미케네 문명과 스피슈스키 슈트브르토크 요새의 성을 쌓는 방법이 비슷하다는 점은 양 지역 간의 교류관계를 보여 주는 주요 근거이다. 그러나 미케네 영향설에 대해 회의적인 연구자도 있다. Jaeger, M., 2014, The stone fortifications of the settlement at Spišský Štvrtok. A contribution to the discussion on the long-distance contacts of the Otomani-Füzesabony culture, *Prähistorische Zeitschrift*, 89 n°2, pp. 291-304.

1

2

사진 24 기원전 2000년 기 이탈리아 사르데냐섬의 청동기시대 요새(J. Guilaine 촬영)
1. 바루미니(Barumini)의 누라게, 2. 산투 안티네(Santu Antine) 누라게의 내부 모습

표 2 요새화된 유적들의 몇 가지 사례(신석기시대, 금속시대, 고대 도시 유적)

단계	유적	연대	면적	방어 체계
신석기시대	제리코 (Jericho: 팔레스타인)	B.C. 9000년	3ha	너비 2m의 성벽과 높이 9m, 지름 11m의 망루(부분적으로만 발굴되었기 때문에 이 방어 시설의 실제 규모를 파악하기 어려움)
	차탈 후유크 (Çatal Huyuk: 터키)	B.C. 7000년	12ha	출입구가 옥상에 있는 집들이 서로 다닥다닥 붙어 있는 밀집형 마을 구조
	파소 디 코르보 (Passo di Corvo: 이탈리아)	B.C. 5000년	40ha	길이 850×500m, 너비 6m, 깊이 4m의 환호(環濠: 목책 높이까지 고려하면 8m 정도)
	우르미츠 (Urmitz: 독일)	B.C. 4000년	100ha 이상	나란히 놓인 너비 10m 규모의 도랑과 라인강을 따라 늘어선 목책이 있음
순동시대	하바세스티 (Habasesti: 루마니아)	B.C. 4000년	1.2ha	너비 2~5m, 깊이 2m의 이중 환호가 유적의 서쪽에 놓여 있음(유적의 동쪽과 남쪽은 절벽으로 자연 장애물의 역할을 함)
청동기시대	텔 아라드 (Tell Arad: 이스라엘)	B.C. 2500년	11ha	길이 1,176m, 두께 2~2.5m의 성벽. 높이는 적어도 1.6m 이상. 성벽의 하부 구조는 돌로 쌓음. 중간 중간에 반원형의 망루가 있음(성벽의 상부는 벽돌로 쌓았다는 주장이 자주 제기되지만 검증된 바 없음)
철기시대	비스쿠핀 (Biskupin: 폴란드)	B.C. 600년 / B.C. 500년	3.2ha	유적은 거의 섬에 가까움. 3만 5,000개의 나무 기둥을 박아서 만든 방파제. 목재와 흙을 섞어서 만든 길이 463m, 높이 6m의 성벽. 성문 옆에 망루 설치
	호이네부르크 (Heuneburg: 독일)	B.C. 600년 / B.C. 500년	3ha	철기시대 2기의 유적. 돌로 기초를 세운 너비 3m의 성벽. 직사각형의 치(雉: 성벽 밖으로 튀어나온 망루)가 있었음
	비브락테 (Bibracte: 몽 보브레이, 프랑스)	B.C. 100년 / B.C. 50년	200ha (외부 성벽을 기준으로 할 때는 135ha)	내성과 외성의 구조. 목재와 돌을 가지고 수직·수평으로 쌓은 '갈리아식 성벽(Murus Gallicus)'[22]
도시 단계	하부바 카비라 (Habuba Kabira: 이라크)	B.C. 3500년 / B.C. 3200년	20ha (성안의 공간)	직사각형의 망루와 치가 있는 너비 3m의 성벽. 외벽의 너비는 5m가 넘음
	우루크 (Uruk: 이라크)	B.C. 2900년 / B.C. 2700년	약 400ha	길이 9.5km, 너비 5m의 성벽에 9m 간격으로 망루를 세웠음(총 900개). 망루의 하부는 직사각형으로 쌓았고 상부는 반원형임. 성벽의 최대 9m까지 보존되어 있음. 길이 4m, 너비 0.6m의 외성이 있음
	에브라 (Ebla: 시리아)	B.C. 2900년 / B.C. 2700년	50ha	성벽의 바깥 면은 돌로 쌓았고 안쪽은 흙으로 채워 넣었는데, 하부의 너비는 50m에 이름. 성벽의 길이는 2.8km
	바빌론 (Babylone: 이라크)	B.C. 700년	975ha (성안의 공간)	내성과 외성 이중의 성벽으로 구성. 도시 외곽의 성벽의 길이가 11.3km. 너비 7m의 내성은 자연적으로 말린 벽돌로 쌓고 너비 4m의 외성은 구운 벽돌로 쌓았음. '도시 일부는 이처럼 성벽으로 둘러싸여 있는데, 성벽은 유프라테스강 넘어서까지 연장되었음. 강 건너편에 있는 성은 그 형태가 직사각에 가깝고 길이는 6km임. 내성의 너비는 6.5m이고 외성의 너비는 3.7m임. 성벽 중간 중간에 망루가 서 있음. 성벽을 따라 해자가 설치되었음

....

22 골족의 성벽을 쌓는 방법을 말한다. 카이사르는 갈리아 성벽 축성법에 관해 기록을 남겼다. 카이사르, 천병희(옮김), 2012, 『갈리아 원정기』, 숲, 230-231쪽.

오리엔트에서의 전차 출현

바퀴 및 수레의 발명과 전파에 관해서는 아는 것보다 모르는 것이 더 많다.[23] 바퀴가 두 개 달렸든 네 개 달렸든 현재까지 알려진 가장 오래된 수레는 기원전 3500년에서 기원전 3000년 사이에 있었던 메소포타미아의 우루크 문화의 벽화에서 확인된다. 그러나 같은 시기에 흑해와 코카서스산맥의 쿠르간의 한 무덤에서 바퀴가 넷 달린 수레의 실물이 발견되었다.[24] 심지어 북유럽의 기원전 4000년 기의 푼넬비커(Funnelbeaker) 문화에 속하는 토기 조각 한 점에서는 바퀴가 넷 달린 수레처럼 보이는 무늬가 확인되었다.[25] 이와 같은 정황을 볼 때 어떤 지역에서 수레가 발명되었든 간에 수레 제작 기술은 매우 빠른 속도로 확산된 듯하다. 나무의 특성상 보존이 어려워 실제 수레의 잔존물은 네덜란드의 저습지, 데 에이서(De Eese)와 스위스의 호반도시인 취리히의 유적에서만 발견되었다. 하지만 기원전 3000년 기에 중유럽과 서유럽에 바퀴와 수레가 존재했음을 말해 주는 간접적인 증거는 많다. 헝가리의 바덴 문화 층에서는 찰흙으로 빚어 구운 네 바퀴 수레 모형이 발견되었고, 이탈리아 알프

....

23 바퀴가 언제부터 사용되었고 그 확산 과정이 어떠했는가에 관해 현재 학계에는 여러 가설이 있다. 바퀴 발명의 연대가 기원전 7000년 전까지 올라갈 수 있다고 보는 학자도 있지만, 대개 기원전 4000년 또는 기원전 3500년 이후라고 본다. 한편 바퀴가 어느 지역에서 탄생했느냐에 대해서도 메소포타미아, 아나톨리아, 흑해-카스피해 연안 초원 지대, 동남부 유럽 카르파티아산맥, 중북부 유럽 등 여러 지역이 기원지로 거론되고 있다. 바퀴의 발명에 관한 여러 견해에 대해서는 데이비드 W. 앤서니, 공원국(옮김), 2015, 『말, 바퀴, 언어』, 에코리브르, 100-116쪽과 리처드 불리엣, 소슬기(옮김), 2016, 『바퀴, 세계를 굴리다』, MID, 69-86쪽 참조.

24 러시아와 우크라이나 초원 지대에서 기원전 3000년에서 기원전 2000년 사이에 조성된 쿠르간(흙으로 만든 봉분)에서 두 바퀴 또는 네 바퀴 수레가 250대 발견되었다고 한다. 데이비드 W. 앤서니(지음), 공원국(옮김), 2015, 『말, 바퀴, 언어』, 에코리브르, 107-109쪽.

25 푼넬비커 문화는 기원전 4300~기원전 2800년에 북해 연안 중유럽 북부(덴마크, 네덜란드, 독일 북부, 폴란드)에서 융성했던 농경 문화이다. 이 시기에 제작된 토기 조각에 새겨진 무늬를 몇몇 연구자들은 수레로 해석한다. Przybyl, A., 2015, The Baden Complex and the Funnel Beaker Culture in the Polish Lowlands: The Problem of "Lowland Badenization," Nowak, M., Zastawny, A. (eds.), *The Baden Culture around the Western Carpathians*, The Cracow Team for Archaeological Supervision of Motorway Construction, pp. 471-494.

스 지역에서는 수레를 새긴 바위 그림이 확인되었다.[9)26] 이 자료들은 중유럽과 서유럽의 여러 지역에서 새로운 형태의 운송 수단이 이미 사용되었다는 증거이다. 이동을 위한 수레, 전쟁을 위한 수레, 의례와 종교적 행위를 위한 수레 등 수레의 용도가 다양하겠지만, 여기서는 오직 전쟁을 위한 수레, 즉 전차에 관해서만 논하는 것이 적절할 듯싶다.

전쟁에서 전차가 사용되기 시작한 시기는 기원전 3000년 기이거나 그 이전으로 추정된다. '우르의 깃발'에는 당나귀가 끄는 육중한 사륜 전차가 쓰러진 적을 짓밟고 가는 장면이 묘사되어 있다. 그렇지만 바큇살이 있는 바퀴가 달린 가벼운 전차가 등장한 시기는 기원전 2000년 기 전반기다.[27] 지중해 동부 지역에서는 뛰어난 궁수들이 전차를 타고 보병으로 이뤄진 적을 궤멸하는 장면을 볼 수 있다. 빠른 속도와 멀리서도 적을 공격할 수 있다는 장점 때문에 전차와 활을 이용한 전술은 다른 전술보다 우월하였다. 기원전 1700년경에 아나톨리아반도에서 전차가 보이는데, 아마도 이 지역도 전차가 발명된 여러 지역 중 하나일 것이다.[10)] 그리고 이보다 조금 뒤에 에게해 지역에서도 전차가 사용되었다는 사실을 알려 주는 증거가 있다.

이집트 신왕국시대에 전차는 전장의 핵심 전력이었다.[28] 갑옷 입은 말이 끄는 이륜 전차를 궁수 옆에서 마부가 몰았다. 히타이트의 전차에는 세 명이 올라탔는데, 그중 병사는 궁수와 마부를 방패로 방어하는 것이 임무였다. 히타이트의 전차 궁수

....

26 바덴 문화는 기원전 3600년부터 기원전 2800년까지 중유럽과 남동 유럽에 있던 순동시대 문화이다. 바덴 문화에 대해서는 The spatial and chronological distribution of the so-called "Baden culture," Nowak, M., Zastawny, A. (eds.), *The Baden Culture around the Western Carpathians*, The Cracow Team for Archaeological Supervision of Motorway Construction, pp. 19-74. 참조. 카르파티아 지역의 찰흙으로 만든 수레 모형에 관한 종합적 연구는 Bondár M., 2012, *Prehistoric wagon models in the Carpathian Basin (3500-1500 BC)*, Archaeolingua, Series minor 32, p. 143 참조.

27 청동기시대 후기의 전차를 이용한 전술의 출현 및 소멸 과정에 대해서는 Drews, R., 1993, *The End of the Bronze Age: Changes in Warfare and the Catastrophe CA. 1200 B.C.*, Princeton University Press, pp. 104-134 참조.

28 이집트 전차의 성능에 대해서는 Sandor, B., 2004, The rise and decline of the Tutankhamun-class chariot, Oxford journal of Archaeology, 23, n° 2, pp. 153-175 참조.

는 창도 던졌던 것으로 추정되는데, 그러하더라도 전차전에서는 활쏘기가 주요 공격법이었다. 이집트 벽화에는 전차를 탄 파라오가 잔뜩 겁먹은 적을 향해서 화살을 쏘는 장면이 자주 등장한다.

전투용 전차는 빠르게 증가하였다. 궁수는 적진을 분산하려고 주로 전차를 끄는 말을 겨냥해 활을 쐈다. 대개 격돌하는 두 진영 중 전차를 더 많이 소유하고 있는 편이 승기를 잡았다. 기원전 13세기에 히타이트의 왕과 파라오는 카데시(Kadesh) 전투에서 수천 대의 전차를 동원할 수 있었고, 당시 히타이트 왕에게 종속되어 있던 우가리트의 왕은 수백 대의 전차를 부릴 수 있었다. 후기 청동기시대에 크레타섬의 크노소스 궁에는 500~1,000대의 전차가 있었다고 추정된다.[11]

사실 바퀴, 전차, 말 등 전차 부대를 유지하는 데는 비용이 많이 든다. 게다가 궁수를 보호하려면 갑옷도 제공해야 했기 때문에 부대비용은 더욱 늘어난다. 미케네 전사들은 이륜 전차를 이용했다. 그러나 막상 전투가 벌어지면 전사들은 전차에서 내려와 일대일로 결투했다. 필로스 궁전에 그려진 프레스코 벽화에는 미케네인과 '야만인'이 검을 가지고 '결투'를 벌이는 장면이 있다(그림 57). 이 그림을 보면 결투하는 데 검과 함께 창도 사용했음을 알 수 있다. 말과 전차의 가치가 높다 보니, 이 두 가지 품목은 자연히 적의 주요 탈취 대상이었다. 기원전 1457년에 메기도(Megiddo)에서 이집트의 왕 투트모세 3세(Thoutmosis III)는 카데시의 왕에게서 전차 980대와 말 2,000여 마리를 빼앗고 가나안(Canaan)의 지배자들과 동맹을 맺었다. 그래도 오리엔트에서 가장 유명한 전투는 이집트의 왕 람세스 2세와 히타이트의 왕 무와탈리 2세(Muwattalis II) 간의 충돌일 것이다.[29] 이 두 왕은 자신들의 동맹국들과 함께 기원전 1275년에 카데시에서 치열한 전투를 벌였다. 전투에는 전차병과 보병이 동원되었다. 현재까지도 이 전투에서 누가 이겼는지 모른다. 그러나 람세스 2세는 자신의 승리를 선언하면서, 이를 기념하기 위해 아비도스(Abydos), 카르나크(Karnak), 룩소

....

29 메기도 전투와 카데시 전투의 상세한 전황에 대해서는 아더 훼릴, 이춘근(옮김), 1990, 『전쟁의 기원』, 인간사랑, 72-79쪽 참조.

르(Luxor), 아부–심벨, 라메세움(Ramesseum)에 있는 신전 벽면에 당시 전투 장면을 새겨 넣도록 지시하였다.[12]

전투에서 전차의 기능이 실제 무엇이었는지는 논쟁거리다. 몇몇 전문가는 전차는 기동성을 이용해 활을 쏴 적진을 분산하는 데 일차적 목적이 있었고, 전차끼리의 교전은 피했다고 본다. 다른 이들은 서로 뒤엉켜 싸우는 보병들 사이를 헤치고 들어가 전력을 다해 싸울 수 있는 최정예 병사를 투입하기 위한 수단이었다고 주장한다. 만일 전차가 이러한 기능을 담당했다면 전차를 모는 마부의 임무는 위험에 처한 병사들을 구조하고 또 정예 병사들을 전장으로 신속하게 실어 나르는 것이다. 또한 전차는 후퇴하거나 도망치는 적들을 추적함으로써, 전세를 굳히는 일도 했을 것이다.

오리엔트 문명의 전투에서 보병도 전차병에 못지않은 임무를 담당했다(그림 58). 보병은 병력의 근간이다. 람세스 3세와 블레셋인(Philistines)의 전투에서도 전차가 동원되었지만 근본적으로 보병전이었을 것이다. 전차 중심의 전투 방식은 기병과 보병 중심의 전투 방식으로 서서히 바뀌었다. 이와 같은 변화는 값비싼 전차와 말을 독점했던 오리엔트 군주들에 대한 가난한 야만인들의 복수라고 부를 만했다. 이후 전차는 의전과 승전을 기념하기 위한 과시용 운송 수단의 기능에 머무르게 된다.[30] 카르파티아산맥 주변의 유적이나 이탈리아 메르쿠라고(Mercurago) 유적에서 보듯이, 바큇살이 있는 수레는 청동기시대 중기, 즉 기원전 2000년 기 중반부터 있었다.[31] 덴마크 트룬홀름(Trundholm) 유적에서 발견된 유명한 전차 모형에 따르면 유럽에서 전차는 전쟁보다는 문화적인 목적으로 더 많이 사용된 듯하다.[32] 이 사륜 전차는

....

30   청동기시대 후기 보병의 부흥과 초기의 기병대에 대해서는 Drews, R., 1993, *The End of the Bronze Age: Changes in Warfare and the Catastrophe CA. 1200 B.C.*, Princeton University Press, pp. 165-173 참조.

31   메르쿠라고 유적에서 출토된 전차는 경전차로, 공학적 연구에 따르면 전사와 마부 두 명을 태울 수 있다고 한다. Mazzu, A., Gambari, F., 2018, Dynamical Loads on the Bronze Age Crossbar Wheel of Mercurago, *Global Journal of Archaeology & Anthropology*, 6-2, pp. 1-2.

32   1902년 늪에서 발견된 트룬홀름의 전차는 '태양의 전차(Char solaire de Trundholm)'라고도 불린다. 말

그림 58 전차를 타고 시리아의 성을 맹공격하고 있는 람세스 2세(A. Erman과 H. Ranke의 그림)

기원전 9세기와 기원전 8세기 사이에 피레네 지역부터 라인강 중부 유역까지 미치는 지역에서 발견되는 서유럽의 의전용 전차와 닮았다.

또 다른 형태의 전투는 물 위에서의 싸움, 즉 수상전이다. 고대 이집트 힉소스 (Hyksos) 왕조의 왕들은 이집트인에게 나일강에 나가 싸우도록 했다.[33] 수상전 중에서 가장 유명했던 것은 람세스 3세와 '바다에서 온 사람들' 간의 전투이다. 그들은 육

....

이 청동 원반(지름 26cm: 금박으로 장식됨)을 이륜 수레에 싣고 끌고 가는 모습이다. 북유럽에는 말이 태양을 전차에 싣고 끌고 간다는 신화가 있다. 특이한 점은 말의 네 발에도 바퀴가 달려 있다는 점이다. 바퀴에는 모두 바큇살이 있다. 밀랍법(cast in the lost wax method)으로 제작하였는데, 크기는 54× 35×29cm이다. 피타 켈레크나, 임웅(옮김), 2019, 『말의 세계사』, 글항아리, 309-310쪽; Goldhahn, J., 2013, Rethinking Bronze age cosmology: A North European perspective, Fokkens, H., Harding, A. (eds.), *The Oxford Handbook of the European Bronze Age*, Oxford University Press, p. 251; Thrane, H., 2013, Scandinavia, Fokkens, H., Harding, A. (eds.), *The Oxford Handbook of the European Bronze Age*, Oxford University Press, p. 759.

33 힉소스(Hyksos)는 '이민족 통치자'를 가리키는 고대 이집트어 '헤카 크세웨트(heqa khsewet)'에서 유래한 말로, 나일강 동부의 델타(Delta) 유역을 점령한 민족을 지칭한다. 힉소스는 기원전 17세기 들어서 세력을 확장했으며, 고대 이집트 중왕조의 제15, 16대 왕조 때 108년간 이집트를 통치했다(기원전 1648~기원전 1540년 추정). 힉소스 민족은 통치 기간에 철제 무기를 비롯한 각종 도구와 마차 등을 도입하여 이집트의 군사적·경제적 발전을 가져왔다.

지뿐만 아니라 나일강 어귀에서도 치열하게 싸웠다. 여러 민족으로 구성된 '바다에서 온 사람들'은 중동의 레반트 지역을 잿더미로 만들고 이집트로 남하하다가 람세스와 격돌하였다. 메디네트-하부 신전의 벽에는 그 당시 전투 장면이 새겨져 있는데, 호전적인 침략자들을 향해 활을 쏘고 있는 이집트 궁수들의 모습이 멋지게 묘사되어 있다.[34]

초기의 기병대

'우르의 깃발'의 전투 장면에서 보듯이, 기원전 3000년 기 메소포타미아에서 보병과 전차병은 전장의 두 축이었다. 그러다 기원전 17세기에 들어서면서 전차는 전쟁의 승패를 좌우하는 결정적 요인이 되었고, 기원전 2000년 기가 끝날 때까지 이같은 상황은 변함없었다. 많은 연구자가 이 시기 지중해 동부 지역 왕국과 도시 국가들이 멸망하고 무기 체제와 전쟁 기술에서 큰 변화가 있었다고 생각한다.[13] 청동기 시대의 오리엔트 왕과 군장들은 신속하게 공격할 수 있는 활과 전차로 구성된 군대를 조직함으로써 전투력을 강화했다. 전차 부대는 적군의 주위를 뱅뱅 돌면서 기회를 타 공격할 수 있었다. 그리고 적과 적당한 거리를 유지할 수 있다는 장점도 있었다. 이처럼 전차 부대는 적한테는 무시무시한 무기였지만, 아군에게는 상황에 유연하게 대처할 수 있고 기동력까지 갖춘 탁월한 전력이었다.

그러나 기원전 1500년 무렵 야만의 땅에서 전사들이 떼를 지어 밀려들어 오면서, 전차로 인해 뒷전으로 밀려나 있던 보병의 가치가 다시 올라가게 되었다. 이들은 주로 장검과 투창을 사용하였다. 이것은 곧 전투가 접근전의 양상을 띰으로써 적과 한데 엉겨 붙어 싸웠다는 뜻이다. 전투는 더는 궁수 대 궁수의 대결로 전개되지

....
34 원본과 영역본에는 메디네트-하부의 벽에 남겨진 전투 장면이 프레스코화라고 썼지만, 사실은 새김 그림이다.

않았다. 그리스의 미케네에서는 보병이 특히 중요했다. 그리고 그들의 전투 방식은 대개 일대일의 결투였다. 이와 같은 결투는 열정, 분노, 잔인함을 특징으로 한다. 이런 이유로 기원전 7세기에 일어났던 밀집 대형(phalange)으로의 전술 변화는 개인의 능력 중심에서 집단행동 중심으로 전투 방식을 근본적으로 변화시켰다고 할 수 있다. 밀집 대형이란 창, 투구, 방패로 무장한 중갑 보병들(hoplites)이 간격 없이 촘촘히 종대로 서서 전투를 수행하는 전술로, 이러한 전술 변화를 통해 고대 전사는 잘 훈련받은 병사가 되었다.[35] 훈련되고 조직화된 병사는 용맹하지만 무질서한 전사보다 나은 법이다. 이처럼 전술이 개인에서 집단으로 변하는 시기는 멀게는 기원전 2000년 기까지 그 기원이 거슬러 올라간다. 그러나 이 같은 전술상 변화는 공격용 또는 방어용 무기에서 잘 드러나지는 않는다.[14] 게다가 보병 전투가 주요 전투가 되었을 때조차 전차의 기동력은 여전히 중요한 전술이었다. 따라서 지중해 동부 지역에서 기원전 2000년 기가 끝날 때까지 전차가 완전히 사라진 것이 아니라, 단지 그 역할이 조금씩 줄어들었다고 보는 편이 타당하다. 그리고 얼마 뒤에 신아시리아 제국의 전성기, 즉 기원전 8세기~기원전 7세기 사이에 전차는 다시 한 번 각광받게 된다.

기원전 2000년 기에 출현한 기병은 전투에서 동물이 결정적인 역할을 하는 기동전의 중요성을 다시 한 번 깨닫는 계기가 되었다. 그리고 말 등에 올라탄 전사의 모습은 기원전 1000년 기 초반에 엘리트 전사의 전형적 이미지로 굳어졌다. 철기시대에 이르러 서유럽과 아프리카의 몇몇 민족은 탁월한 기병을 양성하였다. 카이사르의 『갈리아 원정기』에서도 기술되었듯이, 창과 장검으로 무장하고 말을 탄 골족 전사의 명성은 자자했다. 그렇지만 실제로는 단지 군장과 부하 몇 명만 기병이고 대부분은 보병이었다. 게다가 보병의 대다수는 전시에 징집된 농민이었다. 사하라와 북아프리카의 가라만테스인(Garamantes)이나 누미디아인(Numides)도 용맹스러운 기

....

35   고대 그리스의 중갑 보병과 밀집 대형의 운영 원리에 대해서는 아더 훼릴, 이춘근(옮김), 1990, 『전쟁의 기원』, 인간사랑, 127-136쪽 참조.

병대를 보유하고 있었지만, 그들의 왕국은 결국 로마에 의해 멸망했다.[36] 기병의 역사와 관련한 쟁점 중의 하나는 '언제부터 말 등에 올라탔느냐'라는 문제이다. 말의 가축화는 기원전 5000년 기 또는 기원전 4000년 기에 유럽의 남동부에서 시작되었다고 보는 견해가 우세하다. 대체로 가축화된 말뼈가 많이 출토된 우크라이나의 데레이프카(Dereivka) 유적을 가장 오래된 유적이라고 보고 있다. 이 유적에서는 말뼈뿐만 아니라 사슴뿔로 제작된 최초의 재갈들도 출토되었는데, 학계에서는 이 유물들을 최초의 마구로 보고 있다.[15] 그러나 어떤 연구자들은 말의 가축화가 우랄산맥보다 더 동쪽에서 먼저 시작되었다고 주장한다.[37] 그렇지만 말의 가축화가 언제 어디서 시작되었든지 간에, 말의 가축화와 마구의 출현이 곧 승마를 의미하는 것은 아니라는 점은 명확히 해 둘 필요가 있다.

한편 일부 고고학자들은 기원전 3000년 기에 유럽에서 몇 번 발생했다고 하는 민족 대이동이 실은 기마 민족의 대이동이었다고 주장한다. 이들은 초원 지대에서 기원한 기마 민족이 발칸반도와 다뉴브강 유역의 농경 민족의 땅에 침투했다고 본다. 이들은 또한 중유럽과 북유럽부터 프랑스 동부와 스칸디나비아반도까지 확인되는 매듭무늬토기 문화권과 포르투갈에서 폴란드까지, 그리고 시칠리아에서 스코틀랜드까지 확산하였던 종형토기 문화도 모두 기마 민족 문화의 소산이라고 생각한다. 기마 민족설을 주장하는 학자들은 기마 민족의 구성원이라고 여겨지는 사람 옆에

....

36 가라만테스인들은 기원전 7세기~기원전 5세기까지 리비아사막 지역을 중심으로 번창했던 대제국을 건설하였으나, 나중에 로마에 정복당했다. Camps, G., 2005, Garamantes, Leclant J. (dir.), *Dictionnaire de l'Antiquité*, Quadrige/PUF, p. 2464; 누미디아인은 오늘날 베르베르 유목민의 조상으로 알려져 있다. 그들은 알제리 동부에 살았던 사람들로, 유목 생활을 하고 말의 사육에 능했다. 우수한 많은 기병을 갖추었지만 로마에 멸망당했다. Camps, G., 1979, Les Numides et la civilisation punique, *Antiquités africaines*, 14, pp. 43-53.

37 말의 가축화가 언제 어떻게 어디서 시작되었는지에 대해 아직 학계에서는 논쟁 중이다. 본문에도 언급되었듯이, 어떤 연구자들은 데레이프카 유적을 최초의 유적으로 보지만, 카자흐스탄 북부의 보타이 문화(Botai culture: 기원전 3500~기원전 3000년)에서 말의 가축화가 처음 시작되었다고 보는 연구자도 있다. 말 가축화의 기원에 관해서는 데이비드 W. 앤서니, 공원국(옮김), 2015, 『말, 바퀴, 언어』, 에코리브르, 295-329쪽과 피타 켈레크나, 임웅(옮김), 2019, 『말의 세계사』, 글항아리, 71-90쪽 참조.

말이 함께 묻힌 유적을 동물과 사람의 친밀함을 보여 주는 증거라고 해석한다. 그러나 후대에 쓰인 문헌 자료를 제외하고 말 등에 사람이 올라탔다고 볼 만한 확실한 고고학적 증거는 아직 찾지 못했다. 따라서 유럽에서는 기원전 1000년 이전으로 거슬러 올라가는 확실한 기마의 증거는 실질적으로 없다. 대개 학계에서는 남동 유럽에 살던 킴메르인(Cimmériens) 또는 초원 지대에 살던 스키타이인(Scythes)을 최초의 기마 민족으로 본다. 원래 아시아와 유럽의 접경 지대 그리고 흑해 연안 지역에 살았던 이들은 기원전 2000년 기부터 몇 차례에 걸친 시도 끝에 마침내 말 등에 올라타는 데 성공했던 것으로 보인다.

승마의 기원 문제를 떠나서 말은 청동 장검 그리고 나중에는 철제 장검과 더불어 매우 빠른 속도로 지배자와 소수 전사 집단의 상징물이 되어 갔다. 그리고 사회 지배층에서 말을 받아들임으로써 말의 위세 또한 높아졌다. 기원전 1000년 기 초기부터 헝가리, 프랑스, 스페인 등 다양한 지역의 봉분에는 다채로운 부장품과 함께 말이 매장되기 시작했다. 이제 사람과 동물은 살아서나 죽어서나 떼려야 뗄 수 없는 사이가 되어 버린 것이다. 말을 순장할 수 없을 때는 마구라도 저승으로 가져가려 했다. 이전에는 기습, 약탈, 노획 같은 공격을 하려면 많은 준비 작업이 필요했고 조직적으로 움직여야 했다. 그러나 말을 이용하고부터는 치고 빠지기가 쉬워져 그럴 필요가 없어졌다. 비용이 많이 드는 갑옷으로 무장한 중무장 기병이 등장한 것은 보다 나중 일이었고, 등자는 그보다도 더 늦게 출현했다.

영웅의 발자취를 따라서

영웅을 꿈꾸지 않는 전사가 어디 있겠는가? 기원전 3000년 기에 석조 기념비에 무기를 과시하는 듯한 자세로 남성 또는 선조가 새겨지면서부터 이미 '영웅화'는 시작되었다. 그리고 1,000년이 지난 뒤, 전사가 사회의 중추적 역할을 맡게 되었다. 그들은 임무를 완수할 때마다 새로운 영예를 얻었고, 그렇게 전설이 되어 갔다. 다른 사람보다 낫다는 우월감 때문에, 동료 간 경쟁의식 때문에, 그도 아니면 그냥 정상에 오르고 싶어서 전사들은 끊임없이 싸운다. 기원전 13세기에 일어났던 전설 같은 트로이 전쟁 이야기를 통해 호메로스는 격정, 끝없는 보복, 잔인함을 찬양했다. 아마도 유럽의 다른 지역에서도 호메로스의 이야기에 등장하는 그런 영웅들이 있었을 것이다. 그리고 그들도 트로이 전쟁의 영웅들처럼 치열하게 전투를 벌였을 것이고, 그들의 무용담은 같은 시대를 살아가던 사람들 사이에 전설이 되었을 것이다. 그러나 당시 유럽 대부분 지역에는 문자가 없었으므로, 여기서 그들의 영웅적 서사시를 써 내려갈 수는 없다. 다만 그들의 영웅담은 각 지역 이야기꾼의 입을 거치면서 크게 부풀려졌음이 틀림없다. 특히 전사의 용기, 재능, 그리고 무기 등 세부적인 부분을 묘사할 때 그러했을 것이다. 유럽 전사들의 특징을 실증적으로 파악하려면 두 종류의 고고학적 자료를 통해 접근할 수 있다. 한 가지는 빼어난 부장품이 출토되는 그들의 무덤이고 다른 한 가지는 그들의 영웅화에 이용되었던 전사 형태의 석조 기념비다. 청동기시대 말기 또는 철기시대에 영웅이 등장하기 훨씬 이전부터 몇몇 전사들은 분명 자신들의 카리스마와 무용담으로 이미 상당한 명성을 얻었을 것이다. 유럽에서 기원전 3000년 기와 기원전 2000년 기 초기에 여러 가지 이유로 지배자들은 마치 '영웅'처럼 행세하며 무대 전면에 나섰다. 아마 그들은 자신들이 위대한 조상신인 양 공동체의 보호자를 자처했을 것이다.[16] 영웅의 역할은 몇몇 남성 형태의 석조 기념비의 의미를 해석하는 데 실마리를 줄 수 있다.

남성 형태의 석조 기념비를 파괴한다는 것은 지도자의 처단과 기존 질서 체계와의 단절을 뜻한다. 고고학적 증거로 판단해 보건대 영웅들은 지역 내 특정 가계에서 나왔고 그들의 위세는 인근 지역 동맹 세력의 지원과 원거리 네트워크에 토대를 두었던 것으로 보인다. 기원전 3000년 기 카스피해와 흑해 사이에 있던 쿠르간 문화의 몇몇 왕이 바로 이와 같은 사례에 해당한다. 쿠르간의 왕릉급 무덤 가운데 가장 유명한 무덤은 코카서스 북부 지역의 도시 마이코프(Maïkop)에서 발견되었다.[38] 황토색

....
38 마이코프 문화는 흑해와 카스피해 사이에 기원전 3700년부터 기원전 3000년 동안 지속하였던 청동기시

오커 가루가 뿌려진 시신은 나무 널로 짠 관 안에 누워 있었고, 그 위로 높이 11m에 달하는 봉분이 있었다. 주곽(主槨) 옆에 딸린 부곽(副槨)이 두 군데 있는데, 각각의 부곽에는 왕의 시종이 한 명씩 묻혀 있었다. 왕의 행차에 썼던 차양도 해체된 채 무덤에 함께 묻혀 있었다. 지름이 1m 이상인 원통형의 차양 받침대는 은으로 제작되었고 받침대의 끝에는 금과 은으로 만든 수소 모양의 작은 장식품도 꽂혀 있었다. 시신은 금으로 만든 나뭇잎 모양 장신구, 맹수 또는 소 모양의 장신구, 그리고 보석으로 만든 구슬들로 치장되어 있었다. 그리고 금은으로 만든 그릇, 구리로 만든 무기와 도구, 금과 은으로 만든 장신구가 시신 둘레에 놓여 있었다.

비록 쿠르간의 유물만큼 화려하지는 않지만, 기원전 2000년 전의 아르모리크, 웨식스, 그리고 작센-튀링겐(Sachsen-Thüringen) 지역의 왕릉급 무덤에서 출토된 부장품도 훌륭하다. 독일 로이빙겐(Leubingen)에는 길이가 8m에 이르는 긴 돌방무덤이 있다. 무덤 지하에 큰 돌널들을 세워 만든 방인데, 이 방은 당시 사람들이 살던 긴 집과 똑같이 생겼다. 방 가운데에는 나이 든 사람의 시신이 놓여 있고 그 둘레에는 꺾창, 단검, 금속제 도끼, 사문암으로 만든 '전투용 도끼,' 청동제 핀, 묵직한 금속제 목걸이, 그 밖의 여러 가지 금제 장신구 등 다양한 위세품이 놓여 있었다. 그러나 늙은 지도자 혼자만 누워 있던 것은 아니었다. 그의 시신 위로 젊은 여자의 시신이 열 십자 형태로 교차되어 놓여 있었는데, 순장되었던 것으로 보인다.[39]

대중에게 더 많이 알려진 무덤은 아마 미케네 무덤일 것이다. 미케네 지배자의 가족무덤으로 원형 무덤 A형과 B형이 있다. 이 두 가지 형식의 무덤 모두 암석을 깊이 파고 무덤방을 만든 다음, 이중으로 둥그렇게 석벽을 세워서 무덤방을 보호했

....

대 문화로서, 쿠르간 무덤이 특징적이다. 마이코프 문화에 관해 더 자세한 설명은 데이비드 W. 앤서니, 공원국(옮김), 2015, 『말, 바퀴, 언어』, 에코리브르, 414-433쪽 참조.

39 1877년에 발굴된 로이빙겐 긴 돌방무덤은 청동기시대 전기(기원전 1940년)에 조성되었다. 먼저 목재로 삼각형 형태의 무덤방을 만들고 갈대를 깐 다음, 그 위에 판석들을 쌓고 흙을 올려 봉분을 만들었다. 무덤 가운데에는 50세가량의 남성 시신이 누워 있었는데, 그의 옆에서 여러 가지 금속 장신구와 청동 끌, 청동 단검 등이 출토되었다. Torbrügge, W., 1988, Leroi-Gourhan (dir.), *Dictionnaire de la Préhistoire*, Quadrige/PUF, p. 646.

다.[40] 기원전 17세기부터 기원전 15세기까지 왕들은 황금 가면, 금, 은, 흑금(niello)으로 상감된 장검과 단검, 진귀한 보석 등 아름다운 보물과 함께 묻혔다. 그런데 지배자 가족을 묻기 위한 무덤 양식이 기원전 14세기부터 바뀌었다. 이 새로운 양식의 무덤은 무덤방의 천장이 거대한 돔(dome)으로 되어 있다는 점에서 이전의 원형 무덤 양식과 전혀 다르다.[41]

미케네시대의 무덤보다 호화롭진 않지만, 기원전 2000년 기 중반에 중유럽에서 지배자의 개별무덤이 출현한다. 독일 오버팔츠(Oberpfalz) 지역 레겐스부르크(Regensburg)시 근처, 하게나우(Hagenau)에서 발견된 전사의 무덤도 그런 유적 중의 하나이다.[42] 이 전사 무덤에서는 날이 한쪽에 있는 장도(長刀)와 날이 양쪽에 있는 장검이 각각 한 점씩 출토되었다. 그리고 단검, 도끼, 화살촉 네 점, 방패 등의 무기도 출토되었다. 무덤에서는 죽은 이의 신분을 알려 주는 몇 가지 유물도 출토되었는데, 팔찌 네 점, 얇고 넓은 띠를 감아올려 만든 반지 두 점, 송곳 세 점, 핀 43점, 면도칼 한 점이 그것이다. 특히 이 무덤에서는 길이가 50cm 이상인 큰 옷핀처럼 생긴 유물이 가장 눈에 띈다. 이런 유물들은 스칸디나비아반도에서 기원전 11세기부터 기원전 10세기까지 축조되었던 봉분에서도 출토된다. 스웨덴의 헤가(Håga) 계곡

....

40 원형 무덤 A형과 원형 무덤 B형은 모두 미케네 문명 전기에 유행했던 무덤 양식이다. 시기적으로 B형이 A형보다 앞선다. 최근 실시된 DNA 분석에서 가족무덤으로 추정되는 원형 무덤에 묻힌 사람들이 실제로 혈연관계를 맺고 있었다는 사실이 새롭게 밝혀졌다. Bouwman, A., Brown, K., Prag, J., Brown, T., 2008, Kinship between burials from Grave Circle B at Mycenae revealed by ancient DNA typing, *Journal of Archaeological Science*, 35-9, pp. 2580-2584.

41 톨로스(tholos)식 무덤이라고도 한다. 궁륭형(穹窿形) 천장이 특징적이다. 미케네 중심 지역에서 유행하였다. 기원전 1250년경에 세워진 아트레우스(Atreus)의 보물창고 또는 아가멤논의 무덤이라고 불리는 무덤 유적이 유명하다. Leicester, H., Wace, J.B., 1923, Excavations at Mycenae: IX. The Tholos Tombs, *Annual of the British School at Athens*, 25, pp. 283-402.

42 중유럽 남부의 대표적인 청동기시대 중기(기원전 14세기) 군장급 무덤이다. 여기서 출토된 부장품들은 체코 보헤미아 지방, 독일 동부, 오스트리아 저지대 간에 문화 교류가 활발했음을 보여 준다. Boos, A., 1999, La tombe du chef de guerre de Hagenau et autres tombes de guerriers de rang similaire, *L'Europe au temps d'Ulysse: Dieux et héros à l'âge du Bronze*, Réunion des musées nationaux, pp. 106-107.

에는 지름 45m, 높이 8m인 큰 봉분이 있다. 이 무덤의 떡갈나무로 만든 관에서 사람들이 '비에른(Björn) 왕'이라고 부르는 시신이 발견되었다.[43] 부장품으로는 금으로 장식된 장검 한 점, 브로치 한 점, 면도칼 두 점, 펜치 두 점 그리고 장신구들이 출토되었다. 한편 덴마크 퓐(Fyn)섬 남부의 코르스호이(Korshøj)에서도 지배자의 무덤이 발견되었는데, 여기서는 장검 한 점, 여러 가지 금붙이 장신구, 그리고 청동제 솥도 한 점 출토되었다.[44] 같은 섬에서 더 늦은 시기의 유적인 덴마크의 루세호이(Lusehøj)에서도 많은 유물이 출토되었다. 이 유적에서 발견된 유물은 청동제 솥, 청동제 손잡이가 달린 잔, 보석, 미용 도구, 장검, 전차의 잔해 등이다. 이 부장품들은 양적으로나 질적으로나 매우 뛰어나다.[45]

의례용 수레는 오스트리아, 독일 남부, 스위스 등 유럽의 알프스 산악 지대의 전사 무덤들에서 발견되었다. 유럽에서 가장 오래된 전차는 그 연대가 기원전 13세기 또는 기원전 12세기까지 올라간다. 대개 죽은 이의 옆에 의례용 전차를 비롯해 장검과 음주용 잔들이 놓인다. 죽은 '영웅들'은 보통 장작더미 위에 얹혀 화장되었는데, 전차를 비롯해 다른 부장품도 함께 불태워졌다. 청동기시대 후기에 지배자를 화장할 때면 장검, 세면도구(면도칼, 펜치, 핀), 축제나 의례에서 사용하는 음주용 청동 그릇, 마구 같은 물품뿐만 아니라, 심지어 말도 함께 불살랐다.[46] 중부 유럽에서는 이런 장

....

43 북유럽 청동기시대의 대표적인 봉분이다. 웁살라시 서쪽 교외에 있고 헤가 언덕(Hågahögen)이라고도 불린다. 기원전 10세기경에 조성되었다. 비에른왕은 10세기경에 살았다고 하는 스웨덴의 전설적인 왕으로, 무덤과 전혀 상관없지만, 현지인들은 관습적으로 그렇게 부른다고 한다. Hyenstrand, A., 1988, Leroi-Gourhan (dir.), *Dictionnaire de la Préhistoire*, Quadrige/PUF, p. 488.

44 코르스호이 무덤에서는 면도칼을 보관하는 데 사용되었던 작은 나무 상자도 발견되었다. Thrane, H., 2013, Scandinavia, Fokkens, H., Harding, A. (eds.), *The Oxford Handbook of the European Bronze Age*, Oxford University Press, p. 761.

45 루세호이 무덤에서는 북유럽 청동기시대 V기(기원전 9세기~기원전 7세기)에 속하는 무덤 2기가 발견되었는데, 스칸디나비아 지역에서 가장 많은 부장품이 출토된 유적으로 유명하다. Thrane, H., 2013, Scandinavia, Fokkens, H., Harding, A. (eds.), *The Oxford Handbook of the European Bronze Age*, Oxford University Press, p. 759.

46 기원전 13세기 또는 기원전 12세기는 언필드 문화 초기로, 이 시기에 독일 남서부를 중심으로 화장용으로 사용했던 의례용 수레들이 발견되었다. 청동기시대 수레의 기능에 대해서는 Uckelmann, M., 2013,

그림 59 호흐도르프의 무덤 복원도로, 군장이 침대에 누워 있고 맞은편에는 사륜 수레와 식기류가 있다(W. Kimmig, 1983).

례 풍습이 기원전 6세기, 즉 철기시대까지 지속되었다. 군장급 무덤에서 출토된 부장품 중에서 가장 눈에 띄는 유물은 멀리 지중해 연안 지역에서 알프스산맥을 넘어 온 물품들이다.[17]

　그와 같은 동유럽의 철기시대 무덤 중에 대중에게 잘 알려져 있는 유적은 독일 루드비히스부르크(Ludwigsburg) 지역에 있는 호흐도르프(Hochdorf) 무덤일 것이다 (그림 59).[47] 이 봉분은 높이가 10m이고, 지름이 60m이다. 돌을 쌓아 만든 무덤방의 내부 벽면에는 널판을 덧대고 소뿔 모양의 술잔을 줄지어 걸어 놓았다. 청동제 침대

....

　　Land transport in the Bronze age, Fokkens, H., Harding, A. (eds.), *The Oxford Handbook of the European Bronze Age*, Oxford University Press, pp. 406-407 참조.

47　독일 남서부의 호흐도르프 무덤은 수장급 무덤으로, 기원전 530년(할슈타트 문화 후기)에 조성되었다. Biel, J., 1981, The late Hallstatt chieftain's grave at Hochdorf, *Antiquity*, 55, pp. 16-18.

[屍床] 위에는 건장한 지배자의 시신이 놓여 있고, 이 침대의 다리 끝에는 사람 모양의 작은 조각상과 바퀴가 달려 있었다.[48] 시신은 목걸이 한 점, 오른팔에 팔찌 한 점, 버클 두 점, 금제 허리띠에 걸린 단검 한 점, 황금을 덧붙인 신발 한 켤레를 착용하였는데, 이는 의례를 위한 옷차림이다. 침대 가까이에는 큰 솥이 놓여 있는데, 그 안에는 500리터가량의 벌꿀 술이 담겨 있었고, 술잔들도 들어 있었다. 침대와 마주 보는 벽에는 바퀴가 네 개 달린 수레가 있고, 그 위에는 마구와 여러 가지 그릇들이 가득 놓여 있었다. 아마도 장례에 쓰일 음식을 담기 위한 그릇이었던 것으로 보인다. 이처럼 화려한 보물은 프랑스 부르고뉴(Bourgogne) 지방의 빅스(Vix) 무덤에서도 발견되었다.[49] 그러나 이 무덤은 젊어서 죽은 한 여성을 위한 장례용 보물이라는 점에서 호호도르프 무덤과는 다르다. 보물 중 가장 유명한 유물은 높이가 1.6m나 되는 커다란 청동제 술동이(Cratère de Vix)다. 이 술동이는 이탈리아 남부에 있는 고대 그리스의 한 식민지에서 제작되어 운반된 물품인데, 그 용량이 무려 1,200리터나 된다.[50] 이처럼 화려하면서도 장엄한 장례용품이 여성의 무덤에서도 출토된다는 점에서 드물기는 하지만 때론 여성도 열렬한 대중적 지지를 받으며 '영웅화'되었음을 알 수 있다. 화

....

48 침대 다리에 달린 장식을 보면, 마치 네 명의 곡예사가 외발자전거를 타고 침대를 떠받들고 있는 듯한 모습이다.

49 할슈타트 문화는 서부 할슈타트 문화와 동부 할슈타트 문화로 나뉘는데, 프랑스 동부, 독일 남부, 스위스 일대는 서부 할슈타트 문화에 속한다. 현재 학계에서는 빅스 무덤은 호호도르프 무덤과 더불어 서부 할슈타트 문화의 대표적 수장급 무덤으로 받아들여지고 있다. 할슈타트 문화는 이후 등장하는 켈트 문명의 기원으로 여겨지고 있다. Rolley, C., 2003, La Tombe princière de Vix dans son contexte historique, *Dossiers d'Archéologie*, 284, pp. 36-43.

50 원래 크라테르(Cratère)는 고대에 사용된 그릇으로, 양쪽에 손잡이가 달려 있다. 보통 술과 물을 섞을 때 사용한다. 빅스 무덤에서 출토된 청동제 술동이는 높이가 164cm이고, 무게는 208.6kg이다. 이 술동이는 그 크기도 놀랍지만, 제작 기술의 정교함에 더욱 놀란다. 그릇의 목 주위에는 말을 모는 그리스 전차병, 보병 들의 모습이 섬세하게 새겨져 있고 손잡이 밑에는 혀를 내밀고 있는 고르고(메두사)가 받치고 있다. 학계에서는 이 유물이 실제로 사용되었다고 보기에는 너무 크기 때문에 의례용 또는 외부에서 보낸 예물로 보고 있다. 제작 방식으로 볼 때 이탈리아 남부와 시칠리아에 있던 코린트의 한 식민지에서 보내 온 것으로 추정된다. Rolley, C., 2003, La Tombe princière de Vix dans son contexte historique, *Dossiers d'Archéologie*, 284, pp. 36-43.

려한 장례 의식을 통해 왕 또는 군장을 영웅화하려 했던 정치적 사건은 매장 또는 화장을 통해 이처럼 그 흔적을 남기게 되었다. 지중해 동부 지역에서 뛰어난 개인에게 더 높은 지위를 부여하는 호메로스적 전통은 헬레니즘 시기까지 이어졌다.

석조 기념비와 전사의 영원성

앞 장에서 논의했듯이, 기원전 3000년 기부터는 다소 투박하지만, 석판에 어떤 인물을 새김으로써 그의 고귀함을 세상에 널리 알리고, 또 그의 위상을 세상으로부터 다시 인정받으려 했다. 한편 기원전 2000년 기의 남성 모양의 석조 기념비에는 단검이 장검으로 대체되는 등 몇 가지 속성에서 변화가 있었지만, 대중을 보호하고 공동체에 번영과 정복을 안겨다 준 가장 뛰어난 전사들을 석조 기념비로 남겨 영웅화하는 전통이 생겨났다. 교역 네트워크가 더욱 광범해지고 진귀한 물품이 먼 지역에서 운반되면서, 전사들은 교역품을 지키기 위해 강도나 약탈자 들과 맞서 싸워야 했다. 그리고 그들은 법을 지키게 하거나 새로운 법을 만들기 위해 무기를 더 휘둘러야 했으며, 이와 같은 상황에서 전사들의 위상은 더욱 높아졌다.

실제로 코르시카와 이베리아반도의 석조 기념비들은 이러한 전사의 위상 변화를 잘 보여 준다. 신석기시대와 순동시대를 지나는 동안 코르시카에서는 돌을 새기는 기술이 발전했다. 선돌이 되었든 석조 기념비가 되었든, 그리고 제작 수법이 서툴러 신분이나 성별을 판별할 수 없다 해도 돌에 새겨진 것은 늘 사람이었다. 그렇지만 코르시카의 석조 기념비는 바로 옆에 있는 사르데냐와 루니자나(Lunigiana) 지역과 달리, 사회적 위치나 성별을 알아볼 만한 어떤 실마리도 없다. 다시 말해 코르시카의 석조 기념비에는 전투에서 무공을 세운 사람이 누구인지 구체적으로 특정하지 않았다는 것이다. 그러던 것이 기원전 2000년 기에 바뀌기 시작했다. 그러나 이와 같은 변화는 앞서 언급했듯이, 외부 침략이 아닌 지역 사회의 계층화에 따른 결과라고 보는 편이 더 타당하다. 아마도 코르시카에서도 당시 지중해 지역에서 있었던 일종의 동질화 과정, 즉 코이네(koinè)의 분위기 속에서 남성 우위, 전사 우위 사회가 확립되어 갔던 듯하다.[51] 실제로 코르시카의 청동기시대 중기와 후기에 속하는 사람 모양 선돌은 점점 전사의 모습으로 구체화되어 갔으며, 또한 에게-미케네 문화권에서 유행하던 일자형 또는 소뿔 형태의 코등이가 있는 장검의 이미지가 석조 기념비에도 나타나기 시작했다. 석조 기념비는 시대적 상황을 잘 보여 주는 증거이다. 미케네식 토기는 멀리 이탈리아 남부, 사르데냐 그리고 이베리아반도까지 수출되었다. 코르시카는 이와 같은 남지중해 교역망에서 오랫동안 제외된 듯하다. 그러나 청동기시대 중기와 후기에 제작된 사람 모양 선돌에 새겨진 장검의 형태를 보면, 이 시기에 이르러 코르시카도 에게해의 영향을 받았음이 분명하다. 일자형 코등이 또는 소뿔 형태의 코등이가 있는 장검은 유럽 내륙 지역보다 지중해 연안 지역에서 확인되는 문화적 특성이다. 장검과 단검이 함께 새겨진 경우도 몇몇 있다. 그리고 가슴과 배를 보호하기 위해 가죽으로 만든 갑옷 같은 그림도 새겨졌다. 이 가죽 갑옷은 코르셋처럼 꽉 조여 입는데, 이러한 갑옷도 에게-미케네 양식의 갑옷이다. 마지막으로 코르시카의 석조 기념비에 새겨진 뿔 달린 투구도 지중해 지역의 문화적 특징이다. 이 투구는 사르데냐에서 레반트 지역에 이르는 광범한 지역에서 발견된다. 석조 기념비는 주로 성스러운 공간에 세워졌다. 그곳은 고귀한 가문의 조상이나 영웅 들을 숭배했던 장소였을 것이다. 따라서 성스러운 장소에 세워진 석조 기념비를 파괴하는 행위는 기존 가문의 지배에 대한 저항이자 거부인 동시에 새로운 가문의 지배를 받아들이겠다는 선언이었다고 해석할 수 있다.

이베리아반도 남서부 지역은 오랫동안 전쟁 관련 석조 기념비 제작이 독창적으로 발달한 지역이다(그림 60).[18] 그런데 기원전 2000년 중반기 알렌테조(Alentejo)와

....

51 코이네(koinè)란 고대 지중해 세계에서 일반적으로 통용되었던 그리스어를 말한다. 기원전 4세기에 이르러 그리스인의 국가 의식이 높아지고 공통어가 필요하게 되었는데, 그때 우수한 문화를 가진 아티카 방언을 중심으로 여러 방언에 공통적으로 들어 있는 요소를 덧붙여 만든 공통어가 코이네다. 기원전 3세기 이후에는 동부 지중해 일대에서 사용되었고, 더 나아가 로마 제국의 광대한 지역에서 라틴어와 함께 고대 사회의 공통어가 되었다.

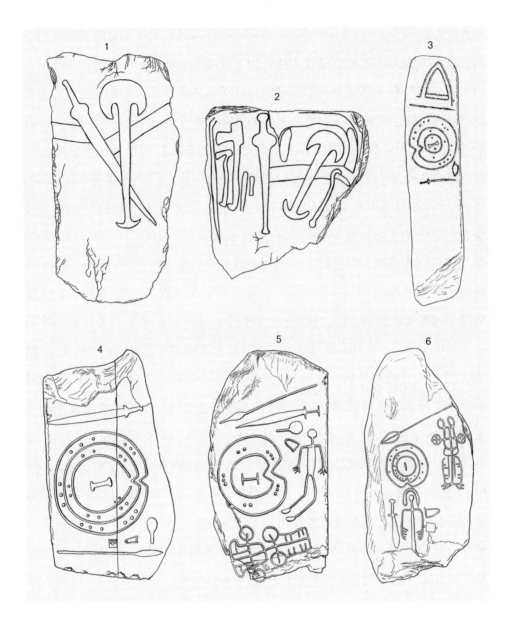

그림 60 이베리아반도 '전사들'의 석조 기념비(M. Almagro Gorbea, 1966)

1. 포르투갈 에레다데 데 데페자(Heredade de Defesa) 출토(청동기시대 중기), 2. 포르투갈 아센투(Assento) 출토(청동기시대 중기), 3. 포르투갈 산타 아나 드 트루질로(Santa Ana de Trujillo) 출토(청동기시대 후기), 4. 포르투갈 브로자스(Brozas) 출토(청동기시대 후기) 5. 스페인 솔라나 데 카바냐스(Solana de Cabañas) 출토(철기시대 전기), 6. 카베자 드 부에이(Cabeza de Buey) 출토(철기시대 전기)

알가르브(Algarve) 지역에서는 순동시대의 단검이 새겨진 석조 기념비 양식이 사라지고 새로운 양식의 석조 기념비가 세워졌다. 이때부터 칼자루가 큰 장검이 주요 무기로 등장하는데, 이 장검은 허리띠에 매거나 어깨끈에 걸쳐 사용했다. 장검과 함께 도끼가 새겨지는 예도 있다. 그리고 석조 기념비에 가끔 양 끝이 닻처럼 생긴 용도를 알 수 없는 긴 막대기가 새겨져 있는 경우도 있다. 왕홀 또는 지역 내 독특한 전통 의례 용품으로 추정된다. 이베리아반도 남서부 지역에 살던 청동기시대 주민들은 이처럼 기능적이면서 동시에 위세를 드러내는 무기들을 석조 기념비에 새김으로써 지체 높은 신분이었던 죽은 이를 찬미했다. 한편 스페인 엑스트레마두라(Extremadura)와 안달루시아 서부 지역에서는 후기 청동기시대에 새로운 양식의 석조 기념비가 나타났다.[52] 이 석조 기념비는 전사의 모습을 하고 있는데, 무엇을 표현하려 한 것인지 구체적으로 알 수 있는 다양한 상징이 많이 새겨졌다. 연구 초창기에는 이 석조 기념비들이 청동기시대 후기의 무덤과 연관 있다는 주장이 제기된 적이 있다. 하지만 석조 기념비 대부분이 농지 개간 과정에서 우연히 발견되었기 때문에, 그와 같은 주장을 확인할 길이 없다. 이 시기에 제작된 것 중에서 가장 단순한 형태의 석조 기념비에는 장검 한 점, 창 한 점 그리고 홈이 파인 방패 한 점만 새겨져 있다. 그러나 어떤 석조 기념비에는 이륜 또는 사륜 전차, 활, 투구 버클, 거울 그리고 리라(lyre) 등 많은 물품이 새겨져 있다. 이와 같은 물품은 소수 지배층의 역할이 증대하고 있음을 보여 주는 사회적 증표이다. 가장 정묘하게 새겨진 석조 기념비에는 뿔 달린 투구를 쓴 전사가 무기, 전차 또는 위세품으로 둘러싸여 있는 모습이 도식적으로 새겨져 있다. 이처럼 청동기시대에서 철기시대로 넘어가는 과도기에 제작된 석조 기념비는 마치 계층화된 사회 구조 속에서 권력의 상징을 소유한 남성의 모습을 강조

....

52 스페인 안달루시아 지방과 포르투갈 접경 지대의 원사시대 문화를 타르테소스(Tartessos) 문화라고도 한다. 헤로도토스의 『역사』에서 그곳에 타르테소스라는 왕국이 있다고 한 데서 이러한 명칭이 나왔다. 타르테소스 문화는 동방에서 온 페니키아인들이 식민지를 건설하면서 번영을 누렸고, 이 시기에 원주민들에 의해 전사를 새긴 석조 기념비가 제작되었다. 따라서 이 지역의 전사가 새겨진 석조 기념비를 타르테소스 전사 석조 기념비라고도 한다. Pérez, S., López-Ruiz, C., 2005, New light on the warrior stelae from Tartessos (Spain), *Antiquity*, 80, pp. 89-101.

하는 듯하다.

여기서 계층화가 어떻게 시작되었는가 하는 문제는 논의할 사안이 아니지만, 이 베리아반도 남서부에서의 지역 경제 발달, 희소 자원 유통의 통제, 그리고 서유럽 농촌 사회의 지중해 사회 모델의 점진적 수용 같은 다양한 요인이 복합적으로 작동하여 계층화가 시작되었을 것이다. 몇몇 연구자는 이 석조 기념비들이 무덤 속 어떤 인물을 기념할 목적을 뛰어넘어, 각각의 공동체들의 경계를 표시하는 이정표처럼 영역으로 들어가는 길목에 세워졌을 것이라고 주장하기도 한다. 만약 이 가설이 옳다면 석조 기념비들은 그것들이 세워진 해당 지역의 지배 구조에 대한 하나의 코드로서, 상징적 언어를 전달하는 매체였다고 볼 수 있으며, 이 매체는 각 지역의 고유한 전통을 반영하고 있다고 해석할 수도 있다. 여성을 새긴 경우는 대개 왕관을 쓰고 있는 모습인데, 이는 석조 기념비가 당시 신분이 높은 사람들을 표현한 유물이라는 가설에 신빙성을 더해 준다.

다수의 희생양

선사시대에서 역사시대로 넘어가는 과도기에 이르러 사회가 더욱 계층화되고 복잡해짐에 따라 '최고 통치자'의 사회적 통제력도 강화되었다. 이제 최고 통치자는 자신의 역할을 신성화하기 위한 카리스마를 얻고자 하였다. 최고 통치자는 자신의 역할을 신성화하려고 '자신의' 백성들과 초자연적 힘 사이의 중간자라는 위상을 이용하여, 재임 기간에 일어나는 위대한 순간들을 '스펙터클하게 꾸미려 했다.' 실제로 몇몇 최고 통치자의 장례는 과장되었다. 그리고 의도적이든 우연히든 간에 최고 통치자의 장례는 신성화되었다. 몇몇 군장 사회 또는 역사시대 초기 왕국에서 이러한 과정이 잘 드러난다. 국가 사회와 왕이 처음 출현했을 때, 한 개인의 능력을 강화하려는 방편으로 지도자를 신성화하는 집단 드라마가 필요했다는 점이 흥미롭다. 결과적으로 주요 인물과 그 밖의 종속적 지위에 있는 수많은 사람 간의 차이는 더 벌어졌다. 신화적인 요소들이 덧붙어짐으로써 지배자를 신성화하는 의례는 더욱 강화되었는데, 그중 하나는 살아생전의 계급이 죽고 난 다음에도 계속된다는 관념이었다.

역사상 최초로 등장한 왕조 중에 기원전 2500년에 있었던 메소포타미아 우르 왕조의 최고 통치자 무덤들은 과대망상증의 대표적 예다. 극적이고 거창하기 그지없는 이 무덤들은 모두 죽은 최고 통치자를 영광스럽게 꾸미기 위한 장치였고, 백성들의 마음속에 왕과 왕비의 신분은 남다르다는 점을 새기기 위한 도구였다. 레너드 울리(Leonard Woolley)가 발굴했던 돌과 벽돌로 조성된 무덤들에는 최고 통치자들의 시신과 더불어 구리와 황금으로 만든 그릇, 청금석, 호박금(electrum), 금으로 제작된 장신구 등 매우 값진 보물이 함께 묻혀 있었다.[53] '왕릉 RT789호'로 알려진 무덤의 입구에서 시종 59구, 여자 19구 등의 인골이 발견되었고 수소 여섯 마리분의 뼈와 전차 두 대가 발견되었다. 왕비 푸아비(Puabi)의 무덤으로 알려진 800호 무덤의 내실로 들어가는 통로에서는 경비병 시신 다섯 구, 수소 두 마리와 썰매, 하프 연주자와 시녀 네 명을 포함하여 여자 시신 12구가 발견되었다. 왕비의 시신이 놓였던 방 안에서는 금속제 그릇을 비롯하여 250점의 부장품이 출토되었고, 왕비의 양옆에는 보석으로 치장한 여자 두 명이 누워 있었다. '죽음의 구덩이'라고 불리는 RT1237호 무덤에서는 무덤 입구에서 68명분의 여자 인골과 여섯 명분의 남자 인골이 발견되었다. 이곳에서는 집단 '자살'이 벌어졌으며 짐승들이 죽임을 당했다. 스스로 목숨을 끊었던 사람들은 독약을 마시고 죽었던 듯하다.[54] 이 유적들은 최고 통치자를 섬겼던 사람들의 비극적 종말과 우르 왕국에서 왕과 왕비에게 바쳐진 희생 의례가 어떠했는지 잘 보여

....

53 금과 은의 합금을 호박금이라고 하는데, 일반적으로 금에 30~70%의 은을 섞은 것을 말한다. 은의 비율에 따라 금색에서 은백색 등 여러 가지 색이 나타난다.

54 우르의 왕릉급 무덤들에 묻힌 희생자들이 자살했는지 아니면 타살되었는지에 관한 문제는 아직 해결되지 않았다. 그러나 최근 푸아비 왕비의 무덤에서 출토된 몇몇 희생자의 머리뼈에 난 골절상에 대한 CT 분석 결과를 보면 적어도 몇 명은 스스로 목숨을 끊은 것이 아니라 전투용 도끼에 맞아서 죽은 것으로 보인다. Baadsgaard, A., Monge, J., Wetter, R., Bludgeoned, 2012, Burned and Beautified: Reevaluating Mortuary Practice in the Royal Cemetery of Ur, Porter, A., Schwartz, G., (eds.), *Sacred Killing: The Archaeology of Sacrifice in the Ancient Near East*, Eisenbrauns, pp. 125-158.

준다. 장례에서 희생당한 사람들은 노예였을까, 아니면 지배층 일부였을까?

우르 왕조만큼 오래된 고대 이집트에서도 많은 사람이 희생되었다. 기원전 4000년 기, 선왕조시대의 무덤인 아다이마(Adaïma)에서는 처형되었을 것으로 추정되는 인골에서 폭력의 흔적이 확인되었다. 목뼈에 날카로운 흉기로 잘린 흔적이 있는 걸 보면 아마도 머리가 잘렸던 듯하다. 그렇지만 그들이 순장 과정에서 폭력을 당한 것인지는 확실하지 않다.[55] 이집트의 제1왕조시대부터 확실히 희생자 수가 늘어난다. 폭력적인 죽음을 맞이한 사람들은 최고 통치자의 무덤 주위를 둘러싸고 있는 시종들의 무덤들에서 확인되었다. 이집트 아비도스에 있는 제1왕조의 아하(Aha) 왕릉 주변에서는 시종 800여 명의 무덤들이 발견되었고, 왕릉에서 조금 떨어진 곳에서는 500명가량이 묻힌 무덤들이 발견되었다.[56] 그곳에서 출토된 석판에 새겨진 명문을 보면 주로 묻힌 사람은 시종, 첩, 예술가, 난쟁이 등으로 추정된다. 이들이 순장 때문에 한꺼번에 살해됐는지를 밝히는 일은 쉽지 않지만, 이들의 무덤들 바로 위에 왕의 무덤이 놓여 있는 정황을 볼 때, 적어도 두 명의 최고 통치자, 즉 카아(Qa'a)와 세메르케트(Semerkhet)의 무덤에서 희생 의례가 거행되었다는 점만큼은 확실하다.[57] 비슷한 희생 의례가 사카라(Saqqara) 지역에서도 있었다.[58] 제1왕조가

....

55 1990년부터 1999년까지 이루어진 아다이마 공동묘지 발굴조사로 무덤 500기가 발견되었다. 아다이마 유적은 이집트 선왕조시대의 장례 풍습과 인신공양에 관해 많은 정보를 제공해 줄 수 있는 유적이다. Crubézy, E., Midant-Reynes, B., 2005, Les sacrifices humains à l'époque prédynastique: l'apport de la nécropole d'Adaïma, Albert J.-P., Midant-Reynes, B. (éds.), *Le sacrifice humain en Égypte ancienne et ailleurs*, Soleb, pp. 58-81.

56 아하 또는 호르-아하(Hor-Aha) 왕은 제1왕조의 시조 또는 2대 왕으로, 흔히 나르메르 왕의 아들로 여겨지지만, 확실한 근거는 없다. 그의 무덤은 나일강 중류의 아비도스에서 1.5km 떨어진 움 엘-카압(Umm el-Qaab) 공동묘지에 있다. 이곳에는 제1왕조와 제2왕조의 왕들이 묻혀 있다. 그의 무덤은 벽돌로 쌓은 똑같은 크기의 세 개의 방(B19, B15, B10)으로 구성되어 있고, 그 주위에 시종과 동물 들의 무덤이 있다. Engel, E.-M., 2008, The royal tombs at Umm el-Qa'ab, *Archéo-Nil*, 18, pp. 31-41.

57 세메르케트(무덤 U)는 제1왕조의 일곱 번째 왕이고, 카아(무덤 Q)는 제1왕조의 마지막 왕이다. 이들의 무덤도 모두 움 엘-카압 공동묘지에 있다. Engel, E.-M., 2008, The royal tombs at Umm el-Qa'ab, *Archéo-Nil*, 18, pp. 31-41.

58 수도 카이로에서 남쪽으로 약 25km 떨어진 멤피스 지역에 있는 대형 공동묘지 유적이다. 제1왕조부터

끝나는 때인 기원전 2800년쯤에 이와 같은 집단 희생 의례는 사라진 듯하다.[19)]

케르마시대(Kerma: 기원전 3000년 기~기원전 2000년 기)에 수단에서는 '희생 의례에 진짜 미친 사람들'이 있었다. 조지 앤드류 라이스너(George Andrew Reisner)는 20세기 초에 케르마 유적 동부 지구의 무덤들에서 희생 의례를 최초로 확인하였다.[59] 이 유적의 매장 방식은 시신 한 구를 가운데 두고 희생자들을 원형으로 빙 둘러 묻는 방식인데, 시간이 지남에 따라 희생자 수가 늘어나는 경향을 보인다. 케르마 문화 전기는 희생 의례의 초기 단계로, 몇몇 무덤에는 두 명이 동시에 매장되었고 그중 한 명은 강제로 죽임을 당했다. 케르마 문화 중기에는 순장자의 수가 눈에 띄게 불어나고 주로 무덤의 서쪽과 남쪽에 동물이 순장되었다. 그렇지만 과대망상적인 희생 의례는 케르마 문화의 전성기에 절정기를 맞이하게 된다. 주요 무덤의 둘레에는 수백 명이 순장되었다. 어떤 무덤에서는 순장자가 400명에 이를 지경이었다. 순장자 인골의 척추 위아래에서 폭력의 흔적이 자주 관찰되었다. 특히 6번 목뼈와 7번 목뼈 사이에 흔적이 집중되어 있는 점을 보면 순장자들의 목이 잘렸던 것으로 생각된다. 여기서도 희생당한 사람들이 노예였는지, 아니면 왕의 친척 또는 친구였는지 하는 문제가 다시 제기된다. 체질 인류학적 연구에 따르면 지배자와 순장된 사람들 사이에 인종적 차이는 없다고 한다. 따라서 적어도 이 희생자들이 외부에서 온 노예는 아니었다는 점만큼은 확실하다. 그리고 지배자와 순장자들 사이에 혈연관계가 있다고 하는 것을 보면 적어도 희생자 중 몇몇은 왕의 친척으로 추정된다.[20)]

....

제27왕조까지 사용되었던 유적이다.

59 조지 앤드류 라이스너(1867~1942)는 미국의 이집트 고고학자로, 1905년부터 1907년까지 현재 수단인 누비아 지역에서 유적을 발굴하였다. 그는 이집트에서 온 이주민들이 케르마 문화를 발전시켰고 궁극적으로 독립된 왕국을 건설하였다고 생각했다. Reisner, G., 1924, *Excavations at Kerma*, Peabody Museum of Harvard University, p. 582. 케르마 유적에서 희생된 사람들에 관한 법의인류학적 그리고 영양학적 최근 연구에 대해서는 Buzon, M., Judd, M., 2008, Investigating health at Kerma: Sacrificial versus nonsacrificial individuals, *American Journal of Physical Anthropology*, 136, pp. 93-99; Judd, M., 2004 Trauma in the city of Kerma: ancient versus modern injury patterns, *International Journal of Osteoarchaeology*, 14, pp. 34-51 참조.

케르마시대보다 훨씬 늦은 시기인 기원전 5세기 무렵 스키타이족 군장의 장례 풍습에 관해 헤로도토스는 다음과 같이 기술하였다.

무덤 안 풀을 쌓아 만든 침대에 시신을 누인 다음, 시신 주위에 창을 꽂고 나무막대를 덧대 고정해서 기둥을 세운다. 이 기둥 위로는 갈대로 엮은 거적을 덮는다. 시신 주변의 빈 곳에는 왕의 후궁, 술 따르는 자, 요리사, 마부, 집사, 사자(使者) 중에서 한 명씩 선별해 목 졸라 죽이고 함께 묻는다. 아울러 말 몇 마리, 재물 일부, (은이나 동이 아닌) 황금으로 된 잔도 몇 점 껴묻는다. 이렇게 장례가 끝나면 사람들은 그다음 장례에서는 더 많은 부장품을 넣고 더 높은 봉분을 쌓으려고 서로 안달이다.[60]

그러나 이것은 단지 장례의 첫 단계에 지나지 않는다.

1년이 지나고 새로운 의식이 거행된다. 사람들은 왕의 거처에서 가장 쓸모 있는 스키타이족 출신 시종들을 선발하는데, 그렇게 하는 까닭은 생전에 왕이 내세에도 자신을 섬길 시종들을 이미 지목했기 때문이다. 그렇게 선발된 50명의 시종과 가장 빼어난 말 50마리를 목 졸라 죽인다. 말의 배를 갈라 내장을 제거하고 깨끗하게 한 다음 밀짚으로 가득 채우고 다시 배를 꿰맨다. 그런 다음 수레바퀴를 둘로 나눠 바퀴의 오목한 부분이 위로 향하도록 두 말뚝에 고정하고 바퀴의 다른 반쪽도 또 다른 두 개의 말뚝에 고정한다. … 사람들은 목 졸라 죽인 젊은이들을 한 명씩 말에 태우고, … 무덤 주위에 이 기병들을 빙 둘러 세우고는 말을 타고 떠나 버린다.[21]

물론 기원전 3000년 기의 케르마 군장 사회(왕조?)와 원사시대의 스키타이 군장 사회는 시공간적으로 너무나 멀리 떨어져 있다. 그런데도 시공간을 초월하여 가운데

....

60 스키타이족의 장례 풍습에 대한 보다 자세한 설명은 헤로도토스, 천병희(옮김), 2009, 『역사』, 숲, 403-405쪽 참조.

에 지도자의 시신을 놓고 그 둘레에 사람과 동물 등 희생자와 많은 부장품을 둥글게 배치하는 방식은 똑같다. 하지만 스키타이 희생자들은 목 졸려 죽었지만, 케르마 희생자들은 목이 잘려 죽었다는 점에서 차이가 있다. 맨손으로 조르든 날카로운 도구로 베었든 간에, 폭력 행위의 흔적이 목 부분에 집중되었다는 점은 피해자들을 처참하게 난도질하는 행위만큼은 최대한 피하려 했다는 뜻이다. 스키타이에서는 죽은 말 등에 올려진 채 버려졌고 케르마에서는 소가죽에 싸인 채 쭈그러트려서 묻혔지만, 피해자들은 비교적 깨끗한 상태로 살해당하였다. 스키타이와 케르마의 희생 의례는 희생자의 시신을 존중하면서 의례적 폭력으로 살해했다는 점에서 독특하다. 체코 모라비아의 비치 스칼라 동굴(Býčí Skála)에서는 원사시대에 화장된 시신 한 구가 발견되었는데, 시신이 화장될 때 수많은 '보물'도 함께 불태워졌다. 불탄 물품은 전차 한 대, 말 두 필(머리와 다리의 끝부분은 제거되었음), 청동기와 철기, 금은 제품, 유리와 호박으로 만든 장신구, 동물 뼈, 탄화된 곡물 등이다. 한편 화장한 지점 둘레에서는 적어도 40명분 이상의 인골이 출토되었는데, 이 중 여자가 35명, 남자가 5명, 10~12세 가량의 청소년 1명, 몇 살 안 되는 아이 1명의 뼈가 수습되었다. 값진 장신구, 옷 등 다양한 유물이 주변에 묻힌 인골들 사이사이에 흩어진 상태로 발견되었다. 화장으로 인해 뼈의 상태가 변형되기는 했지만, 몇몇 인골에서는 머리가 제거되었고 위팔뼈가 부러진 흔적이 있다. 기원전 7세기에 속하는 이 유적의 발견으로 우리는 유럽에서도 한 개인을 화장하면서 죽은 이의 위대함을 과시하기 위해 사람을 집단으로 희생했다는 사실을 알게 됐다.[22][61]

시공간을 초월하여 최고 통치자나 지배층이 행사하는 카리스마적이면서 동시

....

61 비치 스칼라 동굴 유적은 동부 할슈타트 문화의 대표적인 무덤 유적이다. 동굴 입구 부근에서 많은 양의 인골이 출토되었다. 그러나 최근 연구에 따르면 이 동굴 유적은 단순한 무덤이 아닌 복합적인 기능의 유적으로, 성역 및 거주 공간의 기능을 동시에 수행했다고 한다. 한편 이곳의 무덤을 성격에 따라 분류해 보면 지배자를 묻은 개인 무덤, 대장장이를 비롯한 평민들의 집단무덤, 지배자를 위해 희생되었던 사람들의 무덤 등으로 나눌 수 있다. Golec, M., 2017, *The Phenomenon of Býčí Skála Cave: Landscape, cave and mankind*, Archaelogica Olomucensia, Tomus 1, Olomouc 2017, pp. 68-76.

에 전제주의적인 권력이 예속민들에게 이 같은 방식으로 적용되었음을 보여 주는 사례들이 세계 곳곳에서 발견된다. 기원후 13세기 오세아니아 사회가 바로 그런 사례다. 당시 이곳은 문자 사회와 전혀 접촉이 없었던 '선사시대 사회'였지만, 위에서 살펴봤던 의례와 비슷한 희생 의례가 존재했다. 뉴헤브리디스(Nouvelles-Hébrides) 제도 가운데에는 레토카(Retoka)라는 작은 섬이 있다. 이 섬은 유럽인들이 처음 도착했을 때 무인도였다. 이 섬은 현지인들 사이에서는 뉴헤브리디스에서 가장 오래되고 가장 위대한 신화적 영웅인 '로이 마타(Roy Mata)'의 무덤이 있는 섬으로 잘 알려져 있다.[62] 뉴헤브리디스 제도 주민들 사이에 전해 오는 이야기에 따르면, 레토카섬은 로이 마타의 장례가 치러지자마자 영웅과 순장자 들의 영원한 안식을 위한 공간, 즉 성지로 인식되었고, 주민들이 그 섬에 출입하는 것이 금지되었다고 한다. 그들의 신화에 따르면 로이 마타는 생전에 주변 섬들의 군장들을 불러모아 큰 축제를 열었고 자신의 권력이 그들보다 우월하다는 점을 다짐받는 일종의 즉위식을 거행했다고 한다. 그리고 그는 뉴헤브리디스 제도의 사회 구조를 안정시키고 인구 증가에도 이바지하였다고도 한다. 죽은 후 그의 시신은 생전에 그가 지배했던 여러 씨족이 거주하는 영토를 모두 순회한 다음, 군도의 가운데에 있는 레토카섬에 묻혔다. 그리고 장엄하게 치러진 그의 장례식에서 각 씨족의 대표로 뽑힌 사람들이 생매장되거나 살해되었다고 전해진다.

과연 이와 같은 신화는 사실일까? 700년이 지난 후에 조제 가랑제(Jose Garranger)는 체계적인 발굴을 통해 이 신화가 진실인지 검증할 수 있었고, 또한 신화 속의 인물과 순장자들이 누구인지 밝혀낼 수 있었다.[23][63] 발굴 결과, 로이 마타는 다리를 벌린

....

62 레토카섬은 오스트레일리아 북동 남태평양의 뉴헤브리디스 제도(현재 바누아투 공화국)에 속한 섬이다. 이곳에서는 전설적인 영웅인 로이 마타의 무덤과 순장자 인골 33구가 발견되었다. 탄소연대측정 결과 기원후 1265년이라는 연대가 나왔다. 로이 마타의 무덤 유적은 1967년에 조제 가랑제가 발굴하였으며, 2008년에 유네스코 세계문화유산으로 등록되었다.

63 Garanger, J., 1972, *Archéologie des Nouvelles-Hébrides: Contribution à la connaissance des îles du Centre*, ORSTOM et Société des Océanistes, p. 412. 참조; 뉴헤브리디스 제도 발굴과 오세아니아 고고학사에서 가랑제의 위상에 관해서는 Coiffier, Ch. 2009, 《Promesse tenue》. José Garanger et le

채 묻혀 있었고 그의 다리 사이에는 젊은 여자의 인골들이 한데 모여 있었다. 그리고 그의 왼쪽에는 한 남자가 묻혔고, 오른쪽에는 남녀 한 쌍이 묻혔는데 젊은 여자의 인골은 남자의 발 쪽에 놓여 있었다. 로이 마타의 무덤을 가운데에 두고 여자 17명과 남자 16명으로 이뤄진 순장자 33명이 마치 활처럼 둥글게 묻혔는데, 그중에는 혼자 묻힌 경우도 더러 있지만 대개 남녀 한 쌍씩 묻혔다. 그리고 모든 희생자는 목걸이, 팔찌, 조개껍데기와 멧돼지의 송곳니로 만든 허리띠를 차고 있었다. 남자들은 땅에 등을 대고 마치 휴식을 취하는 듯한 자세로 누워 있었고, 여자들은 함께 묻힌 남자 쪽을 향해 몸을 굽힌 채 묻혀 있었다. 여자들은 남자의 목, 팔 또는 허리를 팔로 감싸고 발도 남자의 발 사이에 끼어 있는 듯한 모습이어서, 마치 여자가 남자의 보호를 갈구하는 듯한 자세다. 남자들은 묻히기 전에 독이 든 음료를 마시고 약에 취해 있었던 듯하다. 반면에 여자들은 그럴 권리가 없었던 것 같다. 여자들은 생매장되거나 목 졸려 죽었다. 이들 말고 다른 사람들은 자신들의 의지와 상관없이 희생당했고 심지어 다른 사람에게 먹혔던 것으로 추정된다. 그들의 긴 뼈들은 한곳에 모여 있었다. 장례가 끝난 뒤 섬의 출입이 금지되었기에 이 신화는 지난 700년 동안이나 살아남을 수 있었다. 구전의 전통이 아직 살아남았기 때문에 고고학적 연구는 이 특이한 장례 의식을 신화와 그에 얽힌 이야기 속에 직접적으로 연관 지을 수 있었다. 한마디로 로이 마타 유적에서 순장자 일부는 자신의 의지와 상관없이 희생당했지만, 일부는 자기 자신을 '희생했던' 것이다.

그럼 다시 구대륙의 원사시대로 돌아가 보자. 지금까지 다룬 유적들과는 전혀 다르지만, 청동기시대에 집단 희생이 자행되었던 또 다른 사례가 있다. 그것은 바로 고대 중국이다. 황하 중류 분지에서는 기원전 17세기에서 기원전 11세기까지 상(商)나라가 발전하였다.[64] 산동성(山東省)의 소부둔(蘇埠屯)에 있는 무덤 중 한 기는 가운

....

retour au Vanuatu des objets de la sépulture de Roy Mata, *Le Journal de la Société des Océanistes*, pp. 15-23 참조.

64 은(殷) 또는 은상(殷商)이라고도 불리는 상나라 전기의 고고학적 문화를 이리강(二里岡) 문화라고 한다. 지은이들은 상나라 건국을 기원전 17세기까지 올려 잡고 있지만, 중국 고고학을 전공하는 연구자들은 대개 그보다 한 세기 뒤인 기원전 16세기에 이르러 이리강 문화가 비로소 시작되었다고 본다. 中國社

데에 어마어마한 구덩이를 파서 무덤방을 만들고 사방으로 경사진 통로를 연결하였다.[65] 무덤방은 위로는 단을 만들고, 아래로는 수직굴을 뚫었다. 발굴을 통해 청동제 도끼, 옥기, 조개와 돌로 만든 목걸이, 토기 등 많은 부장품이 출토되었다. 이뿐만 아니라 이 지하 구조물의 여러 지점에서 48명분에 이르는 인골과 여섯 마리의 개 뼈도 발견되었는데, 모두 순장된 것이다.[24]

중국은 기원전 3세기에 통일되면서 중앙집권적 제국으로 탈바꿈한다. 통일왕조의 첫 번째 황제였던 진시황의 능은 그야말로 과대망상의 극치다. 능이 있는 구역, 즉 능역(陵域)은 두 겹의 담으로 둘러싸여 있는데, 바깥쪽 담은 길이가 가로 2km, 세로 1km에 이르고 진시황이 묻힌 능 자체의 길이도 무려 400m나 된다.[66] 진시황이 죽었을 때 후궁들뿐만 아니라, 왕릉을 건설하는 데 참여했던 사람들도 비밀을 지키기 위해 모조리 죽임을 당했다.[67] 황릉의 주변에는 고위직에 있던 신하와 호위병 들의 무덤과 70명가량이 순장된 무덤도 있다. 심지어 황실의 아이들도 순장당했다. 그는 사후에도 자신의 경호를 책임질 군대까지 조직하였는데, 진흙으로 만든 이 멋들

....

會科學考古學硏究所, 2003, 『中國考古學 (夏商卷)』, 中國社會科學出版社, p. 187; Campbel, R., 2014, *Archaeology of the Chinese Bronze Age*, UCLA Cotsen Institute of Archaeological Press, pp. 69-73; Shelach-Lavi, G., *The Archaeology of Early China*, Cambridge University Press, 2015, pp. 198-200; Yuan Guankuo, 2013, The discovery and study of the Early Shang Culture, Underhill, A., ed. *A Companion to Chinese Archaeology*, Wiley-Blackwell, pp. 325-327.

65 본문에서 말하는 무덤은 소부둔에서 발견된 무덤 중에서 가장 큰 무덤인 M1이다. M1은 상 후기의 무덤 중에서 은허(殷墟)의 서북강(西北崗) 왕릉을 제외하고는 가장 큰 무덤이라고 한다. 무덤의 구조도 은허의 왕릉급 무덤의 구조와 같다. 하남성(河南省) 중부에 있던 상나라는 두 번에 걸쳐 동쪽에 있는 산동 지역으로 진출하였는데, 상이 두 번째로 진출할 때 소부둔 유적을 남겼을 것으로 추정된다. 1965~1966년에 걸친 발굴과 1986년도 발굴을 통해 상나라 말기 문화에 속하는 유물과 전차 등이 출토되었다. 심재훈, 2018, 「商周시대 移民과 국가: 동서 융합을 통한 절반의 중국 형성」, 『청동기와 중국고대사』, 사회평론아카데미, 313-314쪽 참조.

66 좀 더 정확히 말하자면 진시황릉의 크기는 동서 485m, 남북 515m, 높이가 약 76m이다. 능역을 두른 담은 안쪽 담의 남북 길이가 1,335m, 동서 길이가 580m이며, 바깥쪽 담은 남북 길이가 2,165m이고 동서 길이가 940m에 이른다.

67 진시황의 아들인 호해(胡亥)가 아버지의 후궁들을 순장했다는 기록이 있다. 사마천, 김원중(옮김), 2015, 「진시황 본기(秦始皇本紀)」, 『사기본기』, 민음사, 244쪽.

어진 군인[秦俑]은 실제 남자보다 더 우람하다. 마치 병영을 지키듯 그들은 지하 통로 곳곳에 서서 무덤을 지키고 있는데, 지금까지 출토된 유물만도 수천 점을 헤아린다.[25]

토탄층에서 출토된 미라들

여기서는 북유럽의 원사시대에 벌어졌던 폭력을 전반적으로 살펴보려고 한다. 덴마크, 노르웨이, 스웨덴, 네덜란드, 영국 등의 습지대에 널리 퍼져 있는 토탄 늪(vases tourbeuses)은 그곳에 버려진 시신을 온전한 상태로 보존한다. 호수, 석호, 늪, 토탄 늪에 생기는 특별한 물리화학적 조건으로 인해 시신이 심한 손상 없이 보존될 수 있다. 그래서 이와 같은 토탄 늪의 발굴은 세상의 이목을 집중시킬 만한 발견으로 이어지는 경우가 많다. 이런 환경에서는 시신이 거의 썩지 않기 때문이다. 미라화된 시신의 살갗과 살은 고고학적으로 매우 가치가 높다. 세계 어디서나 발굴을 통해서 수습되는 유해라고는 오로지 뼈뿐인 경우가 대부분이라, 미라화된 시신은 고고학의 연구 폭을 훨씬 넓혀 줄 수 있기 때문이다.

가끔 '늪에 빠진 사람'뿐만 아니라 모자, 옷, 신발, 그리고 그가 쓰던 그 밖의 도구까지 함께 발견되기도 한다. 많은 경우, 토탄 늪에서 발견된 원사시대 사람들은 남자가 되었든 여자가 되었든 처형당하고 호수에 던져진 희생자다. 따라서 그들의 몸에는 끈이나 동아줄에 목이 졸릴 때 쓸린 자국이 살갗에 남거나, 아니면 목뼈가 부러진 흔적처럼 폭력의 흔적이 남게 마련이다. 몸의 부드러운 부분이 썩지 않고 남아 있다면 별다른 어려움 없이 피해자를 죽음에 이르게 한 폭력에 대해 상세하게 파악할 수 있다. 그렇지만 신성한 의례를 거행하는 과정에서 몸에 별다른 상처 없이 피해자가 물에 빠져 죽었을 가능성도 있다. 하지만 목을 졸라 죽였든, 목을 매달아 죽였든, 피해자를 죽일 때 사용했던 '살인 도구'가 대개 익사자와 함께 발견되기 때문에, 몸에 외상의 흔적이 전혀 없다 해도 그가 폭력으로 인해 죽었다는 사실을 입증할 수 있다.

1984년 영국 체셔(Cheshire) 지방의 린도우(Lindow)에서 배수 공사 중 우연히 발견된 미라를 한번 보자. 보그맨(The Bog Man), 즉 진흙탕 남자라고도 불리는 이 사람은 현재 대영박물관에 영구 보관되어 있어서, 현재 일반 관람객이 관람할 수 있다.[68] 인류학자들은 스캐너, 엑스레이, 시료 분석 등 첨단 장비를 동원하여 이 남자가 폭력으로 사망했다는 사실을 곧바로 입증하였다. 사지는 동아줄에 묶여 있었고 목은 잘린 상태였다. 뼈가 여러 군데 부러졌는데, 특히 머리와 얼굴 부위가 그랬다. 이와 같은 증거를 볼 때 피해자가 계획적으로 죽임을 당했음이 확실하며, 시신은 살해당한 뒤 늪에 던져졌다. 고고학적 연구를 통해 이 살인 사건이 철기시대, 즉 기원전 350년경에 일어났다는 사실도 알게 되었다.[26] 이와 비슷한 사례를 다른 유적에서도 찾아볼 수 있다. 1950년에 덴마크 톨룬(Tollund)에서 20세가량의 남자 미라가 가죽으로 된 두건, 허리띠, 그리고 두 줄을 꼬아 만든 동아줄과 함께 발견되었다(사진 25).[69] 동아줄은 피해자의 목을 조르거나 매달 때 썼던 도구였다. 우리는 그가 사망하기 12~24시간 전까지 뭘 먹었는지도 알 수 있었는데, 그는 마지막으로 보리와 밀, 그리고 밭에서 나는 풀들을 섞어 쑨 죽을 먹었다. 이 미라는 철기시대의 미라로 판명됐다. 1952년에 톨룬에서 동쪽으로 20km 떨어진 덴마크의 그라우발레(Grauballe)

....

68 보그맨은 20세 중반의 건장한 젊은이로, 그의 몸에 힘든 육체노동의 흔적이 없다는 점에서 사회 상층부에 속했던 사람이라고 추정된다. 그가 죽은 원인이 무엇인지에 대해서는 논란이 있다. 대체로 의례적 목적에서 희생당했을 것으로 보고 있다. 폭행을 당하기 전에 그는 검게 그을린 빵을 먹었던 것으로 추정된다. 보그맨이 죽은 시기가 기원전 350년경이라고 하지만 그의 사망 시기를 놓고 논란이 있다. Brothwell, D., 1995, Recent Research on the Lindow Bodies in the Context of Five Years of World Studies, *Bog Bodies: New Discoveries and New Perspectives*, British Museum Press, pp. 100-103; Holden, T. G., 1995, The Last Meals of the Lindow Bog Men, *Bog Bodies: New Discoveries and New Perspectives*, British Museum Press, pp. 76-82.

69 탄소연대측정 결과에 따르면 톨룬 미라의 연대는 기원전 475~기원전 210년이다. 이 시기는 북유럽 지역의 고고학 편년체계에 따르면 선로마 철기시대(Pre-Roman Iron Age)에 해당한다. 그는 40세가량에 키는 161cm로 당시로서는 작은 편인데, 늪이라는 보존 환경 때문에 몸이 줄어들었을 가능성도 있다. 엑스레이 분석 결과, 머리에 외상은 전혀 없었고 다른 장기도 손상되지 않았다. Glob, P., 2004, *The Bog People: Iron-Age Man Preserved*, New York Review of Books, pp. 18-36.

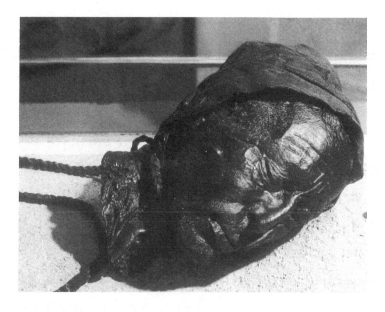

사진 25 기원전 350
년경 덴마크 토탄층에
서 출토된 톨룬 남자
미라의 머리 세부 모
습으로, 희생자의 목
을 조르거나 매달 때
썼던 밧줄이 보인다
(© AKG, Paris).

에서 또 다른 미라가 발견되었다.[70] 이 미라의 연대는 톨룬 미라보다 조금 더 늦은
기원 전후 시기로 추정되는데, 당시 이 지역은 로마화된 세계에 속하지 않았으므로,
이 미라는 원사시대의 미라로 봐야 한다(이 지역은 로마 제국과 동시대이고 로마와 교류
도 했지만, 철기시대의 전통을 따르고 문자가 없었으므로 덴마크에서는 이 시대를 '로마 철
기시대'라고 부른다). 미라의 목에는 깊은 상처가 보이는데, 한쪽 귀에서 다른 쪽 귀까
지 목이 완전히 잘려 나갔다(사진 26). 가해자가 여러 차례 목을 자르려 했다는 사실
도 흔적을 통해 알 수 있다. 피해자의 머리, 즉 오른쪽 관자놀이의 윗부분이 깨졌고
왼쪽 정강뼈도 부러졌다.[27] 스칸디나비아반도에서도 이처럼 목이 잘리거나, 목 졸리
거나, 목 매달렸던 미라들이 발견되었다. 그리고 덴마크의 로움(Roum) 늪에서는 철

....

70   그라우발레 미라도 톨룬 미라처럼 의례를 통해 죽임을 당했던 것으로 보인다. 사망 당시 나이는 30세
      가량이었던 것으로 추정된다. 과거에는 머리의 깨진 흔적을 둔탁한 흉기에 맞아 생긴 외상흔으로 보
      았으나, 최근에 이뤄진 CT 분석 결과에 따르면, 죽은 다음 늪의 퇴적물 압력 때문에 생긴 흔적이라고
      한다. Glob, P., 2004, *The Bog People: Iron-Age Man Preserved*, New York Review of Books, pp.
      37-62; Karen, L., 2007, Tales from the Bog, *National Geographic*, 212, n°3, September, pp. 84-93.

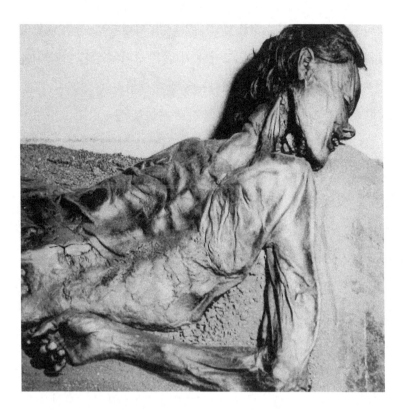

사진 26 로마 철기시대 덴마크 토탄층에서 출토된 그라우발레 남자 미라로, 목 부위에 깊게 칼에 베인 자국이 선명하다.

기시대 전기에 목이 잘렸던 여자 미라가 발견된 적도 있다.[71]

　이들은 무슨 까닭으로 살해되었을까? 우리는 이에 관한 여러 가설 중에서 이 미라들이 희생 의례의 피해자였을 것이라는 가설이 가장 설득력 있다고 생각한다. 이 가설은 알프레드 디크(Alfred Dieck) 교수가 적극적으로 옹호했던 것으로, 그의 저서는 1960년대까지 토탄 늪에서 출토된 남녀 미라에 관한 가장 뛰어난 연구서로 평가받았다.[28][72] 그는 토탄 늪에서 발견된 사람들 대부분이 공동체의 안녕을 위해 정기

....

71　1942년에 로움에서 발견된 미라는 오랫동안 여자로 알려졌으나, 턱수염 그루터기가 발견되면서 20세가량의 남자로 판명되었다. Munksgaard, Elizabeth, 1984, Bog bodies: A brief summary of inerpretations, *Journal of Danish Archaeology*, 3, p. 121.

72　알프레드 디크(1906~1989)은 독일의 고고학자로, 유럽 늪지 출토 미라 연구의 권위자로 오랫동안 인정

적으로 열렸던 종교적 의례에서 폭행을 당해 살해되었으며, 의례가 끝난 뒤 이들의 시신은 늪에 버려졌을 것이라고 주장하였다. 그러나 이 같은 그의 주장은 미라의 목에 걸린 밧줄이 증언하듯, 그들이 교수형을 당했다는 주장과 대립하는 것은 아니다.

몇몇 연구자는 이 미라들이 어떤 죄에 대한 형벌로 사형을 선고받고 교수형을 당했던 사람이었을 것이라고 본다. 그러나 설령 이 미라들이 실제 사형당한 사람이었다고 하더라도 징벌 방법은 다양할 수 있다. 목을 자르고 머리를 깨뜨려 살해하는 행위는 폭력이 신속하고 즉흥적이고 충동적으로 발생했음을 뜻한다. 반면 목을 매달거나 머리를 완전히 베는 행위는 우발적 살인이라고 보기에는 너무 많은 시간이 소요된다. 넓은 의미에서 보면 목을 매달아 죽이거나 머리를 완전히 잘라 죽이는 행위는 형벌적 의례와 관련 있다. 그런 맥락에서 종교적 차원에서든 사회적 차원에서든 가족의 차원에서든 간에, 우리는 이와 같은 토탄 늪에서 발견된 미라들을 통해 정의와 징벌이라는 개념의 탄생을 볼 수 있다. 토탄 늪에서 발견된 미라들에 대해 지금까지 살펴본 것처럼, 선사시대 또는 원사시대의 세계가 끝나갈 무렵 사회 질서에 불응하는 자는 '사형에 처한다'는 새로운 사회적 조건 또는 강제가 출현했다는 사실을 확인할 수 있다. 그리고 이러한 사실은 선사시대를 새로운 시각에서 볼 것을 요구한다. 어떤 이유로 사형되었는지는 모르지만 대중적 지지 속에서 거행된 처형이라 할지라도, 시신을 물속에 던져 버리는 행위는 그 시신을 감추고 사람들 눈에 안 띄게 해야 할 필요가 있었음을 뜻한다. 그런 측면에서 호수에 버려진 희생자는 문자 그대로 버림받은 사람들이었다.

마지막으로 강조하고 싶은 점은 지금까지 논의하였던 개인 간 폭력, 집단적 희생, 징벌, 그리고 시신 은폐 같은 모든 폭력 행위를 사회학적 관점에서 새롭게 인식해야 한다는 사실이다. 살인이 희생 의례의 일부라는 이유로, 사회 질서를 어지럽힌

....

받았다. 그러나 1990년대 초부터 그의 연구가 출처가 불분명하고 실제로 그가 미라를 조사해 본 적이 한 번도 없다는 이유로 비판받았다. Sanden (van der), W., Eisenbeiß, S., 2006, Imaginary people: Alfred Dieck and the bog bodies of northwest Europe, *Archälogisches Korrespondenzblat*, 36, pp. 111-122.

죗값을 치러야 한다는 이유로 정당화되고 계층화된 사회에서 불가피한 일처럼 받아들여졌다고 하더라도, 시신을 물에 던져 감추는 행위에서 알 수 있듯이, 처형은 궁극적으로 수치스러운 행위로 인식되었던 듯하다. 정의, 사회적 징벌, 형법 같은 개념은 아직 뚜렷하게 드러나진 않았지만, 이 시기부터 서서히 나타났다. 바꿔 말하면 이때부터 처형이 개인적인 보복 행위로 이뤄지지 않고 강제력이 있는 집단의 권위에 따라서 실시되었다는 것이다. 어쩌면 처형은 희생 의례와 징벌이라는 두 가지 목적을 한꺼번에 해결하는 길이었을지도 모른다. 공동체를 '구한다'는 구실 아래 사회에서 추방된 사람 중에 적당한 희생자를 골랐을 것이다. 금기를 어겼다는 이유, 제정신이 아니라는 이유, 죄를 저질렀다는 이유, 포로라는 이유 등, 참, 죽여야 할 이유도 가지가지다.

맺음말

지금까지 살펴봤던 폭력 행위의 다양한 사례를 통해 우리는 어떤 결론을 도출할 수 있을까? 일단 폭력의 현대적 정의에 대체로 부합하는 폭력이 선사시대에도 늘 있었다는 점만큼은 거의 확실해 보인다. 자료 자체도 적고 자료를 해석하는 데도 어려움이 많아, 인류 발생 초기부터 폭력이 존재했을 수 있다는 선에서 논의를 끝냈지만, 후기 구석기시대 말기의 증거가 많아지면서, 공격성을 보여 주는 여러 가지 사례를 볼 수 있었다. 여기서 길게 논의하지는 않겠지만 '폭력'의 의미는 문화적 코드에 따라 얼마든지 달라질 수 있으므로, 시공간의 변화에 따라 '폭력'의 의미 또한 달라질 수밖에 없다. 비록 고고학을 통해 과거에 발생했던 폭력을 확인하고 드러낼 수 있다 하더라도, 각각의 문화적 환경에 따라 폭력의 실체와 인식과 그 정도가 정해진다는 점을 잊지 말아야 한다. 가해자와 피해자 모두 인신공양, 대학살, 노예제, 전쟁 같은 폭력 행위를 운명이나 법에 따른 당연한 처사로 여기거나, 심지어 폭력에 참여하는 행위를 긍지로 여기는 사람들도 있다. 실제로 호메로스의 영웅들과 아메리카의 수족은 전투 중에 죽는 것을 가장 큰 영광으로 여겼다. 그리고 인도의 아내들은 남편을 화장할 때 불구덩이로 뛰어드는 것을 가장 영예롭게 여긴다. 가미카제(神風) 특공대에게 태평양에 떠 있는 미국 함대를 향해 비행기를 몰고 돌진하는 것처럼 위대한 행위는 아마 없을 것이다!

　다소 도식적으로 말하자면 적어도 두 가지 형태의 폭력이 공존해 왔다고 볼 수 있다. 첫째는 '내향적 폭력'이다. '내향적 폭력'은 대개 평화로운 시기에 집단생활 속에서 나타난다. 공동체의 일상적인 삶에서 일어나는 경쟁으로 인한 대립과 반목은 팽팽한 긴장관계를 형성하지만, 그렇다고 좀처럼 폭력이 드러나는 경우는 드물다. 그러나 가끔 경쟁이 과열되어 앙갚음, 복수, 살인 등으로 끝나는 때도 있다. 개인 간에 충동적으로 일어나는 폭력 행위에 대해 사람들은 손가락질하기 마련이다. 모든 사회는 구성원들 사이에 경쟁이 과열되는 것을 막고 사회가 별다른 충돌 없이 잘 돌아갈 수 있도록 법과 금기를 둔다. 법과 금기는 종교적 전통에 기원을 두고 있다. 그렇지만 집단은 다르다. 집단은 법에 막혀 그동안 하지 못했던 폭력을 희생이라는 의례를 통해 마음껏 발산한다. 폭력(더 정확히 말하자면 폭력 행위다)은 의례를 통해 폭력이 아닌 신성한 행위로 정당화된다. 그리고 사람들은 폭력 행위가 자신들을 구원하는 속죄 행위라고 믿게 된다. 한편 '내향적 폭력'과는 정반대인 '외향적 폭력'도 있다. '외향적 폭력'은 둘 또는 그 이상의 공동체가 충돌하는 상황에서 거리낌 없이 발산된다. '외향적 폭력'은 집단의식을 통해 집단의 조화를 강조하고 개개인의 충동을 통제하여 집단 내부의 대립관계를 약화하거나 제거하는 기능이 있다. 의례적 전쟁, 전사들의 결투, 광범하고 무차별적인 약탈 등이 '외향적 폭력'의 사례들이다.

　그렇지만 이처럼 폭력을 두 가지 형태로 나눠 보려는 시도는 사실 폭력의 형태를 단순화한 것에 지나지 않는다. 폭력의 형태를 보다 명확하게 파악하려면 폭력의 원인과 본질이 무엇인지, 해당 사회가 어떤 사회적 발전 단계에 속하는지 등 다양한 요인을 함께 고려해야 한다. 그리고 시간이라는 요인도 생각해야 한다. 강제력이란 개념은 그것이 행사되는 사회의 성격에 따라, 즉 그 사회가 사냥-채집 사회인지, 농촌 사회인지, 도시인지에 따라 여러 가지 방식으로 집행될 수 있다. 이처럼 권력과 권위가 행사되는 방식이 해당 사회의 위계질서에 달려 있으므로, 집단에 따라 권력과 권위가 행사되는 방식은 매우 다양하게 나타난다. 하지만 권력과 권위가 행사되는 방식이 사회마다 다르다 할지라도, 개인 차원에서 발생하는 공격성을 제외하고 희생 의례와 전쟁 기간에 벌어진 폭력은 대개 정당화된다. 살인이 사회에서 '합법화'되고 용인되는 것이다. 살인이냐, 희생이냐? 선사시대의 여러 가지 사례에서 볼 수 있듯이 이 두 가지 행위의 경계를 명확하게 구분하는 일은 쉽지 않다. 문자가 없던 시기를 연구하는 고고학의 한계가 바로 여기에 있다. 죽임을 당한 한 인골을 놓고 어떻게 이 인골이 개인적 원한 관계 때문에 살해된 것인지, 아니면 전장에서 죽은 전사를 가엽게 여긴 친지 또는 적이 묻은 것인지 알 수 있단 말인가? 게다가 어쩌면 그는 희생 의례의 피해자였을 수도 있다. 이런 이유로 고고학자의 해석이라고 해 봤자 기껏해야 가설 수준에 머무는 경우가 대부분이다. 그렇지만 더러 상대방을 제거하는 데 사용했던 무기에 대한 아주 정교한 분석을 통해 살인의 성격을 밝혀내는 사례도 있다. 무기는 시간이 흐를수록 끊임없이 향상된다. 그리고 시간이 흐를수록 더욱더 상징적 위세도 함께 누리게 된다. 무기가 남성과 정력의 상징이라는 사고는 무기가 지닌 상징적 위세의 정점이다.

구석기시대 동굴 벽화 유적인 프랑스의 쿠냑, 페슈-메를에는 투창기로, 아니면 그냥 맨손으로 던진 창에 찔린 사람이 묘사되어 있다. 그리고 이탈리아 파그리치 유적의 작은 조각품에도 비슷한 장면이 새겨져 있다. 원래 투창기는 사냥 도구였지만 가공할 무기로도 사용될 수 있다. 만일 1만 2,000년 전의 작품인 아다우라 바위 새김 그림에서 '고문' 장면이 당시 있는 그대로의 현실을 묘사한 것이라면 그 시기부터 거의 질식사하기 직전까지 갈 정도로 끔찍한 고통이 수반되는 통과 의례가 있었다는 뜻이다.

구석기시대가 끝날 무렵 발명된 활은 먼 거리에서 목표물을 향해 정확하고 효과적으로 쏠 수 있는 무기였다. 따라서 활은 중석기시대와 신석기시대, 어쩌면 더욱더 후대까지도 최상의 무기였다. 농경시대에는 자루에 끼워 쓰는 도끼와 돌로 만든 단검(나중에 재질은 순동 및 청동으로 바뀐다)이 근접전에서 사용되었다. 청동기시대에도 여전히 활이 사용되었지만, 이 시대에는 장검과 창을 비롯한 새로운 공격용 무기들이 중요한 역할을 담당하였다. 그리고 초기 도시와 '야만인들'의 군장 사회에서 전차와 말은 전투에서 중요한 역할을 담당했다. 그동안 고고학자들은 살상 기술과 방법의 진화 과정에 관해 연구해 왔다. 그렇지만 누군가 이와 같은 행위를 하게 한 원인을 묻는다면 고고학자들은 아마 자신 있게 대답할 수 없을 것이다. 어떻게 하면 선사시대 사람들의 마음속으로 들어갈 수 있을까? 사냥-채집인, 농민, 청동기시대 전사들에게 폭력의 역할은 무엇이고, 또 그들은 그것을 어떻게 생각했을까? 이 책의 도입부에서 독자들에게 과거 사회를 연구하는 데 현대인의 사고방식을 과거 사회에 투영하지 말 것을 당부했다. 그렇지만 혹시 우리는 낯선 풍습을 우리의 사고방식대로 이해하는 것은 아닐까? 예를 들자면 식인 풍습 말이다. 오로지 영양분을 섭취하기 위해 행해진 족외 식인 앞에 우리는 어리둥절할 것이다. 그러나 만약 희생자가 인신공양을 위해 조상에게 바쳐진 공동체의 구성원이었고, 다른 구성원들이 정해진 의례에 따라 그 시신을 나눠 먹었다고 한다면, 우리는 선사시대에 일어났던 식인 행위를 어쩌면 신성하고 장엄한 행위처럼 여기게 될지도 모른다.

다시 희생 개념으로 되돌아가 보자. 사실 앞에서 살펴보았던 다양한 고고학적 사례들은 이 주제의 다양한 측면의 일부만을 드러낸 것에 불과하다. 모든 희생에는 반드시 폭력이 따른다는 점은 명백한 사실이다. 그러나 목을 자르거나 화살을 쏘거나, 아니면 목을 매달았던 '가해자'의 행위를 피해자는 폭력 행위로 인식했을까? '피해자들'은 당시 어떤 마음이었을까? 우르, 아비도스 그리고 케르마에서 최고 지배자를 따라 살해됐던 수많은 사람은 자신들의 죽음을 명예롭게 여겼을까? 아니면 자신들의 죽음을 징벌이라고 생각했을까? 혹시 그들은 죽음에 저항하기보다는 체념했던 것은 아니었을까? 신격화된 주인을 따라가야 한다는 것은 뒤집어 보면, 최고 지배자는 영원히 떠받드는 시종들과 궁궐 없이는 '저 너머의 세계'로 갈 수 없다는 의미다. 가까운 사람을 죽인다는 것, 즉 공동체의 최고 통수권자나 지도자를 위해 희생자를 바치는 행위는 공동체의 안녕을 바라는 신성한 의무이다. '희생자'는 집단의 안녕과 영속을 보장해 주는 하나의 수단으로서 자신의 생명을 바친다. 그와 같은 행위를 통해 사회 질서는 다시 태어나고 다시 세워진다. 따라서 '죽이는 행위'는 고도로 신성한 행위로 여겨지고 살인과 같이 부정적인 행위로 인식되지 않는다. 실제로 파라오는 해마다 열리는 세드(Sed) 축제를 통해 상징적으로 죽고 다시 태어나는 자신을 찬양토록 하지 않았던가?[1] 이와 같은 관습은 아마 초자연적 힘과 소통하는 매체로서, '최고 지배자'가 더는 자신의 역할을 만족스럽게 하지 못하게 될 때, 화려한 종교 의례를 통해 '최고 지배자'를 제거하던 과거의 오래된 풍습에서 비롯되었을 것이다.[1)] 지도자란 자리는 위엄과 예속을 떠나서는 생각할 수 없는 것인가? 바로 이와 같은 물음을 통해 우리는 고고학과 인류학의 새로운 연구 영역이 열리는 광경을 보게 된다. 우리는 사회 계층화의 골이 더욱더 깊어진 순동시대와 청동시대에 이르러, 처음으로 '카리스마' 넘치는 사람들을 보게 된다. 그런데 그들과 함께 매장되었던 막대한 양의 부장품이 증언하듯이, 혹시 그들은 거창한 의식을 치른 다음 살해당한 최고 지배자들이 아니었을까? 앞으로 연구할 만한 주제라고 생각한다.

지금까지 이 책은 선사시대 후기로 갈수록 전쟁의 역할이 점차 중요해진다는 사실을 밝히는 데 주력했다. 이 책에서 '전쟁'이란 용어는 원정, 기습, 살인, 약탈처럼 모든 집단과 집단 간 무력충돌을 포괄하는 가장 느슨한 의미로 사용되었다는 점에 유의해야 한다. 그러나 고고학적으로 이와 같은 충돌 행위를 밝히는 작업은 실제로 쉽지 않다. 사실 탈하임 유적처럼 집단학살을 증언하는 명백한 고고학적 유적은 아주 드물다. 발굴조사는 집터, 정식 무덤처럼 정상적인 장소를 중심으로 늘 진행됐다. '전장'에서 죽은 사람들의 인골은 대개 주거지나 무덤과 동떨어진 곳에서 발견되는데, 이는 고고학 발굴 현장으로부터 과거 전장이 크게 벗어나 있다는 뜻이다. 게다가 마을에서 전투 중에 죽었던 사람들의 시신이 그 자리에 그대로 남아 있는 일도 드물다. 위생상의 이유로 전사한 시신들은 마을 밖으로 옮겼을 것이기 때문이다. 역사시대의 전쟁을 예로 들어 보자. 만일 문헌 자료를 무시하고 전장에서 출토된 인골과 유물 같은 고고학적 자료만으로 전쟁을 연구한다면, 우리는 결코 전쟁에 관한 의미 있는 결과를 얻을 수 없다. 역사시대에 전장에서 죽은 사람들의 뼈는 이미 삭아 없어졌거나 용케 땅에 묻혔다 하더라도, 수천 년이 지난 지금까지 그 전장에 남아 있을 가

....

1   파라오의 장기간 재위를 축하하고 그가 이집트 땅의 합법적인 통치자임을 널리 알리는 고대 이집트의 축제이다.

능성은 거의 없기 때문이다(게다가 역사시대의 전투에 참여한 병력은 청동기시대와 비교할 수 없을 만큼 많은데도 말이다). 따라서 순전히 고고학적 증거만으로 논지를 전개해야 한다는 주장은 얼핏 논리적이고 학문적 엄격성도 갖추고 있는 것처럼 보일지 모르겠지만, 역사적 실체를 파악하는 데에는 한계가 명확하다. 문헌 자료를 꼼꼼하게 검토하지 않고 전쟁과 전투에 참여했던 병력을 추정할 경우, 그 규모를 매우 축소할 위험이 있고, 따라서 해당 시대를 평화로웠던 시대라고 잘못 해석할 수도 있다. 이와 같은 사실은 그동안 왜 선사시대에 폭력이란 주제가 별다른 주목을 받지 못했는지 잘 설명해 준다. 문헌 자료가 전쟁 같은 주제를 연구하는 데 매우 귀한 자료라는 점은 분명하다. 제벨 사하바 유적의 사례에서 보듯이 공동체 간 무력충돌은 구석기시대가 끝나갈 무렵부터 존재했던 듯하다. 그리고 덜 분명하지만 몇몇 중석기시대 유적에서도 비슷한 상황이 전개되었을 가능성이 크다. 그렇다면 그 이전 시기에는 집단 간 무력충돌이 없었다는 말인가? 고고학적 증거가 충분하진 않지만 우리는 그 반대라고 생각한다. 살인 사건이 일어났던 정황과 원인은 모르지만 적어도 후기 구석기시대 전반기부터 살인의 흔적이 관찰된다. 민족지학적 연구는 우리에게 사냥-채집 사회에서 전쟁의 역할과 기능에 대해 몇 가지 실마리를 준다. 원시 부족 10개 집단에 관한 민족지 조사에 따르면, 조사 집단 중에 두 집단은 거의 언제나 전쟁 상태였고, 다섯 집단은 정기적으로 전쟁을 했으며, 나머지 세 집단만 드물게 전쟁을 하거나 아예 전쟁 자체가 없었다고 한다.[2]

흔히 전쟁은 도시가 발달하고 국가가 보호자로서 기능하고 강제력을 동원할 수 있는 상황에서 일어난다고 생각한다. 이와 같은 인식 아래 기원전 3000년경에 지중해 동부 지역의 고대 이집트나 수메르 왕조가 들어선 다음에야 최초의 전쟁이 발생했다고 본다. 따라서 유럽 대부분 지역처럼 문자도 없고 국가 체계도 갖춰지지 않은 사회에서는 기껏해야 기원전 2000년 기, 즉 청동기시대가 돼서야 전쟁이 발생했다고 추정한다. 그러나 전쟁의 기원을 더 장기적인 안목에서 보는 편이 타당하다. 가장 넓은 의미로 정의할 때 '선사시대 전쟁'은 존재했고 그 증거들은 당시의 사회적 정황을 담고 있다. 물론 화살에 맞아 죽었던 흔적이 있는 인골에 관한 분석 결과처럼, 단편적인 사실만으로 사건의 전모를 파악할 수는 없다. 따라서 그런 몇 가지 사실만으로 전쟁 여부를 판단한다는 일 자체가 무리임을 우리도 잘 알고 있다. 전쟁의 발발 여부를 판단하려면 해당 사회의 사회·경제 조직, 인구 모델, 유적의 계층화 정도, 방어 시설의 존재 여부, 권력의 유형, 그리고 권위를 부여하는 다양한 요인들의 관계에 대한 보다 폭넓은 접근이 필요하다. 한마디로 총체적 접근이 필요하다는 것이다. 오로지 총체적 접근을 통해서만 무력충돌을 일으켰던 상황과 그 결과를 확인할 수 있다. 사실 무미건조한 고고학적 분석에만 의존하기보다는 유사한 인류학적 사례에서 유추해 낸 폭력에 관한 다양한 유형을 참조해서 선사시대 폭력 행위를 검증해 보는 것이 가장 낫다고 생각한다. 실제로 민족지학의 문화 연구에서 논의된 다양한 사례는 선사시대 폭력 연구에 한층 더 윤기를 더해 줄 수 있다. 고고학적 기록은 어쩔 수 없이 단편적이고, 그래서 불충분할 수밖에 없다. 순전히 고고학적 접근법만 받아들이고 고고학적 증거만 고집한다면 폭력과 관련된 많은 증거와 미개척 분야를 연구할 기회를 놓치게 되는 셈이다. 여기서 우리는 순수 고고학적 방법만으로는 한계에 부딪힐 수밖에 없다는 점을 분명히 인정해야 한다. 단지 고고학적 자료만 파고들어서는 기껏해야 복잡한 실체의 뼈대만 가까스로 맞출 수 있을 뿐이다. 그러나 이와 정반대로 고고학자가 고고학 자료로부터 너무 떨어지게 되면 상상의 나래를 펼치거나, 심지어 고고학적 연구라고 할 수 없는 지경에 이를 수 있다. 두말할 나위 없이 선사시대 무력충돌 사태의 존재 여부를 판단하는 데는 당시 사회의 조직과 기능을 파악하는 일이 관건이다. 그렇지만 고고학은 당시 사회의 조직과 기능에 대해 여전히 실증적이지 못하고 많은 부분에서 사변적 수준에 머물러 있다. 그래도 문자 이전 사회의 행위들을 너무 단순화하지 않고 이해하기 위해서는 당시 사회의 조직과 기능을 파악하는 수밖에 없다.

독자들은 이 책이 어느 정도 진화론적 접근 방법을 받아들이고 있다는 사실을 금방 눈치챘을 것이다. 사회가 발전하면서 무력충돌의 역할이 커지게 되는데, 이는 경제 발전, 환경 이용도 증가, 기술 발전, 그리고 사회적 계층화의 발전 등의 요소와 맞물려 있다. 물론 최말기 구석기시대 수단의 제벨 사하바 유적에서 일어났던 충돌,

서유럽의 순동시대를 특징짓는 무력충돌, 그리고 기원전 2000년 기에 지중해 동부 왕국의 전쟁에는 사실 공통점이 별로 없다. 사회 복잡도가 증가함에 따라 전쟁은 더욱 중요해진 것이다.

최말기 구석기시대 또는 농업 공동체 사회가 처음으로 등장했을 때 무력충돌은 기습과 약탈의 양상으로 전개되었고 살인이나 젊은 남자들 사이의 전투로 끝났을 가능성이 크다. 반면에 '역사상 첫 번째 전투'였다고 하는 메기도 전투나 카데시 전투는 훈련받은 '전문가들', 즉 직업 군인 간의 대결이었다. 이들은 전쟁 전문가로서 그에 필요한 기술을 갖추고 전투에 나섰다. 하지만 이 책에서 관심 있게 살펴보고자 했던 점은 전투 양상에서 이와 같은 자명한 차이가 아니라, 적과 맞서 싸우려 했던 그들의 마음이다. 무력충돌의 구체적 원인이 무엇이든지 간에 전쟁은 매우 이른 시기부터 적의 목숨을 빼앗아야 할 정도로 치열하게 전개되었다. 그리고 일찍부터 남성 영역의 '활동' 중 하나로 여겨져 왔던 '적과 맞서 싸워야 한다'는 의무감은 경쟁의식에서 비롯되었다. 남성 영역에 대해 언급한 김에, 남성 영역과 여성 영역의 구분에 관해 말하자면, 신석기시대와 순동시대의 예술 작품에서 여성은 생물학적 특징을 통해 상징화되었던 반면, 남성은 무기를 통해 상징화되었다는 점에서 대조적이다. 무기를 든 남자의 모습, 즉 전사 이데올로기는 기원전 4000년 기의 석조 기념비에서부터 찾아볼 수 있다. 그리고 이때부터 유럽의 몇몇 지역에서는 진정한 '전사 이미지 연출하기'가 시작되었다. 2,000년 뒤인 청동기시대의 복합 사회 등장과 더불어 이러한 전사들의 위상은 더욱 굳건해졌다. 한편 적을 무찌르는 데 주도적 역할을 했던 전사, 즉 영웅에 대한 숭배 의식과 또 그러한 영웅이 되고자 하는 야망이 전사들 사이에 팽배해지면서 그들 사이의 경쟁도 치열해졌다. 용기, 명예, 충성심 같은 덕목이 무기와 승리 간의 상호 작용을 통해 고귀한 가치를 지니게 된 것이다. 그렇지만 이처럼 이상화된 싸움에 관한 관념 속에 전쟁의 전혀 다른 모습, 즉 잔인함, 야만성, 죽음 같은 내용은 없다. 전사들은 공동체를 수호한다는 명분으로 그리고 공동체를 대표한다는 명목으로 싸웠다. 그러나 선과 악이 어디 있는가? 마니교의 교리처럼 세상이 선과 악의 투쟁이라는 시각을 고고학이 받아들여야만 하는 것일까? 선사시대 폭력과 전쟁의 발자취를 따라가자마자 우리는 각자의 가치관에 대하여 자문할 수밖에 없다.

마지막으로 폭력이 발생하는 근본 원인에 대해 성찰하는 것으로써 이 책을 끝맺고자 한다. 사실 전쟁이란 집단적이고 아무리 잔인하더라도 사람들 사이의 지배-종속관계를 보여 주는 여러 모습 중 하나에 불과하다. 맨 처음 개인적 차원에서 출발한 경쟁은 시작되자마자 빠르게 물건을 둘러싼 경쟁, 사랑을 둘러싼 경쟁, 사회적 경쟁, 그리고 종교적 경쟁으로 확대·발전되었다. 프로이트는 무의식으로 인해, 마르크스는 사회적 조건으로 인해, 도킨스는 염색체로 인해, 우리가 부모·형제와 반목하고 사용자, 노동자, 노예가 투쟁한다고 보았다. 그리고 그와 같은 근본 원인 때문에, 피부색이 다르다는 이유로, 빈부 차이를 이유로, 종교가 다르다는 이유로 싸운다고 설명하였다. 한마디로 인간은 타자와 대립한다는 것이다. 그러나 타인을 공격하고 싸우는 행위는 선사시대부터 있었던 타자와의 관계, 즉 경쟁자, 가족, 부족 그리고 도시 간의 긴장관계가 장기간에 걸쳐 악화되어 온 결과물이다. 참으로 역설적인 것은 문화적·사회적 수준이 높아지고 타자와의 협력과 교환이 증가한다 할지라도, 폭력 사태가 어느 날 갑자기 일어날 수 있고, 또 그와 같은 폭력 사태로 그동안 유지됐던 타자와의 우호관계가 한순간에 물거품이 될 수도 있다는 점이다.

그러나 상황이 이렇다고 너무 비관하지는 말자. 라스코 동굴의 멋진 벽화, 신전과 고인돌을 세웠던 사람들의 노력, 그리고 완성품이 목적지에 도달하는 데 엄청나게 시일이 걸리는 물자들이 네트워크를 통해 교역되고 분배되었다는 것은 단지 해당 사회가 문화적으로 발달했다는 사실만을 알려 주는 것이 아니라, 다른 사람과 함께 일하고자 하는 바람, 즉 협업이나 협력에 대한 욕망 또한 강렬했음을 말해 준다. 역사는 문자와 함께 시작되지 않았다. 역사는 그보다 더 깊은 과거에 뿌리를 두고 있다. 그리고 문자는 없었지만 선사시대 문명들은 나름 정교했다. 특히 최초의 정착 농경 사회의 사회·경제 체제에서 당시 사람들의 창의성을 엿볼 수 있다. 농경 사회의 사회·경제 체계는 역사시대 문명 사회의 원형이다. 바로 이런 이유에서 이 책의 지은이들은 선사시대 사회의 문화 발전 수준을 숨김없이 독자들에게 보여 줘야 한다고 생각한다. 우리는 선사시대에도 폭력이 인간의 조건 중 하나였다고 생각하며, 그와 같은 행위에서 그 어떤 '야만성'도 느끼지 않는다. 아니 오히려 선사시대가 되었든 역사시대가 되었든 간에, 대부분의 인간 사회에서 불화, 착취, 잔인함이 늘 있었다고 생각한다. 심지어 지금 우리가 고귀한 문명이라고 생각하는 이 문명에서조차도 말이다. 20세기 내내 나치즘, 굴라크, 민족주의, 종교적 근본주의처럼 끔찍한 참상을 겪었으면서도 과연 우리는 선사시대부터 사람들의 마음이 점점 착해져 왔고, 또 앞으로 더 나아질 것이라고 확신할 수 있을까? 아마 아닐 것이다. 먼 옛날에 사람들이 평화롭고 순진했다고 믿는 것은 환상이다. 로렌스 H. 킬리가 말했듯이 선사시대 사람들을 이상화하는 것은 그들을 비인간화하는 것이다. 고고학적 사실과 역사적 사실을 돌이켜 보면 호모 사피엔스는 기나긴 여정 동안 최선과 최악 사이를 끊임없이 왔다 갔다 하며 살아왔을 뿐이다.

원주

시작하는 말

1) HUOT, 1989, 211쪽과 그 밖의 쪽들 참조.

2) VALBELLE, 1998, 14쪽.

3) MENU, 1996, 22쪽과 33쪽, 나르메르 석판 해석에 관해서는 42-48쪽; MIDANT-REYNES, 1999, 24쪽 참조.

4) LÉVÊQUE, 1996, 350쪽.

5) ARNAL, 1976, 92-94쪽.

6) COLOMER, COULAROU et GUTHERZ, 1990, 135-136쪽.

7) EVANS, 1959, 168쪽과 그 밖의 쪽들 참조.

8) 토레인이 샤르단족이고 거석문화를 일궜던 원주민과 대치했던 침략자였을 것이라는 가설에 관해서는 GROSJEAN(1966) 참조.

9) GUILAINE, 1994, 166-168쪽.

10) 사례들은 다음 문헌을 참조할 것. MORRIS, 1968, 1978; LORENZ, 1970; VAN LAWICK-GOODALL H. et J., 1971 a et b; DUCROS A. et J., 1992.

11) VAN LAWICK-GOODALL, MORRIS, 1978, 361-363쪽 재인용.

12) LEROI-GOURHAN, 1965, 236-237쪽.

13) CLASTRES, 1997, 24쪽.

14) CLASTRES, 1997, 9쪽.

15) KEELEY, 1996, 90쪽 그리고 〈표 6~2〉 참조.

16) KEELEY, 1996, 30쪽.

17) KEELEY, 1996, 23쪽; CLASTRES, 1997, 5쪽.

18) CLASTRES, 1997, 11쪽.

19) LEVI-STRAUSS, 1996, 291-292쪽.

20) CHAVAILLON, 1996, 186-187쪽.

21) CHAVAILLON, 1996, 189-190쪽.

22) TRINGHAM, 1993, 122-123쪽.

23) STOCZKOWSKI, 1994, 13-35쪽.

24) LABURTHE-TOLRA, 1984, 504쪽.

25) LABURTHE-TOLRA, 1984, 505쪽.

26) GODELIER, 1982, 169-170쪽.

27) MORGAN, 1985, 31쪽과 그 밖의 쪽들 참조.

28) KEELEY, 1996, 25쪽과 그 밖의 쪽들 참조.

29) KEELEY, 1996, 119쪽.

30) TESTART, 1985, 65쪽.

31) GUILAINE, 1959, 684쪽.

32) SCUBLA, 1999, 136쪽.

33) GIRARD, 1972, 27쪽.

34) GIRARD, 1972, 215쪽.

35) SCUBLA, 1999, 137쪽.

36) TESTART, 1993, 27-29쪽.

사냥-채집 사회에서의 폭력

1) HUBLIN, 1982, 25쪽.

2) VALLOIS, 1957, 131-133쪽.

3) McCOWN et KEITH, 1939, 74-75쪽, 〈그림 37과 그림 38〉, 〈사진 27〉.

4) 크라피나유적 인골에 관해서는 PATOU-MATHIS, 1997, 1999, 2,000; 그리고 이 뼈들에 관한 여러 가지 견해는 TRINKAUS, 1985; RUSSELL, 1987 a et b; LE MORT, 1988 참조할 것.

5) 장-크로 바위 그늘 유적에 대해서는 JOURDAN, 1979, 387쪽.

6) DE LUMLEY, 1972, 615-620쪽.

7) WHITE, 1999, 128쪽.

8) BOULESTIN, 1999, 181쪽과 그 밖의 쪽들 참조. 이 책에는 선사시대 식인 행위에 관한 다양한 주장과 그 근거들을 상세하게 소개하고 있다.

9) BOULESTIN, 1999, 248쪽.

10) BRENNAN, 1991, 203-206쪽.

11) BEGOUEN, CUGULIÈRES et MIQUEL, 1922, 230-232쪽.

12) KOZLOWSKI, 1993, 170-171쪽 (같은 책, KAPICA et WIERCINSKI와 비교할 것. 245-251쪽).

13) SCUBLA, 1999, 141쪽.

14) LEROI-GOURHAN, 1992, 389쪽; CARDONA, 1996, 127쪽.

15) CLOTTES et COURTIN, 1994, 155쪽과 그 밖의 쪽들 참조. 그러나 몇몇 연구자들은 이 그림들이 바다표범을 묘사한 것이라고 해석한다. 바다표범은 사람처럼 손가락이 다섯이다. 그리고 그림에 나타나는 선들은 바다표범의 수염이나 꼬리를 나타낸다는 것이다. 이와 같은 해석에 대해서는 CARDONA, 1996, 83쪽 참조.

16) MEZZENA, 1976, 66쪽과 그 밖의 쪽들 참조.

17) 이 주제에 관해서는 BLANC, 1954a et b, 1955; CHIAPPELLA, 1954; BENOIT, 1955를 참조할 것.

18) GARANGER, 1992, 502쪽; MUÑOZ IBÑEZ, 1999, 33쪽. 이베리아반도에서 활이 사용된 시기가 더 올라갈 가능성이 없지 않다. 왜냐하면 이 지역에서 숲이 확장된 시기가 더 오래되었는데, 이와 같은 환경에서 투창기는 효과가 없기 때문이다(D. Sacchi의 정보 제공).

19) ROZOY, 1978, 1012-1016쪽.

20) BOUROV, 1973, 147쪽; BOUROV, 1981, 373-388쪽 (377-384쪽 그림들 참조).

21) SPINDLER, 1997, 23쪽.

22) ANDERSON, in WENDORF, 1968, 996-1039쪽.

23) WENDORF, 1968, 992-993쪽.

24) BALAKIN et NUZHNYI, 1995, 195-197쪽. 지은이들은 수자원이 풍부한 아메리카 대륙의 큰 호수 주변 원주민 사회들에 대한 모건의 관찰 결과를 인용하였다. 호수 주변 지역은 알곤킨 부족들의 영역 활동과 생활에서 중요한 역할을 담당한다.

25) BALAKIN et NUZHNYI, 1995, 196쪽.

26) 신석기시대 폭력 행위에 관한 훌륭한 목록은 VENCL, 1991.

27) 이 주제에 관해서는 MAY, 1986, 186-189쪽 참조.

28) DASTUGUE, in CHAMLA, 1970, 120-126쪽.

29) ZAMMIT, 1991, 105쪽.

30) BALAKIN et NUZHNYI, 1995, 196-197쪽.

31) BRUNAUX, 1986, 110-112쪽.

농경 사회는 평화로웠나, 요란스러웠나

1) KEELEY, 1996, 137-139쪽.

2) 이 주제에 관해서는 WAHL et KÖNIG, 1987; ALT, YACH et WAHL, 1987.

3) ALT, YACH et WAHL, 1997, 6-7쪽.

4) JEUNESSE, 1997, 50-51쪽.

5) LONTCHO, 1998, 47-50쪽. 1차 보고서에 따르면 전체 도랑유구의 5분의 1만 발굴했다. 아직 조사하지 않은 다른 유구에서도 이 정도 비율로 인골이 출토된다면 이 유적에서 출토된 머리뼈는 1,000점에서 1,500점에 이를 것으로 추정된다(LONTCHO, 1998, 48쪽).

6) BOULESTIN, 1999, 235쪽의 해석에 따름.

7) JEUNESSE, 1997, 48-49쪽; BOULESTIN, 1999, 236쪽.

8) BOULESTIN, 1999, 235-236쪽.

9) 퐁브레구아 유적의 식인에 대해서는, VILLA, COURTIN, HELMER, SCHIPMAN, BOUVILLE, MAHIEU, 1986 참조.

10) VILLA, COURTIN, HELMER, SCHIPMAN, BOUVILLE, MAHIEU, 1986, 159쪽과 165쪽.

11) VORUZ, in BOULESTIN et GOMEZ, 1995a, 64쪽.

12) MORGAN, *op. cit.*, éd. 1985년도 판, 25쪽. 생존을 위해 식인을 해야 했던 극단적 상황에서 대해서는 〈메두사의 뗏목〉(1816년)이라고 불리는 선박 조난 사고와 안데스산맥에 추락했던 〈아르헨티나 비행기 추락 사고〉(1972년)를 상기해 보라.

13) 콜로라도의 만코스 유적에 대해서는 WHITE, 1992 참조.

14) 사례 BOUVILLE, 1983, 22-23쪽.

15) BOULESTIN et GOMEZ, 1995a, 62쪽.

16) GUILAINE, 1995, 35-36쪽.

17) DUCOS, 1988, 95-96쪽.

18) J. Cabré Aguilo, H. Breuil, H. Obermaier, J. Colominas, P. Wernert, M. Almagro Basch의 연구 이후, 이 주제에 관한 연구는 많은 편이다. 그중에서 이 책에서 다루는 주제와 관련된 연구들은 다음과 같다. HERNANDEZ PACHECO, 1918; PORCAR, 1946; RIPOLL, 1963; BELTRÁN, 1968; JORDA CERDA, 1975; DAMS, 1984; MOLINOS SAURAS, 1986~1987; HERNANDEZ PEREZ, FERRER I MARSET, CATALA FERRER, 1989; HERNANDEZ PEREZ, FERRER I MARSET, CATALA FERRER, 1998.

19) HERNANDEZ PEREZ, FERRER I MARSET, CATALA FERRER, 1988, 229-230쪽과 1998, 123-124쪽 참조.

20) HERNANDEZ PEREZ, FERRER I MARSET, CATALA FERRER, 1998, 162쪽.

21) JORDA CERDA, 1975, 17쪽.

22) MOLINOS SAURAS, 1986~1987, 295쪽.

23) 레반트 예술의 최근 연대측정 결과에 대해서는 HERNANDEZ PEREZ, FERRER I MARSET, CATALA FERRER, 1988, 282-284쪽과 1998, 164-166쪽 참조.

24) MOHEN, 1995, 76쪽에서 인용된 J. JELINEK의 연구 참조.

25) Y. RIALLAND의 정보 제공.

표적이 되어 버린 사람들

1) 많은 연구 중에서 몇 가지만 인용하였다. B. PRUNIÈRES(1882), DE BAYE(1872, 1880), CARTAILHAC (1896), MOREL et BAUDOUIN(1928), PALES(1930), MOREL fils(1957), CORDIER(1990). 특히 G. Cordier는 동물에게 입은 부상에 대해 상세하게 논하고 있어서 흥미롭다. 이 분야에 관심 있는 독자들에게 이 책에 실려 있는 풍부한 참고문헌도 도움이 될 것이다.

2) LOISON, 1998, 194쪽.

3) BEECHING et CRUBÉZY, 1998, 150-158쪽.

4) BIROCHEAU, CONVERTINI, CROS, DUDAY, LARGE, 1999, 390쪽.

5) O. LEMERCIER의 정보 제공.

6) E. et M. ORLIAC, 1973, 66쪽.

7) GAGNIÈRE et GERMAND, 1942.

8) M. NAUDET과 R. VIDAL의 조사(비공식 자료로서 아직도 정식으로 학술지에 게재되지 않은 듯하다: 옮긴이).

9) ANDRÉ와 BOUTIN(1995)은 그랑-코스 지역에서 머리 원형 절제 수술을 받은 흔적이 있는 개체수가 213명분에 이른다고 주장하였으나, HIBON(1997)는 160명뿐이라고 반박하였다.

10) BRENOT et RIQUET, 1977, 9쪽.

11) ANDRÉ et BOUTIN, 1995, 200쪽. 프로방스에서 머리 원형 절제 수술의 흔적이 있는 인골은 모두 14명으로 남자가 8명, 여자가 6명이다(1991, 303쪽).

12) HIBON, 1997, 62-65쪽.

13) BOUVILLE, 1991, 303쪽.

14) HIBON, 1997, 88쪽.

15) 유적의 발굴 경위와 전반적 내용에 관해서는 COURTIN, 1974, 181쪽 참조; SAUZADE, 1983, 127쪽과 그 밖의 쪽들 참조. 연구자에 따라, 유적에서 출토된 개체수 계산에 차이가 난다. C. Bouville은 아래층(5층)에서 58명 분이, 그리고 위층(2층)에서는 71명분이 출토되어, 모두 129명분의 인골이 출토되었다고 계산하였다. 그러나 Ph. Chambon에 따르면 위층에서만 136명분의 인골이 출토되었다고 하며, 아래층에서 출토된 개체수를 합하면 모두 194명분에 이른다고 한다(Ph. Chambon의 정보 제공). E. Mahieu(1987, 6쪽)는 모두 250명분의 인골이 출토되었다고 보고하였다. 한편 G. Sauzarde가 1983년에 출간한 논문(130-134쪽)에는 1965년과 1966년에 실시된 발굴 당시, 위층에서 출토된 인골들의 분포 양상을 표시한 그림들이 실려 있다.

16) 위층의 퇴적 양상에 대한 해석 문제는 여전히 해결되지 않았다. 해부학적으로 골격을 이루는 요소들이 모두 갖춰져 있지 않은 뼈들의 성격을 어떻게 볼 것인지가 쟁점이다. 첫 번째 해석은 교란층에서 출토었기 때문에 인골이 온전하게 출토되지 않았다고 보고 있으며, 두 번째 해석은 나중에 쌓인 층에서 일부 뼈들이 흘러들어 왔다는 것이다. 그리고 마지막 해석은 대량으로 시신들을 쌓을 때, 청소하면서 뼈들을 한쪽으로 정리한 흔적이라는 것이다(Ph. Chambon의 정보).

17) MAHIEU, 1987, 5-7쪽과 1992, 75-81쪽; 보다 최근에는 CHAMBON, 1999, 61-80쪽. E. Mahieu에 따르면, 그리용의 캅피텐 돌방무덤에서 178명분의 인골이 출토되었다고 하며, Ph. Chambon에 따르면 최소 136명분의 인골이 출토되었다고 한다.

18) CHAMBON, 1999, 75쪽.

19) VEGAS, 1992의 논문 15쪽에 따르면, 336명분의 인골이 출토되었다. 그리고 이 수치는 1991년도에 실시한 발굴조사 결과만을 고려한 최소 개체수라고 한다. 그렇지만 그 논문의 출간 이후, 다시 계산된 결과에 따르면 최소 개체수는 289명이다(C. DE LA RUA 외, 1999, 586쪽). 최근에 화살을 맞은 부상 흔적이 있는 아홉 번째 인골이 확인되었다(VEGAS 외, 1999, 443쪽). 과거에는 화살을 맞은 부상 흔적이 관찰되는 사람이 모두 여덟 명이라고 생각했다.

20) 다양한 연령대의 시신들이 골고루 분포된 양상을 볼 때 피해자들이 무차별적으로 희생되었음을 알 수 있다. 희생자들은 '남성' 전사에 국한되지 않았다.

21) 연대측정치(BP): 5,070±140; 5,020±140; 4,570±40; 4,520±50; 4,520±75; 4,510±40; 4,460±70; 4,440±40; 4,325±70; 4,200±95(VEGAS, 1991).

22) ETXEBERRIA et VEGAS, 1992, 131-134쪽.

23) CAMPILLO, MERCADAL, BLANCH, 1993, 146-150쪽, 그리고 O. MERCADAL의 정보.

24) MARTI, POU, CARLUS, 1997의 논문에서 CAMPILLO의 연구 부분, 233-234쪽.

전사 이데올로기의 형성

1) SPINDLER, 1995, 110-113쪽.

2) 사람 모양 선돌들에 관한 풍부한 문헌 자료들에 대해서는 최근에 출간된 CASINI, DE MARINIS et PEDROTTI (dir.), 1995 참조.

3) 이 무덤에 대해서는 PERONI, 1971, 205쪽; GUILAINE, 1994, 321쪽; MIARI, 1994, 351-390쪽 참조.

4) 이에 관해 RAMOS-MILLAN(1998, 35쪽)는 석기의 '정치학'이라고 말하였다.

5) PÈTREQUIN 그리고 PÈTREQUIN, 1990, 487쪽과 그 밖의 쪽들 참조.

6) HEIDER, 1997, 95-120쪽.

7) PÈTREQUIN et PÈTREQUIN, 1990, 506-510쪽. 그리고 PÈTREQUIN, MARÉCHAL, PÈTREQUIN, ARBOGAST et SAINTOT, 1998, 204쪽도 참조.

8) 그러나 이탈리아 지역의 문화권들이 모두 같은 시기에 속할 가능성도 있다. 만약 그렇다고 한다면, 금속을 다루는 기술이 이탈리아 지역보다 프랑스 지역에서 늦게 나타났다는 이야기가 된다. 그러나 프랑스 지역이 이탈리아 지역보다 야금술을 늦게 받아들였다는 설은 확실하지 않다(GUILAINE, 1994, 295-298쪽).

9) 이주와 유입에 토대를 둔 고전적 가설은 V.-G. CHILDE(1926)와 M. GIMBUTAS(1979)에 의해 정식화 되었다. 그러나 그들의 가설은 과거의 지나간 연구들을 되풀이하는 것에 지나지 않는다. J. LICHARDUS 와 M. LICHARDUS-ITTEN(1985)를 참조. 보다 최근에 MALLORY(1997)는 인도-유럽어족에 초점을 맞춘 여러 가지 이론을 조사하였다. 그리고 그는 여전히 불확실하다는 단서를 달면서도, 아나톨리아반도 서부와 흑해와 카스피해 사이 지역(région pontico-caspienne)을 인도-유럽어족의 기원지로 보고 있다(273쪽과 298쪽을 참조할 것).

10) 특히 GIMBUTAS의 가설이 그러하다.

11) MALLORY(1997, 295-298쪽)는 흑해와 카스피해 사이 지역이 인도-유럽어족 확산에 중요한 역할을 했다고 믿고 있다. 그러나 그 지역 일대의 장식된 석조 기념비와 유럽의 사람 모양 선돌을 동일시하는 시각에 대해서는 좀 더 유보적 자세를 취하고 있다(MALLORY, 1995, 70-71쪽).

12) DE LUMLEY, 1995, 366쪽.

13) 아르코의 석조 기념비에 관해서는 PEDROTTI(1993과 1995)를 참조.

14) MONKS, 1999, 129쪽.

15) 로스 밀라레스의 주요 유적들에 대해서는 ALMAGRO와 ARRIBAS, 1963, 203-249쪽 참조.

16) GUILAINE, 1994, 170-180쪽.

17) MONKS, 1999, 150-151쪽.

18) SHERRATT, 1997, 376-402쪽.

영웅의 출현

1) GUILAINE, 1994, 430쪽.

2) AUDOUZE와 BUSCHSENSCHUTZ(1989, 222-228쪽)는 유럽의 원사시대에 가능했던 여러 종류의 사회 발전 모델을 제시하였다.

3) BRUN, 1987, 57-58쪽.

4) 프랑스와 그 주변 지역에서 출토된 장검들의 형식 분류에 관해서는 GAUCHER와 MOHEN(1972)를 참조.

5) BRUN, 1987, 15쪽.

6) 이 주제에 관해서는, DREWS, 1993, 174-208쪽; COURBIN, 1999, 19-108쪽. 그리고 〈오디세우스 시대의 유럽(L'Europe au temps d'Ulysse)〉 전시회 도록(Réunion des Musées nationaux, Paris, 1999) 참조.

7) LILLIU, 1982, 186쪽과 그 밖의 쪽들 참조.

8) ERMAN과 RANKE, 1986, 728-732쪽.

9) PIGGOTT, 1983.

10) DREWS, 1993, 105-106쪽.

11) 전차의 개수에 관해서는 DREWS, 1993, 106-109쪽 참조.

12) GRIMAL, 1988, 308-309쪽.

13) DREWS, 1993, 209쪽.

14) DETIENNE, 1999, 157쪽과 그 밖의 쪽들 참조; ÉTIENNE, MULLER 그리고 PROST, 2000, 82-84쪽 참조.

15) TELEGIN, 1986.

16) J.-P. ALBERT의 표현으로 CENTLIVERS, FABRE, ZONABEND, 1998, 14쪽 재인용.

17) BRUN, 1987, 95-115쪽.

18) ALMAGRO BASCH, 1966과 GALAN DOMINGO, 1993.

19) B. MIDANT-REYNES의 정보.

20) SIMON, 1991, 85-88쪽.

21) HÉRODOTE, *L'Enquête*, Livre IV, fragments 71 et 72.

22) MOHEN, 1995, 76-77쪽.

23) GARANGER, 1972, 59-77쪽과 GARANGER, 1979.

24) CHANG, 1986, 371-372쪽.

25) BARNES, 1993, 192-195쪽.

26) BROTHWELL, 1988.

27) GLOB, 1966, 13-27쪽(톨룬)과 28-46쪽(그라우발레).

28) DIECK에 대한 BROTHWELL의 평가, 1988, 97쪽.

맺음말

1) 이 주제에 관해서는 GIRARD, 1972, 25쪽과 155-167쪽 참조.

2) KEELEY, 1996, 186쪽 (그림 2-1) (K. OTTERBEIN의 연구에서 인용).

연표1. 유럽 신석기시대 편년(The Oxford Handbook of Neolithic Europe, 2015)

지역 \ 기원전	6500	6000	5500	5000	4500	4000	3500	3000	2500
그리스	신석기시대 전기		신석기시대 중기	신석기시대 후기 I, II		신석기시대 말기		청동기시대	
발칸반도 동부	중석기시대	카라노보 문화 I, II	카라노보 문화 III	카라노보 문화 IV-VI		세르나보다 문화		코트페니 문화	글리나 문화 III
우크라이나	중석기시대	부그-드니에스테르 문화/크리스 문화	따무늬토기 문화	선 쿠쿠테니-트리필랴 문화	쿠쿠테니-트리필랴 문화			얌나야 문화(후기 움무덤 문화)	
발칸반도 남부	중석기시대	스타르체보/크리스 문화		반차 문화 A-D		부반지-훔 문화	바덴 문화	코스톨라츠-부체돌 문화	반코바치 문화
발칸반도 북부	중석기시대	스타르체보/크리스 문화	두데스티 문화	보이안 문화	구멜리타 문화	세르나보다 문화		코스톨라츠-마코 문화	쿠르간 문화
발칸반도 서부	중석기시대	스타르체보/크르므스/크리스 문화	따무늬토기 문화		렌지엘 문화	발라톤 문화	바덴 문화	코스톨라츠-마코 문화	종형토기 문화
보헤미아	중석기 문화			따무늬토기 문화	모라비아 채색토기 문화	푼넬비커 문화, 제비소버체 문화			매듭무늬토기 종형토기 문화
독일 중부/프랑스 동부		중석기시대		따무늬토기 문화	타남무늬 문화 로센 문화	미셸스베르크 문화 바알베르크 문화	푼넬비커 문화	발테르니엔베르크-베른베르크 문화	매듭무늬토기 문화 종형토기 문화
알프스 서부			중석기시대		코르타일로드 문화		핀 문화	호르겐 문화	매듭무늬토기 문화 종형토기 문화
이탈리아 북부	중석기시대	적은무늬 토기 문화	가반 피오라노 노/보 문화	사각구연부 토기 문화 I, II	사각구연부 토기 문화 I, II	사각구연부 토기 문화 III, IV 라고차 문화	레메델로 문화		종형토기 문화
북유럽/동부 평원		중석기시대				전기 푼넬비커 문화	후기 푼넬비커 문화	단독무덤	종형토기 문화
스칸디나비아반도 남부		중석기시대				초기 푼넬비커 문화	후기 푼넬비커 문화	전투용 도끼 문화	종형토기 문화
영국/아일랜드		중석기시대				신석기시대 전기	신석기시대 중기	신석기시대 후기	종형토기 문화
북유럽/서부 평원		중석기시대				스위프트테르반트 문화 1-4기		블라르덩겐 문화	종형토기 문화
이탈리아반도	중석기시대	적은무늬토기 문화	스텐티넬로 토기 문화	세라 달토 문화 디볼리 문화	디아나 문화			리날도네 문화, 가우도 문화, 라테리차 문화	
프랑스 남부	중석기시대	적은 무늬 토기 문화	최말기 찍은무늬토기 문화	샤세앙 문화			생-퐁스 문화	페리에르 문화	종형토기 문화
이베리아반도	중석기시대		신석기시대 전기		신석기시대 중기/후기			순동시대	

연표2. 유럽 청동기시대 편년(The Oxford handbook of the European Bronze Age, 2013)

연대 (기원전)	이베리아반도	프랑스 북서부/대서양	프랑스 중부/동부	중부 유럽	네덜란드 C14	네덜란드 전통적 편년	벨기에	영국 단계	영국	일반시대	아일랜드
2500	순동시대									신석기	신석기
2400		신석기시대 말기/순동	신석기시대 말기/순동시대	신석기시대 말기				1기	금속기 단계 I/II	금속 사용 신석기시대 (순동시대)	노크나거
2300					신석기시대 후기 B	신석기시대 후기 B	신석기시대 후기				
2200											
2100	청동기시대 전기							2기	금속기 단계 III		킬라하
2,000	청동기시대 전기	청동기시대 전기 I	청동기시대 전기 I	청동기시대 A 1							
1900					청동기시대 전기	청동기시대 전기	청동기시대 전기	3기 (웨섹스 I)	금속기 단계 IV (에일리즈포드)	청동기시대 전기	발리벨리
1800	청동기시대 중기	청동기시대 전기 II	청동기시대 전기 II	청동기시대 A 2					금속기 단계 V (힐러비)		데리니긴
1700		청동기시대 전기 III	청동기시대 전기 III					4기 (웨섹스 II)			
1600						청동기시대 중기 A			금속기 단계 VI (애리턴)		킬미에이디
1500	청동기시대 후기	청동기시대 중기 I	청동기시대 중기 I	청동기시대 B / 청동기시대 C1	청동기시대 중기		청동기시대 중기	5기	액턴 2		
1400		청동기시대 중기 II	청동기시대 중기 II	청동기시대 C2						청동기시대 중기	
1300		청동기시대 후기 I	청동기시대 중기 III	청동기시대 D		청동기시대 중기 B			터틴		비숍랜드
1200			청동기시대 후기 I	할슈타트 A1	청동기시대 후기	청동기시대 후기	청동기시대 후기	6기	페너드		
1100	청동기시대 말기	청동기시대 후기 II	청동기시대 후기 IIa	할슈타트 A2					윌버턴	청동기시대 후기	로스커먼
1000		청동기시대 후기 III	청동기시대 후기 IIb	할슈타트 B1				7기	블랙무어		
1000			청동기시대 후기 IIIa								
900	청동기시대 후기		청동기시대 후기 IIIb	할슈타트 B2/3					이어트 파크	청동기시대 후기	더우리스 A
800	철기시대	군트링겐	초기 철기시대	할슈타트 C	초기 철기시대	초기 철기시대	초기 철기시대	(8기)	린 포르	초기 철기시대	
700											더우리스 B

부록 1. 화살에 맞은 부상 흔적이 관찰되는 프랑스 신석기시대 인골 목록

작성자: 마리본 노데(Maryvonne Naudet)와 레이몽 비달(Raymond Vidal)

이 목록은 관련 문헌 자료를 참조하거나, 발굴자들과의 인터뷰 조사를 통해서 작성되었다.

1 화살에 맞은 흔적이 뚜렷하게 보이는 뼈가 출토된 신석기시대 무덤 유적들(유적 44곳, 부상 흔적이 있는 뼈 67점, 살해 또는 부상당한 사람 66명)

마을 또는 도시 이름(지방 이름)	유적 이름	무덤의 유형	부상 또는 살해당한 사람/총개체수	화살에 맞은 부위(사용된 화살촉의 유형)	연대(기원전)	시기/문화적 특징/비고
1. Téviec (Morbihan)	L'îlot	공동묘지 안에 10기의 집단무덤	20~25세의 살해된 젊은 남성 1명/6명	6번째 등뼈와 11번째 등뼈	5500년	중석기시대 말기
2. Quatzenheim (Bas-Rhine)	—	최소 13기 이상의 개인 무덤으로 이뤄진 공동묘지 중 1기	살해된 20세 이하의 젊은 남성 1명(10호 무덤)/13명	오른쪽 엉덩뼈	5200~4800년	신석기시대 띠무늬토기 문화 양식의 화살촉 3점이 13호 무덤에서 발견됨
3. Clemont-Ferrand(Puy-de-Dôme)	Pontcharraud	Pontcharraud 2지점의 집단무덤	살해 또는 부상당한 젊은 남성 1명/7명	척주 1점	4400~4100년	신석기시대 중기(Proto-Chasséen?)
4. Auzy (Vendée)	Les Châtelliers-du-Vieil-Auzay	긴 봉분 밑에 3기의 무덤을 만든 양식으로, 각각의 무덤에 2구의 시신을 묻고 돌널로 구덩이를 덮었음	성인 남성 1명 (3호 무덤)	4번 허리뼈	3600~3200년	신석기시대 후기 (Peu-Richard 문화), 6명이 살해되었을 가능성이 있음
5. Saint-Jean-Saint-Paul (Aveyron)	Les Treilles	동굴무덤	젊은 성인 1명, 나이, 성별 미상 3명으로, 2명 살해+2명 부상/74명	왼쪽 종아리뼈 1점, 노뼈 1점, 발허리뼈 1점, 갈비뼈 1점	3500~2200년	신석기시대 말기-순동시대(Treillles 문화) + 골절상과 여러 가지 타박상
6. Guiry-en-Vexin (Val-d'Oise)	La ferme Du-port	통로식 돌방 고인돌 무덤	살해된 사람 1명/30명	목뼈 1점	3400~2900년	신석기시대 후기(Seine-Oise-Marne 문화)

7. Presles (Val-d'Oise)	La Pierre-Plate	통로식 돌방 고인돌 무덤	살해된 나이 든 성인 1명/100명 이상	등뼈 또는 허리뼈 1점, 그 밖의 타박상 흔적: 이마뼈, 넙다리뼈: 깨뜨려진 머리뼈	3400~2300년	신석기시대 후기(Seine-Oise-Marne 문화 또는 Gord 문화)
8. Coizard (Marne)	Razet	돌방무덤	젊은 남성 1명	허리뼈 1점	3400~2300년	신석기시대 후기(Seine-Oise-Marne 문화 또는 Gord 문화)
9. Villevenard (Marne)	La Pierre Michelot	돌방무덤	살해된 젊은 남성 1명/22명	척주 1점	3400~2300년	신석기시대 후기(Seine-Oise-Marne 문화 또는 Gord 문화)
10. Villevenard (Marne)	돌방무덤 2구역	돌방무덤	살해된 젊은 남성 1명/?	척주 1점	3400~2300년	신석기시대 후기(Seine-Oise-Marne 문화 또는 Gord 문화)
11. Oyes (Marne)	돌방무덤 1구역	돌방무덤	살해된 젊은 남성 1명	위팔뼈	3400~2300년	신석기시대 후기(Seine-Oise-Marne 문화 또는 Gord 문화)
12. Oyes (Marne)	돌방무덤 2구역	돌방무덤	살해된 젊은 남성 1명	머리뼈 (광대뼈)	3400~2300년	신석기시대 후기(Seine-Oise-Marne 문화 또는 Gord 문화)
13. Trêves (Gard)	Le Pas-de-Joulié	동굴무덤	살해된 사람 1명/300명 이상	구리검의 날이 박힌 3번째 목뼈	3300~2900년	신석기시대 말기 또는 Treilles 문화 전기+부상 흔적이 있는 이마뼈와 마루뼈
14. Les Matelles (Hérault)	Suquet-Coucolières	수직굴무덤	4명 (또는 6명)	위팔뼈 1점, 넙다리뼈 1점, 정강뼈 1점, 척주 1점	3300~2200년	신석기시대 말기-순동시대
15. Marvejols (Lozère)	Le Crspin	고인돌	살해된 사람 1명/18명	머리뼈 1점 (오른쪽 마루뼈)	3300~2200년	신석기시대 말기-순동시대
16. Grillon (Vaucluse)	Le Capitaine	돌방무덤	살해된 사람 2명/150명	등뼈 2점	3200~2700년	신석기시대 말기-순동시대
17. Cornus (Aveyron)	Fontcagarelle	동굴무덤	부상당한 사람 1명/30명	노뼈 1점	3000~2200년	순동시대 또는 Treilles 집단
18. Saint-Saturnin-d'Apt (Vaucluse)	La Lave	동굴무덤	부상당한 사람 3명/66명	엉치뼈 1점, 왼쪽 넙다리뼈 1점, 왼쪽 위팔뼈 1점	3000~2200년	순동시대 머리뼈 2점, 위팔뼈 1점, 넙다리뼈 1점, 종아리뼈 1점, 자뼈 1점 등 다른 뼈들에서도 부상의 흔적이 보임

19. Gémenos (Bouche-du-Rhône)	Saint-Clair	동굴무덤	부상당한 사람 1명/15명 이상	정강뼈 1점	3000~2200년	순동시대
20. Bertholène (Aveyron)	Maymac	5번 고인돌	살해 또는 부상당한 사람 1명/?	척주 1점	3000~2200년	순동시대/Treilles 문화
21. Montbrun (Lozère)	Le Sot-de-la-Lavogne	동굴무덤	살해 또는 부상당한 사람 1명/30명	등뼈 1점	3000~2200년	순동시대/Treilles 문화
22. Saint-Énimie (Lozère)	—	동굴무덤	살해된 젊은 남성 1명/5명	2번째 등뼈 1점	3000~2200년	순동시대/Treilles 문화 수술한 흔적이 있는 머리뼈조각
23. Fontvieille (Bouches-du-Rhône)	Le Castellet	돌방무덤	살해된 사람 1명/100명	허리뼈 1점	3000~2200년	순동시대
24. Séba-zac-Concourès (Aveyron)	Puechamp	고인돌	살해된 사람 1명/24명	왼쪽 손허리뼈 1점	3000~2200년	순동시대/Treilles 문화
25. Cornus (Aveyron)	Prévinquières	고인돌	1명	넙다리뼈	3000~2200년	순동시대/Treilles 문화
26. Gijounet (Tarn)	Mauray	수직굴무덤	20~25세의 살해된 젊은 남성 1명/9명	긴 슴베가 있는 큰 화살촉이 5번째 허리뼈에 박혀 있음	3000~2200년	순동시대
27. Le Masseg-ros (Lozère)	Aragon	동굴무덤	살해된 사람 1명/9명	허리뼈 1점	3000~2200년	순동시대/Treilles 문화
28. Sarrians (Vaucluse)	Les Boileau	돌방무덤	살해된 사람 1명/300명	척주 1점	2900~2500년	신석기시대 말기
29. Roaix (Vaucluse)	Les Crottes	돌방무덤	살해 또는 부상당한 청소년 1명과 성인 2명/<전쟁층>에서 100명가량의 인골이 출토됨	엉치뼈 1점, 척주 1점, 꼭지돌기 1점, 가슴우리 안에서 4점의 화살촉이 발견됨	2900~2500년	신석기시대 말기/ 순동시대
30. Chanac (Lozère)	L'Aumède	고인돌	살해된 젊은 성인 1명과 부상당한 나이·성별 미상 1명/40명	11번째 등뼈, 정강뼈 1점	2800~1800년	순동시대-청동기시대 전기, 머리 수술 흔적들, 수많은 골절상

31. La Ciotat (Bouches-du-Rhône)	Terrevaine	동굴무덤 (30명분의 인골이 5기의 무덤에 묻혔음)	살해된 사람 1명/7명(?)	허리뼈 1점	2600~2200년	순동시대 후기
32. Boucoiran (Gard)	Le Chemin-de-Fer	동굴무덤	부상당한 사람 1명/12명	엉치뼈 1점	2600~2200년	순동시대/Fontbouisse 문화
33. Laissac (Aveyron)	Les Caïres	바위 그늘 무덤	부상당한 사람 1명/13명	소나무 모양의 화살촉이 박힌 왼쪽 노뼈 1점	2600~2200년	순동시대/Treilles 문화 말기+골절상과 머리 수술
34. Saint-Rome-de-Tarn (Aveyron)	Font-Ral	고인돌	부상당한 성인 1명/5명 이상	소나무 모양의 화살촉이 박힌 정강뼈 1점	2600~2200년	순동시대/Treilles 문화 말기
35. Creyssels (Aveyron)	Les Cas-cades	동굴무덤 (1번 동굴)	3명 중에 2명은 부상당했고 1명은 살해됨/79명	정강뼈 1점, 발허리뼈 1점, 왼쪽 노뼈 1점	2600~2200년	순동시대/Treilles 문화 말기
36. Veyrau (Aveyron)	Les Gâches	동굴무덤	부상당한 사람 1명/52명	정강뼈 1점	2600~2200년	순동시대/Treilles 문화 말기
37. Saint-Rome-de-Cernon (Lozère)	Sargel	동굴무덤 (5번 동굴)	1명	소나무 모양의 화살촉이 박힌 종아리뼈 또는 노뼈 1점	2600~2200년	순동시대/Treilles 문화 말기
38. Saint-Georges-de-Lévezac (Aveyron)	Les Bau-mes-Caudes	수직굴무덤	적어도 10명이 살해 또는 부상당했음/300명(Prunière는 17명만 보고하였음)	엉덩뼈 3점, 허리뼈 3점, 목말뼈 2점, 정강뼈 1점, 깨진 머리뼈 1점+그 밖에도 부상흔적이 있는 뼈들이 있지만 정량화되지 않았음	2600~2200년	순동시대/Treilles 문화 말기; 청동기시대 전기일 가능성도 있음, 60명 이상이 머리 수술을 받은 흔적이 있음. 골절상 이후 회복된 흔적이 보이는 뼈들이 다양하게 나타남, 가슴우리 안에서 구리로 만든 검날이 발견됨
39. Saint-Rome-de-Dolan (Lozère)	Almières	동굴무덤	부상당한 사람 1명/36명	목말뼈 1점	2600~2200년	순동시대/Treilles 문화 말기 + 구멍이 뚫린 머리뼈 1점
40. Millau (Aveyron)	Le Monna	동굴무덤	부상당한 사람 1명/30명가량	갈비뼈 1점	2600~2200년	순동시대/Treilles 문화 말기 + 머리뼈 조각 1점 추가

41. Félines-Minervois (Hérault)	Rec de los Balmos	동굴무덤	부상당한 사람 1명/3명	슴베와 날개가 있는 화살촉이 박힌 자뼈 1점	2600~2200년	순동시대
42. Saint-Martory(Haute-Garonne)	La Tourasse	동굴 또는 바위 그늘 무덤	살해된 사람 1명/4명	2번 허리뼈 1점	2600~2200년	순동시대/종형토기 문화?
43. Forcalquier (Alpes-de-Haute-Provence)	La Fare	개인 무덤	30~35세의 부상당한 남성 1명/1명	왼쪽 자뼈 1점	2500년	종형토기 문화
44. Plan d'Aups (Var)	Tumulus du Gendarme	개인 무덤	살해된 사람 1명/1명	넙다리뼈 1점	2500~2200년	순동시대/종형토기 문화

2. 화살에 맞은 흔적이 뚜렷하지 않은 뼈가 출토된 신석기시대 무덤 유적들(유적 7곳, 부상 흔적이 있는 뼈 8점, 살해 또는 부상당한 사람 8명)

45. La Malène (Lozère)	Les Monts	—	1명	부위를 알 수 없는 부상 흔적이 있는 뼈 1점		신석기시대 말기/혹은 순동시대
46. Le Massegros (Lozère)	Les Fadarelles d'Inos	동굴	1명	부위를 알 수 없는 부상 흔적이 있는 뼈 1점		신석기시대 말기/혹은 순동시대
47. Saint-Georges-de-Lèvezac (Lozère)	Girons	동굴	1명	부위를 알 수 없는 부상 흔적이 있는 뼈 1점		신석기시대 말기/혹은 순동시대
48. La Canourgue (Lozère)	—		1명	척주 1점		G. Carrière가 1960년에 *Lou Pais*에 제출한 논문 141쪽 사진
49. Sigottier (Alpes-de-Haute-Provence)	—	동굴	1명	넙다리뼈 1점	3000~2000년	순동시대, 뼈가 인근의 다른 동굴 두 곳에서보다 Grapelet 동굴에서 출토되었을 가능성이 높지만 확신할 수는 없음
50. Castelnau-le-Lez (Hérault)	—	개인 무덤	2명/80명	머리뼈 2점		매우 오래된 유일한 조사보고. 신석기시대의 뼈? 또는 역사시대의 뼈?
51. Montfort-sur-Lizier (Ariège)	—	—	1명	등뼈 1점	13000~8000년	신석기시대 이전: 후기 구석기시대/막달레니앙 또는 아질리앙

52. Verrières (Aveyron)	La Médecine	동굴무덤	부상 또는 살해당한 사람 2명/23명	폭력 흔적이 있는 머리뼈 2점; 그중 1점은 머리 수술의 흔적으로 볼 수도 있음	3300~ 2900년	**신석기시대 말기**-순동시대/ Treilles 문화 전기
53. Montélimar (Drôme)	Le Gournier	—	어린이 1명	가슴우리 안에서 돌로 만든 찌르개 발견; 죽기 전에 찌른 것인지 또는 죽은 후에 찌른 것인지 확인 불가	4500~ 3500년	Chasséen 문화
54. (Marne)	—	돌방무덤	—	타박상 흔적이 관찰되었다는 보고는 있으나 구체적이지 않음	3400~ 2900년 또는 2900~ 2300년	Seine-Oise-Marne 문화 또는 Gard 문화, 조지프 드 베예(Joseph de Baye) 남작이 발굴
55. Salernes (Var)	Fontbrégoua	동굴	최소 14명	살을 발라냈던 흔적이 보이는 6점의 머리뼈와 부서진 얼굴; 긴 뼈를 비롯한 다른 뼈에서도 흔적이 보임	5000년	Cardial 문화 후기
56. Cabasse (Var)	La Boissière	고인돌	어린이 1명	몸 주변에서 화살촉 발견	3000~ 2200년	순동시대
57. Vauréal (Val-d'Oise)	Le cimetière des Anglais	통로식 돌방 고인돌무덤	2명	부상 흔적이 있는 머리뼈 2점	3400~ 2900년 또는 2900~ 2300년	신석기시대 후기 또는 순동시대, Seine-Oise-Marne 문화 또는 Gard 문화
58. Saint-Hilaire (Essonne)	Les Boutards	돌방무덤	2명	화살에 부상당한 머리뼈: 나이 든 성인 1명과 팔을 부상당한 어린이 1명	3400~ 2900년 또는 2900~ 2300년	신석기시대 후기 또는 순동시대, Seine-Oise-Marne 문화 또는 Gard 문화+머리 수술
59. Collias (Gard)	Le Terruge	돌방무덤	1명	화살촉에 맞아 패인 자국이 있는 넙다리뼈 1점	3300~ 2200년	신석기시대 말기 또는 순동시대
60. Suzoy (Oise)	—	통로식 돌방 고인돌무덤	약 10명	부상당한 머리뼈 10여 점	3400~ 2900년 또는 2900~ 2300년	신석기시대 후기 또는 순동시대, Seine-Oise-Marne 문화 또는 Gard 문화

부록 2. 목덜 흔적이 뚜렷하게 보이는 뼈가 출토된 신석기시대 유적들의 연표

유적 이름	일련 번호	5500	5400	5300	5200	5100	5000	4900	4800	4700	4600	4500	4400	4300	4200	4100	4000	3900	3800	3700	3600	3500	3400	3300	3200	3100	3000	2900	2800	2700	2600	2500	2400	2300	2200	2100	2000	1900	1800	1700	기원전
Teviec	1																																								1
Quatzenheim	2																																								2
Pontcharraud	3																																								3
Les Châtelliers	4																																								4
Les Treilles	5																																								5
La Ferme Duport	6																																								6
La Pierre Plate	7																																								7
Razet	8																																								8
La Pierre Michelot	9																																								9
Villevenard II	10																																								10
Oyes I	11																																								11
Oyes II	12																																								12
Le Pas-de-Joulié	13																																								13
Les Matelles	14																																								14
Le Crespin	15																																								15
Grillon	16																																								16
Fontcagarelle	17																																								17
La Lave	18																																								18
Gémenos	19																																								19
Maymac	20																																								20
Le Sot de la Lavogne	21																																								21
Sainte Enimie	22																																								22
Le Castellet	23																																								23
Puechcamp	24																																								24
Prévinquières	25																																								25
Mauray	26																																								26
Aragon	27																																								27
Les Boileau	28																																								28
Les Crottes	29																																								29
l'Aumède	30																																								30
Terrevaine	31																																								31
Le Chemin-de-fer	32																																								32
Les Caires	33																																								33
Fontrial	34																																								34
Les Cascades	35																																								35
Les Gâches	36																																								36
Sargel	37																																								37
Les Baumes Chaudes	38																																								38
Almières	39																																								39
Le Monna	40																																								40
Rec de los Balmos	41																																								41
La Tourasse	42																																								42
La Fare	43																																								43
Le Gendarme	44																																								44
		5500	5400	5300	5200	5100	5000	4900	4800	4700	4600	4500	4400	4300	4200	4100	4000	3900	3800	3700	3600	3500	3400	3300	3200	3100	3000	2900	2800	2700	2600	2500	2400	2300	2200	2100	2000	1900	1800	1700	일련 번호

서평

『과학사 비평』에 실린 『전쟁 고고학』 서평[1]

장 샬린(Jean Chaline, CNRS 전 선임연구원)

이 책은 고고학자 대부분이 소홀히 다루는 문제, 즉 선사시대 사회의 폭력에 관한 문제를 비판적이면서 학술적인 방식으로 접근하고 있다. 지은이들은 먼저 사회 속의 삶에 관한 해석은 인간에 대한 몇 가지 철학적 개념에 토대를 둘 수밖에 없다는 점을 명확히 하고 있다. 그뿐만 아니라 지은이들은 시간을 거슬러 올라가면 갈수록 마치 서양 역사가 야만인들의 침략의 연속인 양 서술하는 역사학계의 관행을 좇아, 선사시대 자료들도 그와 같은 방식으로 해석하는 경향이 있다고 비판하고 있다. 한편 1960년대부터 고고학적 연구들은 일정 영역 안의 일상적인 삶에 초점을 맞춰 심화·발전되면서, 문화 간의 관계를 등한시하는 측면이 없지 않다. 이에 대해 지은이들은 지중해의 원사시대 유적들에 관해 그동안 잘못 해석됐던 몇 가지 사례를 제시하였다.

구석기시대에 인구가 적었다는 점을 근거로 사람들은 구석기시대 사람들이 빙하기의 혹독한 환경과는 싸웠지만 그래도 고립되어 평화로웠던 삶을 살았을 것이라고 상상하곤 한다. 그러나 지은이들은 장 자크 루소 이래로 선사시대 사람들의 삶을 이처럼 단순화하고 그들의 사회를 마치 낙원처럼 보려 했던 기존 선사 고고학자들에 맞서 탈신비화를 시도한다. 사실 폭력을 고고학적으로 입증하려면 깨지고 베인 인골이 있어야만 한다. 시신이 온전히 남아 있다면 폭력의 흔적을 찾는 일은 그리 어

....

1   Chaline, Jean, 2004, Jean Guilaine, Jean Zammit, *Le Sentier de la guerre: Visages de la violence préhistorique* (Paris: Le Seuil, 2001), *Revue d'histoire des sciences*, tome 57, n°2, pp. 531-532.

렵지 않겠지만 대개 인골을 제외하면 남아 있는 것이 별로 없다. 사체를 해체하는 과정에서 석기에 벤 자국이 있는 뼈, 골수를 빼려고 망치 같은 도구로 깨뜨린 긴 뼈, 머리 가죽을 벗기는 과정에서 베이거나 부서진 머리뼈, 뼈에 박힌 화살촉, 몸과 분리된 머리, 손발이 잘린 뼈처럼 인골의 일부가 없다는 사실은 폭력 행위의 중요한 단서가 된다. 여기에 화살이나 투창이 사람을 관통하는 장면이 새겨진 바위 그림도 함께 고려해야 하는데 이런 장면이 묘사된 바위 그림은 그리 드물지 않다. 이 책은 먼저 사냥-채집 사회의 폭력에 관한 일반 이론에 한 장을 할애하고 다음으로 연대순으로 신석기시대와 청동기시대 폭력 행위에 관해 본격적으로 논의하였다.

문자가 발명되고 곳곳에서 폭력이 발생했다. 가장 오래된 문자 기록인 수메르인의 전쟁에 관한 기록을 보면 패배자의 운명은 명백하다. 처형된 뒤 시신은 짓이겨진다. 『성경』의 텍스트는 군사적 기록물이고 이는 다른 종교도 다르지 않다. 메소포타미아의 돋을새김으로 새겨진 석판이나 이집트의 가장 오래된 벽화들은 마치 권위의 상징처럼 대학살을 말하고 있다. 호메로스에서 투키디데스에 이르기까지 고대 그리스의 텍스트들은 전쟁에 관한 적나라한 기록이다.

문자 이전 시대를 연구하는 고고학은 물질적 자료를 통해 무엇을 말할 수 있을까? 이 책은 선사시대의 폭력 행위에 관해 매우 광범한 영역을 아우르고 있다. 인간 폭력의 특징이 무엇인지 파악하기 위해 지은이들은 동물의 폭력, 특히 우리의 사촌인 유인원의 폭력까지 조사하였다. 그에 따르면 유인원의 폭력은 통제되고 제약이 있으며 결코 인간의 수준으로까지 폭력이 치닫는 법은 없다. 지은이들도 말했듯이, "우리를 지구상에서 가장 위험한 동물로 만든 것은 오로지 우리의 두뇌다." 그런 맥락에서 전쟁은 문화적 현상이다. 선사시대 사람들도 오늘날의 전사들처럼 이미 전사의 본능을 가지고 있었다는 말이다.

1만 2,000년 전쯤에 목을 졸라 죽인 사형수들이 있었던 듯하다. 중석기시대와 신석기시대에 훌륭한 무기였던 활을 사용한 흔적이 곳곳에서 발견된다. 지은이들은 농경 발달과 함께 공동체 안에서 사냥과 전쟁이 개인의 위세를 강화하고 그의 가치를 부여하는 수단으로 폭력 행위가 증가했다고 보았다. 다음으로 지은이들은 신석기시대의 부상당했던 흔적이 있는 인골을 분석하였다(화살에 맞았던 흔적, 도끼에 맞아 깨진 머리뼈 등). 한편 순동시대에 이르러 돌로 만든 단검이 구리로 만든 단검으로 대체되고 기원전 3500년에서 기원전 2000년까지 형성된 석조 기념물에서는 단검을 지닌 남성 전사와 살림꾼 또는 주거 공간의 안주인이라는 여성이 대비되어 표현된다. 기원전 2000년 기에서 기원전 1000년 기에 해당하는 청동기시대에 전사들은 사회 중추 세력이 되었고 기원전 1500년에는 장검이 출현하였다. 무기와 방어 시설의 발달은 이 시기를 이해하는 열쇠다, 이 책에서는 갑옷, 투구, 전차, 보루, 요새 등이 분석되었다. 기병대가 출현하는 초창기에는 말의 사용량이 점점 증가하였다. 그리고 몇몇 군장들은 자신이 가진 명예와 의리 덕택에 영웅화되었다. 여기서 우리는 전사 권력에 기초한 귀족정의 초기 모습을 볼 수 있다. 이 시기에는 수많은 남자, 여자, 노예 그리고 말을 순장한 거대한 무덤도 만들어졌다. 우리는 헤로도토스가 묘사했던 스키타이족의 희생 의례를 통해 그 시대의 장례 풍습을 엿볼 수 있다. 전쟁은 구석기시대부터 조금씩 나타났다. 유럽에서는 순동시대 초기에 농민들이 매복, 기습 등의 전술을 구사했으며, 중동에서는 직업 군인들이 일정한 전략에 따라 싸우는 역사상 최초의 전쟁(메기도 전투, 카데시 전투)이 일어났다. 이 책 뒷부분에 부록으로 실린 신석기시대에 폭력으로 희생당한 사람들에 관한 목록은 연구의 완성도를 높여 준다.

전쟁은 선사시대 사람들의 삶의 일부였다. 그렇다고 그것을 이유로 그들을 야만인이라고 여겨서는 안 된다. 현대를 살아가는 우리도 전쟁을 피하려고 애쓰지만, 여전히 전쟁은 우리 삶의 한 부분을 차지하고 있으며, 또한 그것은 부끄러운 일이기 때문이다. 동물의 세계에는 인간의 세계에서와 같은 개혁이 존재하지 않는다. 광범한 독자를 염두에 두고 쓴 이 책은 마치 소설책처럼 흥미진진하지만, 인간 폭력에 관해 깊이 성찰할 것을 요구하고 있다. 전쟁과 폭력이 다시 일어날 조짐이 여기저기서 나타나는 21세기 초를 살아가는 지구촌의 모든 사람이 깊이 생각해 봐야 할 문제다.

참고문헌

ALMAGRO BASCH (M.), 1966, *Las estelas decoradas del Suroeste peninsular*, Bibliotheca Praehistorica Hispana, VIII, Madrid.

ALMAGRO (M.) et ARRIBAS (A.), 1963, *El poblado y la necropolis megaliticos de Los Millares(Santa Fe de Mondujar, Almeria)*, Bibliotheca Praehistorica Hispana, III, Madrid.

ALONSO (A.) et GRIMAL (A.), 1996, El arte rupestre preistórico de la Cuenca del Rio Taibilla (Albacete y Murcia), *Nuevos planteamientos para el estudio del arte levantino*, vol. 2, Barcelone.

ALT (K.W.), YACH (W.) et WAHL (J.), 1987, Verwandtschaftanalyse der Skelettreste aus dem bandkeramischen Massengrab von Talheim, Kreis Heilbronn, *Funderberichte aus Baden-Wurtemberg*, 12, pp. 195-217.

ALT (K.W.), YACH (W.) et WAHL (J.), 1997, La reconstitution <génétique> de la population de la fosse commune rubanée de Talheim, in C. Jeunesse (dir.), *Le Néolithique danubien et ses marges, Cahiers de l'Association pour la promotion de la recherche archéologique en Alsace*, 3, pp. 1-8.

ANATI (E.), 1979, *La Préhistoire des Alpes*, Jaca Book, Milan.

ANATRELLA (T.), 1998, *La Différence interdite: Sexualité, éducation, violence. Trente ans après mai 1968*, Flammarion, Paris.

ANDERSEN (N.H.), 1997, *The Sarup Enclosures*, Jutland Archaeological Society Publications, Moesgaard.

ANDRE (D.) et BOUTIN (J.-Y.), 1995, *Les Baumes-Chaudes et les trépanations anciennes dans les Grands Causses*, Association Dr Prunières.

ARMENDARIZ (J.), IRIGARAY (S.) et ETXEBERRIA (E.), 1994, New Evidence of Prehistoric Arrow Wounds in the Iberian Peninsula, *International Journal of Osteoarchaeology*, 4, pp. 215-222.

ARMENDARIZ (J.) et IRIGARAY (S.), 1995, Violencia y muerte en la Prehistoria: el hypogeo de Longar, *Revista de Arqueologia*, 168, pp. 16-29.

ARNAL (J.), 1976, *Les Statues-Menhirs, hommes et dieux*, Éditions des Hespérides, Toulouse.

AUDOUZE (F.) et BUSCHSENSCHUTZ (O.), 1989, *Villes, villages et campagnes de l'Europe celtique*, Hachette, Paris.

AUFDERHEIDE (A.-C.) et RODRIGUEZ-MARTIN (C.), 1998, *The Cambridge Encyclopaedia of Human Paleopathology*, Cambridge University Press.

BALAKIN (S.) et NUZHNYI (D.), 1995, The Origin of Graveyards: The Influence of Landscape Elements on Social and Ideological Changes in Prehistoric Communities, *Préistoire européenne*, Liège, 7, pp. 191-202.

BARANDIARAN (I.) et BASABE (J.-M.), 1978, *El yacimiento eneolitico de la Atalayuela en Agoncillo (Logroño)*, Pampelune.

BARLETTA (R.), 1996, *El quinto mandamiento*, Ediciones Lohlé-Lumen, Buenos Aires.

BARNES (G.), 1993, *China, Korea and Japan. The Rise of Civilization in East Asia*, Thames and Hudson, Londres.

BAUDOUIN (M.), 1911, Classification générale des lésions osseuses humaines de 1'époque néolithique, *AFAS*, 40, Dijon.

BAUDOUIN (M.), 1928, Flèche en silex incluse dans une vertèbre humaine, *La Nature*, 2785, p. 451.

BAYE (J. de), 1872a, Grottes artificielles sépulcrales de la Marne, *Matériaux pour l'histoire primitive et naturelle de l'homme*, t. III, 2e série, pp. 494-504.

BAYE (J. de), 1872b, Grottes préhistoriques de la Marne, *Congrès international d'anthropologie et d'archéologie préhistorique de Bruxelles*, Claye, Paris, p. 37.

BAYE (J. de), 1880, *L'Archéologie préhistorique*, E. Leroux, Paris.

BAYE (J. de), 1888, *L'Archéologie préhistorique*, Baillère et fils, Paris.

BAZIN (J.) et TERRAY (E.), 1982, *Guerres de lignages et guerres d'États en Afrique*, Éditions des Archives contemporaines.

BEECHING (A.) et CRUBÉZY (E.), 1998, Les sépultures chasséennes de la vallée du Rhône, in J. Guilaine (dir.), *Sépultures d'Occident et genèses des mégalithismes*, Errance, Paris, pp. 147-164.

BEGOUEN (H.), CUGULIÈRES et MIQUEL (H.), 1922, Vertèbre humaine traversée par une lame en quartzite, *Revue anthropologique*, pp. 230-232.

BEGOUEN (H.) et VALLOIS (H.V.), 1932, Un cubitus percé d'une flèche en silex, *Anthropologie*, Prague, pp. 109-112.

BELTRÁN (A.), 1968, *Arte rupestre levantino*, Université de Saragosse.

BELTRÁN (A.), 1979, *L' arte rupestre del Levante spagnolo*, Jaca Book.

BENNIKE (P.), 1985, *Paleopathology of the Danish Skeletons*, Akademisk Forlag, Copenhague.

BENOIT (F.), 1955, Àpropos des <acrobates> de 1'Addaura: Rite et mythe, *Quaternaria*, II, pp. 209-211.

BERNARD (A.), 1999, *Guerre et violence dans la Grèce antique*, Hachette Littérature, Paris.

BERNHEIM (P.-A.) et STAVRIDÈS (G.), 1992, *Cannibales!*, Plon, Paris.

BINANT (P.), 1991, *La Préhistoire de la mort*, Errance, Paris.

BIROCHEAU (P.), CONVERTINI (F.), CROS (J.-P.), DUDAY (H.) et LARGE (J.-M.), 1999, Fossé et sépultures du Néolithique récent aux Châtelliers-du-Vieil-Auzay(Vendée): aspects structuraux et anthropologiques, *Bulletin de la Société préhistorique franraçaise*, 96, pp. 375-390.

BLANC (A.-C.), 1939, L'uomo fossile del Monte Circeo: Uno cranio neandertaliano nella grotta Guattari a San Felice Circeo, *Rendiconti Accademia dei Lincei*, XXIX, n° 6, pp. 48-67.

BLANC (A.-C.), 1954a, Considerazioni su due figure dell'Addaura, *Quaternaria*, I, pp. 176-180.

BLANC (A.-C.), 1954b, Il sacrificio umano dell'Addaura ed il nesso ideologico tra morte e generazione nella mantalità primitiva, *Quaternaria*, I, pp. 184-186.

BLANC (A.-C.), 1955, Il sacrificio umano dell' Addaura e la messa a morte rituale mediante strangolamento nell'etnologia e nella paletnologia, *Quaternaria*, II, pp. 213-215.

BLUMENSCHINE (R.) et CAVALLO (J.), 1992, Nos ancêtres, des charognards, *Pour la Science*, Paris, n° 182, pp. 74-81.

BONNET (C.), 1990, *Kerma, royaume de Nubie, L' Antiquité africaine au temps des pharaons*, Musée d'art et d'histoire, Genéve.

BOONE (E.-H.) (dir.), 1984, *Ritual Human Sacrifice in Mesoamerica*, Dumbarton Oaks, Washington.

BOTTERO (J.) (traduit de l'akkadien par), 1992, *L'Épopée de Gilgamesh*, coll. <L'Aube des peuples>, Gallimard, Paris.

BOULESTIN (B.), 1999, *Approche taphonomique des restes humains: Le cas des mésolithiques de la grotte des Perrats et le problème du cannibalisme en préhistoire récente européenne*, BAR, International Series, n° 776, Oxford.

BOULESTIN (B.) et GOMEZ DE SOTO (J.), 1995a, Le cannibalisme au Néolithique : Réalité et sens, *La Mort: passé, présent, conditionnel*, Groupe vendéen d'études préhistoriques, La Roche-sur-Yon, pp. 59-68.

BOULESTIN (B.) et GOMEZ DE SOTO (J.), 1995b, Cannibalisme néolithique: quelques hypothèses, *Les Nouvelles de l'archéologie*, 59, pp. 35-37.

BOUROV (G.-M.), 1973, Die mesolitischen Kulturen in Aüsserten Europaïschen Nordosten, in S. Kozlowski, *The Mesolithic in Europe*, Warsawa, pp. 129-149.

BOUROV (G.-M.), 1981, Der Bogen bei den Mesolitischen Stämmen Nordosteuropas, *Mesolithikum in Europa*, Veröffentlichungen des Museums für Ur-und Frühgeschichte Posdam, 14/15, pp. 373-388.

BOUVILLE (C.), 1980, L'hypogée chalcolithique de Roaix: Apport à l'étude de la démographie en Provence, *Bulletins et mémoires de la Société d'anthropologie de Paris*, 7, pp. 85-89.

BOUVILLE (C.), 1982, Mort violente: Les massacres, *Histoire et archéologie*, 66, septembre, pp. 36-41.

BOUVILLE (C.), 1983, Types crâniens <allochtones> et <autochtones> en Provence du Mésolithique à l'Âge du bronze, *Le phénomène des grandes invasions*, Centre de recherches archéologiques, pp. 21-44.

BOUVILLE (C.), 1991, Chalcolithique de Provence et trépanations, *L'Anthropologie*, 95, pp. 293-306.

BRENNAN (M.-U.), 1991, *Health and Disease in the Middle and Upper Paleolithic of Southwestern France: A Bioarcheological Study*, Ph.D., New York University.

BRENOT (P.) et RIQUET (R.), 1977, La trépanation néolithique, *Archeologia*, 104, mars, pp. 8-17.

BRIARD (J.), 1985, *L'Âge du bronze en Europe (2000-800 avant J.-C.)*, Errance, Paris.

BROTHWELL (D.R.), 1988, *The Bog Man*, British Museum Publications, Londres.

BRUN (P.), 1987, *Princes et princesses de la Celtique. Le premier Âge du fer (850-450 avant J.-C.)*, Errance, Paris.

BRUNAUX (J.-C.), 1986, *Les Gaulois: Sanctuaires et rites*, Errance, Paris.

BRUNAUX (J.-C.) et LAMBOT (B.), 1987, *Guerre et armement chez les Gaulois*, Errance, Paris.

BUNN (H.-T.) et ELLEN (M.-C.), 1986, Systematic Butchery by Plio-pleistocene Hominids at Olduvai Gorge, Tanzania, *Current Anthropology*, décembre, n° 27, pp. 431-452.

CAMPILLO (D.), 1983, *La enfermedad en la preistoria: introducción a la paleopatologia*, Salvat, Barcelone.

CAMPILLO (D.), 1996, Paleopatologia: els primers vestigis de la malatia, *Col. Leccio Historica de Ciencies de la Salut*, Barcelone, pp. 109-122.

CAMPILLO (D.), MERCADAL (O.) et BLANCH (R.-M.), 1993, A Mortal Wound Caused by a Flint Arrowhead in Individual MF-18 of the Neolithic Period Exhumed at Sant Quirze del Vallès, *International Journal of Osteoarchaeology*, 3, pp. 145-150.

CAMPS (G.), 1992, Guerre ou paix?: Origines des conflits intraspécifiques humains, *Préhistoire, Anthropologie méditerranéennes*, 1, pp. 9-15.

CAPASSO (L.), 1985, *L'origine delle malattie*, Ed. Marino Solfanelli, Chieti.

CARDONA (L.), 1996, *Art et violence au Paléolithique supérieur*, DEA, Université de Toulouse II.

CARTAILHAC (E.), 1889, *La France préhistorique*, Alcan, Paris.

CARTAILHAC (E.), 1896. Quelques faits nouveaux du Préhistorique ancien des Pyrénées, *L'Anthropologie*, VII, pp. 309-318.

CASINI (S.) (dir.), 1994, *Le pietre degli dei. Menhir e stele dell'Età del Rame in Valcamonica e Valtellina*, Bergame.

CASINI (S.), MARINIS (R. de) et PEDROTTI (A.) (dir.), 1995, *Statue-Stele e massi incisi* nell'Europa dell'Età del Rame, Notizie Archeologiche Bergomensi, 3.

CASTEL (C.), 1991, Des premiers guerriers à l'armée de métier, *Dossiers d'Archéologie*, 160, pp. 48-53.

CAUWE (N.), 1997, *Curriculum Mortis: Essai sur les origines des sépultures collectives de la Préhistoire occidentale*, Thèse, Université de Liège, 4 tomes.

CENTLIVRES (P.), FABRE (D.) et ZONABEND (F.) (dir.), 1998, *La Fabrique des héros*, Éd. de la Maison des sciences de l'homme, Paris.

CHAMBON (P.), 1999, *Du cadavre aux ossements: La gestion des sépultures collectives dans la France néolithique*, Thèse, Université de Paris I.

CHAMLA (M.-C.), 1968, *Les Populations anciennes du Sahara et des régions limitrophes*, Mémoires du CRAPE, Arts et métiers graphiques, Paris.

CHAMLA (M.-C.), 1970, *Les Hommes épipaléolithiques de Columnata(Algérie occidentale)*, Mémoires du CRAPE, Arts et métiers graphiques, Paris.

CHANG (K.), 1986, *The Archeology of Ancient China*, Yale University Press, New Haven et Londres.

CHAPMAN (R.) *et alii*, 1981, *The Archaeology of Death*, Cambridge University Press.

CHAVAILLON (J.), 1996. *L'Âge d'or de l'humanité*, Odile Jacob, Paris.

CHENEY (D.R.), SEYFART (R.) et SMUTS (B.), 1986, Social Relationships and Social Cognition in Nonhuman primates, *Science*, 234, pp. 1361-1366.

CHIAPPELLA (V.), 1954, Altre considerazioni sugli <acrobati> dell'Addaura, *Quaternaria*, I, pp. 181-183.

CHILDE (V.-G.), 1926, *The Aryans, a Study of Indo-Europeans Origins*, Kegan, Trench and Trubner, Londres.

CHILDE (V.-G.), 1949, *L'Aube de la civilisation européenne*, Payot, Paris.

CLASTRES (P.), 1980, *Recherches d'anthropologie politique*, Éd. du Seuil, Paris.

CLASTRES (P.), 1997, *Archéologie de la violence: La guerre dans les sociétés primitives*, Éd. de l'Aube, Marseille.

CLAUDE (C.), 1997. *L'Enfance de l'humanité*, L'Harmattan, Paris.

CLAUSEWITZ (C. von), 1995, *De la guerre*, Éd. de Minuit (traduction D. Naville).

CLOTTES (J.) et COURTIN (J.), 1994, *La Grotte Cosquer*, Éd. du Seuil, Paris.

COLOMER (A.), 1979, *Les Grottes sépulcrales artificielles en Languedoc oriental*, Archives d'écologie préhistorique IV, Toulouse.

COLOMER (A.), COULAROU (J.) et GUTHERZ (X.), 1990, *Boussargues (Argelliers, Hérault): Un habitat ceinturé chalcolithique - les fouilles du secteur ouest*, Documents d'archéologie française, Paris.

CORDIER (G.), 1990, Blessures préhistoriques animales et humaines avec armes ou projectiles conservés, *Bulletin de la Société préhistorique française*, 87, 10-12, pp. 462-481 (avec importante bibliographie).

COURBIN (P.), 1999, La guerre en Grèce à haute époque d'après les documents archéologiques, in J.-P. Vernant, *Problèmes de la guerre en Grèce ancienne*, Éd. de l'EHESS, pp. 89-120.

COURTIN (J.), 1974, *Le Néolithique de la Provence*, Klincksieck, Paris.

COURTIN (J.), 1984, La guerre au Néolithique, *La Recherche*, 154, pp. 448-458.

COURVILLA (C.-B.), 1967, Cranial Injuries in Prehistoric Man, in D.R. Brothwell et A.T. Sandison, *Diseases in Antiquity*, C.C. Thomas, Springfield.

CRUBÉZY (E.), BRUZEK (J.), GUILAINE (J.), CUNHA (E.), ROUGÉ (D.) et JELINEK (J.) (sous presse), <*The Antiquity of Cranial Surgery in Europe and in the Mediterranean Basin*>.

DAMS (L.), 1984, *Les Peintures rupestres du Levant espagnol*, Picard, Paris.

D'ANNA (A.), 1977, *Les Statues-Menhirs et stèles anthropomorphes du Midi méditerranéen*, CNRS, Paris.

DELIBES (G.) (dir.), 1998, *Minerales y metales en la preistoria reciente*, Université de Valladolid, pp. 13-40.

DELLUC (B. et G.), 1989, Le sang, la souffrance et la mort dans l'art paléolithique, *L'Anthropologie*, 93, 2, pp. 389-406.

DETIENNE (M.), 1999, La phalange: problèmes et controverses, in J.-P. Vernant, *Problèmes de la guerre en Grèce ancienne*, Éd de l'EHESS, pp. 157-188.

DIAMOND (J.), 2000, *De l'inégalité parmi les sociétés: Essai sur l'homme et l'environnement dans l' Histoire*, Gallimard, Paris.

DREWS (R.), 1993, *The End of the Bronze Age: Changes in Warfare and the Catastroph ca. 1200 BC*, Princeton University Press.

DUCOS (P.), 1988, *Archéozoologie quantitative. Les valeurs numériques immédiates à Çatal Hüyük*, Cahiers du Quatemaire, 12, CNRS.

DUCREY (P.), 1999, *Guerres et guerriers dans la Grèce antique*, coll. <Pluriel>, Hachette, Paris.

DUCROS (A. et J.), 1992, Le singe carnivore: la chasse chez les primates non humains, *Bulletins et mémoires de la Société d'anthropologie de Paris*, nouvelle série, t. 4, n° 3-4, pp. 243-264.

DUMÉZIL (G), 1985, *Heur et malheur du guerrier*, Flammarion, Paris.

ÉIROA (J.-J.), BACHILLER GIL (J.-A.), CASTRO PEREZ (L.) et LOMBA MAURANDI (J.), 1999, *Nociones de tecnologia y tipologia en Prehistoria*, Ariel, Barcelone.

ERMAN (A.) et RANKE (H.), 1986, *La Civilisation égyptienne*, Payot, Paris.

ESCALON DE FONTON (M.), 1964, Naissance de la guerre en Occident aux temps préhistoriques, *Archeologia*, n° 1, pp. 31-34.

ÉTIENNE (R.), MULLER (C.) et PROST (F.), 2000, *Archéologie historique de la Grèce antique*, Ellipses, Paris.

ETXEBERRIA (F.) et VEGAS (S.-l.), 1987, Violent Ingury in a Bronze Age Individual in the Basque Country (Spain), *Journal of Paleopathology*, 1, pp. 19-24.

ETXEBERRIA (F.) et VEGAS (S.-l.), 1988, Agresividad social o guerra? durante el Neoeneolitico en la cuenca media del Ebro, a propósito de San Juan Ante Portam Latinam (Rioja alavesa), *Munibe*, suppl. n° 6, pp. 105-112.

ETXEBERRIA (F.) et VEGAS (S.-l.), 1992, Heridas por flecha durante la Prehistoria en la Peninsula Ibérica, *Munibe*, suppl. n° 8, pp. 129-136.

EVANS (J.), 1959, *Malta*, Thames and Hudson, Londres.

EVANS (J.), 1971, *The Prehistoric Antiquities of the Maltese Islands*, Athlone, Londres.

FINLEY (M. I.), 1993, *On a perdu la guerre de Troie*, Les Belles Lettres, Paris, et coll. <Pluriel>, Hachette, Paris.

FOREST (J.-D.), 1996, *Mésopotamie: L'apparition de l'État (7e-3e millénaire)*, Méditerranée, Paris.

GAGNIÈRE (S.) et GERMAND (L.), 1942, La grotte sépulcrale de la Lave à Saint-Saturnid'Apt, *Cahiers de pratique médico-chirurgicale*, pp. 1-40.

GALAN DOMINGO (E.), 1993, *Estelas, paisage y territorio en el Bronce final del Sureste de la Peninsula Iberica*, Editorial Complutense, Madrid.

GARANGER (J.), 1972, *Archéologie des Nouvelles-Hébrides*, Publication de la Société des océanistes, 30, Paris.

GARANGER (J.), 1979, *Roy Mata*, CNRS, RCP 259, Paris.

GARANGER (J.) (dir.), 1992, *La Préhistoire dans le monde*, PUF, Paris.

GARCIA GUINEA (M.-A.), 1963, Le nouveau foyer de peintures levantines à Nerpio, *Bulletin de la Société préhistorique de l'Ariège*, 18, pp. 17-35.

GARLAN (Y.), 1972, *La Guerre dans l'Antiquité*, Nathan Université, Paris.

GARLAN (Y.), 1982, *Les Esclaves en Grèce ancienne*, Éd. de La Découverte, Paris.

GAUCHER (G.) et MOHEN (J.-P.), 1972, *Typologie des objets de l'Âge du bronze en France*, I : *Les Épées*, Société préhistorique française, Paris.

GIMBUTAS (M.), 1979, The Three Waves of the Kurgan People into Old Europe, 4500-2500 BC, *Archives suisses d'anthropologie générale*, 43, 2, pp. 113-137.

GIRARD (R.), 1972, *La Violence et le sacré*, Grasset, Paris.

GLOB (P.-V.), 1966, *Les Hommes des tourbières*, Fayard, Paris.

GLYNN (I.), 1978, Le partage de la nourriture chez les hominidés, *Pour la Science*, n° 8, juin, pp. 87-103.

GNOLI (G.) et VERNANT (J.-P.), 1982, *La Mort, les morts dans les sociétés anciennes*, Cambridge University Press, Cambridge / Maison des sciences de l'homme, Paris.

GODELIER (M.), 1982, *La Production des Grands Hommes: Pouvoir et domination masculine chez les Baruya de Nouvelle Guinée*, Fayard, Paris.

GOUDINEAU (C.), 1990, *César et la Gaule*, Errance, Paris.

GOUDINEAU (C.) et PEYRE (C.), 1993, *Bibracte et les Éduens. À la découverte d'un peuple gaulois*, Errance, Paris.

GRAZIOZI (P.), 1973, *L'arte preistorico in Italia*, Sansoni, Florence.

GRIMAL (N.), 1988, *Histoire de l'Égypte ancienne*, Fayard, Paris.

GRMEK (M.), 1983, *Les Maladies à l'aube de la civilisation occidentale*, Payot, Paris.

GROSJEAN (R.), 1966, *La Corse avant l'Histoire*, Klincksieck, Paris.

GUILAINE (J.), 1959, Les sépultures en fosse de Dela Laïga, *Bulletin de la Société préhistorique française*, 6, pp. 681-684.

GUILAINE (J.), 1994, *La Mer partagée: La Méditerranée avant l'écriture, 7000-2000 avant J.-C.*, Hachette, Paris.

GUILAINE (J.), 1995, Leçon inaugurale, *Collège de France*, n° 132.

GUILAINE (J.), 1998, Néolithique et société: discours anthropologiques et données archéologiques, *Annuaire du Collège de France, 1997-1998, Résumé des cours et travaux*, pp. 687-697.

GUILAINE (J.) et SETTIS (S.) (dir.), 1994, *Historia d'Europa. Preistoria e Antichità*, Einaudi, Turin.

HAAS (J.) (dir.), 1990, *The Anthropology of War*, Cambridge University Press.

HARMAND (J.), 1973, *La Guerre antique, de Sumer à Rome*, PUF, Paris.

HARRIS (M.), 1979, *Cannibales et monarques: Essai sur les origines des cultures*, Flammarion, Paris.

HEIDER (K.), 1997, *Grand Valley Dani: Peaceful Warriors*, Harcourt Brace College Publishers (3ᵉ éd.).

HELL (B.), 1994, *Le Sang noir*, Flammarion, Paris.

HÉRITIER (F.) (dir.), 1999, *De la violence II*, Odile Jacob, Paris.

HERNANDEZ PACHECO (E.), 1918, Estudios de arte prehistórico, *Revista de la Real Academia de Ciencas*, 16, pp. 62-88.

HERNANDEZ PEREZ (M.), FERRER I MARSET (P.) et CATALA FERRER (E.), 1989, *Arte rupestre en Alicante*, Alicante.

HERNANDEZ PEREZ (M.), FERRER I MARSET (P.) et CATALA FERRER (E.), 1994, *L'art *macroesquematic: L'albor d'una nova cultura*, Centro d'Estudis Contestans, Cocentaina.

HERNANDEZ PEREZ (M.), FERRER I MARSET (P.) et CATALA FERRER (E.) (dir.), 1998, *L'art llevanti*, Centre d'Estudis Contestans, Cocentaina.

HÉRODOTE, 1985, *L'Enquête*, éd. A. Barguet, coll. <Folio classique>, Gallimard, Paris.

HIBON (L.), 1997, *Trépanations chirurgicales et prélèvements crâniens post-mortem dans les Grands Causses préhistoriques*, mémoire de DEA, Université de Bordeaux I.

HOMÈRE, 1990, *L'Iliade, l'Odyssée* (traduction E. Lasserre), Éd. Garnier frères, Flammarion, Paris.

HUBERT (H.) et MAUSS (M.), 1889, Essai sur la nature et la fonction du sacrifice, *L'Année sociologique*, 2, pp. 29-138.

HUBLIN (J.-J.), 1982, Cannibalisme et archéologie: La mort dans la Préhistoire, *Histoire et archéologie*, Les Dossiers, n° 66, pp. 24-27.

HUOT (J.-L.), 1989, *Les Sumériens*, Armand Colin, Paris.

HUOT (J.-L.), THALMANN (J.-P.) et VALBELLE (D.), 1990, *Naissance des cités*, Nathan, Paris.

JEUNESSE (C.), 1997, *Pratiques funéraires au Néolithique ancien: sépultures et nécropoles danubiennes*, Errance, Paris.

JORDA CERDA (F.), 1975, La sociedad en el arte rupestre levantino, *Papeles del Laboratorio de Arqueologia de Valencia*, 11, pp. 159-187.

JOURDAN (N.), 1979, La fragmentation des restes osseux néolithiques de 1'abri Jean-Cros, *L'Abri Jean-Cros*, Centre d'anthropologie des sociétés rurales, Toulouse, pp. 375-387.

KEEGAN (J.), 1996, *Histoire de la guerre: Du Néolithique à la guerre du Golfe*, <Territoire de l'Histoire >, Éd. Dagorno, Paris.

KEELEY (L.), 1996, *War before Civilization*, Oxford University Press, New York-Oxford.

KIRK (G.S.), 1999, La guerre et le guerrier dans les poèmes homériques, in J.-P. Vernant, *Problèmes de la guerre en Grèce ancienne*, Éd. de 1'EHESS, Paris.

KOZLOWSKI (S.) *et alii*, 1993, Maszycka Cave. A Magdalenian Site in Southern Poland, *Jahrbuch des Romisch-Germanischen Zentralmuseums Mainz*, 40, pp. 115-252, 24 pl.

KRISTIANSEN (K.), 1998, *Europe before History*, Cambridge University Press.

LABURTHE-TOLRA (Ph.), 1984, De la guerre comme jeu: Cultures et développement, *Revue internationale des sciences du développement*, XVI, 3-4, pp. 503-510.

LAFONT (D.), 1991, La guerre au pays de Sumer, *Les Dossiers de l'Archéologie*, 160, pp. 10-17.

LECLERC (J.), 1999, Un phénomène associé au mégalithisme: les sépultures collectives, in J. Guilaine (dir.), *Mégalithismes, de l'Atlantique à l'Éthiopie*, Errance, Paris, pp. 23-40.

LE MORT (F.), 1988a, Le décharnement du cadavre chez les Néandertaliens, *L'Homme de Néandertal*, V, ERAUL, Liège, pp. 43-55.

LE MORT (F.), 1988b, Cannibalisme ou rite funéraire?, *Dossiers <Histoire et archéologie>*, n°124, pp. 46-49.

LEROI-GOURHAN (A.), 1964, *Le Geste et la parole*, I: *Technique et langage*, Albin Michel, Paris.

LEROI-GOURHAN (A.), 1965, *Le Geste et la parole*, II: *La Mémoire et les rythmes*, Albin Michel, Paris.

LEROI-GOURHAN (A.), 1965, *Préhistoire de l'art occidental*, Mazenod, Paris.

LEROI-GOURHAN (A.), 1992, *L'Art pariétal, langage de la Préhistoire*, Millon, Grenoble.

LÉVÊQUE (P.), 1964, *L'Aventure grecque*, Armand Colin, Paris.

LÉVÊQUE (P.), 1996, *Empires et barbaries*, <Livre de Poche Histoire>, Paris.

LÉVI-STRAUSS (C.), 1996, *Anthropologie structurale deux*, coll. <Pocket Agora>, Plon, Paris.

LICHARDUS (J.) et LICHARDUS-ITTEN (M.), 1985, *La Protohistoire de l'Europe*, PUF, Paris.

LILLIU (G.), 1982, *La civiltà nuragica*, Carlo Delfino, Sassari.

LINDEN (E.), 1979, *Ces singes qui parlent*, Éd. du Seuil, Paris.

LOISON (G.), 1998, La nécropole de Pontcharaud en Basse-Auvergne, in J. Guilaine, *Sépultures d'Occident et genèses des mégalithismes*, Errance, Paris, pp. 189-206.

LONTCHO (F.), 1998, La naissance de la guerre, *L'Archéologue*, 34, pp. 47-50.

LORENTZ (K.), 1969, *L'Agression: Une histoire naturelle du mal*, coll. <Champs>, Flammarion, Paris.

LORENTZ (K.), 1970, *Tous les chiens, tous les chats*, J'ai Lu, Paris.

LUMLEY (H. de) (dir.), 1972, *La Grotte moustérienne de L'Hortus (Valflaunès, Herault)*, Études quatemaires, I, Université de Provence.

LUMLEY (H. de) (dir.), 1995, *Le Grandiose et le sacre*, Edisud, Aix-en-Provence.

McCOWN (Th.-D.) et KEITH (A.), 1939, *The Stone Age of Mount Carmel: The Fossil Human Remains from the Levalloiso-Mousterian*, Oxford.

MAHIEU (E.), 1987, L'hypogée des Boileau: Vers une meilleure connaissance des rites funéraires du Néolithique provençal, *Bulletin de la Société préhistorique française*, 85, pp. 5-7.

MAHIEU (E.), 1989, *L'Hypogée des Boileau*, Études et prospectives archéologiques.

MAHIEU (E.), 1992, Premiers apports de 1'hypogée des Boileau à l'étude des sépultures collectives du Sud-Est de la France, *Anthropologie préhistorique: résultats et tendances*, Sarrians, EPA, pp. 75-81.

MALLORY (J.-P.), 1995, Statue-menhirs and the Indo-Europeans, in S. CASINI, R. de MARINIS et A. PEDROTTI, *Statue-stele e massi incisi nell'Europa del'Età del Rame*, Bergame, pp. 67-73.

MALLORY (J.-P.), 1997, *À la rechereche des Indo-Européen*, Éd. du Seuil, Paris.

MARTI (M.), POU (R.) et CARLUS (X.) (avec la collab. de E. VIVES, J.-F. GIBAJA, J. MARTINEZ, R. PIQUÉ et D. CAMPILLO), 1997, *La necropolis del Neolithic Mitjà i les restes romanes del Camí de Can Grau(La Roca del Vallés, Vallés oriental)*, Généralité de Catalogne, Barcelone.

MAY (F.), 1986, *Les Sépultures préhistoriques*, Éd. du CNRS, Paris.

MELLAART (J.), 1967. *Çatal Hüyük: A Neolithic Town in Anatolia*, Thames and Hudson, Londres.

MENU (B.), 1996, Naissance du pouvour pharaonique, *Méditerranées*, 6/7, pp. 17-59.

MEZZENA (F.), 1976, Nuova interpretazione dell incisioni parietali paleolitiche della grotta Addaura a Palermo, *Rivista di Scienze Preistoriche*, XXXI, 1, pp. 61-85.

MIARI (M.), 1994. - Rituali funerario della necropoli eneolitica di Ponte San Pietro (Ischia di Castro, Viterbo), *Origini*, XVIII, pp. 351-390.

MIDANT-REYNES (B.), 1992, *Préhistoire de l'Égypte: Des premiers hommes aux premiers pharaons*, Armand Colin, Paris.

MIDANT-REYNES (B.), 1999, *La Naissance de l'État en Égypte*, Habilitation à diriger des recherches, Université de Paris IV.

MOHEN (J.-P.), 1995, *Les Rites de la mort*, Odile Jacob, Paris.

MOHEN (J.-P.) et ÉLUÈRE (C.), 1999, *L'Europe à l'Âge du bronze*, coll. <Découvertes>, Gallimard/RMN, Paris.

MOLINOS SAURAS (M.-A.), 1986-1987, Representaciones de caracter belico en el
arte rupestre levantino, *Bajo Aragón Prehistoria*, VII-VIII, pp. 295-310.

MONKS (S.-J.), 1997, Conflict and Competition in Spanish Prehistory: The Role of Warfare in Societal Development from the Late Fourth to Third Millennium B.C., *Journal of Mediterranean Archaeology*, 10, 1, pp. 3-32.

MONKS (S.-J.), 1999, Patterns of Warfare and Settlement in Southeast Spain, *Journal of Iberian Archaeology*, 1, pp. 127-171.

MOREL (Ch.) (fils), 1957, *La Médecine et la chirurgie osseuses aux temps préhistoriques dans la région des Grands Causses*, La Nef de Paris, Paris.

MOREL (Ch.) (père) et BAUDOUIN (M.), 1928, Un cas intéressant de pathologie préhistorique: Une pointe de silex dans une vertèbre néolithique, *Le Progrès médical*, 25, pp. 1042-1052.

MORGAN (L.), 1985, *La Société archaïque*, Éd. Anthropos, Paris.

MORRIS (D.), 1968, *Le Singe nu*, Grasset, Paris.

MORRIS (D.) (dir.), 1978, *L'Éthologie des primates*, Éd. Complexe, Bruxelles.

MUÑOZ IBAÑEZ (F.-J.), 1999, Algunas consideraciones sobre el inicio de la arqueria prehistórica, *Trabajos de Prehistoria*, 56, 1, pp. 27-40.

NUZHNYI (D.), 1989, L'utilisation des microlithes géométriques et non géométriques comme armatures de projectiles, *Bulletin de la Société préhistorique française*, 86, pp. 88-96.

ORLIAC (E. et M.), 1973, La succession des industries à la grotte de la Tourasse, Saint-Martory(Haute-Garonne), *Bulletin de la Société préhistorique française*, CRSM, mars, pp. 66-68.

ORTNER (D.-J.) et PUSTSCHAR (W.-G.), 1985, *Identification of Pathological Conditions in Human Skeletal Remains*, Smithsonian Institut, Washington.

PALES (L.), 1930, *Paléopathologie et pathologie comparative*, Masson, Paris.

PATOU-MATHIS (M.), 1997, Analyses taphonomique et palethnographique du matériel osseux de Krapina (Croatie): nouvelles données sur la faune et les restes humains, *Préhistoire européenne*, Liège, 10, pp. 63-90.

PATOU-MATHIS (M.), 1999, *Comportements de subsistance au Paléolithique moyen en Europe septentrionale, centrale et orientale*, Mémoire d'habilitation, Université de Paris I (2 tomes).

PATOU-MATHIS (M.), 2,000, Aux racines du cannibalisme, *La Recherche*, 327, janvier, pp. 16-19.

PEDROTTI (A.), 1993, *Uomini di pietra. I ritrovamenti di Arco e ilfenomeno delle statue stele nell' arco alpino*, Trente.

PEDROTTI (A.) (dir.), 1995, *Le statue stele di Arco*, Trente.

PERONI (R.), 1971, *L'età del Bronzo nella Penisola italiana: L'antica età del Bronzo*, Olschki, Florence.

PÈTREQUIN (A.-M.) et PÈTREQUIN (P.), 1990, Flèches de guerre, flèches de chasse: Le cas des Danis d'Irian Jaya, *Bulletin de la Société préhistorique française*, 87, 10-12, p. 484-511.

PÈTREQUIN (P.), MARÉCHAL (D.), PÈTREQUIN (A.-M.), ARBOGAST (R.-M.) et SAINTOT (S.), 1998, Parures et flèches du Néolithique final à Chalain et à Clairvaux, *Gallia-Préhistoire*, 40, pp. 133-247.

PIGGOTT (S.), 1983, *The Earliest Wheeled Transport From the Atlantic Coast to the Capsian Sea*, Thames and Hudson, Londres.

PLUTARQUE, 1862, *Les Vies des hommes illustres* (traduction M. Ricard), Éd. Garnier frères, Paris.

POPE (S.), 1962, *Bows and Arrows*, University of California, Berkeley (reprint de 1923).

PORCAR RIPOLLÈS (J.), 1946, Iconografia rupestre de la Gasulla y Valltorta: Escenas bélicas, *Boletín de la Sociedad Castellonense de Cultura*, XXII, pp. 48-60.

PRUNIÈRES (B.), 1882, Blessures et fractures graves régulièrement guéries sur les os humains de l'époque préhistorique, *Association française pour l'avancement des sciences*, pp. 830-831.

RAMOS-MILLÁN (A.), 1998, La mineria, la artesania y el intercambio de silex durante la Edad del cobre en el Sudeste de la Península ibérica, in G. Delibes, *Minerales y metales en la Prehistoria recientev*, Université de Valladolid, pp. 13-40.

REGNAULT (F.), 1892, L'abri de la Tourasse à Saint-Martory, *L'Anthropologie*, 3, pp. 742-743.

RIPOLL (E.), 1963, *Pinturas rupestres de la Gasulla*, Monografias de Arte Rupestre, Arte Levantino, Barcelone.

RIQUET (R.), 1970, *Anthropologie du Néolithique au Bronze ancien*, Tixier, Poitiers.

ROMILLY (J. de), 1999, Guerre et paix entre cités, in J.-P. Vernant, *Problèmes de la guerre en Grèce ancienne*, Éd. de l'EHESS, pp. 273-301.

Rozoy (J.-G.), 1978, *Les Derniers Chasseurs*, Bulletin de la Société d'archéologie champenoise, 3 tomes.

Rozoy (J.-G.), 1993, Les archers épipaléolithiques: un important progrès, *Paléo*, 5, pp. 263-279.

RUA (C. DE LA), BARAYBAR (J.-P.), CUENDE (M.) et MANZANO (C.), 1996, La sepultura colectiva de San Juan Ante Portam Latinam (Laguardia, Alava). Contribución de la Antropologia a la interpretación del ritual funerario, *Rubricatum*, 1, pp. 585-589.

RUSSEL (M.-D.), 1987a, Bone Breakage in the Krapina Hominid Collection, *American Journal of Physical Anthropology*, 72, pp. 373-379.

RUSSEL (M.-D.), 1987b, Mortuary Practice at the Krapina Neandertal Site, *American Journal of Physical Anthropology*, 72, pp. 381-397.

SAHLINS (M.), 1976, *Âge de pierre, âge d'abondance: L'économie des sociétés primitives*, Gallimard, Paris.

SAUZADE (G.), 1983, *Les Sépultures du Vaucluse, du Néolithique à l'Âge du bronze*, Études quaternaires, 6.

SCHILTZ (V.), 1991, *Histoires de Kourganes*, coll. <Découvertes>, n° 130, Gallimard, Paris.

SCHULTING (R.), 1999, Nouvelles dates AMS à Téviec et Hoédic (Quiberon, Morbihan), *Bulletin de la Société préhistorique française*, 96, pp. 203-207.

SCUBLA (L.), 1999, Ceci n'est pas un meurtre ou comment le sacrifice contient la violence, in F. Héritier, *De la violence II*, Odile Jacob, Paris, pp. 135-170.

SERRES (J.-P.), 1991, Les blessures et les accidents de la Préhistoire, *Catalogue de l'exposition au musée de Roquefort-Sur-Soulzon*.

SHERRATT (A.), 1997, *Economy and Society in Prehistoric Europe*, Edinburgh University Press.

SHIPMAN (P.), 1984, *Scavenger Hunt*, Natural History, pp. 20-27.

SICARD (G.), 1902, Sur quelques explorations nouvelles dans les grottes de l'Aude, *AFAS*, Montauban, 31, II, pp. 899-903.

SIMON (C.), 1989, Les populations de Kerma: évolution interne et relations historiques dans le contexte égypto-nubien, *Archéologie du Nil moyen*, Lille, 3, pp. 139-147.

SIMON (C.), 1991, Quelques réflexions sur les sacrifices humains à Kenna (Soudan), *Méthodes d'étude des sépultures*, Saintes, pp. 85-96.

SKINNER (M.-F.) et SPERBER (G.-H.), 1982, *Atlas of Radiographs of Early Man*, Alan R. Liss. Inc., New York.

SPINDLER (K.), 1995, L'homme du glacier: Une momie du glacier de Haulajoch vieille de 5000 ans dans les Alpes de l' Ötztal, *L'Anthropologie*, 99, pp. 104-114.

SPINDLER (K.), 1997, L'homme gelé: Une momie de 5000 ans dans un glacier des Alpes de l'Ötztal, *Dossiers d'Archéologie*, n° 224, pp. 8-27.

STOCZKOWSKI (W.), 1994, *Anthropologie naïve, anthropologie savante*, Éd. du CNRS, Paris.

SUN TZU (孫子), 1972, *L'Art de la guerre* (『孫子兵法』: traduction F. Wang), Flammarion, Paris.

TELEGIN (E.), 1986, *Dereivka: A Settlement and Cementery of Copper Age Horse Keepers on the Middle Dnieper*, BAR, IS, n° 331, Oxford.

TESTART (A.), 1985, *Le Communisme primitif: Économie et idéologie*, Maison des sciences de l'homme.

TESTART (A.), 1993, *Des dons et des dieux: Anthropologie religieuse et sociologie comparative*, Armand Colin, Paris.

THUCYDIDE, 1990, *Histoire de la guerre du Péloponnèse* (traduction J. de Romilly), Laffont, Paris.

TRINGHAM (R.), 1993, Households with Faces: The Challenge of Gender in Prehistoric Architectural Remain, in S.M. Gero et M.W. Conkey, *Engendering Archaeology: Women and Prehistory*, Blackwell, Oxford et Cambridge, pp. 93-131.

THINKAUS (E.), 1985, Cannibalism and Burial at Krapina, *Journal of Human Evolution*, 14, pp. 203-216.

THINKAUS (E.), 1989, *The Shanidar Neandertals*, Academic Press, New York.

TURNEY-HIGH (H.), 1971, *Primitive War: Its Practice and Concepts*, Éd. Columbia, New York.

VALBELLE (D.), 1998, *Histoire de l'État pharaonique*, PUF, Paris.

VANDERMEERSCH (B.), 1981, *Les Hommes fossiles de Qafzeh (Israël)*, Cahiers de paléontologie, CNRS, Paris.

VAN LAWICK-GOODALL (H. et J.), 1971a, *Tueurs innocents*, J'ai Lu, Paris.

VAN LAWICK-GOODALL (H. et J.), 1971b. *Les Chimpanzés et moi*, J'ai Lu, Paris.

VEGAS (J.-J.), 1991, El enterramiento de San Juan Ante Portam Latinam (Laguardia), *Arkeoikuska*, pp. 28-39.

VEGAS (J.-J.), 1992, El enterramiento de San Juan Ante Portam Latinam: Las màs numerosas señales de violencia de la Prehistoria peninsular, *Cultura. Ciencias, Historia, Pensamiento*, Diputación Foral de Alava, 5, juillet, pp. 9-20.

VEGAS (J.-1.), ARMENDARIZ (A.), ETXEBERRIA (E), FERNANDEZ (Ma. S.), HERRASTI (L.) et ZUMALABE (F.), 1999, La sepultura colectiva de San Juan Ante Portam Latinam (Laguardia, Alava), *Saguntum extra-2*, Université de Valence, pp. 439-445.

VENCL (S.), 1984, War and Warfare in Archaeology, *Journal of Anthropological Archaeology*, 3, pp. 116-132.

VENCL (S.), 1991, Interprétation de blessures causées par les armes au Mésolithique, *L'Anthropologie*, 95, pp. 219-228.

VERCOUTTER (J.), 1992, *L'Egypte et la vallée du Nil*, I: *Des origines à la fin de l'Ancien Empire*, PUF, Paris.

VERNANT (J.-P.) (dir.), 1999. *Problèmes de la guerre en Grèce ancienne*, Éd.de 1'EHESS, Paris.

VIGLIARDI (A.), 1992.- L'arte paleolitica del Monte Pellegrino. Le incisioni rupestri delle grotte dell'Addaura et di grotta Niscemi, *Panormus*, III, 2, pp. 55-93.

VILLA (P.), COURTIN (J.), HELMER (D.), SCHIPMAN (P.), BOUVILE (C.) et MAHIEU (E.), 1986, Un cas de cannibalisme au Néolithique: Boucherie et rejet de restes humains et animaux dans la grotte de Fontbregoua (Salernes, Var), *Gallia-Préhistoire*, XXIX, pp. 143-171.

VLAEMINCK (M.), 1997, *Le Grand-Pressigny dans le Nord-Ouest de l'Europe: Le silex tertiaire, concurrent possible du Grand-Pressigny?*, Thèse, EHESS.

WAHL (J.) et KÖNIG (H.-G.), 1987, Anthropologisch traumatologisch Untersuchung der menschlichen Skelettreste aus dem bandkeramischen Massengrab bei Talheim, Kreis Heilbronn, *Funderberichte aus Baden-Wurtemberg*, 12, pp. 65-193.

WENDORF (F.) (éd.), 1968, *The Prehistory of Nubia*, Southern Methodist University Press, Dallas.

WHITE (T.-D.), 1992, *Prehistoric Cannibalism at Mancos 5 MTUMR-2346*, Princeton University Press.

WHITE (T.-D.), 1999, Neanderthal Cannibalism at Moula-Guercy, Ardèche, France, *Science*, vol. 286, n° 5437, pp. 128-131.

WHITE (T.-D.) et TOTH (N.), 1993, The Question of Ritual Cannibalism at Grotta Guattari, *Current Anthropology*, vol. 32/2, pp. 118-124.

XÉNOPHON, 1879, *Œvres complètes* (traduction E. Talbot), Hachette, Paris.

ZAMMIT (J.), 1991, Lésion traumatique osseuse par pointe de flèche en silex: Étude paléopathologique et intégration, *Bulletin du Musée d'anthropologie et de préhistoire de Monaco*, pp. 97-107.

ZIMMERMAN (M.-R.) et KELLEY (M.-R.), 1982, *Atlas of Human Paleopathology*, Praeger Publishers, New York.

X., 1999, *L'Europe au temps d'Ulysse*, Réunion des Musées nationaux, Paris.

지은이(Jean Guilaine)의 다른 저서

La Civilisation du vase campaniforme dans les Pyrénées franrçaises, Gabelle, Carcassonne, 1967.

L'Âge du bronze en Languedoc occidental, Roussillon, Ariège, Klincksieck, Paris, 1972.

Premiers bergers et paysans de l'Occident méditerranéen, Mouton et École des hautes études en sciences sociales, Paris-La Haye, 1976; 2e éd., Paris-La Haye-New York(1981) (avec postface).

Récits et contes populaires du Languedoc, Gallimard, Paris, 1978.

La France d'avant la France, Hachette, Paris, 1980 (en poche, coll. <Pluriel>, Hachette, 1985).

La Mer partagée: La Méditerranée avant l'écriture: 7000~2000 avant J.-C., Hachette, Paris, 1994.

Au temps des dolmens, Privat, Toulouse, 1998 (en poche, coll. <Pages Grand Sud>, 2000).

La Plus Belle Histoire de l'homme (en collaboration avec A. Langaney, J. Clottes, D. Simonnet), Éd. du Seuil, 1998; éd. portugaise, Porto, 1999; éd. catalane, Barcelone, 1999; éd. sud-américaine, Santiago du Chili/Buenos Aires/Mexico, 1999; éd. espagnole, Barcelone, 1999; éd. allemande, Bergisch Gladbach, 2000; éd. chinoise, Taibai Art et Littérature, 2000; éd. arabe, Academia Publishing, Liban, 2000.

지은이(Jean Guilaine)의 편저

Les Civilisations néolithiques du Midi de la France, Gabelle, Carcassonne, 1970.

La Préhistoire française, II: *Lés Civilisations néolithiques et protohistoriques de la France*, CNRS, Paris, 1976. Préface de Valéry Giscard d'Estaing.

Le Groupe de Véraza et la fin des temps néolithiques dans le Sud de la France et la Catalogne, CNRS, Paris, 1980.

El origen de la metalurgia, Union internationale des sciences préhistoriques et protohistoriques, Mexico, 1981.

L'Âge du cuivre européen: Civilisations à vases campaniformes, CNRS, Paris, 1984.

La Préhistoire, d'un continent à l'autre, Larousse, Paris, 1986. Republié en livre de poche, coll. <Essentiels>, Larousse, 1989. Éd. américaine, *Prehistory: The World of Early Man*, Facts on File, New York, Oxford, 1991. Éd. italienne, Gremese, Rome, 1995.

Le Néolithique de la France, Picard, Paris, 1986 (codirection avec J.-P. Demoule).

Premières communautés paysannes en Méditerranée occidentale, CNRS, Paris, 1987 (codirection avec J. Courtin, J.-L. Roudil, J.-L. Vernet).

De Lascaux au Grand Louvre, Errance, Paris, 1989. Préface de François Mitterrand (codirection avec C. Goudineau).

Pays de Sault: Espaces, peuplement, populations, CNRS, Paris, 1989.

Autour de Jean Amal: Premières communautés paysannes, Montpellier, 1990 (codirection avec X. Gutherz).

Pour une archéologie agraire, Armand Colin, Paris, 1991.

Histoire de l'Europe: Préhistoire et Antiquité, Einaudi, Turin, 1994, 2 tomes (codirection avec S. Settis).

Sépultures d' Occident et genèses des mégalithismes, Errance, Paris, 1998.

Atlas du Néolithique européen, II: *Europe occidentale*, Université de Liège, ERAUL, 46, 1998.

Mégalithismes, de l'Atlantique à l'Ethiopie, Errance, Paris, 1999.

Premiers paysans du monde: Naissance des agricultures, Errance, Paris, 2000.

지은이(Jean Guilaine)의 유적 발굴보고서

La Balma de Montbolo et le Néolithique de l'Occident méditerranéen, Institut pyrénéen d'études anthropologiques, Toulouse, 1974.

L'Abri Jean-Cros: Essai d'approche d'un groupe humain du Néolithique ancien dans son environnement, Centre d'anthropologie des sociétés rurales, Toulouse, 1979.

Leucate-Corrège: Habitat noyé du Néolithique cardial, Centre d'anthropologie des sociétés rurales, Toulouse, et Musée Paul Valéry, Sète, 1984.

Carsac: Une agglomération protohistorique en Languedoc, Centre d'anthropologie des sociétés rurales, Toulouse, 1986.

Ornaisons-Médor: Archéologie et écologie d'un site de l'Âge du cuivre, de l'Âge du bronze final et de l'Antiquité tardive, Centre d'anthropologie des sociétés rurales, Toulouse, 1989.

Dourgne: Derniers chasseurs-collecteurs et premiers éleveurs de la Haute Vallée de l'Aude, Centre d'anthropologie des sociétés rurales, Toulouse, 1993.

Les excavacions a la Baima de la Margineda, Edicions del Govern d'Andorra, 1995, 3 tomes (avec M. Martzluff et coll.).

La Poste-Vieille: De l'enceinte néolithique à la bastide d'Alzau, Centre d'anthropologie, Toulouse, 1997.

찾아보기